GABRIEL SIRA SANTANA

EL DERECHO DE EXCEPCIÓN Y LA EMERGENCIA ECONÓMICA

COLECCIÓN MONOGRAFÍAS
N° 14

Centro para la Integración y el Derecho Público

Cita sugerida: Gabriel Sira Santana, *El derecho de excepción y la emergencia económica* (Caracas: Centro para la Integración y el Derecho Público, 2026)

Primera publicación: Centro para la Integración y el Derecho Público (CIDEP), Venezuela, 2024.

ISBN: 979-8-90529-014-5

Publicado por
Centro para la Integración y el Derecho Público
Un sello editorial de CIDEP LLC
www.editorial.cidep.online
editorial@cidep.online

TÍTULOS DE LA COLECCIÓN

1. *Derecho Administrativo, LOPNNA y protección de niños, niñas y adolescentes*, Jorge Luis Suárez Mejías.
2. *Casos de estudio sobre la expropiación en Venezuela*, Samantha Sánchez Miralles.
3. *Constitución, integración y Mercosur*, Jorge Luis Suárez Mejías.
4. *Derecho Administrativo y arbitraje internacional de inversiones*, José Ignacio Hernández.
5. *El estado de excepción a partir de la Constitución de 1999*, Gabriel Sira Santana.
6. *La ejecución de sentencias en el proceso administrativo iberoamericano (España, Perú, Costa Rica, Colombia y Venezuela)*, Miguel Ángel Torrealba Sánchez.
7. *La teoría de la cláusula exorbitante. El tránsito de la cláusula derogatoria a la potestad administrativa contractual en los sistemas de contratación pública*, José Araujo-Juárez.
8. *Las situaciones administrativas en la función pública*, José Gregorio Silva Bocaney.
9. *Violaciones del derecho a la defensa en el procedimiento sancionatorio venezolano*, Flavia Pesci Feltri.
10. *Consideraciones sobre las fuentes del Derecho Constitucional y la interpretación de la Constitución*, Claudia Nikken.
11. *El control constitucional de las decisiones judiciales*, Rafael Chavero Gazdik.
12. *La vigencia temporal de los criterios jurisprudenciales en materia tributaria*, Taormina Cappello Paredes.
13. *Diálogo jurisprudencial en Venezuela*, Gonzalo Federico Pérez Salazar.
14. *El derecho de excepción y la emergencia económica*, Gabriel Sira Santana.

GABRIEL SIRA SANTANA es abogado mención *summa cum laude* y especialista en Derecho Administrativo, mención honorífica, por la Universidad Central de Venezuela. Magíster en Derecho Constitucional mención *summa cum laude* por la Universidad Católica Andrés Bello. Diplomatura Avanzada en Derechos Humanos por la Universidad Alcalá de Henares y el Centro Latinoamericano de Derechos Humanos.

Profesor de pregrado en la Universidad Monteávila y de postgrado en la Universidad Central de Venezuela. Gerente de Proyectos del Centro para la Integración y el Derecho Público (CIDEP). Investigador invitado del Instituto de Derecho Público de la Universidad Central de Venezuela.

Subdirector de la Revista de Derecho Funcionarial. Secretario de la Revista Electrónica de Derecho Administrativo Venezolano. Miembro del Consejo de Redacción de la Revista de Derecho Público, del Anuario de Estudios Constitucionales y Parlamentarios, y de la Coordinación del Anuario de Derecho Aeronáutico y del Anuario de la Especialización en Derecho Administrativo de la UCV.

Ganador del Premio Academia de Ciencias Políticas y Sociales para Profesionales 2017-2018, "Dr. Ángel Francisco Brice", y del Concurso Internacional en Derecho Aeronáutico y Espacial "Dra. Angela Marina Donato" 2022 de la Asociación Latino Americana de Derecho Aeronáutico y Espacial y Aeropuertos Argentina 2000 S.A.

ORCID: https://orcid.org/0009-0006-3808-9436

DEDICO

A mis padres, quienes desde que tengo memoria son copartícipes en mis andanzas, proyectos y logros.

AGRADEZCO

Al profesor ANTONIO SILVA ARANGUREN, quien desde el Centro para la Integración y el Derecho Público (CIDEP) fomentó mi interés por los estados de excepción en el año 2015, tema que desde entonces es una de mis principales líneas de investigación.

Al profesor JESÚS MARÍA CASAL HERNÁNDEZ, por aceptar ser tutor de este Trabajo de Grado y por los aportes que realizó al mismo, tanto con sus observaciones personales como desde la extensa bibliografía sobre la materia de su autoría.

A los profesores de la Maestría en Derecho Constitucional de la Universidad Católica Andrés Bello, y muy especialmente a la profesora NINOSKA RODRÍGUEZ LAVERDE por su apoyo logístico.

A los autores que citamos en este Trabajo de Grado, pues sus aportes académicos asientan las bases de nuestra investigación y nos permiten indagar sobre el problema que nos planteamos.

ÍNDICE

ABREVIATURAS

ACIENPOL: Academia de Ciencias Políticas y Sociales

AVEDA: Asociación Venezolana de Derecho Administrativo

Art./s: Artículo/s

BCV: Banco Central de Venezuela

CADH: Convención Americana sobre Derechos Humanos

CEC: Centro de Estudios Constitucionales

CENLAE: Centro Latinoamericano de Estudios e Investigaciones Jurídicas

CEPC: Centro de Estudios Políticos y Constitucionales

CIDEP: Centro para la Integración y el Derecho Público

CorteIDH: Corte Interamericana de Derechos Humanos

DRVF-LOAP: Decreto con Rango, Valor y Fuerza de Ley Orgánica de la Administración Pública. Gaceta Oficial n° 6.147 Extraordinario del 17-11-2014

EJV: Editorial Jurídica Venezolana

EJVI: Editorial Jurídica Venezolana Internacional

CRBV: Constitución de la República Bolivariana de Venezuela. Gaceta Oficial n° 36.860 del 30-12-1999, reimpresa en n° 5.453 Extraordinario del 24-03-2000 y enmendada en n° 5.908 Extraordinario del 19-02-2009

FCE: Fondo de Cultura Económica

G.O.: Gaceta Oficial de la República Bolivariana de Venezuela

Lit./s: Literal/literales

LOEE: Ley Orgánica sobre Estados de Excepción. Gaceta Oficial n° 37.261 del 15-08-2001

Num./s: Numeral/es

MPI: Max Planck Institute for Comparative Public Law and International Law

Párr./s: Párrafo/s

PIDCP: Pacto Internacional de Derechos Civiles y Políticos

OEA: Organización de Estados Americanos

OMS: Organización Mundial de la Salud

ONU: Organización de las Naciones Unidas

OPS: Organización Panamericana de la Salud

Ord./s: Ordinal/es

TSJ/SC: Sala Constitucional del Tribunal Supremo de Justicia

UCAB: Universidad Católica Andrés Bello

UCAT: Universidad Católica del Táchira

UNAM: Universidad Nacional Autónoma de México

INTRODUCCIÓN

Toda sociedad, entendida como "la unión de una pluralidad de personas para cumplir, mediante la recíproca cooperación, uno, varios o la totalidad de [sus] fines", se rige por normas que son comunes a todos sus miembros y sirven de "pauta de comportamiento que le permite [a sus integrantes] prever la conducta de los demás" (García-Pelayo 2009, 2546 y 2550). Así también se aprecia en el lenguaje ordinario, cuando se conceptualiza a la sociedad como el "[c]onjunto de personas, pueblos o naciones que conviven bajo normas comunes" (Real Academia Española 2022k, 1° acepción).

De este modo, las normas –comprendidas *lato sensu* como toda regla de comportamiento moral, social o jurídica, y *stricto sensu* como aquellas que conceden derechos o imponen obligaciones (García Máynez 2002, 4), siendo estas últimas las más relevantes a nuestros efectos– determinan cómo las personas, sean naturales o morales, pueden relacionarse con otros sujetos de Derecho e, inclusive, las actividades a título individual que podrán realizar. De ahí que se diga con frecuencia (i) que el individuo puede hacer todo aquello que no tenga prohibido por el ordenamiento jurídico, al contrario del Estado que únicamente puede hacer lo que tenga permitido por este (Pérez Luciani 2009); y (ii) que el grado de las prohibiciones o libertades de los individuos, así como de obligaciones del Estado, depende de la ideología política que caracterice a este último (Villoro 2015).

En otras palabras, tanto el ejercicio del Poder Público por parte del Estado[1] como el quehacer privado de la sociedad está

---

[1] Es decir, "el espectro o cúmulo de Potestades Públicas indivisibles, que gozan los órganos que integran la estructura del Estado y son los encargados de llevar a cabo las funciones públicas", cuyo origen no es otro sino "la traslación de los derechos individuales subjetivos de lo

sometido a un orden jurídico –o, con mayor precisión, a un "un sistema de normas cuya unidad ha sido constituida en cuanto todas tienen el mismo fundamento de validez" (Kelsen 2009, 44)– que regula la conducta de todos los sujetos mencionados bajo condiciones de normalidad y que garantizan la convivencia ciudadana.

No obstante, esa normalidad a la que hacemos referencia no es perenne y circunstancias como sucesos naturales o tumultos sociopolíticos pueden llevar a que el orden social vacile y, con él, el orden jurídico, que peca de insuficiente ante la emergencia que se le exige atender visto que el contexto para el cual se dictó la norma ya no existe, o al menos no en ese momento en concreto.

De ahí que se diga que "cuando una situación de crisis llega al Estado, (...) que afecta o a toda la sociedad o a una parte lo suficientemente significativa de la misma", el Estado, como "representante político general de la Sociedad", tiene que "reaccionar de forma especial" ante esas circunstancias "es las que no es posible la aplicación del derecho normal" (Carrasco Durán y Pérez Royo 2018, 846–47).

Surgen así dos posibilidades, como hemos tenido oportunidad de sostener en otras ocasiones (Sira Santana 2020d, 58):

La primera opción es una respuesta pasiva frente al supuesto de hecho excepcional que derive en mantener plenamente vigente el ordenamiento jurídico ordinario que, como mencionamos *supra*, no brinda al Estado las herramientas necesarias para atender la emergencia, lo que podría traer como consecuencia que se agrave la crisis y, con ello, la afectación del interés general que las autoridades estatales están llamadas a proteger.

Téngase como ejemplo reciente de esta posibilidad el manejo de la COVID-19 en México y Nicaragua, donde la pande-

---

múltiples particulares que componen la sociedad a la entelequia o ficción denominada Estado, por medio de [sic] llamado Pacto Social" (Carrillo Artiles 2001).

mia se caracterizó por la ausencia de declaratorias de estados de excepción o de naturaleza similar y, por consiguiente, de medidas sanitarias extraordinarias tales como lo fueron, en otros Estados, la restricción de la libertad de tránsito y de reunión, a fin de evitar las aglomeraciones de personas y que aumentara el número de portadores del virus SARS-CoV-2 (von Bogdandy, Casal Hernández, y Morales Antoniazzi 2021, 45–74).

Producto de lo anterior, México fue uno de los países con mayor número de contagiados durante la pandemia COVID-19 mientras que, en Nicaragua, la Comisión Interamericana de Derechos Humanos y su Relatoría Especial sobre Derechos Económicos, Sociales, Culturales y Ambientales manifestaron "su preocupación por la respuesta del Estado de Nicaragua a la pandemia del COVID-19", vista la "[a]usencia de medidas de parte [del] Gobierno (...) en un contexto en que persiste la crisis de derechos humanos, iniciada en abril de 2018", recordando la Comisión que "la falta de adopción de medidas (...) podrían poner en riesgo la vida, la salud y la integridad de sectores importante de la población. Derechos que (...) el Estado de Nicaragua tiene la obligación internacional de proteger" (Sira Santana 2022b, 126–36).

Por otro lado, una respuesta sumamente activa por parte de las mencionadas autoridades podría devenir en violaciones a los derechos humanos, fundamentales o constitucionales de la población[2] –aun cuando ellas se justificaran en la idea de

---

2 Como se recordará, la diferencia entre estos radica en que los derechos humanos se basan en la idea de la dignidad, universalidad y el estado de naturaleza como categoría propia del Derecho Internacional Público, en tanto los derechos fundamentales versan sobre "el reconocimiento y garantía de estos derechos, u otros considerados trascendentales en una comunidad política determinada, en el plano constitucional", reservándose la expresión derechos constitucionales para aquellos "consagrados en un instrumento o instrumentos normativos del máximo rango, que integran la Constitución de un país", sin ser relevante el motivo por el cual se les concedió tal jerarquía (Casal Hernández 2020b, 17–22). En el mismo sentido se pronuncia Antela Garrido (2008) al plantear que la primera denominación se usa en el Derecho Internacional y la segunda en el Derecho Constitucional,

evitar un mayor perjuicio– e, inclusive, en la imposición de un nuevo orden sociopolítico en desconocimiento de aquel que se pretende defender.

A modo de ejemplo, también bajo el escenario de la COVID-19, traemos a colación el caso de Venezuela donde el decreto de estado de alarma incluyó "cláusulas indeterminadas a fin de facultar a los órganos de seguridad para practicar la 'inspección de personas, vehículos o establecimientos' u otras 'medidas inmediatas' (...) sin una válida restricción de garantías" (von Bogdandy, Casal Hernández, y Morales Antoniazzi 2021, 72), y el impacto que las medidas asumidas ante la pandemia tuvo en las votaciones de cargos de elección popular y referendos constitucionales en más de 160 países (Instituto Internacional para la Democracia y Asistencia Electoral 2020).

De ahí que la doctrina afirme que, si bien "el poder del Estado se encuentra limitado en su actividad" como consecuencia de las garantías ciudadanas y que en "épocas normales este libre desarrollo es la razón misma de su existencia", en "períodos críticos importa revertirlo de una fuerza mayor y de más eficacia y celeridad a sus actos", por lo que "aparece la necesidad de limitar o suspender las garantías de los individuos" por parte del Poder Ejecutivo, que se dota de facultades legislativas sin que tampoco pueda desconocer los derechos fundamentales (Ruggeri Parra 1953, 67 y 108).

Es bajo esta premisa que surge la necesidad de un Derecho de excepción que, si bien dota a la autoridad de poderes especiales para atender el problema extraordinario que se le presenta, del mismo modo, acota dicho poderío que en ningún momento podrá argüirse como un título que le permita abstraerse del Estado de Derecho pues, muy por el contrario, dicha autoridad deberá ceñir su conducta a una versión diferente

---

"siendo posible sostener (...) que derechos fundamentales designa a los derechos garantizados por la Constitución, y derechos humanos a los derechos garantizados por tratados internacionales, resguardando en ambos casos los mismos valores, siempre considerados esenciales para la convivencia humana".

del mismo –excepcional, si se quiere, pero Estado de Derecho al fin[3]–, que ajustará el poder y otorgará las facultades que se requieran para poner fin a la crisis o, al menos, hacerla manejable conforme con el ordenamiento jurídico ordinario.

Es decir, que el Derecho de excepción –y con él, los estados de excepción– no supone la ausencia de normas y del sometimiento de la autoridad al Derecho sino, más bien, la implementación temporal de un ordenamiento jurídico paralelo, reconocido por el ordenamiento jurídico ordinario, con normas y controles propios a fin de evitar la arbitrariedad y el abuso del poder[4].

---

3 Sobre la definición de Estado de Derecho véase, entre otros La Roche (1988, 383) y Delgado (2008, 18). El primero indica que en él "desaparece la arbitrariedad" visto que los "órganos obran conforme a reglas preexistentes, generales y precisas, cuyo cumplimiento es obligatorio, no sólo para gobernados, sino también para gobernantes", mientras que el segundo manifiesta que por este se entenderá aquel "a) cuyos órganos se encuentran sometidos a normas jurídicas preestablecidas; b) que es regido por el principio de la soberanía de la ley; c) que garantiza las libertades individuales básicas y un grado importante de certeza jurídica; d) en el que prevalece la división e independencia de los poderes públicos; y e) cuya voluntad es conformada por la participación de los ciudadanos directamente o por medio de representantes".

4 Ejemplo práctico de esta afirmación lo encontramos en el fallo de la Corte Primera de lo Contencioso Administrativo del 20-02-1986 (Magistrado Ponente: Román J. Duque Corredor) en donde se asentó que "[t]ampoco estima la Corte procedente el criterio esbozado (...) que no pudo haber violación de la garantía de la libertad económica, porque ésta está suspendida desde 1962, y a este respecto puede afirmarse que la suspensión de dicha garantía no significa que los organismos administrativos puedan establecer libremente cualquiera limitación a dicha voluntad, sino que, no obstante la suspensión de aquella garantía, sigue teniendo vigencia la reserva legislativa en esta materia, en el sentido de que sólo por acto de rango legal, puede limitarse tal garantía, por ejemplo, por un acto de jerarquía de ley, pero jamás la suspensión de aquella garantía económica puede justificar que cualquier organismo público por un acto de carácter sublegal restrinja o limite dicha libertad" (Ramos Fernández 1986, 88-89). En sentido similar véase el fallo del 07-05-1987 de la misma Corte (Magistrado Ponente: Hildegard Rondón de Sansó) donde se sostuvo que "[n]o puede considerarse que la restricción de las garantías económicas constituya la derogación de las disposiciones constitucionales y de las leyes sobre la mate-

Estos planteamientos son recogidos en el numeral 7 del artículo 236 de la CRBV, conforme con el cual "[s]on atribuciones y obligaciones del Presidente o Presidenta de la República: (...) 7. Declarar los estados de excepción y decretar la restricción de garantías en los casos previstos en esta Constitución"; lo cual, según el primer aparte del mismo artículo, debe ocurrir en Consejo de Ministros.

Se trata de una competencia de suma relevancia para la vida en sociedad y que deriva del hecho que, si bien los individuos hemos acordado dotarnos de un ordenamiento jurídico que regula la conducta de todos por igual –con inclusión, claro está, del propio Estado[5]– bajo condiciones de normalidad, es un hecho que, como ya dijimos, esa normalidad puede verse vulnerada por circunstancias extraordinarias que quebranten el orden mencionado, resultando el ordenamiento insuficiente para hacerles frente e ineficaz para salvaguardar la integridad del Estado y de los elementos que lo conforman (como se recordará: su población, su territorio y el poder que en él se ejerce).

Ante esta situación, como tendremos oportunidad de desarrollar en el curso de la investigación, los estados de excepción se configuran como "la respuesta del ordenamiento jurídico frente a esa realidad que se escurre entre los preceptos legales del derecho común" (Casal Hernández 1993, 22), y que, en definitiva, pretenden lograr un equilibrio entre (i) la necesidad de dotar a las autoridades públicas de poderes especiales para que puedan responder correctamente al problema extraordinario que se les presenta, por un lado, y, por el otro,

---

ria, en forma tal que no puedan hacerse valer los derechos que las mismas acuerdan, ya que lo fundamental del régimen es la posibilidad de que se legisle por decretos que son normas de ejecución inmediata de la Constitución" (Ramos Fernández 1987, 125).

5 Entendemos por este, según sostuvimos en otra oportunidad, "una organización que agrupa a los individuos de un mismo territorio y que establece de forma soberana –más no exenta de limitaciones– quiénes detentan el Poder y bajo qué parámetros habrán de ejercerlo, así como los mecanismos con los que cuenta su población para controlar tal ejercicio y garantizar su subsistencia" (Sira Santana 2019b, 124–54).

(ii) la necesidad de que tal poderío esté limitado, a fin de evitar que la excepción sirva de pretexto para ignorar los principios propios de todo Estado de Derecho y se favorezca la instauración de regímenes arbitrarios, autoritarios o tiránicos que sean contrarios al orden sociopolítico que, supuestamente, el Ejecutivo Nacional pretende defender con la declaratoria de excepción[6].

Es en desarrollo de esta idea que, cuando revisamos la CRBV, hallamos en sus artículos 337 a 339 que el constituyente precisó -por ejemplo- (i) quién podría decretar los estados de excepción (únicamente el Presidente de la República en Consejo de Ministros, como ya dijimos); (ii) cuándo se pueden decretar los estados de excepción (al existir "circunstancias de orden social, económico, político, natural o ecológico, que afecten gravemente la seguridad de la Nación, de las instituciones y de los ciudadanos" que hagan "insuficientes las facultades de las cuales se disponen para hacer frente a tales hechos", de acuerdo con el artículo 337 constitucional); y (iii) cómo se pueden decretar los estados de excepción (dando cumplimiento a "las exigencias, principios y garantías establecidos en el Pacto Internacional de Derechos Civiles y Políticos y en la Convención Americana sobre Derechos Humanos", así como sometiendo el decreto en cuestión a un control político por parte de la Asamblea Nacional y otro de carácter jurídico, frente a la TSJ/SC, como dispone el artículo 339 *ejusdem*).

Concatenado con lo anterior, en el artículo 338 el constituyente clasificó a los estados de excepción en cuatro tipos (a saber: de alarma, de emergencia económica, de conmoción

---

6 *Cfr.* García-Pelayo (2005, 162-63), para quien aunque "toda normatividad supone una normalidad", pues "no hay norma aplicable a un caos", y "la posibilidad de la vigencia del Derecho está condicionada por una situación social estable, es decir, por una situación en la que se dan los supuestos sobre los que se edificó la normatividad jurídica en cuestión", a fin de evitar que producto de una emergencia se tomen medidas que contraríen el marco jurídico, "[e]l Estado de Derecho lleva en su propia dialéctica la necesidad de un derecho excepcional, es decir, prever la excepción y normativizar la misma excepción", por lo que la excepción "debe encuadrarse en el marco y en los términos de la ley".

interior y de conmoción exterior) y brindó ciertas luces sobre cuándo podría declararse cada uno de ellos; si bien lo hizo de un modo que se presta a ambigüedades y parece contradecir –al menos preliminarmente– la idea de límites y controles que hemos indicado debe caracterizar al Derecho de excepción, como tendremos oportunidad de desarrollar.

En todo caso, es justamente en ese artículo 338 de la CRBV que encontramos a los estados de excepción por emergencia económica cuando, en su primer aparte, indica que "[p]odrá decretarse el estado de emergencia económica cuando se susciten circunstancias económicas extraordinarias que afecten gravemente la vida económica de la Nación. Su duración será de sesenta días prorrogables por un plazo igual".

De la lectura del artículo citado surgen dos interrogantes que el constituyente no responde: (i) ¿Qué constituye una circunstancia económica extraordinaria?; y (ii) ¿Cuándo se afecta gravemente la vida económica de la Nación?, a lo que podríamos agregar una tercera pregunta que antecede a la anterior: (iii) ¿Qué es la vida económica de la Nación?

Nótese que somos conscientes que la propia calificación de estas circunstancias como extraordinarias[7] es ajena a la idea de su previsibilidad[8], por lo que resulta entendible que una disposición como la citada deje cierto margen de interpretación en pro de la viabilidad de la declaratoria de excepción, visto que una regulación taxativa o sumamente restrictiva podría hacer a la institución inoperativa.

No obstante, dada las consecuencias que pueden derivarse de estas declaratorias al servir de títulos habilitantes para que el Presidente de la República restrinja temporalmente las ga-

---

7 De acuerdo con el Diccionario de la Lengua Española, entiéndase por esta, en su primera acepción, algo "[f]uera del orden o regla natural o común" (Real Academia Española 2022d).

8 Según el diccionario citado en la nota al pie anterior, entiéndase por esta la "[c]ualidad de previsible" (Real Academia Española 2022h) o, en consecuencia, "[q]ue puede ser previsto o entra dentro de las previsiones normales" (Real Academia Española 2022i).

rantías consagradas en el texto constitucional a tenor del artículo 337 de la CRBV, y siendo una realidad que –como ha afirmado el foro– la vaguedad en el uso del lenguaje "convierte la certeza del derecho en una fantasía" que "no le deja saber a los ciudadanos qué es exactamente lo que las normas ordenan o prohíben ni cuáles son los límites precisos de sus derechos subjetivos", transformándose el ordenamiento jurídico en "una abigarrada masa de artículos susceptibles de servir de fundamento para cualquier decisión" (Delgado 2012, 39), resulta claro que los términos del primer aparte del artículo 338 de la CRBV, cuando se refiere a la emergencia económica, representan un problema para la seguridad jurídica en general y la garantía de los derechos individuales en particular, al no poder extraerse del mismo, con total certeza, cuándo el Presidente de la República podría dictar un estado de excepción por emergencia económica, y mucho menos qué efectos causaría tal declaratoria.

Esta situación, de por sí preocupante, solo se agrava cuando constatamos que la LOEE, que según el último aparte del artículo 338 de la CRBV "regulará los estados de excepción y determinará las medidas que pueden adoptarse con base en los mismos", prácticamente nada aporta a lo ya dicho por el constituyente en lo que a supuestos de hecho y consecuencias jurídicas de la emergencia económica se refiere[9], por lo que las interrogantes planteadas *supra* –como se recordará: ¿qué

---

[9] Ténganse como muestra de lo anterior los artículos 10 a 12 de la LOEE –todos del Capítulo II ("Del estado de emergencia económica") de su Título I ("De los diversos estados de excepción y sus disposiciones comunes")– que son del siguiente tenor: "Artículo 10. El estado de emergencia económica podrá decretarse cuando se susciten circunstancias extraordinarias que afecten gravemente la vida económica de la Nación"; "Artículo 11. El decreto que declare el estado de emergencia económica dispondrá las medidas oportunas, destinadas a resolver satisfactoriamente la anormalidad o crisis e impedir la extensión de sus efectos"; y "Artículo 12. El Presidente de la República, en Consejo de Ministros, podrá decretar el estado de emergencia económica en todo en parte del territorio nacional. Su duración será hasta sesenta días, prorrogable por un plazo igual, de conformidad con la Constitución de la República Bolivariana de Venezuela y la presente ley".

constituye una circunstancia económica extraordinaria? y ¿cuándo se afecta gravemente la vida económica de la Nación?, a las que sumamos ahora ¿qué medidas pueden tomarse en el marco de una circunstancia económica extraordinaria?- permanecen sin una respuesta de carácter normativo y hacen necesario acudir a la doctrina y la jurisprudencia para acercarnos a una solución, tal como haremos en el curso de nuestra investigación.

A pesar de lo anterior, somos del criterio que un ejercicio descriptivo limitado a dar respuesta a estas interrogantes con base en las fuentes mencionadas pecaría de insuficiente ya que no atendería a lo que, consideramos, constituye el *quid* del asunto. A saber: precisar si las declaratorias de emergencia económica como categoría del estado de excepción son, *stricto sensu*, cónsonas con los principios del Derecho de excepción y del Estado de Derecho.

En otras palabras, nos preguntamos: ¿una "emergencia económica" reviste la fuerza necesaria para hacer de lado al ordenamiento jurídico ordinario y dar paso al Derecho de excepción, o la posibilidad de tal declaratoria es más bien una construcción normativa que sienta las bases para el abuso del poder y, con él, el desconocimiento de los derechos fundamentales que los estados de excepción buscan salvaguardar al preverse estos como un orden jurídico especial, paralelo, necesario, proporcional y temporal?

Nótese que hemos dicho que el Derecho de excepción -y, por ende, la declaratoria de una emergencia económica- busca atender a una "realidad que se escurre entre los preceptos legales del derecho común" (Casal Hernández 1993, 22) al ser este último insuficiente para controlarla en su totalidad o, al menos, hacerla manejable, como podría ocurrir en caso de una catástrofe derivada de fenómenos naturales o humanos tal como los terremotos, las pandemias o los conflictos armados que pongan en vilo los derechos e intereses de la sociedad.

Ninguno de estos casos -consideramos- genera en principio dudas sobre la conveniencia de que se recurra al Derecho de excepción para darles respuesta. No obstante, no ocurre así en materia de emergencias económicas pues sus causas son más confusas y suelen estar vinculadas, en nuestro criterio, con supuestos de hecho que deben atenderse de forma preventiva o reactiva de acuerdo con el Derecho ordinario –en contraposición al Derecho de excepción– o que derivan de una errada política y regulación económica-financiera por parte del Estado, por lo que dotar al mismo de poderes extraordinarios no haría más que acrecentar la crisis; aunado a la siempre presente posibilidad de que el Ejecutivo Nacional promueva conscientemente la inestabilidad económica con el único objetivo de justificar la posterior adopción de medidas extraordinarias para dar respuesta al problema por él generado, restringiendo en el camino las garantías de aquellos derechos que resulten *incómodos* o *inoportunos* para su plan de gobierno.

El razonamiento anterior, que podría parecer una hipótesis o *caso de laboratorio*, invita a la reflexión cuando vemos que en Venezuela el Ejecutivo Nacional dictó ocho declaratorias de emergencia económica en la frontera colombo-venezolana durante el segundo semestre del año 2015 para, de seguida, hacer lo propio a nivel nacional desde enero de 2016 hasta mayo de 2021, a través de múltiples y sucesivas prórrogas que atentaron contra los principios de necesidad, proporcionalidad y temporalidad del Derecho de excepción y cuya finalidad, lejos de ser el garantizar "la seguridad de la Nación, de las instituciones y de los ciudadanos" como lo exige el artículo 337 de la CRBV, tendió fue al desconocimiento del Poder Legislativo al instrumentalizar la supuesta emergencia económica para vaciar de competencias a la Asamblea Nacional –para entonces, opositora a la fuerza política dominante– y fortalecer al Ejecutivo Nacional, como tendremos oportunidad de desarrollar.

Con motivo de lo anterior, y a fin de dar respuesta a las interrogantes planteadas, en el curso de nuestro trabajo de investigación no solo analizaremos la evolución histórico-normativa de los estados de excepción y de la emergencia económica para conocer cómo la misma ha calado en el ordenamiento jurídico venezolano, sino que precisaremos cómo estas disposiciones constitucionales fueron invocadas en la práctica, centrando nuestro estudio en las declaratorias de emergencia económica dictadas por el Presidente de la República durante la vigencia de la CRBV, sin perjuicio de que se realicen comentarios generales sobre algunas declaratorias previas.

Ello en el entendido que todo estudio sobre las instituciones del Derecho Constitucional que tenga cierto ánimo de exhaustividad no debe quedarse únicamente en el examen del texto constitucional vigente, sino que debe incluir, a su vez: (i) el contexto que motivó la inclusión de tales postulados en la Carta Magna, lo que en nuestro caso nos llevará a la revisión de los diarios de debate de la Asamblea Nacional Constituyente de 1999, así como los antecedentes constitucionales ya mencionados y que en materia de Derecho de excepción se remontan a la Constitución de 1811; y (ii) cómo tales disposiciones son interpretadas y aplicadas en la práctica, como tendremos ocasión de desarrollar al pronunciarnos sobre la emergencia económica en la frontera colombo-venezolana (2015-2016) y la emergencia económica en todo el territorio nacional (2016-2021), en cuanto a sus decretos, el control sobre los mismos y las medidas que se tomaron gracias a ellos.

Finalmente, con base en este estudio histórico-normativo y teórico-práctico, buscaremos responder a la interrogante de si las declaratorias de estados de excepción por emergencia económica, como las que se dictaron en Venezuela durante el período 2015-2021, responden a los principios que rigen al Derecho de excepción como parte integrante del Estado de Derecho, o si, por el contrario, resulta prudente reformar o suprimir tal emergencia como una de las categorías del Derecho de excepción en una eventual reforma constitucional, a fin de fortalecer el sistema de garantías y libertades individuales y reducir la posibilidad de que el Derecho de excepción se tergiverse para favorecer el abuso de poder, como suele ocurrir en democracias débiles como la nuestra.

Es con motivo de lo anterior que consideramos que el tema seleccionado reviste especial relevancia para el estudio del Derecho Constitucional ya que, si bien existe cierta bibliografía nacional sobre los estados de excepción en general –la mayoría de ella de reciente data en virtud de las diversas emergencias económicas declaradas desde el año 2015 en Venezuela o con motivo de los estados de alarma ante la COVID-19 desde el año 2020 (Brewer-Carías y García Soto 2020)–, el grueso de estas obras se limitan a comentar la inconstitucionalidad de las declaratorias por razones que no serán ignoradas en nuestra investigación, sin que haya un análisis de fondo sobre sus fundamentos teóricos y la compatibilidad –o incompatibilidad– de las declaratorias de emergencia económica *stricto sensu* con los principios que rigen al Derecho de excepción como parte integrante del Estado de Derecho.

En este sentido, al hallarnos frente a una institución (los estados de excepción por emergencia económica) que está regulada en el Derecho vigente y que se materializa cuando el Presidente de la República en Consejo de Ministros considera oportuno acudir a la misma a tenor de los artículos 337 y 338 de la CRBV –claro está, siempre que se cumplan los requisitos y límites que el constituyente y el legislador previeron al respecto, pero que como veremos en el curso de la investigación y hemos adelantado resultan insuficientes–, nos encontramos ante una normativa constitucional que puede afectar el normal desenvolvimiento de la sociedad venezolana, las instituciones del Estado y la relación entre ambos, por lo que no dudamos de la importancia de su estudio a fin de determinar en qué medida la posibilidad de que el Presidente de la República pueda declarar una emergencia económica tiende a la efectiva protección del Estado, sus instituciones y los ciudadanos que hacen vida en el mismo, o si, más bien, tales declaratorias constituyen una *Espada de Damocles* que pone en vilo los derechos e intereses de quienes el Estado está llamado a proteger, sin mayor posibilidad de control por parte de los eventuales perjudicados.

Lo narrado –que, por sí solo, consideramos justificaría suficientemente la importancia del estudio que nos proponemos– es complementado por el hecho que, cuando nos apartamos de un enfoque netamente teórico o normativo-doctrinal del tema seleccionado y nos adentramos en el mundo de las realidades, podemos apreciar que los riesgos advertidos no son de carácter hipotético, pues ha sido una constante en nuestra historia contemporánea -inclusive, con anterioridad a la CRBV (Crazut 1994; Grisanti Luciani 1993)- que el Ejecutivo Nacional acuda a las declaratorias de emergencias económicas de forma laxa para promover políticas públicas que no parecen corresponderse con los principios que rigen el Derecho de excepción -a saber: su necesidad, proporcionalidad y temporalidad, como tendremos oportunidad de profundizar- y que, más bien, pretenden es hacer de lado al ordenamiento jurídico ordinario y los derechos y garantías individuales que el mismo prevé, transformándose la excepción en la regla y los derechos en meras expectativas.

Lo anterior deriva del hecho que, al evaluar los supuestos fácticos que dieron pie a las emergencias económicas declaradas durante el período 1999-2021 y las medidas que se adoptaron con base en las mismas podemos constatar que tales circunstancias -según desarrollaremos en el curso de la investigación- o bien debieron ser atendidas de acuerdo con el Derecho ordinario -lo que hacía innecesario acudir al Derecho de excepción- o se trató de crisis provocadas por el propio Ejecutivo Nacional como parte de la implementación de una política económica-financiera ineficaz; siendo el caso que los percances económicos derivados de catástrofes naturales -piénsese por ejemplo en los daños a la economía mundial causados por la COVID-19- habían de atenderse como parte de los estados de alarma, cuyos supuestos de hecho tienden a una mayor objetividad y evitan el abuso del poder en desmedro de los derechos individuales, si bien tampoco están exentos de amplias zonas grises, como ya ha sido tratado por el foro (von Bogdandy, Casal Hernández, y Morales Antoniazzi 2021; Brewer-Carías y García Soto 2020; Sira Santana 2020d).

De este modo, somos del criterio que la correcta conceptualización del Derecho de excepción y la determinación de si las emergencias económicas constituyen en realidad un supuesto de hecho que amerita la declaratoria de estados de excepción, así como el estudio de estas declaratorias posteriores a la CRBV como manifestaciones prácticas de tal previsión constitucional, permitirá concluir de forma objetiva si estas declaratorias cumplen con los principios comentados *supra* -en cuyo caso, habría es de precisarse sus caracteres por vía constitucional, legislativa o en su defecto jurisprudencial para que no derive en arbitrariedades- o si, por el contrario, las declaratorias son violatorias de los mismos y habría de evaluarse su supresión del texto constitucional; contribuyéndose, en ambos casos, a reforzar las previsiones constitucionales en materia de estados de excepción y, con ello, el sistema de garantías y libertades previsto en el mismo texto.

A ello dedicaremos las próximas páginas.

CAPÍTULO I: EL ORIGEN Y LA EVOLUCIÓN HISTÓRICA DEL DERECHO DE EXCEPCIÓN

Iniciaremos este Capítulo con una interrogante: ¿Es el Derecho de excepción y la idea de sus límites con ocasión del Estado de Derecho una novedad del foro jurídico frente a casos recientes como la pandemia de la COVID-19, o se trata de postulados que podemos encontrar a lo largo de la historia occidental, retrotrayéndonos incluso a la Edad Antigua?

Para dar respuesta a esta pregunta, que sirve de introducción a nuestra investigación, hemos de recordar que el estudio de las instituciones jurídicas va de la mano con su historia. Así se aprecia desde los propios pensum de la carrera de Derecho en el pregrado -sobre todo, en sus primeros semestres- y los programas de las materias que se imparten en los diferentes postgrados en el área, que dedican parte de sus horas académicas a los antecedentes históricos de los temas que abordan.

En este orden de ideas, los autores destacan que la importancia de conocer la historia del Derecho radica en saber cuáles son los hechos y sistemas normativos de otrora que han influido considerablemente en el curso general de nuestras instituciones jurídicas (García Máynez 2002, 160-62); no solo porque ello nos permite realizar ejercicios de interpretación histórica de las normas, sino para internalizar su origen y evolución, en el sentido de tener presente qué vicios se constataron en el pasado que hicieron necesarias reformas legislativas o constitucionales, deseosamente para mejor si bien se sabe que en más de una ocasión estos cambios han ocurrido a la inversa, como veremos en el Capítulo II al profundizar en la historia constitucional venezolana. A fin de cuentas, como es común escuchar en el argot popular, "quienes no recuerdan su pasado están condenados a repetirlo" (Santayana 1920, 284, traducción nuestra).

En breve: la historia del Derecho pone "de manifiesto los acontecimientos de producción y modificación del derecho en su propia individualidad real: ofrecerá la película del desenvolvimiento del derecho encajado en el resto de los hechos históricos" (García Máynez 2002, 162, citando a Recaséns Siches), evitándose de esa forma limitar el Derecho a un mero análisis de disposiciones normativas vigentes.

Es con motivo de lo anterior que, antes de abocarnos al Derecho que hoy en día rige a los estados de excepción en Venezuela, dedicaremos este Capítulo a conocer los orígenes históricos de los estados de excepción en la cultura occidental –apuntamos, sin ánimos de exhaustividad al no ser el foco de nuestra investigación y servirnos es de marco referencial–, a fin de extraer de este decurso histórico las circunstancias de hecho que a lo largo de los años se han vinculado con esta institución, y los principios y límites que la rigen; aspectos todos que resultan de suma relevancia para el correcto abordaje del tema de estudio seleccionado y que denotan desde temprana edad los problemas a los que nos enfrentamos.

Así, al ser una realidad que el Derecho de urgencia ha estado presente en las sociedades políticamente organizadas incluso antes de que se acuñara el término de Estado para identificarlas[10], resulta prudente que nos retrotraigamos algunos siglos para conocer los inicios de la institución sobre la cual versa esta investigación.

En tan sentido, dividiremos este Capítulo en cuatro etapas propias de la periodización como campo de las ciencias socia-

---

10 Recuérdese que el vocablo "Estado" fue incorporado en el léxico jurídico-político en el siglo XVI cuando Maquiavelo, en su obra "El Príncipe", afirmó que "[l]os estados y soberanías que han tenido y tienen autoridad sobre los hombres, fueron y son, o repúblicas o principados" (Maquiavelo 1971, 305). Lo anterior, no obstante, no equivale a sostener que antes del mencionado autor no había Estado, pues la realidad por él descrita existía con otro nombre (Naranjo Mesa 2003, 77–78).

les. A saber: la Edad Antigua, la Edad Media, la Edad Moderna y la Edad Contemporánea.

I. LA EDAD ANTIGUA

El Derecho de excepción halla su antecedente más remoto en el Derecho Romano. Particularmente en la dictadura, consistente en palabras de Schmitt (1968, 33–34) en que un magistrado nombrado por el Cónsul –y a solicitud del Senado– gozaba de un "poder ilimitado sobre la vida y la muerte" para enfrentar una situación de peligro que para su control requería de un *imperium* extraordinariamente fuerte y que hacía recomendable que tal sujeto "no estuviera obstaculizado, como el poder de los cónsules, por la colegialidad, por el derecho de veto de los tribunos de la plebe y la apelación al pueblo".

En este sentido, continua Schmitt (1968, 34 y 37), el magistrado "[n]o estaba ligado a las leyes" y quedaba facultado –entre otros– para celebrar asambleas populares, hacer la guerra y reprimir rebeliones internas por un plazo de hasta seis meses, siendo lo común que los poderes cesaran con anterioridad, una vez la situación era controlada, visto que "el dictador no es un tirano y la dictadura no es algo así como una forma de dominación absoluta, sino un medio peculiar de la Constitución republicana para preservar la libertad"[11]; aun cuando, como lamentablemente suele ocurrir con los temas jurídicos, la práctica no siempre fue de la mano con la intención de la norma[12].

---

11 Al respecto, Schmitt sigue a Maquiavelo para concluir que "el dictador puede (...) adoptar todas las disposiciones, sin estar sujeto a la intervención consultiva ni deliberativa de ninguna otra autoridad (...), e imponer penas con validez jurídica inmediata. Pero hay que distinguir todas estas facultades de la actividad legislativa. El dictador no puede modificar las leyes existentes, no puede derogar la Constitución ni la organización de los poderes públicos, ni hacer leyes nuevas (...). Las autoridades regulares siguen existiendo en la dictadura (...) como una especie de control".

12 En este aspecto, el foro compara el caso de Cincinato –que "con total convicción del alcance de las dos dictaduras que le confiriera el Senado, una vez superadas las emergencias, se apartó de los poderes y fa-

En breve, el dictador era un "magistrado único, supremo y extraordinario, que sustituye a los cónsules en momentos de grave peligro para la República, sea por guerras internas o exteriores" (Iglesias 2004, 17).

De ahí que la dictadura como antecedente del estado de excepción no equivalía al sentido autocrático que se le reconoce hoy en día al término, como poder con un solo detentador y exento de controles efectivos, ya que la dictadura constitucional basada en la institución romana "sólo debe y puede servir para el mantenimiento de la constitución" (Loewenstein 1979, 51 y 289)· que le sirve de marco, control y límite incluso ante la emergencia.

Como planteó Schmitt (1968), se distingue entonces entre la dictadura comisarial que nace de una Constitución preexistente y persigue su defensa, por lo que el poder excepcional de la autoridad es limitado en cuanto a tiempo y alcance (lo que hoy equivaldría al Derecho de excepción); y la dictadura soberana, que no apela a dicho texto preexistente sino al que va a imprentar de forma revolucionaria, contando la autoridad con un poder supremo o absoluto, y que resulta más cercano a la idea del Poder Constituyente.

No obstante lo dicho, dados los abusos de los dictadores romanos y la creciente oposición a la institución al Senado poder usarla fácilmente para suprimir las libertades del *populus*, con el paso del tiempo la dictadura cayó en desuso y fue sustituida por el *senatus consultum ultimum* (Bonner 1922, 146-47, traducción nuestra), consistente en "una decisión del Senado que autorizaba al cónsul a hacer lo que considerara necesario para proteger a la república y para erradicar la amenaza que se cernía sobre ella", con la particularidad de que las medidas

---

cultades extraordinarias que se habían otorgado"- con el de Sila, "quien habiendo sido designado también dictador, fue el agente de uno de los primeros golpes de Estado en la historia, desviando el concepto y alcance de lo que debía entenderse como dictadura, ejerciéndola de manera ilimitada y prácticamente manipulando la existencia del propio estado de emergencia para permanecer en el ejercicio ilimitado del poder" (Hung Cavalieri 2016, 358-59).

implementadas por el cónsul quedaban sometidas a una evaluación posterior por parte del Senado, a diferencia de lo que ocurría en la dictadura donde tal fiscalización no era posible (Rosenkrantz 2019, 269).

Así, el *senatus consultum ultimum* ocurría cuando, en casos de "grave peligro", el Senado confería "el poder único y absoluto a los cónsules, suspendiendo todas las garantías constitucionales" (Iglesias 2004, 17–18).

De esta forma, a pesar de los riesgos advertidos y de cierta forma atenuados con el *senatus consultum ultimum*, la doctrina apunta que desde la propia dictadura romana pueden observarse algunos de los principios que caracterizan al Derecho de excepción, tales como:

> ...que éste no es más que un instrumento del cual se sirve el cuerpo político para asegurar su salud y conservación; que para dominar las situaciones extraordinarias es fundamental la existencia de una unicidad en la decisión y el mando; que debe haber una proclamación de la entrada en funcionamiento de los poderes de excepción, y que éstos deben tener un límite material y temporal de duración (Casal Hernández 1993, 26).

Todos estos principios se han trasladado al Derecho venezolano vigente, como tendremos oportunidad de comentar más adelante al estudiar lo referido a la necesidad, proporcionalidad y temporalidad de los estados de excepción en el Capítulo IV de este trabajo.

II. LA EDAD MEDIA

La dualidad entre el Derecho ordinario y el Derecho de excepción vista en la antigüedad también la hallamos presente en la Edad Media, constatándose que, "según la opinión común de los juristas medievales, cuando concurrieran juntas la *ratio* y la *necessitas* era lícito tomar ciertas medidas que contradijeran determinados preceptos o principios jurídicos o que lesionaran derechos adquiridos", configurándose así "*mutatis mutandis* lo que el estado de excepción en el derecho constitucional moderno, es decir, la suspensión parcial, temporal y excepcional de una parte del orden jurídico para salvarlo en su totalidad" (García-Pelayo 1968, 250–51).

Nótese de esta aproximación doctrinal que, una vez más, encontramos en los orígenes del estado de excepción alusiones a los principios que hoy en día lo siguen caracterizando, como desarrollaremos en esta investigación: la *ratio* –entendida por el autor citado como "la adecuación entre la medida en cuestión y los principios trascendentes que justifican al orden político", lo que podemos vincular con el principio de proporcionalidad (art. 4 LOEE)– y la *necessitas* como "situación verdaderamente excepcional" (García-Pelayo 1968, 250), ligada al principio de necesidad (art. 6 LOEE).

De ahí que se afirme que "[l]a historia medieval de las ciudades del centro y el norte de la península itálica muestra importantes aportes para la configuración del derecho de excepción", constituyéndose el *podestá* en otro ejemplo de ello al confiársele a este magistrado poderes extraordinarios y temporales para hacer frente a alteraciones de la paz interior que no podían ser controladas por el gobierno existente (Casal Hernández 1993, 26)[13].

En todo caso, regresando a la idea de la bifurcación comentada, en la Edad Media podía entonces hablarse de un Derecho ordinario (*jura imperii*) y un Derecho de excepción (*jura dominationes*), refiriéndose este último a "la asunción de facultades amplias [y] necesarias en momentos de conflictos internos y externos, que tenían una duración limitada (...) en interés de la existencia estatal y de la tranquilidad social" (Fix-Zamudio 2004, 802–3).

Así, esta situación extraordinaria permitía "apartarse del *ius comune*", aun cuando era oportuno recordar que "las atribuciones del soberano, al menos teóricamente, estaban regu-

---

[13] Como curiosidad a destacar, el autor citado precisa que el *podestá* debía ser extranjero –a fin de asegurar su neutralidad– y traía consigo a los servidores y soldados que le acompañarían tanto en la toma de sus decisiones como en su ejecución.

ladas jurídicamente (...) por el *ius especiale*" (Fix-Zamudio 2004, 803).

Lo anterior, sin que puedan considerarse estos límites positivos como una opinión pacífica en el foro pues otros autores sostuvieron en su momento, al estudiar la *jura dominationes*, que "[e]l derecho de excepción solo debe respetar al *jus divinum*; en lo demás, por el contrario, son inoperantes para él todas las barreras jurídicas" (Schmitt 1968, 48), en tanto Clapmarius apuntó que el *ius dominationis* estaba sujeto era al Derecho divino, el Derecho natural y la buena razón del Estado, al calificarse como "un supremo derecho o privilegio instituido para el bien público contra el derecho común y ordinario (...) para conservar y aumentar la república en caso de necesidad" (García-Pelayo 1968, 295).

De este modo, ante la falta de límites precisos, no es de extrañar que la práctica del Derecho de excepción en la Edad Media, al igual que como vimos ocurrió en la Roma antigua, se haya tergiversado en pro de la detentación vitalicia del poder y en abstracción de las cotas que imponía el Derecho para las situaciones de normalidad, dando pie a que la doctrina concluya, correctamente, que "[l]o expuesto corrobora que la ejecución del régimen de la excepción, por más precauciones que normativamente hayan sido tomadas, propende a pervertirse cuando decaen los valores socio-políticos que servían de pilares del sistema político de que se trate" (Casal Hernández 1993, 27).

Téngase como ejemplo de esa perversión y decadencia, para finalizar con esta Edad, lo ocurrido con la Ley Marcial (*Martial Law*) que tuvo su origen en Inglaterra en el siglo XIV y fungía "no como un cuerpo de leyes sustantivas, sino poderes sumarios empleados cuando se suspende el Estado de Derecho ordinario (...) en caso de necesidad", pero que en la práctica se desnaturalizó para juzgar a todo aquel que el monarca considerara rebelde o traidor, y así asegurar su posición en el reino (Capua 1977, 152, traducción nuestra), dando luego paso a la *Riot Act* como instrumento de represión contra alteraciones del orden público interno con la misma finalidad de que la autoridad se mantuviese en el ejercicio del poder (Casal Hernández 1993, 31).

III. LA EDAD MODERNA

Abandonada la Edad Media y adentrándonos en la Edad Moderna, particularmente en la etapa conocida como del Antiguo Régimen (*Ancien Régime*), podemos apreciar que los abusos del Derecho de excepción se mantuvieron en el tiempo, visto que:

> El Estado sacudido por las luchas de estamentos y de clases se encuentra, con arreglo a su constitución, en un estado permanente de excepción y su derecho es, hasta en su último elemento, un derecho de excepción. Quien domine al estado de excepción, domina con ello al Estado, porque decide cuándo debe existir este estado y qué es lo que la situación de las cosas exige (...). Donde todo depende del estado de cosas concreto y del éxito concreto a alcanzar, la diferenciación entre lo justo y lo injusto se convierte en una formalidad inútil (Schmitt 1968, 49-50).

En otras palabras, producto de las revueltas sociopolíticas de la época, el Derecho de excepción pasó a considerarse -de hecho- como el Derecho ordinario, ya que el objetivo de los gobernantes era operar "de manera pragmática" para mantenerse en sus cargos, incluso si las soluciones a las que arribaban no eran cónsonas con el Derecho ordinario de la época (Fix-Zamudio 2004, 803).

Como muestra de lo aquí dicho, el foro menciona a los motines como el clásico caso de conmociones interiores o atentados contra el orden público en el Antiguo Régimen -fuesen estos por motivos de impuestos, hambre o demás situaciones socioeconómicas-, que daban lugar tanto a la actuación preventiva como represiva del Estado (Cruz Villalón 1980, 23-30).

En el primer caso -esto es, la actuación preventiva- la respuesta del Estado versaba sobre evitar que el motín ocurriera, adoptándose en consecuencia las políticas que fuesen necesarias para mantener la paz social, haciéndose todo lo posible para -a modo de ejemplo- lograr un mayor abastecimiento de alimentos o la detención de quienes incitaban la rebelión, hubiese o no fundamento jurídico para ello (Cruz Villalón 1980, 46–58).

En tanto, en cuanto a la represión una vez materializado el motín, dada la falta de fuerzas de orden público y que el ejército estaba movilizado en las fronteras y demás puntos estratégicos, por lo que no podía controlar los conatos que sucedieran a lo largo del territorio, la respuesta estatal terminaba confiándose a la aristocracia feudal o la burguesía, dándose también el caso que la autoridad feudal se veía obligada "a anunciar medidas que eran (...) atribuciones del soberano, como podían ser la suspensión de la recaudación de algunos tributos, la 'baja de la moneda' y el indulto general de los amotinados", todo lo cual escapaba de sus atribuciones ordinarias pero se consideraban necesarias so pena de que las trifulcas aumentaran y, con ello, la estabilidad institucional trastabillara (Cruz Villalón 1980, 30–46).

De este modo se aprecia que, ante la emergencia, la autoridad feudal podía arrogarse competencias que en circunstancias normales correspondían al monarca como soberano, de modo similar a como hoy en día la declaratoria de un estado de excepción permite al Presidente de la República restringir temporalmente garantías constitucionales (art. 337 CRBV), lo que fuera de tal situación excepcional no sería posible al ser esa restricción una competencia del Poder Legislativo –en particular, de la Asamblea Nacional– cuando actúa como representante del pueblo soberano (art. 187 num. 1 CRBV, en concordancia con los arts. 5, 156 num. 32, y 202 *ejusdem*).

En todo caso, esta diferencia entre el soberano y la autoridad la apreciamos en la Edad Moderna también en cuanto a los comisarios de la Iglesia Católica –que durante el Antiguo Régimen contaba con un poder encomiable sobre la sociedad– y que dio paso a los llamados comisarios regios como cargos extraordinarios y provisionales con una misión específica encomendada por el Rey, siendo lo relevante a nuestros efectos que "[l]as comisiones iban acompañadas a menudo de plenos poderes, los cuales se fundamentaban en una autorización regia que habilitaba al comisario para hacer, en caso de necesidad, lo que las circunstancias exigieran" (Casal Hernández 1993, 29).

Así, como se vio en períodos anteriores, es una constante en la historia que ante situaciones que escapaban de la ordinalidad, las autoridades contaban con la posibilidad o bien de asumir poderes extraordinarios o de delegar estos en un tercero con el único objetivo de dar respuesta efectiva y eficiente a la crisis, por lo que una vez solventada la misma era necesario retornar a la normalidad, tal como hoy en día prevé el principio de temporalidad del Derecho de excepción (art. 5 LOEE), que desarrollaremos más adelante en esta investigación.

A continuación, acercándonos al fin de esta Edad, con el advenimiento del constitucionalismo clásico los Estados procuraron desmantelar los procedimientos y las arbitrariedades vividas durante el Antiguo Régimen al incluirse en las Constituciones de los Estados Unidos de América y de Francia:

> ...los lineamientos de las facultades de emergencia, así fueran escuetas, con lo cual principió la constitucionalización de las declaraciones de los estados de excepción, que posteriormente se desarrollaron en la legislación, para hacer frente a las insurrecciones internas y a las amenazas externas (Fix-Zamudio 2004, 803-4).

La primera de las Constituciones indicadas (Estados Unidos de América) previó en 1787 como facultad del Congreso "disponer cuando debe convocarse a la milicia nacional con el fin de hacer cumplir las leyes de la Unión, sofocar las insurrecciones y rechazar las invasiones" (num. 15 de la sección octava del art. 1), en tanto "[e]l privilegio del habeas corpus no se suspenderá, salvo cuando la seguridad pública lo exija en los casos de rebelión o invasión" (num. 2 de la sección novena del mismo artículo) y la Federación protegerá a todos los estados que la conforman "en contra de invasiones, así como contra los disturbios internos, cuando lo soliciten la legislatura o el ejecutivo (en caso de que no fuese posible reunir a la legislatura)" (sección cuarta del art. 4) (National Archives 2022).

Estas disposiciones fueron originalmente complementadas por el Congreso con: (i) La Ley de Milicias de 1792 (*Calling Forth Act*) que, luego de múltiples reformas, dio paso a la Ley de Insurrección de 1807 (*Insurrection Act*) cuyo objeto es permitir que el Presidente de los Estados Unidos de América despliegue tropas militares y a la Guardia Nacional Federal dentro del territorio del Estado para atender casos de desorden civil, insurrección o rebeliones (Vladeck 2007), y, más recientemente, (ii) La Ley de Emergencias Nacionales de 1976 (*National Emergencies Act*), que concede al mismo mandatario poderes excepcionales para atender crisis de la más variada naturaleza (Slater 1977).

En tanto, por lo que respecta a Francia, la cuarta Constitución de este Estado –es decir, la de 1799, siendo las anteriores de los años 1791, 1793 y 1795– "constituyó el precedente de las previsiones constitucionales de suspensión de las garantías que pronto aparecieron en las constituciones europeas del siglo XIX" (Casal Hernández 1993, 36), visto que ese texto dispuso en su artículo 92 que:

> En los casos de rebelión a mano armada, o de desórdenes que amenacen la seguridad del Estado, la ley puede suspender, en los lugares y por el tiempo que ella determine, el imperio de la Constitución. Esta suspensión puede ser declarada provisionalmente en los mismos casos, por una decreto del gobierno, si el cuerpo legislativo no está reunido, siempre que ese cuerpo sea convocado de inmediato por un artículo de ese decreto (Casal Hernández 1993, 36).

De esta forma se buscó hacer frente a "los excesos que se habían realizado durante la revolución francesa, no obstante la regulación de los estados de excepción por diversos ordenamientos expedidos por la Asamblea Nacional, que se referían a la ley marcial y a la patria en peligro" (Fix-Zamudio 2004, 805)[14], a lo que el foro agrega que "[l]a importancia de este artículo es

---

[14] *Cfr.* Cruz Villalón (1980, 128-61), quien detalla el contenido de las *Loi Martiale* de 1789 y 1790 y cómo con ellas se pretendía resolver el problema de que "no hab[ía] legislación alguna con arreglo a la cual emplear la fuerza armada contra los ciudadanos amotinados".

grande (...) como precedente, en su aspecto formal, de la suspensión (constitucional) de garantías, y del estado de sitio (también constitucional)", aun cuando "es incapaz de delimitar concretamente aquellos artículos de la Constitución cuya suspensión requiere la protección extraordinaria del Estado" y "[l]a suspensión de la vigencia de la Constitución es una fórmula demasiado incierta para que pueda ser adoptada por posteriores textos constitucionales" (Cruz Villalón 1980, 288–90).

En todo caso, queda clara la intención de "legitimar la aplicación por las autoridades de medidas extraordinarias" y "refrenar los respectivos poderes", en el entendido que "[d]espués de un periodo en el que se había preferido dejar las medidas de emergencia 'en un terreno de dudosa legalidad', se pasa a su constitucionalización" (Casal Hernández 2020a, 28–29).

Así, los dos antecedentes del constitucionalismo clásico comentados dan fe, una vez más, de que la regulación constitucional del Derecho de excepción suele pecar de insuficiente o vaga "por su propia razón de ser", requiriéndose en consecuencia que sus disposiciones o bien cuenten con mayor precisión en eventuales reformas del texto constitucional y lo aprendido de la práctica constitucional, o sean complementadas por el legislador, tal como de hecho lo prevé la parte *in fine* del artículo 338 de la CRBV al señalar que "[u]na ley orgánica regulará los estados de excepción y determinará las medidas que pueden adoptarse con base en los mismos", teniéndose siempre como objetivo la necesidad de racionalizar el poder del Estado para evitar sus abusos.

IV. LA EDAD CONTEMPORÁNEA

Por último, en lo que concierne a este repaso del Derecho de excepción en la historia, resulta prudente referirnos a cinco momentos temporal y fácticamente separados entre sí que, ligados estrechamente a sucesos históricos de gran relevancia, dejan entrever el deber ser y el ser de la institución estudiada.

En este sentido, en primer lugar tenemos la Constitución de Cádiz de 1812 –la primera de España y con la que, en parte, se pretendió enfrentar las intenciones invasoras de Napoleón

Bonaparte (Congreso de los Diputados, s/f-a)– que, si bien "no se encuentra, (...) entre las principales fuentes de inspiración de nuestras primeras Constituciones" (Casal Hernández 2019, 13)[15], previó en su artículo 308 la posibilidad de que las Cortes de justicia suspendieran "por un tiempo determinado" las formalidades prescritas para el arresto de delincuentes en el Capítulo III (De la administración de justicia en lo criminal) del Título V (De los tribunales y de la administración de justicia en lo civil y en lo criminal) de dicha Constitución, ante "circunstancias extraordinarias (...) en toda la Monarquía o en parte de ella" que atentaran contra "la seguridad del Estado" (Congreso de los Diputados, s/f-b)[16].

A este artículo se agregó el numeral 11 del artículo 172 *ejusdem* conforme con el cual, al establecerse las restricciones de la autoridad del Rey, se especificó que "[s]olo en el caso de que el bien y seguridad del Estado exijan el arresto de alguna persona, podrá el Rey expedir órdenes al efecto", con la condición de que "dentro de quarenta [sic] y ocho horas deberá hacerla entregar a disposición del tribunal o juez competente" (Congreso de los Diputados, s/f-b)[17], lo que la doctrina apunta "es casi calcad[o] por el artículo 126 de la Constitución de Cúcuta

---

15 El autor afirma más adelante que "es posible identificar la ascendencia gaditana de algunas normas de nuestras primeras Constituciones, las cuales son excepciones que confirmarían la regla de la inspiración francesa y norteamericana de nuestro primer constitucionalismo, con la impronta personal de Bolívar distintiva de la Constitución de 1819. No es posible hablar de una influencia general u orgánica ni de un papel arquetípico en las grandes cuestiones de principio cumplido por la Constitución de Cádiz de 1812".

16 *Cfr.* Cruz Villalón (1980, 262-68), donde se detalla que esta disposición fue invocada en 1823, "en un Cádiz sitiado por los franceses, cuando el régimen constitucional está irremisiblemente perdido", y en 1836, "en una situación de guerra civil, en la que ya han hecho su aparición los primeros estados de sitio".

17 *Cfr.* Cruz Villalón (1980, 259), quien señala que aun cuando "se trata de una facultad que hace referencia a un supuesto que se sale de lo ordinario, como manifiestan las palabras 'Sólo en el caso...'; la apreciación de dicho caso es discrecional del monarca", retornándose a la idea de la falta de límites eficaces en el Derecho de excepción.

de 1821, común a Venezuela y a la Nueva Granada, cuando regula las funciones, deberes y prerrogativas del Presidente de la República" (Casal Hernández 2019, 17), a lo que se suma que:

> La Constitución venezolana de 1830 [lo] conservó en parte (...), al regular las facultades extraordinarias del Presidente de la República en casos de conmoción interior a mano armada o de invasión exterior repentina, entre las cuales figuraba la de ordenar, previa autorización del Congreso o del Consejo de Gobierno, comparecencias y arrestos, debiendo poner los detenidos, dentro de tres días, a disposición del juez competente (art. 118, atribución 3°) (Casal Hernández 2019, 17).

De lo anterior se desprende que la detención preventiva gaditana fue uno de los pocos aportes de la Constitución de Cádiz de 1812 al constitucionalismo venezolano y que se mantuvo en nuestras constituciones hasta bien entrado el siglo XX, como retomaremos en el Capítulo II.

En todo caso, de regreso a Europa vemos que a lo largo del siglo XIX el Derecho de excepción continuó estando presente en diferentes Estados, como lo demuestran las ordenanzas de necesidad en Francia y Alemania y los decretos con fuerza de ley en Italia (Casal Hernández 1993, 38-39), lo que no hizo sino aumentar con el estallido de la Primera Guerra Mundial (1914-1918) como segundo suceso histórico de interés en la Edad a la que se refiere este acápite, visto que ella "ensanchó el alcance e hizo habitual el uso de poderes extraordinarios (...) que no siempre tenían sustento en los textos constitucionales, pero fueron a menudo respaldados por los parlamentos y legitimados con el argumento de que la necesidad crea derecho" (Casal Hernández 2020a, 30).

Ello explica que la doctrina sostenga que esta guerra, y los años que le siguieron, "aparecen desde esta perspectiva como el laboratorio en el cual han sido experimentados y puestos a punto los mecanismos y dispositivos funcionales del estado de excepción como paradigma de gobierno", y tengan "un papel decisivo en la generalización de los dispositivos gubernamentales de excepción" (Agamben 2005, 33 y 52).

Así, el autor citado trae como ejemplo el caso de Inglaterra donde el Parlamento, "[i]nmediatamente después de la declaración de guerra", aprobó una serie de medidas de emergencia propuestas por el Ejecutivo que "no sólo confería al gobierno poderes muy vastos para regular la economía de guerra, sino que preveía también graves limitaciones de los derechos fundamentales de los ciudadanos (en particular, la competencia de los tribunales militares para juzgar a los civiles)", en lo que sentó las bases para que se declarasen nuevas emergencias una vez finalizado el conflicto bélico, para atender así problemas internos que atentaban contra el desarrollo socioeconómico de la sociedad (Agamben 2005, 52)[18], y que hacen pensar en las advertencias que Hayek (2008) formuló sobre los riesgos de normalizar el discurso de guerra como método que favorece el intervencionismo y la planificación estatal en tiempos de paz, según retomaremos más adelante.

De igual modo puede resultar de interés el caso de los Estados Unidos de América ya que, si bien el Presidente de la época no declaró un estado de excepción, sí se dirigió frecuentemente ante el Congreso para que este aprobara leyes de emergencia que dotaban al Ejecutivo del control sobre toda la actividad de la Administración y sancionaban la traición con base en las leyes mencionadas en el acápite anterior (Agamben 2005, 56), comprobándose con ello la importante sinergia que debe existir entre las distintas ramas en que se distribuye el Poder Público para dar una respuesta efectiva a las crisis, sin olvidar tampoco el sistema de pesos y contrapesos que caracteriza al ejercicio de este Poder en un Estado de Derecho a fin

---

[18] Al respecto, Agamben comenta cómo en 1920, dos años luego de la Gran Guerra y en medio de huelgas y tensiones sociales, se aprobó en Inglaterra la Ley de Poderes de Emergencia (*Emergency Powers Act*) que estatuyó en su artículo 1 que el Rey quedaba facultado para declarar el estado de emergencia cuando considerara que había ocurrido un hecho –o existía la amenaza de que ocurriese– que interfiera a gran escala con "la provisión de alimento, agua, combustible o luz o bien con los medios de transporte, privará a la comunidad o a una parte de ella de aquello que es necesario para la vida".

de evitar los abusos, la arbitrariedad y la primacía absoluta de una rama sobre otra (Badell Madrid 2020a).

Finalmente, en cuanto a la Primera Guerra Mundial, hallamos el caso de Francia donde el Consejo de Estado tuvo una participación protagónica sobre nuestro objeto de estudio a través de la "Teoría de las circunstancias excepcionales", conforme con la cual, "las fronteras normales de la función administrativa se pueden correr cuando circunstancias excepcionales exigen mayor libertad de acción pública" (Araujo-Juárez 2024b, 251), sustituyéndose en consecuencia:

> Las reglas que el Ordenamiento jurídico impone en tiempos de normalidad a la Administración pública (...) por otras menos estrictas y respecto de las cuales el Juez administrativo valora, según las necesidades de la función administrativa, hasta donde pueden ellas ampliar las competencias de la Administración pública (Araujo-Juárez 2024b, 251).

En otras palabras:

> ...la existencia de circunstancias excepcionales puede legitimar la adopción de medidas de carácter general o particular contrarias a las leyes vigentes, pudiendo aquéllas incluso afectar las libertades públicas; dichas medidas se justifican mientras perduren las circunstancias excepcionales que las motivaron, perdiendo validez una vez que éstas hayan cesado; durante las circunstancias excepcionales la autoridad pública puede sustraerse a la legalidad ordinaria, mas sólo en aquello que sea realmente necesario para salvaguardar el interés público, quedando atada a la misma en todo lo demás (Casal Hernández 1993, 42-43).

Estos planteamientos se basan en los fallos del *Conseil d'État* del 28-06-1918 (*Arrêt Heyriès*) y del 28-02-1919 (*Arrêt Dames Dol et Laurent*), afirmándose en el primero de ellos que "era misión del Presidente de la República adoptar él mismo las medidas indispensables para la prestación de los servicios públicos sometidos a su autoridad" en "períodos de las hostilidades" (Long et al. 2019, 261)[19], y en el segundo que:

---

19 Al respecto, los autores comentan que el Consejo de Estado fundó su decisión "en la idea de que el principio de continuidad de los servicios

> ...los límites de los poderes de policía de los que dispone la autoridad pública para mantener el orden y la seguridad (...) no pueden ser los mismos en tiempos de paz y durante un período de guerra durante el cual los intereses de la defensa nacional confieren al principio de orden público un alcance mucho mayor y exigen, por motivos de seguridad pública, unas medidas más rigurosas; que corresponde al juez, bajo cuya supervisión se ejercen estos poderes de policía, tener en cuenta, en su valoración, las necesidades que genera el estado de guerra, según las circunstancias de tiempo y lugar, la categoría de las personas implicadas y la naturaleza de los riesgos que se pretende evitar (Long et al. 2019, 282).

Ello fue reiterado por el Consejo de Estado francés como parte de la mencionada "Teoría de las circunstancias excepcionales" en el curso de la Segunda Guerra Mundial (1939-1945) –que constituye el tercer suceso histórico de interés de este acápite– para justificar, por ejemplo, la creación de impuestos, su recolección temporal y la requisa de alimentos por parte de personas incompetentes para ello de acuerdo con el Derecho ordinario; así como el eximir a la Administración de cumplir las formas exigidas para dictar actos administrativos (Long et al. 2019, 265–71)[20].

Ahora bien, un punto de inflexión antes de abordar el Derecho de excepción durante la Segunda Guerra Mundial lo constituye, sin lugar a dudas, la Constitución de Weimar de 1919 que en la sección 2 de su artículo 48 "atribuyó una singular potestad al Presidente del Reich, que le permitía adoptar las 'medidas necesarias' para la restauración del orden y la seguri-

públicos entrañaba unas exigencias excepcionales en tiempo de guerra, motivo por el que estaba justificada una ampliación extraordinaria de los poderes del gobierno y de la Administración", incluso si para ello se requería acudir "a medios que serían ilegales en cualquier otro momento", lo que se traducía en reconocer "no sólo la existencia de una legalidad especial en tiempos de crisis, sino incluso su primacía frente a la legalidad a secas" (Long et al. 2019, 262–63).

20 Los autores citan, entre otros, los casos Lecocq (1944), Laugier (1948) y Marion (1948).

dad públicas, pudiendo también 'suspender' ciertos derechos constitucionales" (Casal Hernández 1993, 40)[21].

Esta disposición, junto con el hecho que el Parlamento alemán no podía controlar su uso por parte del Ejecutivo, fue uno de los fundamentos jurídicos que empleó y tergiversó "el régimen totalitario nazi (...) para hacerse del poder absoluto en 1933 al valerse del 'Decreto del Presidente del Reich para la Protección del Pueblo y del Estado' (...) y de la llamada Ley Habilitante de 1933" para extinguir la República de Weimar y dar paso al Tercer Reich (Hung Cavalieri 2016, 359)[22].

De ahí que la doctrina precise que "[n]o bien Hitler toma el poder (...) proclama el 28 de febrero el Decreto para la protección del pueblo y del Estado, que suspende los artículos de la Constitución de Weimar concernientes a las libertades personales", agregándose que visto que el decreto nunca fue derogado, "todo el Tercer Reich puede ser considerado, desde el punto de vista jurídico, como un estado de excepción que duró doce años" (Agamben 2005, 25), en clara contravención del principio de temporalidad ya asomado.

Así, pasarían poco más de seis años del *Decreto del incendio del Reichstag* para que, en septiembre de 1939, diera inicio la Segunda Guerra Mundial producto de la invasión alemana a Polonia y el Derecho de excepción se expandiese más allá del territorio germano, como aprecia el foro al señalar, por ejemplo, que "la única ocasión en que se invocó expresamente el estado de excepción en la realidad constitucional mexicana"

---

21 Al respecto, nótese que Hitler no fue el único mandatario que se valió de esta disposición para mantenerse en el poder, pues, previamente, el Presidente Hindenburg invocó el artículo para que Brüning continuara como Canciller a pesar de haber perdido la mayoría parlamentaria (Agamben 2005, 45–46).

22 Nótese que el Decreto del Presidente del Reich para la Protección del Pueblo y del Estado del 28-02-1933, conocido también como el "Decreto del incendio del Reichstag", inició su articulado precisando que "[s]obre la base del artículo 48, sección 2, de la Constitución alemana, se decreta lo siguiente como medida defensiva contra los actos de violencia comunistas que ponen en peligro al Estado" (German History in Documents and Images, s/f, trad. nuestra).

fue "durante 1942 a 1945, con motivo del estado de guerra del Estado mexicano contra Alemania, Italia y Japón durante la Segunda Guerra Mundial" (Fix-Zamudio 2004, 850), o que tan solo horas luego del ataque de Pearl Harbor el 07-12-1941, el gobernador de Hawái (Estados Unidos de América) dictó una ley marcial en todo el territorio, por medio de la cual suspendió el *habeas corpus* y entregó a la Fuerza Armada todos los poderes que en circunstancias normales correspondían al Poder Judicial (Scheiber y Jones 2009, 1), vistos en ambos casos que, como lo preceptúa el principio de necesidad, el conflicto bélico requería de medidas paliativas que no encontraban cabida en el Derecho ordinario.

En todo caso, acercándonos al fin de este repaso, nos quedaría por hacer referencia al cuarto y quinto hecho histórico que conviene tener presente al estudiar el Derecho de excepción durante la Edad Contemporánea:

En este sentido, en cuarto lugar consideramos prudente mencionar la multiplicación de la legislación antiterrorista luego de los atentado del 11-09-2001 contra el complejo de edificios del World Trade Center en Nueva York y El Pentágono en Virginia –ambos en los Estados Unidos de América–, que dieron paso a que el Presidente Bush declarara una emergencia nacional frente a los hechos narrados y la "continua e inmediata amenaza de nuevos ataques en los Estados Unidos" (Proclamación 7463 del 14-11-2001), la cual ha sido prorrogada anualmente hasta nuestros días (Office of the Law Revision Counsel, s/f, traducción nuestra).

Esta proclama, en criterio de la doctrina, no solo se tradujo "en la alteración tanto de las normas constitucionales internas como las del derecho internacional sobre los estados de excepción" al convertir la emergencia en algo ordinario y permanente (Fix-Zamudio 2004, 804), dejando de lado al principio de temporalidad como límite de la excepción, sino que trajo consigo:

> ...la proliferación de disposiciones legales especiales que se han expedido recientemente para combatir el terrorismo interno e internacional, y entre esas medidas señala la vigilan-

cia prolongada de sospechosos (Alemania, Gran Bretaña, Italia y España); la aplicación de las sanciones máximas establecidas por la legislación penal (España); procesos centralizados (España); tribunal único que reemplaza a los jueces ordinarios (Gran Bretaña); y disminución de las penas para los arrepentidos (Alemania, Italia, Gran Bretaña y Francia), entre otras (Fix-Zamudio 2004, 853).

De este modo, nadie duda que "[l]os ataques del 11 de septiembre y la posición adoptada por los Estados Unidos en materia antiterrorista han traído consecuencias en Europa" -y agregamos nosotros, Latinoamérica- en el entendido que "[m]uchos países europeos han adoptado legislaciones especiales anti-terroristas [sic] o han endurecido significativamente las leyes ya existentes" (Vervaele 2005, 114).

El ejemplo más claro -y discutible (Agamben 2005, 27)- de esta nueva realidad lo constituyó la Ley Patriótica (*Patriot Act*) sancionada por el Congreso de los Estados Unidos de América el 25-10-2001 y promulgada por el Presidente al día siguiente (Congress, s/f), que incluyó disposiciones en contra de la inviolabilidad de las comunicaciones, así como la tipificación de un número considerable de supuestos como terrorismo -algunos de ellos vinculados con el blanqueo de capitales y la inmigración, por lo que no se limitaría a meros atentados como los vividos el 11 de septiembre- y la interoperabilidad entre las agencias federales para el intercambio de información referida al combate de este flagelo, todo ello en pro de la seguridad nacional (Vervaele 2005, 119-30) y al mejor estilo del Derecho penal del enemigo[23].

Esta situación nos recuerda -una vez más- lo advertido por Hayek (2008) de los peligros de normalizar las guerras por vía discursiva para, de esta forma, legitimar restricciones que únicamente podrían tomarse en tiempos excepcionales.

---

[23] *Cfr.* Jakobs (2003), quien apunta que esta variante tiende a prevenir riesgos futuros a través de la coacción y el combate, colocando al Estado en una posición de supremacía sobre el particular (enemigo) que ve sus derechos sustantivos y adjetivos disminuidos.

Así, el autor mencionaba que si bien la regulación por parte del Estado "puede ser inevitable en tiempo de guerra, cuando, además, hasta la crítica (...) tiene necesariamente que restringirse, (...) sin embargo, como institución permanente, aquella idea es (...) incompatible con el mantenimiento del Estado de Derecho, y lleva directamente al Estado totalitario" (Hayek 2008, 175), concluyéndose que:

> Tenemos que volver nuevamente al punto crucial: que la libertad individual no se puede conciliar con la supremacía de un solo objetivo al cual debe subordinarse completa y permanentemente la sociedad entera. La única excepción a la regla de que una sociedad libre no puede someterse a un solo objetivo la constituyen la guerra y otros desastres temporales, circunstancias en las que la subordinación de casi todo a la necesidad inmediata y apremiante es el precio por el cual se preserva a la larga nuestra libertad. Esto explica también por qué son tan equívocas tantas de las frases de moda respecto a la aplicación con fines de paz de lo que hemos aprendido a hacer con fines de guerra: es razonable sacrificar temporalmente la libertad para hacerla más segura en el futuro; pero no puede decirse lo mismo de un sistema propuesto como organización permanente (Hayek 2008, 297).

En otras palabras, si bien los tiempos de guerra –o excepcionales– facultan a los gobiernos a tomar medidas que les están vedadas en tiempos de paz –u ordinarios– pues solo de este modo se garantiza, a la larga, la subsistencia del Estado y sus condiciones existenciales –esto es, el territorio, población y poder (Sira Santana 2019b, 138–54)–, no es cónsono con los principios que rigen al Estado de Derecho que tal excepcionalidad se transforme en la nueva normalidad, y así se desconozcan los derechos y libertades individuales cuyo reconocimiento tanto ha costado frente a las autoridades[24].

---

[24] *Cfr.* Eduardo García de Enterría (2016), quien sostuvo que "[l]a idea de someter el Poder sistemáticamente a un juicio en el que cualquier ciudadano pueda exigirle cumplidamente justificaciones de su comportamiento ante el Derecho es una idea que surge del Estado montado por la Revolución francesa, pero que aparece de un modo ocasional. (...) es un hecho que es de aquí, de los grandes dogmas revolucionarios,

De este modo, los principios de necesidad y temporalidad cobran nuevamente vigencia ya que será solo frente a la guerra y otros desastres temporales –vale decir, que objetivamente puedan calificarse como tales y no sean solo discurso político– que la sociedad podrá "someterse a un solo objetivo" –en los términos de Hayek– y ver con ello disminuidas las libertades de las personas (principio de necesidad), por el tiempo que sea estrictamente requerido (principio de temporalidad) pues, una vez pase la circunstancia extraordinaria, quienes conforman la sociedad han de recobrar su libertad de elegir qué objetivos desean perseguir, siempre que estos claro está sean conforme con Derecho.

El riesgo, no obstante, siempre radica en que los gobernantes se abstraigan de la valoración objetiva comentada *supra* para crear –o interpretar– necesidades y, con ello, limitar derechos de forma ilegítima bajo el ardid de "el fin justifica los medios"[25]. Así lo advirtió también Caldwell cuando precisó que:

> Los tiempos de emergencia nacional permiten invocar una causa común y una meta común. La guerra autoriza a los dirigentes a pedir sacrificios. Presenta a un enemigo contra el cual todos los segmentos de la sociedad pueden unirse. Esto es verdad en caso de guerra real, pero debido a su capacidad para unificar a grupos diversos, los políticos astutos de todos los partidos estiman eficaz invocar metáforas bélicas en una multitud de contextos. La guerra contra las drogas, la guerra contra la pobreza, y la guerra contra el terror no son sino tres ejemplos de los últimos tiempos. Lo que hace que estos ejemplos sean aún más preocupantes que la guerra real es

---

de donde (...) va a surgir esto que hoy ya se considera como un atributo definitivo del sistema cultural de Occidente", gracias a los postulados de los principios de legalidad y libertad como garantía jurídica.

25 Nótese que aun cuando Maquiavelo no acuñó esta célebre frase, la idea está presente a lo largo de su obra como se constata, por ejemplo, en la siguiente cita: "[c]uando le sea indispensable derramar la sangre de alguno, no deberá hacerlo nunca sin que para ello haya una conducente justificación", a lo que Napoleón Bonaparte en sus comentarios agregó, en relación con esa justificación, que "[l]os forja uno, cuando no las hay reales" (Fernández y Castrejón 1905, 264).

que ninguno de ellos tiene un punto final; cada uno de ellos puede ser invocado para siempre (Caldwell 2008, 58–59).

La Ley Patriótica en los Estados Unidos de América y la Ley Orgánica contra la Delincuencia Organizada y Financiamiento al Terrorismo[26] en Venezuela son ejemplos prácticos de estas advertencias formuladas por Hayek y Caldwell, así como también lo es "la guerra económica" –que desarrollaremos más adelante– y el último caso de estudio de este repaso histórico del Derecho de excepción: la pandemia COVID-19 y el régimen de excepción que –con intensidad variable– provocó a nivel mundial durante los años 2020 a 2023 (OPS 2023)[27].

En este sentido, no siendo nuestra intención ahondar en el caso de la COVID-19 y sus implicaciones[28], bastará con recordar –como sostuvimos en otra oportunidad (Sira Santana 2020a, 286–95)– que el 31-12-2019 el gobierno de la República Popular China informó a la OMS sobre "varios casos de neumonía de etiología desconocida (causa desconocida) detectados en la ciudad de Wuhan, provincia de Hubei (China)", aunque "no parece que la transmisión de persona a persona sea significativa" (OMS 2020b); panorama que cambió en los días siguientes al anunciar los gobiernos de Tailandia (OMS 2020e), Japón (OMS 2020d) y Corea del Sur (OMS 2020c) la presencia en sus países del SARS-CoV-2 o "nuevo coronavirus", por posible transmisión entre individuos.

Desde entonces, la enfermedad –conocida como COVID-19– tuvo un proceso de expansión acelerado que llevó a la OMS a declararla el 11-03-2020 como una pandemia (OMS 2020a), vista la facilidad de propagación del virus "a través de las gotículas que salen despedidas de la nariz o la boca de una persona infectada al toser, estornudar o hablar" (OMS, s/f).

---

26 G.O. nº 39.912 del 30-04-2012. *Cfr.* Romero Zapata (2021).

27 La nota indica que el 05-05-2023 "[l]a Organización Mundial de la Salud acogió la recomendación del Comité de Emergencia de declarar el fin de la emergencia de salud pública de emergencia internacional por la COVID-19".

28 *Cfr.* Brewer-Carías y García Soto (2020); Hamed (2020).

Como consecuencia de lo comentado, la OMS dictó una serie de medidas preventivas entre las cuales se encontraba mantener un distanciamiento social de al menos un metro con otras personas (OMS 2022) y el uso de mascarillas que cubriesen la boca y la nariz (OMS 2020f), lo que fue rápidamente replicado por los Estados como lo demuestra en nuestras fronteras el Decreto n° 4.160 dictado por quien ejerce la Presidencia de la República[29], mediante el cual se declaró un "estado de alarma en todo el territorio nacional" dadas "las circunstancias de orden social que ponen gravemente en riesgo la salud pública y la seguridad de los ciudadanos (...) habitantes de la República"; lo que hacía necesario, conforme con el artículo 1 del Decreto, que:

> ...el Ejecutivo Nacional adopte las medidas urgentes, efectivas y necesarias, de protección y preservación de la salud de la población venezolana, a fin de mitigar y erradicar los riesgos de epidemia relacionados con el coronavirus (COVID-19) y sus posibles cepas, garantizando la atención oportuna, eficaz y eficiente de los casos que se originen.

Estas medidas, de acuerdo con el mismo decreto, incluyeron "el uso obligatorio de mascarillas que cubran la boca y nariz" (art. 10) y la suspensión de actividades académicas y de cualquier otro género que supusieran la aglomeración de personas (arts. 11 y 12), así como el cierre de comercios y sitios públicos (arts. 13 y 14) a fin de promover el distanciamiento social recomendado por la OMS, aunado a la cuarentena "voluntaria pero obligatoria" de las personas sospechosas de contagio o efectivamente contagiadas[30] (Sira Santana 2020d).

---

29 G.O. n° 6.519 Extraordinario del 13-03-2020. Nótese que en Venezuela existe desde el 11-01-2019 una situación calificada por el foro nacional e internacional como de "usurpación del Poder" (Hernández G. 2019) que viciaría de nulidad a este Decreto, si bien no nos pronunciaremos sobre la misma al no ser el foco de nuestra investigación.

30 De acuerdo con el único aparte del artículo 26 del Decreto, "ante la negativa de cumplimiento voluntario por parte de la persona obligada a permanecer en cuarentena o aislamiento, las autoridades competentes en materia de seguridad ciudadana, salud y defensa integral de la nación deberán tomar todas las previsiones necesarias para mantener-

Así, la COVID-19 dio paso al Derecho de excepción en el país por motivo de alarma -lo que se sumó a los decretos de estado de excepción por emergencia económica que corrieron de forma paralela, según tendremos oportunidad de retomar más adelante- como también ocurrió en buena parte de la región -sin que, vale decir, pueda hablarse de una uniformidad absoluta en la materia (von Bogdandy, Casal Hernández, y Morales Antoniazzi 2021; Sira Santana 2022b, 93-187)- y buena parte del mundo (Centro de Derechos Humanos de la Universidad Metropolitana 2020; Vedaschi 2024), lo que no estuvo exento de vicios de acuerdo con las mismas fuentes citadas *supra*[31] y en consonancia con el decurso histórico que hemos relatado.

V. RECAPITULACIÓN

Con base en lo narrado en las páginas anteriores, podemos llegar a las siguientes conclusiones en cuanto al Derecho de excepción y su evolución a lo largo del tiempo:

Primero, el Derecho de excepción es una consecuencia lógica de que las sociedades sometan su actuar a normas jurídicas ya que -históricamente- estas últimas han sido pensadas para tiempos de paz o de normalidad, y no para enfrentar circunstancias extraordinarias. Estas situaciones, como lo son las catástrofes naturales o sociopolíticas, requieren de poderes y medidas también extraordinarias so pena de que las condiciones existenciales del Estado (territorio, población y poder) peligren por la inactividad o sobreactividad de sus autoridades.

Segundo, dado que el Derecho de excepción forma parte integrante del Estado de Derecho y no es una negativa del mismo, las declaratorias de excepción están sujetas a límites y controles que derivan (i) de la voluntad del constituyente y del

---

lo en las instalaciones médicas o las que se dispongan para tal fin, en sus residencias o bajo medidas alternativas especiales, si fuere autorizado, o trasladarlo a alguno de dichos lugares si no se encontrare en alguno de ellos".

31 En el caso de Venezuela véase, adicionalmente, Brewer-Carías (2020) y Balasso Tejera (2020).

legislador, y (ii) del propio concepto del Estado de Derecho, que tiene dentro de su objeto eliminar la arbitrariedad y los abusos de poder. Inclusive, ante circunstancias extraordinarias.

Tercero, al retrotraer nuestra mirada hacia los antecedentes del Derecho de excepción, apreciamos con que el devenir de esta institución ha estado influenciado por los sucesos históricos que hicieron imperativa su invocación, así como los constantes excesos de las autoridades en el marco de las emergencias declaradas.

Cuarto, el origen del Derecho de excepción se halla en la dictadura del Derecho Romano. Esta institución no era entendida no el sentido despectivo de régimen autocrático que se le reconoce hoy en día, sino como un poder ilimitado y temporal que cedían los Cónsules y el Senado a un tercero frente a hechos graves -por lo general, de carácter bélico- que requerían una respuesta inmediata y que no podían ceñirse a los procedimientos ordinarios.

Quinto, a pesar del sentido temporal que tenía la dictadura, la práctica constata que la misma se prestó a abusos, entre los que destaca el caso del cónsul y luego dictador Sila. Por este motivo, el Derecho Romano optó por deshacerse de esta institución y dio paso al *senatus consultum ultimum* que tenía la misma finalidad que la dictadura, pero se diferenciaba en que el Senado podía evaluar las acciones realizadas por el cónsul, al que el primero había dotado de poderes excepcionales. De esta forma se reforzó en la antigüedad la idea de los límites y el control del poder de excepción.

Sexto, adentrados en la Edad Media se observa que el Derecho de excepción continuó su presencia en las sociedades occidentales. Este Derecho operaba como una suspensión parcial del ordenamiento jurídico ordinario ante circunstancias de gravedad (principio de necesidad, que en la época seguía vinculándose con conflictos armados) y por un tiempo determinado (principio de temporalidad), que hacían imperativo que la autoridad contara con facultades especiales para asegurar la paz.

Séptimo, estos principios, no obstante, colisionaron con la realidad de que las facultades concedidas a la autoridad en el marco de la excepción no eran precisas, al punto que constituye un debate doctrinal si sus restricciones provenían del Derecho positivo, natural o divino. Esta disputa favoreció a que el régimen de excepción, una vez más, se instrumentalizara para la detentación vitalicia del poder y la persecución de la disidencia.

Octavo, una vez alcanzada la Edad Moderna, el Derecho de excepción pasó a considerarse -prácticamente- el nuevo Derecho ordinario dadas las múltiples luchas sociales y políticas que caracterizaron al Antiguo Régimen. Durante esta época se afirmó que quien dominara la excepción dominaba también al Estado, ya que tenía un control absoluto sobre su ordenamiento jurídico y las competencias de sus autoridades, bien fuese para ejercerlas directamente o por medio de delegados.

Noveno, la situación narrada *supra*, contraria a la seguridad jurídica y los derechos individuales, mejoró gracias al advenimiento del constitucionalismo clásico que fijó en las Constituciones de los Estados Unidos de América (1787) y de Francia (1799) las primeras limitaciones constitucionales del Derecho de excepción. Estos textos previeron algunas de las medidas que podían adoptarse con base en estas circunstancias (por ejemplo, el convocar a la milicia o suspender el *habeas corpus* en el caso de la Constitución norteamericana), así como cuáles eran los hechos que permitían invocar la excepción (la rebelión armada o desórdenes que amenazaran la seguridad del Estado, según la Constitución francesa). No obstante, se criticó que el Derecho de excepción permaneció bajo un velo de indeterminación que no eliminaba del todo la posibilidad de los abusos de autoridad.

Décimo, la Edad Contemporánea presenta una serie de momentos históricos de interés que van desde la Constitución de Cádiz de 1812 hasta la reciente pandemia de la COVID-19, pasando por las dos guerras mundiales y los atentados terroristas del 11-09-2001. Estos hechos demuestran que el Derecho de excepción se encuentra arraigado en el pensamiento jurídico-político de las sociedades occidentales como una institución que permite aumentar las facultades del Poder Ejecutivo en pro de la seguridad del Estado. En tal sentido, se permite a dicho Poder que adopte medidas como la detención preventiva de malhechores, la regulación de la economía de guerra, la sanción de los traidores, y la limitación de la libre circulación de personas, reiterándose constantemente –a nivel normativo– que estas disposiciones tienen una vigencia temporal limitada por el gravamen que las mismas representan para los derechos fundamentales.

Undécimo, como punto final de los antecedentes históricos, a pesar de lo dicho en el párrafo que antecede la realidad política muestra que, tal como viene ocurriendo desde Roma, la temporalidad del Derecho de excepción sigue siendo uno de sus principios más vilipendiados. Una muestra significativa de lo aquí expuesto lo constituye (i) el caso del Tercer Reich, que operó como un estado de excepción por doce años, y (ii) la legislación antiterrorista, como ejemplo de medidas adoptadas en el marco de la excepción que ahora son incorporadas al Derecho ordinario. Esta situación nos recuerda la advertencia de Hayek sobre el peligro que lleva consigo para las libertades individuales el normalizar los tiempos de guerra y el Derecho de excepción, ya que se difuminan los mencionados principios de necesidad y temporalidad y fortalece el rol del Poder Ejecutivo, quien no solo determina qué debe entenderse por el interés general de acuerdo con sus planes de gobierno, sino que cuenta con un poder prácticamente absoluto para materializarlo en contra de quienes se opongan y se consideren guerreados con la autoridad de turno.

CAPÍTULO II: LOS ANTECEDENTES DEL DERECHO DE EXCEPCIÓN EN LAS CONSTITUCIONES VENEZOLANAS

A pesar de que la CRBV es la primera Constitución[32] venezolana que usa el término "estado de excepción" para referirse a nuestro objeto de estudio, es incorrecto sostener que fue la primera que previó este régimen o uno similar. Ello, visto que el Derecho de excepción puede encontrarse en los textos constitucionales patrios desde, prácticamente, que puede hablarse de Venezuela, si bien con cambios relevantes en virtud de la realidad sociopolítica de cada época visto que, como plantea la doctrina:

> Toda constitución es fruto de una transacción entre fuerzas sociales, económicas y políticas. Si la influencia política se desplaza al cambiar los supuestos de hecho, ese desplazamiento requiere una revisión constitucional. Las fuerzas tradicionales cederán el paso a las nuevas corrientes (Andueza 1980, 9).

Ese desplazamiento de fuerzas, aunado a los deseos caudillistas que han caracterizado a los mandatarios venezolanos, explican en parte el motivo por el cual Venezuela ha contado a la fecha con veintiséis Constituciones más un Estatuto Constitucional Provisorio (Brewer-Carías 1985b), resultando necesaria la revisión de cada uno de estos textos para conocer qué establecían en materia de Derecho de excepción, sin obviar la advertencia formulada por Casal Hernández (2019, 47-52) en

[32] Entiéndase por esta "[e]l conjunto de normas jurídicas fundamentales que con el nombre de Constitución, organizan la vida política del Estado, el número y competencia de sus Poderes Públicos, así como la enunciación y reconocimiento de los Derechos y Garantías de los ciudadanos", según expresó la Corte Federal y de Casación en Sala Político Administrativa en 1941 (Araujo-Juárez 2017, 52).

cuanto a que "[l]a historia constitucional se forma (...) por la confluencia de variados componentes, entre los cuales la literalidad documental puede jugar un papel relevante mas por lo general no decisivo", por lo que se debe "abarcar el Derecho Constitucional en toda su complejidad o extensión, examinar los textos y los contextos y abrir la mirada a los niveles de cumplimiento y a la función político-institucional de las Constituciones".

De este modo, pasamos de seguida a relatar lo que previeron las Constituciones de Venezuela en materia de Derecho de excepción antes de la Constituyente de 1999, valiéndonos de los períodos en los que la doctrina suele clasificar nuestra historia constitucional (Brewer-Carías 2017, 2–3)[33]. A saber: el Estado independiente y autónomo (1811-1864), el Estado federal (1864-1901), el Estado autocrático centralizado (1901-1947) y el Estado democrático centralizado (1947-1999).

I. EL ESTADO INDEPENDIENTE Y AUTÓNOMO (1811-1864)

Este período alude a la conformación del Estado venezolano como una entidad autónoma luego de la lucha por la independencia del reino español, comprendiendo a tal efecto las Constituciones de 1811, 1819, 1821, 1830, 1857 y 1858.

Por lo que se refiere a nuestro objeto de estudio, la Constitución Federal para los Estados de Venezuela de 1811 (Brewer-Carías 1985b, 181–205), calificada como la cuarta del mundo y la

---

[33] El autor indica que a pesar del elevado número de Constituciones que ha tenido Venezuela, "si [se] analizan globalmente todas estas 'Constituciones' en el marco histórico del país, ello pone en evidencia, ante tantos textos, que en realidad, Constituciones políticas entendidas como las que conformaron determinados regímenes políticos diferenciados derivados de verdaderos pactos políticos o de imposiciones políticas a la sociedad, diferentes sustancialmente unas de otras, ha habido solo cinco, que fueron las sancionadas en 1811, 1864, 1901, 1947 y 1999. Esas Constituciones fueron, además, las que marcaron el inicio de los cinco grandes periodos políticos que caracterizan la historia constitucional de Venezuela, cuatro que se sucedieron hasta 1999, y el último, que se [sic] si bien se inició en 1999, aún está en proceso de configuración".

primera en habla hispana (Brewer-Carías 2013b, 128), incluyó una serie de atribuciones y prohibiciones que, si bien no se catalogaron ni sistematizaron como Derecho de excepción, pueden apreciarse como parte del mismo dada la naturaleza de los hechos a los que aluden.

En este sentido, destaca el artículo 185 de este texto conforme con el cual:

> El poder suspender las leyes o de detener su ejecución nunca deberá ejercitarse sino por las legislaturas [provinciales] respectivas o por autoridad dimanada de ellas para sólo aquellos casos particulares que hubieren expresamente provisto fuera de los que se expresa la Constitución y toda suspensión o detención que se haga en virtud de cualquiera autoridad sin el consentimiento de los representantes del pueblo, se rechazará como un atentado a sus derechos.

Es decir, que se reconocía al Poder Legislativo regional la posibilidad de abstraerse del ordenamiento jurídico ante sucesos que sobrepasaran lo previsto en la Constitución de 1811 -en otras palabras, por circunstancias extraordinarias- a la par que se consideraba todo actuar de la autoridad que no se compaginara con las medidas de urgencia adoptadas por el Legislativo como un abuso de poder, incluso si con este comportamiento dicha autoridad pretendía enfrentar la excepcionalidad. Lo anterior, como consecuencia del carácter garantista que impregnaba a la Constitución de 1811 y que se evidencia a su vez en artículos como el 177, que prohibía a los militares acuartelarse o tomar alojamiento en casas de civiles "sin el consentimiento de sus dueños, ni en tiempo de guerra, sino por orden de los magistrados civiles".

Así, es justamente la idea de la guerra sobre la que giraba el equivalente al Derecho de excepción en esta Constitución -como es lógico que fuese, considerando el momento histórico-, previéndose adicionalmente como atribución del Poder Legislativo declararla -así como también hacer la paz- (art. 71); por lo que el Poder Ejecutivo estaba únicamente facultado para "hacer una guerra defensiva para repeler cualquier ataque imprevisto", teniéndose en cuenta que "no podrá continuarla sin el consentimiento del Congreso, que convocará inmediatamente, si no se hallare reunido, y nunca podrá sin este consentimiento hacer guerra fuera del territorio de la Confederación" (art. 101). Planteamiento que se reitera a nivel de las provincias de acuerdo con el artículo 123 *ejusdem*[34].

Finalmente, el artículo 104 estableció que era obligación del Poder Ejecutivo "convocar al Congreso, o a una de sus Cámaras" para hacer frente a "toda ocurrencia extraordinaria", lo que denota que la guerra no era el único suceso que podía dar paso a la invocación del artículo 185, citado *supra*.

Al respecto, autores como Garrido Rovira (2005, 67) sostienen que el terremoto del 26-03-1812 y diversas circunstancias de orden sociopolítico –entre ellas, la debilidad del gobierno federal, la oposición del clero al nuevo régimen y la falta de papel moneda– llevaron al Congreso General de Venezuela a "conferir facultades extraordinarias al Poder Ejecutivo (...) como medio de defender la Independencia" el 04-04-1812, arguyéndose en este Decreto:

> Primero, que la medida y regla de las facultades concedidas al Poder Ejecutivo sea la salud de la Patria. Segundo, que siendo ésta la suprema ley debe hacer callar las demás (...). Tercero, que se impone al Poder Ejecutivo responsabilidad en el ejercicio de dichas facultades (...). Cuarto, que el Congreso no debe permanecer para vigilar la conducta del Poder Ejecutivo (...). Sexto, que el Congreso deberá estar reunido en esta ciudad federal de aquí a tres meses (...) para deliberar si se suspenden las facultades concedidas al Poder Ejecutivo o si continúan conforme al aspecto de las circunstancias (Garrido Rovira 2005, 68).

Este Decreto, como vemos, estuvo en consonancia con los principios de necesidad y temporalidad del Derecho de excep-

---

[34] Indica la norma, en concordancia con el artículo 120 *ejusdem*, que sin el consentimiento del Congreso las provincias "no podrán emprender otra guerra que la puramente defensiva en un ataque repentino o riesgo inminente e inevitable de ser atacadas, dando inmediatamente parte de estas ocurrencias al Gobierno federal para que provea a ellas oportunamente".

ción a los que ya hemos hecho referencia, incorporándose con un grado elevado de discrecionalidad el principio de proporcionalidad al preverse que correspondía al Ejecutivo determinar cuáles eran las medidas que convenian a la "salud de la Patria" –que, destacamos, tenían preferencia frente al Derecho ordinario– así como el principio de responsabilidad que debe caracterizar al ejercicio de todo el Poder Público, incluso en circunstancias excepcionales, si bien ello se preveía como un control posterior una vez transcurridos los tres meses de conferidas las potestades extraordinarias.

En todo caso, al disolverse el Congreso con motivo de este Decreto, el Ejecutivo Nacional –que recordamos era un triunvirato a tenor del artículo 72 de la Constitución de 1811– nombró a Francisco de Miranda dictador, acordándose el 19-05-1912 una "ley marcial" que lo facultaba para "nombrar los jefes y comandantes militares que juzgue necesarios (...); que los jueces y magistrados obren bajo la dirección de los jueces militares en todo lo relativo a la seguridad y defensa del Estado; (...) [y] tratar directamente con las naciones extranjeras" (Gil Fortoul 1930a, I:261), siendo de especial interés a nuestros efectos que:

> ..."conocida la necesidad de arreglar el sistema de rentas de la Confederación y de la provincia de Caracas, de dar crédito y circulación al papel moneda, de establecer bancos provinciales que lo garanticen y, por consiguiente, de dar por este medio un impulso a la prosperidad general", quede encargado de lo dicho el ciudadano Antonio Fernández de León, acompañado de los ciudadanos Gerardo Patrullo, Juan Esteban Echezuría "y otros de iguales luces y circunstancias" (Gil Fortoul 1930a, I:262).

Como vemos, una ley marcial que no se limitó a los aspectos de seguridad y defensa en términos de aplacar a los traidores y enemigos en general con el mero uso de la fuerza, ya que se consideró que el aspecto económico jugaba un papel importante en este sentido no solo para poder dotar a las tropas de armas y sustento durante la guerra, sino también para –en los términos de la ley– impulsar la prosperidad general; lo que podría verse como un temprano antecedente del estado de excepción por emergencia económica, si bien atada en este caso a la conmoción interior y exterior que aquejaba al país.

Concluye así la doctrina que "el primer ensayo constitucional de la República" vino a "estrellarse en la necesidad de la dictadura militar absoluta" (Gil Fortoul 1930a, I:262), que fue ampliamente rechazada y derivó en la Capitulación de San Mateo, la caída de la Primera República y la derogación por la vía de los hechos de la Constitución de 1811 (Casal Hernández 2019, 128–30), luego de que "[t]odos se engañaron creyendo que bastaba apelar a la dictadura para conjurar el peligro, y no vieron, sino después de la derrota, que no existía entonces el dictador capaz de sobreponerse a los obstáculos, vencerlos y triunfar" (Gil Fortoul 1930a, I:296).

A continuación, con la pérdida de la Primera República y hasta el Congreso de Angostura de 1819, "las necesidades y vicisitudes de la guerra hicieron imposible la vida constitucional, como no fueran los poderes militares transitorios y de hecho que aquella imponía" (Loreto González 2010, 97), y que no se correspondían con una dictadura comisoria o romana como manifestación del Derecho de excepción, sino los gobiernos autocráticos de Monteverde y luego de Bolívar (Gil Fortoul 1930a, I:299 y 305).

Es en dicho Congreso de Angostura donde se sancionó la segunda Constitución de Venezuela –a saber: la Constitución de 1819, denominada "Constitución Política del Estado de Venezuela" (Brewer-Carías 1985b, 247–67)– que estuvo "influida sin duda por muchos de los principios del constitucionalismo moderno que se habían incorporado en la Constitución de 1811 y las propias ideas del Libertador", al punto que su célebre Discurso de Angostura, donde dio a conocer sus ideas sobre la organización del Estado, se configuró como "la exposición de motivos del Proyecto de Constitución que sometió a la consideración de dicha Asamblea" (Brewer-Carías 2019, 216).

En este orden de ideas, a los fines de nuestro objeto de estudio hemos de centrar nuestra atención en el artículo 20 de la sección tercera del Título VII, que previó como una de las funciones del Presidente de la República, que:

> En caso de conmoción interior a mano armada que amenace la seguridad del Estado puede suspender el imperio de la Constitución en los lugares conmovidos o insurrectos por un tiempo determinado si el Congreso estuviese en receso. Las mismas facultades se le conceden en los casos de una invasión exterior y repentina, en los cuales podrá también hacer la guerra, pero ambos decretos contendrán un artículo convocando el Congreso para que confirme o revoque la suspensión.

Esta disposición, inspirada en la Constitución francesa de 1799 (Casal Hernández 1993, 87) y con la que se pretendía fijar cierta distancia -al menos en el papel- de las dictaduras vividas en el país hasta entonces[35], se acercó a lo que hoy conocemos como estado de excepción por conmoción interior o exterior y, nuevamente, dio fe de algunos de los principios que rigen a estas declaratorias como lo son la necesidad ("amenace la seguridad del Estado"), proporcionalidad ("lugares conmovidos o insurrectos") y temporalidad ("tiempo determinado"), destacándose en todo caso que el Derecho de excepción quedaba circunscrito al hecho que el Congreso estuviese de receso pues, en caso contrario, el Ejecutivo no estaba facultado para suspender el imperio de la Constitución y la conmoción había de canalizarse de acuerdo con el Derecho ordinario, que preveía la posibilidad de un procedimiento abreviado en caso de urgencia[36].

---

[35] Recuérdese que es en este Congreso que Bolívar afirmó que la dictadura no debe prolongarse, "porque nada es tan peligroso como dejar permanecer largo tiempo en un mismo ciudadano el poder. El pueblo se acostumbra a obedecerle, y él se acostumbra a mandarlo; de donde se origina la usurpación y la tiranía" (Gil Fortoul 1930a, I:381).

[36] Véanse los artículos 8 y 9 de la sección primera del Título VI *ejusdem*, de acuerdo con los cuales las proposiciones calificadas como urgentes no requerían de tres discusiones, sino que bastaba "una discusión y declaración de la urgencia en la misma Cámara donde tenga su principio. Esta declaración y las razones que la motivaron se pasarán a la otra cámara junto con el proyecto de ley para que sea examinado".

Esta situación deriva, entre otros, de que según el artículo 7 de la sección primera del Título VI de la Constitución era atribución del Congreso "[d]ecretar la recluta y organización de los ejércitos de tierra, determinar su fuerza en paz y guerra y señalar el tiempo que deben existir según las proposiciones que le haga el poder ejecutivo", "[f]ormar las ordenanzas que deben regir a las fuerzas de mar y tierra" y "[d]ecretar la guerra según la proposición formal del poder ejecutivo" (nums. 13, 15 y 16, respectivamente), constatándose en consecuencia una primacía del Poder Legislativo sobre el Poder Ejecutivo en el supuesto típico que daba pie al Derecho de excepción en la época –a saber, los conflictos bélicos– sin que por ello el Ejecutivo careciera de funciones en la materia[37].

En todo caso, el artículo 20 citado nunca llegó a ser aplicado "dada la exigua vigencia de aquel texto constitucional" (Casal Hernández 1993, 88). En el mismo sentido se pronuncia Brewer-Carías (2019, 217) al afirmar que:

> Esa Constitución, y la reconstitución del Estado de Venezuela, sin embargo, en la realidad no tuvo una vigencia plena, no sólo por los avatares de la guerra, que continuó, sino porque a los cuatro meses de vigencia comenzó a ser modificada formalmente con la sanción el 17 de diciembre de 1819, por el mismo Congreso de Angostura, de una Ley donde se decidió eliminar el Estado de Venezuela y reunir la República junto con las provincias de Nueva Granda [sic], en otro Estado distinto, la República de Colombia, la cual se reguló formalmente en la Constitución de Cúcuta de 1821, y que duró hasta 1830.

No obstante, resulta oportuno mencionar que durante la vigencia de la Constitución de 1819 –específicamente, el 15-09-2019– el Congreso de Angostura otorgó "facultades extraordinarias al vicepresidente de la república, lo cual da cuenta del estado de emergencia política y militar que se enfrentaba",

---

[37] Téngase presente el artículo 7 de la sección tercera del Título VII, conforme con el cual el Presidente "[d]eclara la guerra a nombre de la República después que el Congreso la haya decretado y toma todas las medidas preparatorias".

para levantar nuevas tropas y hacer "todo lo necesario para el mantenimiento de la fuerza armada de mar y tierra" (Guerrero 2005, 81), habiéndose previamente -esto es, el 18-02-1819- también concedido tales poderes a Bolívar como Presidente Provisional (Gil Fortoul 1930a, I:386).

Llegamos así a la Constitución de Cúcuta -o Constitución de 1821 (Brewer-Carías 1985b, 275-91)- que es la tercera que nos corresponde reseñar en este paneo vista la unión de Venezuela con Nueva Granada, apreciándose en ese texto que el tema del Derecho de excepción quedó regulado en el artículo 128 que, en términos similares a los de 1819, determinó como función del Presidente de la República que:

> En los casos de conmoción interior a mano armada que amenace la seguridad de la República y en los de una invasión exterior y repentina, puede, con previo acuerdo y consentimiento del Congreso, dictar todas aquellas medidas extraordinarias que sean indispensables y que no estén comprendidas en la esfera natural de sus atribuciones. Si el Congreso no estuviese reunido tendrá la misma facultad por sí sólo; pero lo convocará sin la menor demora para proceder conforme a sus acuerdos. Esta extraordinaria autorización será limitada únicamente a los lugares y tiempos indispensablemente necesarios.

Lo que debía leerse junto con el numeral 25 del artículo 55 *ejusdem*, que señalaba como atribución del Congreso:

> 25. Conceder, durante la presente guerra de independencia, al Poder Ejecutivo aquellas facultades extraordinarias que se juzguen indispensables en los lugares que inmediatamente están sirviendo de teatro a las operaciones militares y en los recién libertados del enemigo; pero detallándolas en cuanto sea posible y circunscribiendo el tiempo que sólo será el muy necesario.

A lo que finalmente se suma el artículo 126 *ejusdem* que, como dijimos al comentar el Derecho de excepción en la Constitución de Cádiz en el Capítulo II de este trabajo, preveía la posibilidad de que el Presidente de la República emitiera la orden de arresto de una persona, "con la condición de que dentro de cuarenta y ocho horas deberá hacerla entregar a disposición del tribunal o juez competente", si "el bien y seguridad de la República" lo exigían; lo que en criterio de la doctrina "aumentaba la extensión de los poderes que la Constitución reconocía al Ejecutivo en situaciones de emergencia, sobre todo si consideramos que para su uso no se requería de la autorización del Congreso" (Casal Hernández 1993, 88).

De este modo es posible distinguir dos manifestaciones del Derecho de excepción en la Constitución de 1821:

i. La facultad del Presidente de la República para tomar medidas extraordinarias –es decir, no previstas en su "esfera natural de sus atribuciones"– en caso de conmoción interior o exterior, previa autorización o confirmación del Congreso según este se encontrase o no reunido, con especial énfasis en aquellas que fuesen requeridas con motivo de la guerra de independencia[38] y sin que, a diferencia de lo previsto en el artículo 20 de la sección tercera del Título VII de la Constitución de 1819, ello diera paso a la atribución de "suspender el imperio de la Constitución", aunque la doctrina estima que "en la práctica la sigue ejerciendo, en virtud de que es facultado para dictar todas las medidas extraordinarias que fuesen indispensables y que no estuviesen comprendidas en la esfera natural de sus atribuciones" (Peña Colmenares 2015, 417).

ii. La facultad del Presidente de la República para ordenar el arresto inmediato y preventivo de aquellas personas que estimara comportaban un riesgo para la seguridad nacional, en abstracción de la prohibición general de no poder privar a ningún individuo de su libertad ni imponerle pena alguna (art. 126), sin requerir

---

[38] Nótese que de acuerdo con el numeral 16 del artículo 55 de la Constitución de 1821 continuaba siendo atribución del Congreso "[d]ecretar la guerra en vista de los datos que le presente el Poder Ejecutivo", correspondiéndole a este último declararla, "después que el Congreso la haya decreta-do, y toma[r] todas las medidas preparatorias" (art. 119 *ejusdem*).

la autorización del Congreso ya que el control de pesos y contrapesos (*check and balances*) correspondía al Poder Judicial.

Así, en ambos casos vemos que el poder excepcional del Ejecutivo quedaba circunscrito a un supuesto de hecho determinado (la seguridad del Estado por conmoción) y las medidas a adoptar eran objeto de control previo o posterior por parte del resto del Poder Público motivado, en parte, a que en las sesiones del Congreso de Cúcuta se:

> ...debatió la necesidad de restringir las facultades ilimitadas otorgadas al presidente, por lo que se constituyó una comisión para que "presente un temperamento al pronto alivio de los pueblos", atormentados por el despliegue de tales "facultades ilimitadas" en las provincias, fuesen o no teatro de guerra. Esta discusión culminó finalmente en la previsión constitucional sobre las facultades extraordinarias (y no ilimitadas) del poder ejecutivo, cuya vigencia no podía suspender el imperio de la constitución (Guerrero 2005, 92).

Se aprecia entonces que, aun cuando el Derecho de excepción de la época se vinculaba directamente con la Independencia, el constituyente consideró, dado los abusos de años anteriores, que tal régimen debía estar sujeto a mayores restricciones y controles para garantizar los principios que rigen la materia que nos ocupa, la existencia del Estado y los derechos de los individuos[39], enfatizándose desde bien temprano en nuestra historia constitucional la necesidad de especificar, en la medida de lo posible, cuáles eran los correctivos que podía adoptar el Ejecutivo[40].

---

39 Téngase como ejemplo de estos últimos la reiteración de que "[l]os militares en tiempo de paz no podrán acuartelarse ni tomar alojamiento en las casas de los demás ciudadanos sin el consentimiento de sus dueños, ni en tiempo de guerra, sino por orden de Magistrados civiles conforme a las leyes" (art. 176 de la Constitución de Cúcuta).

40 Como se recordará, la Constitución aludía a "[c]onceder (...) al Poder Ejecutivo aquellas facultades extraordinarias que se juzguen indispensables" (art. 55 num. 25).

No obstante, estas limitaciones no tuvieron mayor efecto práctico, al punto que la doctrina sostiene que "mayor importancia que la constitución tienen los tres decretos expedidos por el congreso en 29 de setiembre [sic] y 9 y 10 de octubre", por medio de los cuales, respectivamente, se autorizó al Ejecutivo Nacional a "dictar en los pueblos insurreccionados todas aquellas medidas extraordinarias que sean indispensables y que no estén comprendidas en la esfera natural de sus atribuciones, hasta el restablecimiento de la tranquilidad pública en cada uno de aquellos lugares", se confirieron "las más amplias facultades dictatoriales al Presidente en campaña, Bolívar", para "obrar discrecionalmente (...) según lo exija la salud del Estado" y se autorizó al Poder Ejecutivo a "aumentar las fuerzas terrestre y marítima (...) y para exigir empréstitos a los ciudadanos y habitantes de Colombia, con el fin de pagar las listas civil y militar y cualesquiera otros gastos extraordinarios o imprevistos"; de lo que deriva que "en todo lo relativo al poder supremo, la Constitución quedó de hecho en suspenso, aguardando para practicarse circunstancias más propicias, que no llegaron nunca" (Gil Fortoul 1930a, I:432).

En el mismo sentido se pronuncia Casal Hernández (2019, 135) al apuntar que "[l]a regulación constitucional fue, no obstante, rápidamente relativizada mediante el otorgamiento, por el Congreso, de poderes extraordinarios al Poder Ejecutivo. Más de una vez, Bolívar debió acudir al artículo 128 de la Constitución de 1821", citado *supra*, fomentándose la inestabilidad institucional que "degeneró en la dictadura de 1828, que asumió Bolívar tras la disolución de la Convención de Ocaña" y que sirve de antecedente inmediato a la Constitución de 1830.

Basta mencionar sobre esta Convención que, motivado en parte "por los sucesos que protagonizaron las municipalidades de Valencia y Caracas entre abril y diciembre de 1826 conocidos como La Cosiata, y que evidenciaron (...) las tensiones entre (...) municipios y (...) aquel ensayo político en el cual consistía la unión colombiana" (Guerrero 2005, 99–100), Bolívar se vio en la necesidad de promover una convención nacional a celebrarse en la ciudad de Ocaña en 1828 –esto es, antes de los diez años previstos en el artículo 191 de la Constitución de 1821 para que la misma pudiese reformarse– dada "la imposibilidad de practicar la carta de Cúcuta" (Gil Fortoul 1930a, I:434)[41].

Esta convención se instaló el 09-04-1828, siete días después "declaró urgente la reforma de la constitución" (Guerrero 2005, 100) y, por motivos sociopolíticos que escapan al objeto de estas líneas, luego de poco más de dos meses "fue abortada sin que alcanzara una resolución sobre el contenido de una nueva Constitución" (Casal Hernández 2019, 136).

No obstante, como ya avanzamos, "[m]eses después, invocando el fracaso de la Convención, (...) Bolívar apelaría al respaldo popular para autoproclamarse dictador, al margen completamente de la Constitución", para más adelante promover "un debate abierto en el que los pueblos manifiesten sus opiniones sobre la reforma constitucional, la forma de gobierno y la elección del Jefe de Estado, pensando que de esa forma podía evitar el fatal desenlace" de la Gran Colombia (Casal Hernández 2019, 136–37), dándose pie a la interrogante de si, luego de la Convención de Ocaña, Venezuela había quedado desprovista de texto constitucional (y por ende de un Derecho de excepción que sirviera de base a la dictadura)[42].

---

41 El autor agrega que el "3 de agosto [de 1827], el Congreso nacional convoca la Gran Convención de Colombia, 'para que, reuniéndose en la ciudad de Ocaña el día 2 de marzo de 1828, y declarando ella misma previamente si hay urgente necesidad de examinar la Constitución o de reformarla, proceda a verificarlo'. Y para justificar esta medida violatoria de la misma Constitución, dice el decreto: 'Aunque en el curso ordinario y regular de los acontecimientos habría sido necesaria la práctica de la Constitución por diez o más años, que se exige en su artículo 191 para que el Congreso pudiera convocar la Gran Convención de Colombia; sin embargo, en las circunstancias críticas en que se halla la República, la experiencia ya obtenida basta, y llena el espíritu del artículo citado" (Gil Fortoul 1930a, I:592).

42 Al respecto, González Camacho (2005, 111) afirma que "la suspensión de las sesiones, sin llegar a modificar o sustituir la Constitución de 1821, por ningún acto de la constituyente, conduciría a un vacío constitucional sin precedentes en la República de Colombia", en tanto Guerrero (2005, 103) expresa que "[l]a vigencia o no de la Constitución de 1821 tras la disolución de la Convención de Ocaña conduce a la catego-

En todo caso, surge aquí una bifurcación en nuestra historia constitucional: por un lado se tiene que, (i) en Colombia, el Congreso Admirable de 1830 sancionó una Constitución que ofreció a Venezuela el 05-05-1830, a pesar de que esta última ya había anunciado su separación de la Gran Colombia (González Camacho 2005, 125); por el otro, y como consecuencia de la separación indicada, (ii) en Venezuela tuvo lugar el Congreso Constituyente de 1830 que, una vez rechazó la Constitución ofrecida por su par colombiano, procedió a redactar la Constitución de 1830 –conocida como la "Constitución del Estado de Venezuela" (Brewer-Carías 1985b, 335–56), la cuarta de nuestra historia– en la que se hizo constar la disolución de la Gran Colombia y se buscó "constituir un nuevo Estado en la 'antigua Venezuela' (...) liberal de derecho, conforme lo sugerían las ideas modernizadoras dominantes del momento" (Sánchez Falcón 2005a, 136).

Así, en materia de Derecho de excepción que es el tema que nos ocupa, la Constitución de 1830 constituyó "uno de nuestros mejores modelos constitucionales" visto que "[l]os constituyentes de 1830 propugnaron firmemente la limitación de los poderes del Ejecutivo, lo cual se patentizó especialmente en el tratamiento que dieron a los poderes extraordinarios del Ejecutivo en estados de excepción", gracias en parte a las intervenciones de José María Vargas (Casal Hernández 1993, 89).

---

rización del régimen que Bolívar instala en agosto de 1828 o bien como una dictadura (tal como lo denomina el Libertador) o bien como una tiranía. En el primer caso, la dictadura supone la apelación a aquella magistratura extraordinaria prevista por la constitución de la Roma clásica para enfrentar la emergencia, y supone la necesaria vigencia del derecho –por tanto, de la constitución– que autoriza y regula su ejercicio. En el segundo, la tiranía refiere aquella magistratura propia de las ciudades griegas de la antigüedad, en las que se accede y/o se ejerce el poder en contra del derecho. Ciertamente, la constitución de Cúcuta no abría canales para el establecimiento de la llamada dictadura de Bolívar, ya que sólo preveía el otorgamiento de facultades extraordinarias al titular del poder ejecutivo, con autorización del congreso", de lo que se desprende que "coexistían la constitución vigente por derecho y la defragmentación [sic] de hecho de todos los elementos conformadores de la república, incluyendo su constitución".

De este modo, apartándose de las cláusulas vagas que habían caracterizado a nuestro Derecho de excepción hasta entonces, al artículo 118 pasó a enumerar taxativamente las atribuciones que podía ejercer el Presidente de la República en virtud de la declaratoria de conmoción interior o invasión exterior, del modo siguiente:

> Artículo 118. En los casos de conmoción interior a mano armada que amenace la seguridad de la República o de invasión exterior repentina, el Presidente del Estado ocurrirá al Congreso si está reunido para que lo autorice o, en su receso, al Consejo de Gobierno, para que, considerando la exigencia, según el informe del Ejecutivo, le acuerde las facultades siguientes:
> 1. Para llamar a servicio aquella parte de la milicia nacional que el Congreso o el Consejo de Gobierno considere necesaria.
> 2. Para exigir anticipadamente las contribuciones que uno u otro cuerpo juzgue adecuadas o para negociar por vía de empréstito las sumas suficientes, siempre que no puedan cubrirse los gastos con las rentas ordinarias.
> 3. Para que, siendo informado de que se trama contra la tranquilidad o seguridad interior o exterior del Estado, pueda expedir órdenes por escrito de comparecencia o arresto contra los indiciados de este crimen, interrogarlos o hacerlos interrogar, debiendo poner los arrestados dentro de tres días a disposición del juez competente, a quien pasará el sumario informativo que dio lugar el arresto, siendo esta última autorización temporal.
> 4. Para conceder amnistías o indultos generales o particulares.

Como expone la doctrina, "se adopta un modelo restrictivo en el otorgamiento de potestades extraordinarias al Ejecutivo, siendo delimitadas expresamente en el texto constitucional" (Peña Colmenares 2015, 417), que partió de la base de la conmoción que amenazaba la seguridad de la República tal como se previó en los textos de 1819 y 1921[43], pero que incluyó como diferencias de valor:

---

[43] Nótese que del mismo modo se reiteró que la guerra era decretada por el Congreso (art. 87 num. 9) y posteriormente declarada por el Presi-

i. En caso que el Congreso se encontrara de receso no operaba la ratificación posterior de las medidas adoptadas por el Presidente de la República, sino que estas debían ser previamente aprobadas por votación de al menos dos tercios de los integrantes del novísimo Consejo de Gobierno (art. 131)[44] –originado "[d]el temor de la autoridad abusiva del Presidente" (Gil Fortoul 1930b, II:24)– que a su vez tenía el deber de publicar y hacer circular el acta donde constara su decisión (art. 119 *ejusdem*). Esta autorización es reiterada en el numeral 3 del artículo 121 de la Constitución, según el cual "[n]o puede el Presidente de la República: (...) 3. Emplear la fuerza armada permanente en caso de conmoción interior, sin previo acuerdo y consentimiento del Consejo de Gobierno".

ii. El Presidente de la República no podía dictar "todas aquellas medidas extraordinarias que sean indispensables y que no estén comprendidas en la esfera natural de sus atribuciones", como se previa anteriormente, sino únicamente las cuatro enlistadas en el artículo 118 en cuanto al llamado a la milicia[45], cobro de impuestos y empréstitos, ordenes de comparecencia y de priva-

---

dente de la República (art. 117 num. 6), así como que los domicilios eran inviolables aun en tiempos de guerra (art. 216). Esta última disposición desaparece a partir de la Constitución de 1857, que se refiere a la inviolabilidad de las casas pero sin aludir a los "tiempos de guerra" o de excepción.

44 De acuerdo con los artículos 123 y 124 de la Constitución, el Consejo estaba conformado por el Vicepresidente de la República, cinco consejeros (cuatro nombrados por el Congreso y el restante era un miembro de la Corte Suprema de Justicia, nombrado por ella) y los Secretarios del Despacho.

45 Téngase al respecto presente que, de acuerdo con el artículo 184 de la Constitución, "[l]a milicia nacional estará a las órdenes del gobernador de la provincia, quien la llamará al servicio cuando el Poder Ejecutivo lo ordene en virtud de acuerdo del Congreso o del Consejo de Gobierno en receso de aquel, con arreglo al artículo 118, o para obrar dentro de la provincia en caso de conmoción súbita, y en el modo que determine su ley orgánica".

ción de libertad, y concesión de amnistías e indultos; a lo que se agregaba la expulsión fuera del territorio (art. 121 num. 5 *ejusdem*). En todo caso, el Presidente estaba obligado a rendir cuentas al Congreso de los actos que hubiese dictado con ocasión de la conmoción (art. 120 *ejusdem*).

iii. Se suprimió que tales medidas únicamente operaban por un tiempo determinado y en los lugares donde fuera necesario, aun cuando estas conclusiones podían derivarse de los principios que rigen al Derecho de excepción a los que ya hemos aludido en esta investigación, y la mención en el artículo estudiado que debía existir una verdadera amenaza.

Es así como, por ejemplo, frente a los rumores de un golpe de Estado por parte del Batallón Anzoátegui, el Consejo de Gobierno autorizó al Presidente Vargas el 08-07-1835 para "emplear la fuerza armada permanente en restablecer el orden, (...) llamar al servicio hasta diez mil hombres de la milicia nacional, y (...) tomar del tesoro las cantidades necesarias" (Gil Fortoul 1930b, II:182); haciéndose lo propio el 01-09-1846 cuando el Presidente Soublette enfrentaba la insurrección y este Consejo "apeló (...) a las facultades extraordinarias, y nombró comandantes del ejército a los generales Páez y José Tadeo Monagas para restablecer la obediencia al régimen constitucional" (Gil Fortoul 1930b, II:256).

En tanto, por lo que respecta al Congreso puede verse la autorización del 29-02-1836 para que el Poder Ejecutivo, en el marco de las batallas por Puerto Cabello, "ejerza la facultad 4° del artículo 118 de la Constitución, con respecto a todos los individuos guarnecidos en Puerto Cabello por consecuencia de la facción llamada de Reformas, sean o no militares"(Gil Fortoul 1930b, II:191)[46]; así como cuando las Cámaras Legislativas aten-

[46] Nótese que este Decreto, por circunstancias que escapan a nuestro objeto de estudio, no se aplicó en la práctica y derivó en múltiples debates sobre a quiénes abarcaba el indulto, calificado por el Presidente

dieron el llamado del presidente Monagas al pedirles "autorización extraordinaria para conservar la paz y el orden público" (Gil Fortoul 1954, III:10), y le concedieron el 26-01-1948 la facultad para:

> ...llamar al servicio hasta 10.000 hombres de la milicia nacional; para negociar por vía de empréstito hasta la suma de un millón de pesos (aumentada a dos millones por resolución del 14 de marzo); para expedir durante noventa días (y noventa más según resolución del 22 de abril) ordenes escritas de comparecencia o arresto a los indiciados de tramas contra la tranquilidad o seguridad del Estado; y para conceder un indulto o amnistía general de todos los actos o delitos políticos, eleccionarios o de imprenta, cometidos desde que se sancionó la Constitución de 1830, con los demás indultos generales o particulares que fueran necesarios. Estas facultades extraordinarias las exigían los indicios, convertidos en hechos a los pocos días, de una revolución tramada por el partido paecista (Gil Fortoul 1954, III:10–11).

Lo que se reiteraría el 14-02-1854 visto "el mensaje del Poder Ejecutivo, en que manifiesta el actual estado de la República y pide [al Congreso] autorización para conservar la paz y orden públicos", acordando este último que el primero llamara hasta diez mil hombres a la milicia, negociara empréstitos, exigiera anticipadamente contribuciones y expidiera órdenes de comparecencia o arresto[47] (ACIENPOL 1982, III:142).

Estos constantes vaivenes políticos llevaron en 1857 a la adopción de la Constitución de los Estados Unidos de Venezuela (Brewer-Carías 1985b, 363–76), la quinta de nuestra reseña, catalogada por la doctrina como "el fraude constitucional de mayores proporciones de nuestra historia política" (Casal Hernández 2019, 145) y el inicio de "la larga historia de refor-

---

Vargas como "una medida de alta política", lo que hizo poco por apaciguar el clima político del momento (Gil Fortoul 1930b, II:192–97).

47 Sobre estas últimas, llama la atención que en el decreto del Congreso fueron camuflajeadas bajo la fórmula de "[p]ara que use de la facultad 3° del artículo 118 de la Constitución por el término de noventa días", mientras que en el resto de los numerales fueron transcritos en el decreto dotando a la autorización de mayor claridad y publicidad.

mas constitucionales circunstanciales que caracteriza nuestra evolución constitucional desde 1857, muchas de ellas precisamente para establecer la reelección o aumentar el período constitucional presidencial" (Brewer-Carías 2013b, 368).

Lo anterior, dado que la Constitución de 1857 ignoró los preceptos constitucionales en materia de reformas pues, con el objetivo de evitar someter el texto a la aprobación de dos legislaturas como lo preveía el artículo 225 de la Constitución de 1830[48], el Ejecutivo arguyó que ese artículo aludía a "la reforma de algún artículo de esta Constitución" pero no de esta en su conjunto, por lo que se estaba ante una laguna jurídica que había de colmarse mediante un trámite expedito, según luego afirmaría el Congreso conforme con los designios de Monagas (Casal Hernández 2019, 144–50)[49], evitándose a su vez acudir a la reforma parcial y los canales regulares del artículo 225 como

48 El artículo era del siguiente tenor: "Artículo 225. En cualquiera de las Cámaras del Congreso podrá proponerse la reforma de algún artículo de esta Constitución, y si tuviere el apoyo de la quinta parte de los miembros presentes, se discutirá conforme a las reglas de debate; en caso que la reforma propuesta sea calificada de útil o necesaria por el voto de las dos terceras partes de los miembros presentes, pasará a la otra Cámara; y si fuere calificada en ésta con las mismas formalidades, se publicará por imprenta el proyecto de reforma, y quedará en suspenso hasta la primera reunión del Congreso en que se hayan renovado completamente las dos Cámaras".

49 Véase en este sentido el decreto del Congreso del 10-03-1856 que, luego de considerar "1° Que los artículos 225 y 226 de la Constitución solo se refieren a reformas parciales. 2° Que la misma Constitución no establece trámites para la reforma general; y 3° Que el artículo 228 concede al Congreso la autoridad para reformar la Constitución, con tal que no se extienda a la forma de Gobierno, que será siempre republicano, popular, responsable y alternativo", decretó en su artículo 1 que "[l]os futuros Congresos tienen la facultad para efectuar la reforma general de la Constitución, observándose las formalidades establecidas para la formación de leyes, con tal que la forma de gobierno sea siempre republicano, popular, responsable y alternativo, y obtenga en cada una de sus discusiones la aprobación de las dos terceras partes, por lo menos, de los miembros presentes en cada Cámara" (ACIENPOL 1982, III:333).

paso previo -en caso que la laguna de verdad existiese[50]- para que luego pudiese realizarse la reforma general del texto.

Así, en 1857 el Congreso incorporó cambios puntuales a la Constitución -principalmente en lo que respecta al alargamiento del periodo presidencial y la posibilidad de la reelección inmediata-, sin que se produjeran variaciones sustanciales en cuanto al Derecho de excepción, que ahora quedaba redactado como el artículo 54 de la siguiente manera:

> Artículo 54. En los casos en que con fundamento se tema conmoción interior, o que la paz pública sea amenazada del exterior, el Poder Ejecutivo ocurrirá al Congreso, si estuviere reunido o, en su receso, al Consejo de Gobierno, para que, considerando la urgencia, le conceda las facultades extraordinarias que juzgue convenientes de las comprendidas en los números siguientes:
> 1. Llamar al servicio aquella parte de la milicia nacional que se considere necesaria;
> 2. Exigir anticipadamente las contribuciones y contratar empréstitos hasta la suma que se fije en la misma autorización;
> 3. Librar órdenes por escrito de comparecencia o arresto, debiendo ponerse los arrestados a disposición del Juez competente dentro de tres días para ser juzgados, o en libertad si no resultare suficiente fundamento para el juicio;
> 4. Conceder indultos generales o particulares.

De esta forma, las variantes consistieron en: (i) La precisión de que la conmoción debía estar fundamentada, lo que no es sino consecuencia del principio de necesidad del Derecho de excepción y que, de cierta forma, ya se exigía en la Consti-

---

50 Al respecto, Gil Fortoul (1954, III:76) plantea que "desde luego, que las complicadas y largas formalidades requeridas por los artículos 225 y 226 tenían el doble objeto de evitar que se hiciesen a la ligera cambios constitucionales, y darle tiempo a la opinión pública para discutir reposadamente el proyecto de reforma. (...) es evidente que (...) podía efectuarse en cualquier tiempo la reforma general, aunque siempre conforme al procedimiento pautado por los dichos artículos; procedimiento que, si se había juzgado indispensable para variar uno o más preceptos constitucionales, lo era con mayor razón para modificar el todo".

tución de 1830 al deber el Congreso y el Consejo de Gobierno decidir de acuerdo con el informe que le presentara el Ejecutivo; (ii) Que la conmoción no era únicamente a mano armada, al preverse la misma de modo general siempre que peligrara la paz pública; (iii) La supresión de que las rentas ordinarias debían ser insuficientes para que se pudiesen exigirse anticipadamente contribuciones o contratar empréstitos, si bien este seguía siendo el caso por el principio de necesidad que rige a los estados de excepción; y (iv) La supresión de que la orden de arresto o comparecencia solo procedía cuando el Ejecutivo era informado de que se tramaba contra la seguridad o tranquilidad del Estado.

Basta mencionar que la reacción contra el personalismo del presidente Monagas y la Constitución de 1857 no se hizo esperar y dio paso a una revolución liderada por Julián Castro y Juan Crisóstomo Falcón, que provocó que el 06-03-1858 Monagas dirigiera un mensaje al Congreso "pidiéndole facultades extraordinarias" para hacer frente a la conmoción con base en la nueva Constitución, si bien ello poco sirvió pues, ante el avance del ejército de Castro, se vio obligado a renunciar a la Presidencia el 15-03-1858 (Gil Fortoul 1954, III:88–89).

En este sentido, de regreso a las previsiones constitucionales del Derecho de excepción hemos de referirnos ahora a nuestro sexto texto: la Constitución de los Estados Unidos de Venezuela de 1858 (Brewer-Carías 2013b, 383–97) emanada de la "Gran Convención Nacional aclamada por los pueblos para reconstituir la República" que fue convocada, "de manera inmediata, como necesidad de re-institucionalizar al país", por Julián Castro como General en Jefe del Ejército Libertador y Encargado de la Organización Provisional de la República luego de asumir el poder en virtud de la Revolución de Marzo (Peraza Celis 2005, 196), en el entendido que "no era difícil prever" que el modo como se acordó la reforma del texto constitucional de 1830 "afectaría inevitablemente la validez jurídica" de la Constitución de 1857 (Delgado 2005a, 167).

De ahí en parte que, dado el conflicto diplomático suscitado en 1858 con Francia e Inglaterra en relación con la falta de cumplimiento del Protocolo de Marzo del mismo año que acordaba la salida del país de José Tadeo Monagas y de su familia -y que sirvió de base para que los representantes de estos Estados junto con grupos liberales fraguaran el derrocamiento del nuevo gobierno- el Jefe de Estado pidió a la Convención Nacional facultades extraordinarias "para mantener el orden, al propio tiempo que para darle solución al conflicto diplomático", las cuales fueron aprobadas a tenor de lo previsto en la Constitución de 1830 -y no de 1857-, con inclusión de la posibilidad de contratar empréstitos y expulsar o encarcelar a los perturbadores de la paz previo voto del Consejo de Estado (Gil Fortoul 1954, III:97-111).

En todo caso, el Derecho de excepción en la Constitución de 1858 quedó fijado del modo siguiente:

> Artículo 95. En los casos de conmoción interior a mano armada que amenace la seguridad de la República, o de invasión exterior repentina, el Presidente podrá solicitar del Congreso que autorice para ejercer todas o algunas de las facultades siguientes:
> 1. Llamar al servicio aquella parte de la Milicia Nacional que el mismo Congreso juzgue necesaria;
> 2. Exigir anticipadamente las contribuciones, o negociar empréstitos por las sumas suficientes, si no pueden cubrirse los gastos con las rentas ordinarias;
> 3. Establecer el requisito de transitar por el territorio de la República o salir de él, con pasaporte;
> 4. Conceder indultos generales y particulares a los comprometidos por delitos políticos.
>
> Artículo 96. Si el Congreso no estuviere reunido, el Presidente de la República convocará, en los casos del Artículo anterior, un Consejo extraordinario, compuesto de la Corte Suprema de Justicia, del Vicepresidente de la República y del Secretario que introduzca la solicitud, presidido por el Presidente de la Corte Suprema: este cuerpo podrá acordarle por las dos terceras partes de sus votos, las facultades que se expresan en el mismo Artículo. Este acuerdo se publicará y se circulará a todas las autoridades.
>
> Artículo 97. No podrán concederse las facultades del Artículo 95 por más de noventa días.

> Artículo 98. El poder Ejecutivo dará cuenta al Congreso, dentro de los ocho primeros días de su próxima reunión, de todos los actos que ejecutare en uso de las facultades a que se refieren los tres artículos precedentes.
> Artículo 146. La milicia nacional será organizada por la Ley, y estará a las órdenes de los Gobernadores de las provincias, quienes la llamarán al servicio cuando el Poder Ejecutivo lo ordene en virtud de acuerdo del Congreso, o de las facultades extraordinarias concedidas según el artículo 95, o para obrar dentro de la provincia en caso de conmoción súbita, y en el modo que determine la Ley.

Como vemos, hubo en el artículo 95 un regreso a la fórmula de la Constitución de 1830 –en parte por el rechazo general comentado hacia la Constitución de 1857, y que "los diputados miembros de la Convención Nacional Constituyente de ese año quisieron, en respuesta a un caudillismo militar que medraba (...), demarcar las atribuciones del Presidente durante los estados de excepción" (Casal Hernández 1993, 92)–, constatándose como variaciones la sustitución del arresto preventivo por la posibilidad de exigir el pasaporte para poder transitar en el territorio nacional o salir del mismo[51], y precisándose que los indultos procedían únicamente por delitos políticos.

Asimismo, se eliminó la referencia al Consejo de Gobierno si el Congreso estaba de receso –vista la supresión total del primero del texto constitucional– y se estipuló que si este último no estaba reunido el Presidente de la República convocaría un "Consejo extraordinario" que estaría llamado a autorizar la implementación de las medidas y que estaba conformado por la Corte Suprema de Justicia, el Vicepresidente de la República y el Secretario que introdujese la solicitud (art. 97).

Finalmente, además de reiterar algunos deberes vinculados con el principio de publicidad y responsabilidad que debe regir al actuar del Poder Público incluso en caso de excepción,

---

[51] Nótese que de acuerdo con el artículo 17 de la Constitución de 1858, "[t]odos los venezolanos tienen el derecho de transitar por el territorio de la República y el de salir de él, sin necesidad de pasaporte; a menos que la autoridad judicial lo haya prohibido en los casos que determine la ley".

la Constitución precisó en su artículo 97 que los estados de excepción no podían tener una vigencia superior a los noventa días, siendo esta la primera vez que se fijó un límite temporal expreso a la vigencia del correspondiente decreto.

Lo anterior, si bien en el debate constituyente no faltaron las opiniones que vaticinaban la probabilidad de que estas disposiciones no alcanzaran verdadera eficacia, pues, como apuntó el diputado Miguel Palacio:

> "¿Las facultades extraordinarias?" Este es el naufragio, la muralla en que encallan todas las Constituciones. Han encallado y encallarán. Parece que las Constituciones se han hecho para tiempos bonancibles. Cuando vienen las emergencias y cuando llega el cataclismo, entonces son los apuros. Los romanos decían: dictadura; nosotros, facultades extraordinarias (Gil Fortoul 1954, III:126–27).

Así, no es de extrañar que "la bondad de estos preceptos" (Casal Hernández 1993, 92) y el deseo de recomponer el hilo constitucional al apaciguar las diferencias sociopolíticas que afectaban al país no lograra materializarse con la Constitución de 1858 visto que, como apunta el foro:

> Que la Guerra Federal haya estallado justo al terminar el proceso constituyente de 1858, resulta significativo, en el entendido que un proceso constituyente debería recoger los anhelos y aspiraciones políticas de una población en el momento determinado, servir de canal para lograr el consenso político y evitar el enfrentamiento (Peraza Celis 2005, 179).

Más adelante, cuando el autor se pregunta sobre el fracaso de esta Convención a pesar del talante democrático de su convocatoria donde se aludía a la elección de los representantes a través del "voto libre, universal y directo" para "reconstruir la República sobre las sólidas bases de la más amplia libertad y para rehabilitar los sagrados principios de moral y de justicia que han sido lamentablemente conculcados", concluye que ello se debió principalmente a la exclusión de dos grupos sociopolíticos: (i) los liberales, que se abstuvieron de participar en el proceso constituyente al considerarlo poco garantista, y (ii) la peonada, que no vio en el nuevo texto constitucional respuesta a sus reclamos sobre el enfeudamiento y el reparto de tierras (Peraza Celis 2005, 199-200)[52].

De este modo finaliza el primer período de nuestra historia constitucional caracterizado por un Derecho de excepción enfocado en los conflictos bélicos y con tendencia a limitar cada vez más -al menos en el papel, y como consecuencia de los constantes abusos vividos en la práctica- las medidas que el Presidente de la República podía adoptar, sometiéndose estas no solo al control previo y posterior del Poder Legislativo u órganos multidisciplinarios (Consejo de Gobierno, Consejo Extraordinario), sino también pasándose de una autorización general de "suspender el imperio de la Constitución" y adoptar cualquier decisión que el Ejecutivo considerara prudente para la "salud de la Patria", a un listado taxativo de medidas de carácter económico, civil, militar y político, fuera del cual el mandatario no estaba facultado para actuar.

Lamentablemente, los períodos siguientes se distancian de esta senda y dan fe de un regreso progresivo al Derecho de excepción vago e impreciso del inicio de nuestro constitucionalismo, como tendremos oportunidad de abordar de seguida, con el gravamen que ello comporta para la seguridad jurídica y las libertades individuales.

II. EL ESTADO FEDERAL (1864-1901)

El segundo período de nuestra historia constitucional engloba cinco Constituciones -a saber: las de los años 1864, 1874, 1881, 1891 y 1893- y se corresponde a la federalización del Estado venezolano como resultado de las guerras federales y el proyecto político promovido por estas (Brewer-Carías 2017, 12).

Esto, luego de una accidentada transición en la que la Constitución de 1858 tuvo poca aplicación, los resultados de las elecciones de finales de 1859 fueron desconocidos por medio del golpe de Estado de 1861 que derivó en la dictadura de José Antonio Páez después de arrogarse de hecho las facultades

[52] Sobre los albores y desarrollo de la Guerra Federal véase, en general, Gil Fortoul (1954, III:133-63).

extraordinarias que el Congreso había concedido al Ejecutivo (Gil Fortoul 1954, III:188), y, en definitiva, hubiese quedado "suprimida la Constitución de 1858 y derribado el orden político-institucional instaurado en 1830", aunado a que la organización del Poder y los derechos individuales se regularon por decretos del dictador bajo el argumento de que el pueblo le había concedido un poder ilimitado (Casal Hernández 2019, 117–18), por lo que "[g]obernó, por consiguiente, sin otra norma que sus propias providencias autoritarias" (Gil Fortoul 1954, III:211).

Esta situación se mantuvo hasta el 06-06-1863 cuando se firmó el Convenio de Coche con el que se dio fin a la dictadura dadas las condiciones económicas y políticas que le resultaban adversas, y meses después se instaló la Asamblea Constituyente de la Federación Venezolana, convocada por Juan Crisóstomo Falcón como Presidente provisional de Venezuela, a fin de dictar la Constitución de 1864 (Casal Hernández 2019, 119), la séptima de nuestra historia.

Esta Constitución (Brewer-Carías 1985b, 413–25), luego de prever como sus predecesoras que la guerra era decretada por el Congreso (art. 43 num. 15) y posteriormente declarada por el Presidente de la República (art. 72 num. 14), incorporó el Derecho de excepción en los siguientes términos:

> Artículo 72. El Presidente de la Unión tiene las siguientes atribuciones:
>
> ...
>
> 15. En los casos de guerra extranjera podrá: 1. Pedir a los Estados los auxilios necesarios para la defensa nacional; 2. Exigir anticipadamente las contribuciones o negociar los empréstitos decretados, si no son bastantes las rentas ordinarias; 3. Arrestar o expulsar a los individuos que pertenezcan a la Nación con la cual se esté en guerra y que sean contrarios a la defensa del país; 4. Suspender las garantías que sean incompatibles con la defensa de la independencia del país, excepto la de la vida; 5. Señalar el lugar a donde deba trasladarse transitoriamente el Ejecutivo nacional, cuando haya graves motivos para ello; 6. Someter a juicio por traición a la Patria a los venezolanos que de alguna manera sean hostiles a la defensa nacional; 7. Expedir patentes de corso y repre-

salias y dictar las reglas que hayan de seguirse en los casos de apresamiento.
16. Hacer uso de la fuerza pública y de las facultades contenidas en los números 1, 2 y 5, de la atribución precedente, con el objeto de restablecer el orden constitucional, en el caso de sublevación a mano armada contra las instituciones políticas que se ha dado la Nación.

...

18. Dirigir la guerra o mandar el Ejército en persona en los casos previstos en este Artículo. También podrá salir de la capital cuando asuntos de interés público lo exijan.
Artículo 95. En caso de guerra puede aumentarse el contingente con los cuerpos de la milicia ciudadana hasta el número de hombres necesario para llenar el pedido del Gobierno Nacional.
Artículo 120. El Derecho de Gentes hace porte de la Legislación Nacional; sus disposiciones regirán especialmente en los casos de guerra civil. En consecuencia puede ponerse término a ésta por medio de Tratados entre los beligerantes, quienes deberán respetar las prácticas humanitarias de las Naciones cristianas y civilizadas.

De este modo, la Constitución de los Estados Unidos de Venezuela de 1864 incorporó tres cambios significativos para nuestro objeto de estudio al: (i) Suprimir la necesidad de autorización del Congreso para adoptar medidas extraordinarias, pues bastaba solo que el Presidente de la Unión le diera con posterioridad cuenta de sus actos a tenor del artículo 73 constitucional[53], si bien había cierto control previo en el caso de las guerras por requerir estas ser decretadas por el Poder Legislativo; (ii) Aumentar el catálogo de medidas a aplicar "apartándose del principio de respeto a las garantías individuales que había proclamado el movimiento federal" (Casal Hernández 1993, 92), aunque, como apunta el foro, "se continúan enunciando en forma taxativa y restrictiva" (Peña Colmenares 2015, 418); e

---

[53] Indica el artículo: "Artículo 73. Cuando el Ejecutivo nacional haya hecho uso de todas o de algunas de las facultades que le acuerda el artículo anterior, dará cuenta al Congreso dentro de los ocho primeros días de su próxima reunión".

(iii) Incorporar el Derecho internacional a la legislación interna con especial mención a las guerras civiles, lo que imponía obligaciones en pro del respeto de los derechos y garantías de los particulares.

Así, la Constitución de los Estados Unidos de Venezuela de 1864 distinguió entre los siguientes supuestos de hecho que permitían acudir al Derecho de excepción:

i. *Sublevación armada contra las instituciones políticas que se ha dado la Nación.* Para restablecer el orden constitucional, el Presidente de la Unión podía: (i) Usar la fuerza pública, (ii) Pedir a los Estados federados los auxilios necesarios para la defensa de la Nación, (iii) Exigir anticipadamente las contribuciones o negociar los empréstitos decretados si las rentas ordinarias eran insuficientes, y (iv) Señalar el lugar a donde debía trasladarse transitoriamente el Ejecutivo Nacional.

ii. *Guerra extranjera.* En adición a las facultades anteriores, el Presidente de la Unión podía: (i) Arrestar o expulsar a los individuos que pertenecieran a la nación con la cual se estaba en guerra y que fuesen contrarios a la defensa del país, (ii) Someter a juicio por traición a la Patria a los venezolanos que de alguna manera fuesen hostiles a la defensa nacional, (iii) Expedir patentes de corso y represalias, (iv) Dictar las reglas que habrían de seguirse en los casos de apresamiento, (v) Aumentar el contingente de la fuerza armada, y (vi) Por primera vez –al menos de modo expreso– "suspender las garantías que sean incompatibles con la defensa de la independencia del país, excepto la de la vida"[54].

---

[54] Al respecto, nótese que Ruggeri Parra (1953, 68) apuntó que "[t]radicionalmente, las garantías no se podían suspender en Venezuela sino por conmoción interior a mano armada o invasión exterior, o inminente peligro de que una u otra ocurriera", por lo que había una reducción del supuesto al limitarlo únicamente a la guerra exterior en la Constitución de 1864.

Es decir que a partir de esta Constitución, por un lado, se extinguió el control previo y general que el Poder Legislativo ejercía sobre las facultades extraordinarias (favoreciéndose en consecuencia la discrecionalidad del Ejecutivo), y, por el otro, el constituyente optó por determinar qué medidas eran procedentes en caso de conmoción interior o exterior (limitándose en consecuencia el rango de decisión del Ejecutivo según la emergencia a atender), pudiendo suspenderse cualquier garantía –a excepción de la vida, y solo en caso de guerra extranjera– si el Ejecutivo consideraba que ella era incompatible con la defensa de la independencia del país[55].

En todo caso, poca aplicación práctica tuvieron estos artículos visto que, como expuso Ruggeri Parra (1949, II:62), las "violaciones [a esta Constitución] son coetáneas a su sanción, y no se la obedeció ni en la forma, ni en el fondo, en los diez años que estuvo vigente", lo que sirvió de antesala para que en 1874 se dictase una nueva Constitución de los Estados Unidos de Venezuela bajo la impronta de Antonio Guzmán Blanco, una vez consolidado en la Presidencia[56].

El Derecho de excepción no experimentó cambios en la Constitución de los Estados Unidos de Venezuela de 1874 (Brewer-Carías 1985b, 447–60), la primera del ciclo guzmancista y la octava de nuestro constitucionalismo, constatándose por otra parte que en la Constitución siguiente –a saber, la Consti-

---

55 Ejemplos de estas garantías eran la inviolabilidad y secreto de las comunicaciones y del hogar doméstico, y las libertades de pensamiento, de tránsito y de reunión previstas en los numerales 3, 4, 6, 7 y 9 del artículo 14 *ejusdem*.

56 *Cfr*. Pacheco Amistesarove (2005a, 292), quien sostuvo que "[l]a reforma de la Constitución de 1864 que dio origen a la de 1874 y la de esta última de la cual surgió la de 1811, fueron decididas y promovidas personalmente por el Presidente Guzmán Blanco", en tanto Casal Hernández (2019, 158) precisó que "[a]l tomar el mando en 1870 [Guzmán Blanco] no convocó inmediatamente 'su' constituyente, porque en teoría la revolución que dirigió buscaba reivindicar la Constitución de 1864, pero no tardaría en hacerlo. Después de su proclamación como Presidente en 1873, (...) el Congreso emprendió la tarea constitucional que el mismo Guzmán le había encargado al juramentarse ante dicho cuerpo".

tución de 1881 derivada de la Revolución Reivindicadora (Brewer-Carías 1985b, 485-500)- sí se produjeron modificaciones de interés al: (i) Suprimirse la mención a la independencia en relación con la suspensión de garantías y de la insuficiencia de las rentas ordinarias para exigir anticipadamente contribuciones o negociar empréstitos; y (ii) Apuntarse que, para el ejercicio de las facultades extraordinarias, el Presidente debía contar "con el voto deliberativo del Consejo Federal", que estaba conformado por un Senador y un Diputado por cada entidad política más un Diputado adicional por el Distrito Federal (art. 61).

De este modo, los artículos quedaron redactados de la forma siguiente:

> Artículo 66. Fuera de las anteriores atribuciones que son privativas al Presidente de los Estados Unidos de Venezuela, éste con el voto deliberativo del Consejo Federal, ejercerá las siguientes:
> ...
> 9. Declarar la guerra en nombre de la República cuando la haya decretado el Congreso.
> 10. En los casos de guerra extranjera podrá: 1. Pedir a los Estados los auxilios necesarios para la defensa Nacional; 2. Exigir anticipadamente las contribuciones y negociar los empréstitos decretados por la Legislatura Nacional; 3. Arrestar o expulsar a los individuos que pertenezcan a la Nación con la cual se esté en guerra y que sean contrarios a la defensa del país; 4. Suspender las garantías que sean incompatibles con la defensa de la República, excepto la de la vida; 5. Señalar el lugar donde deba trasladarse transitoriamente el Poder General de la Federación cuando haya graves motivos para ello; 6. Someter a juicio por traición a la Patria, a los venezolanos que de alguna manera sean hostiles a la defensa Nacional; 7. Expedir patentes de corso y represalias y señalar las Leyes que hayan de seguirse en los casos de apresamiento.
> 11. Hacer uso de la fuerza pública y de las facultades contenidas en los números 1, 2 y 5 de la atribución precedente, con el objeto de restablecer el orden Constitucional, en el caso de sublevación a mano armada contra las instituciones que se ha dado la Nación.
> ...

> 13. Dirigir la guerra y nombrar el que deba mandar el ejército.
> Artículo 93. En caso de guerra puede aumentarse el contingente con los cuerpos de la milicia ciudadana hasta el número de hombres necesarios para llenar el pedido del Gobierno Nacional.
> Artículo 117. El Derecho de Gentes hace parte de la Legislación Nacional; sus disposiciones regirán especialmente en los casos de guerra civil. En consecuencia puede ponerse término a ésta por medio de tratados entre los beligerantes, quienes deberán respetar las prácticas humanitarias de las Naciones cristianas y civilizadas, siendo en todo caso inviolable la garantía de la vida.

Así nos encontramos ante un aumento de las facultades extraordinarias del Presidente, ya que se ampliaron los supuestos de hecho frente a las cuales las mismas podían argüirse al no solo ser la defensa de la independencia sino de la República en general, y tampoco exigirse que las rentas ordinarias fuesen insuficientes para acordar créditos al presupuesto nacional, si bien en este último caso tal requerimiento podía seguir operando de forma tácita por el principio de necesidad que rige al Derecho de excepción, como ya hemos adelantado.

Por último, aun cuando la Constitución de 1881, la novena de nuestra historia, pareció incluir un control sobre el actuar del Presidente de los Estados Unidos de Venezuela al requerirse el voto deliberativo del Consejo Federal para ejercer estas facultades, la práctica distaba de esta afirmación pues es sabido que dicho Consejo no fue más que un método para integrar a los caudillos regionales aliados de Guzmán Blanco al gobierno de la Federación, y así fortalecer su posición (Casal Hernández 2019, 122).

Este régimen de excepción se mantuvo inalterado en la Constitución de los Estados Unidos de Venezuela de 1891 (Brewer-Carías 1985b, 503-18), apreciándose que en la de 1893, dictada por una Asamblea Constituyente convocada por Joaquín Crespo como consecuencia de la Revolución Legalista (Zerpa Aponte 2005b, 407), se sustituyó al Consejo Federal por un Consejo de Gobierno -conformado por nueve vocales nombrados por el Congreso, de acuerdo con el artículo 79 constitucional– y se estatuyó que la naturaleza de su voto dependía del tipo de estado de excepción que aquejase a la Nación: en caso de guerra extranjera el voto del Consejo sería consultivo mientras que, en caso de sublevación armada contra las instituciones políticas que se ha dado la Nación, el voto sería deliberativo. Indicaban los artículos (Brewer-Carías 1985b, 527–45):

> Artículo 77. Además de las atribuciones anteriores que son privativas del Presidente de los Estado, Unidos de Venezuela, éste, con el voto consultivo del Consejo de Gobierno, ejercerá también las siguientes:
> 1. Preservar a la Nación de todo ataque exterior.
> ...
> 5. Declarar la guerra en nombre de la República, cuando la haya decretado el Congreso.
> ...
> 7. Dirigir la guerra y mandar el Ejército en persona, o nombrar quien haya de hacerlo. También podrá salir de la Capital cuando asuntos de interés público lo exijan.
> ...
> 9. En los casos de guerra extranjera podrá: 1. Pedir a los Estados los auxilios necesarios para la defensa nacional; 2. Exigir anticipadamente las contribuciones; 3. Arrestar o expulsar a los individuos de la Nación con la cual se esté en guerra y que sean contrarios a la defensa del país; 4. Suspender los derechos cuyo ejercicio sea incompatible con la defensa de la República, excepto el de la vida; 5. Señalar el lugar donde deba trasladarse transitoriamente el Poder General de la Unión, cuando haya graves motivos para ello; 6. Someter a juicio por traición a la Patria a los venezolanos que de alguna manera sean hostiles a la defensa nacional; 7. Expedir patentes de corso y represalias, y señalar las Leyes que hayan de seguirse en los casos de apresamiento.
> Artículo 78. Además de las anteriores atribuciones, el Presidente de la República, previo el voto deliberativo del Consejo de Gobierno, podrá ejercer las siguientes:
> 1. Hacer uso de la fuerza pública, y de las facultades expresadas en los números 1, 2 y 3 de la atribución 9 del artículo anterior, con el objeto de restablecer el orden constitucio-

> nal, en los casos de sublevación a mano armada contra las instituciones políticas que se ha dado la República[57].
> ...
> Artículo 127. En caso de guerra puede aumentarse el contingente con los cuerpos de la milicia ciudadana hasta el número de hombres necesarios para llenar el pedido del Gobierno Nacional.
> Artículo 150. Las prescripciones del Derecho de Gentes hacen parte de la Legislación Nacional: ellas regirán especialmente en los casos de guerra civil. En consecuencia, puede ponerse término a ésta por medio de tratados entre los beligerantes, quienes deberán aceptar las prácticas de las naciones civilizadas, siendo en todo caso inviolable la garantía de la vida.

Asimismo, de esta undécima Constitución destaca el hecho que se eliminó la mención a los empréstitos como facultad extraordinaria y se pasó de una suspensión "de garantías" a una suspensión "de derechos", derivado del hecho que "el título que dedicaba a las garantías individuales ya no se denominada 'De las Garantías de los Venezolanos', como en las demás Constituciones a partir de la de 1864, sino que ahora se intitulaba 'Derechos de los Venezolanos'" (Casal Hernández 1993, 93).

Finalmente, llama la atención el artículo 122 conforme con el cual "[n]i el Congreso Nacional, ni las Asambleas Legislativas de los Estados, podrán en ningún caso, por ningún motivo, ni bajo pretexto alguno, conferir facultades extraordinarias o dar votos de confianza al Presidente de la República" ni a quienes "componen el Ejecutivo Nacional", lo que nos lleva a concluir, por una interpretación sistemática de la norma, que las únicas medidas que podían adoptarse en casos de conmoción interior o exterior, independientemente de su causa, eran las enlistadas

---

57 Al respecto, téngase como ejemplo el acta de la sesión del 17-05-1898, en la que la Corte de Casación dio cuenta de un oficio del Ministro de Relaciones Interiores, "en que manifiesta a la Corte que a causa de la angustiosa situación del Tesoro, que se agrava día a día con los azares de la guerra, el Presidente de la República ha dispuesto exigir patrióticamente de los empleados nacionales una contribución proporcional de sus sueldos respectivos, mientras se establece el equilibrio de la renta" (Corte de Casación 1899, 243).

en el numeral 9 del artículo 77 constitucional, estándole vedado al Poder Legislativo consentir que otras tuvieran lugar, o al Presidente de la República adoptarlas.

De esta forma culmina el segundo período de nuestra historia constitucional caracterizado por un Derecho de excepción que continuó enfocado en los conflictos bélicos y en la previsión de listados taxativos de las facultades excepcionales que podía asumir el Presidente de la República, distinguiéndose a su vez entre el caso de la guerra extranjera –cuyo universo de facultades era más amplio– y las sublevaciones armadas internas que ameritaran el restablecimiento del orden constitucional.

Todas estas facultades pasaron a estar sometidas únicamente al control posterior del Poder Legislativo –salvo, como dijimos, por lo que respecta a la declaratoria de guerra como prerrequisito de algunas facultades extraordinarias– y desde 1881 se incorporó la necesidad de contar con el voto deliberativo o consultivo de figuras como el Consejo Federal y el Consejo de Gobierno, que en realidad poco fiscalizaban al ser afines con el mandatario de turno.

Por último, es durante este período que se incluye por primera vez en un texto constitucional venezolano, de forma expresa, que una de las medidas extraordinarias a tomarse en caso de excepción –particularmente, en caso de guerra extranjera– era la suspensión de aquellas garantías que resultaran incompatibles con la defensa del Estado, siempre que se salvaguardara el Derecho a la vida y respetara lo previsto en el Derecho internacional y las prácticas de las naciones civilizadas, en lo que bien podría constituir un antecedente de los llamados al PIDCP y la CADH en el artículo 339 de la CRBV, según retomaremos más adelante.

De este modo, el estudio del período en cuestión confirma que "no es posible separar Gobernante y Constitución en el siglo XIX venezolano" (Rivas 2005, 338) al estar estas últimas prácticamente casadas con los mandatarios de turno que buscaban ajustar los textos a su conveniencia, tantas veces como fuese necesario, lo que, en definitiva, impedía alcanzar un verdadero y sólido pacto social donde se dejaran suficientemente asentados los derechos fundamentales de los ciudadanos que el Estado estaba obligado a garantizar, incluso en caso de circunstancias excepcionales. De ahí, en parte, que "por razón del desorden administrativo e institucional reinante en la novel república, la historiografía ha visto como un índice de retraso político, la proliferación de Cartas Constitucionales" (Rivas 2005, 322), a lo que podemos sumar que estas solían ser reformadas por métodos extraños a sus textos y sus disposiciones no lograban asentarse en la práctica, por lo que el Derecho de excepción tuvo una connotación más formal que material.

III. EL ESTADO AUTOCRÁTICO CENTRALIZADO (1901-1947)

El tercer período de la historia constitucional de Venezuela se corresponde con la consolidación del Estado nacional, que tiene su inicio con la Revolución Liberal Restauradora de 1899 (Brewer-Carías 2017, 15). Este período comprende las Constituciones de 1901, 1904, 1909, 1914, 1922, 1925, 1928, 1929, 1931, 1936 y 1945 –es decir, poco menos de la mitad que ha tenido el país–, según detallamos de seguida.

Como es sabido, en 1899 tuvo lugar la Revolución Liberal Restauradora como "una suerte de cruzada legalista para propiciar la vigencia de la primacía constitucional" (Zerpa Aponte 2005a, 419), ante la intención del Congreso Nacional de organizar provisionalmente los estados en desconocimiento de su soberanía y que el Presidente de la República designara a sus máximas autoridades.

Gracias a esta Revolución, Cipriano Castro asumió "el Poder Ejecutivo de la República, mientras ésta se reconstituye bajo la forma estrictamente constitucional" –artículo 1 del Decreto Ejecutivo del 23-10-1899 (Imprenta Nacional 1903a, XXII:622)– y dictó una serie de medidas referidas a la organización del Ejecutivo Nacional y de los estados de la Unión, siendo de especial interés el Decreto Ejecutivo del 27-10-1899 cuyo artículo 2 ratificó la vigencia de las disposiciones de la Constitución de 1893 "en cuanto no se opongan a los fines de la Revolución Liberal Restauradora y sean compatibles con la naturaleza del Gobierno que de ella ha surgido" (Imprenta Nacional 1903a, XXII:624).

Tal medida, sin embargo, tuvo corta vigencia. A poco menos un año –esto es, el 03-10-1900– Castro convocó una nueva Asamblea Nacional Constituyente que había de instalarse el 20-02-1901 (Imprenta Nacional 1903b, XXIII:222), respecto a la cual el foro precisa que "la justificación del proceso constituyente, atiende más bien a la necesidad de legitimidad del ejercicio del gobierno, más que a una intrínseca finalidad de reacomodo institucional del Estado" (Zerpa Aponte 2005a, 435).

Así las cosas, la Asamblea ratificó a Castro como Presidente del Poder Ejecutivo el 26-02-1901, aprobó todos sus actos el 06-03-1901, dictó acuerdos sobre asuntos de variada naturaleza[58] y decretó la nueva Constitución de los Estados Unidos de Venezuela el 26-03-1901 –promulgada el 29 del mismo mes– luego de lo cual la Asamblea Nacional Constituyente continuó sesionando (Imprenta Nacional 1904a, XXIV:79–105).

En todo caso, de vuelta al tema que nos ocupa, la Constitución de 1901 (Brewer-Carías 1985b, 565–84), la duodécima de nuestra historia, "continuó la tendencia al incremento de los poderes extraordinarios" (Casal Hernández 1993, 93) e incorporó un nuevo cambio en materia Derecho de excepción al precisar que, al contrario de lo que venía siendo la regla desde 1864, la suspensión "de derechos" no procedía únicamente en caso de guerra externa, sino también de conflictos internos. Al respecto, citamos los numerales 20 y 21 de su artículo 89 según los cuales:

> Artículo 89. Son atribuciones del Ejecutivo Federal:
>
> ...
>
> 20. En casos de Guerra extranjera podrá: 1. Pedir a los Estados los auxilios necesarios para la defensa nacional. 2. Exigir

[58] Por ejemplo, la autorización para que el Ejecutivo Nacional adquiriera el Palacio de Miraflores y lo destinara a "mansión presidencial", así como la autorización para que atendiera a las víctimas de la Revolución Restauradora.

> anticipadamente las contribuciones. 3. Arrestar o expulsar a los individuos de la Nación con la cual se esté en guerra y sean contrarios a la defensa del País. 4. Expedir patentes de corso y autorizar represalias. 5. Señalar el lugar donde deba trasladarse transitoriamente el Ejecutivo y demás Poderes Federales, cuando haya graves motivos para ello. 6. Disponer el enjuiciamiento por traición a la patria, de los venezolanos que de alguna sean hostiles a la defensa nacional. 7. Suspender los derechos cuyo ejercicio sea incompatible con la defensa de la República, excepto el de la vida, previa declaratoria de los que se suspenden y con la limitación a la localidad o a todas las localidades en que fuere necesario.
> 21. Hacer uso de la fuerza pública y de las facultades expresadas en los números 1, 2, 5 y 7 del inciso anterior y en la forma en él indicada, con el objeto de restablecer el orden constitucional, en los casos de sublevación a mano armada contra los Poderes públicos e instituciones políticas que se ha dado la Nación.

Esto, en adición al aumento del contingente de los cuerpos de milicia ciudadana hasta el número de hombres necesarios para llenar el pedido del Gobierno Nacional en caso de guerra, según el artículo 122 *ejusdem*; y el retorno al sistema de 1864 en el que no había un control –ni del Congreso ni de consejo alguno– sobre el Presidente de la Unión para dictar estas medidas, sobre lo que la doctrina apunta que "[q]uizás esa eliminación tenga su origen en la llegada al poder de Cipriano Castro, cuyo régimen obviamente no era proclive a ese tipo de controles" (Peña Colmenares 2015, 419).

Lo anterior, si bien el decretar la guerra seguía siendo una atribución del Congreso de los Estados Unidos de Venezuela (art. 54 num. 15) como paso previo a su declaratoria por parte del Presidente de la Unión (art. 89 num. 18), y se reiteró que el Derecho internacional público regía "especialmente en caso de guerra civil; y en consecuencia, puede ponerse término a ésta por medio de tratados entre los contendientes, quienes deberán respetar las prácticas humanitarias de las Naciones civilizadas" (art. 140), por lo que el Derecho de excepción continuaba sujeto a límites, dificultándose -mas no imposibilitándose- es cómo materializar los mismos[59].

A ello se suma que, de acuerdo con el artículo 118 de esta Constitución, y como vimos ya preveía la de 1893, "[n]i el Congreso Nacional, ni las Asambleas Legislativas de los Estados, podrán en ningún caso, por ningún motivo, ni bajo ningún pretexto alguno, conferir facultades extraordinarias (...) al Presidente de la República, ni (...) [al] Ejecutivo Federal", por lo que tanto en caso de guerra extranjera como de sublevación a mano armada únicamente procedían -respectivamente- las facultades extraordinarias enlistadas en los numerales 20 y 21 del artículo 89 constitucional.

Con base en estos artículos, Castro publicó sendos Decretos el 26-07-1901 y el 10-05-1902, por medio de los cuales, en el primer caso, "en consideración a que el orden público ha sido alterado en los pueblos de la Frontera venezolana del Estado Táchira, por la invasión a mano armada, procedente de Colombia", decretó:

> Artículo 1. Quedan suspendidos, en los Estados Táchira, Mérida, Trujillo y Maracaibo, los derechos a que se refieren los números 3°, 4°, caso 1° del 5°, 6°, 7°, 9° y caso 9° del 14° del artículo 17 de la Constitución Nacional[60].
> Artículo 2. Del mismo modo quedan suspendidos, en los demás Estados de la República, en el Distrito Federal y en los Territorios Federales, los derechos de los venezolanos a que

---

59 Al respecto, téngase presente el fallo del Juzgado de Primera Instancia en lo Civil del Distrito Federal del 20-09-1910 en el que el Poder Judicial determinó que "el decreto de suspensión de garantías, dictado por el Ejecutivo Federal (...) [no] atribuía (...) al Presidente de la República, el derecho de secuestrar las propiedades de los particulares (...) porque (...) esa atribución excepcional (...) no esta[ba] comprendida en las siete precisas y limitadas facultades que nuestra Ley Fundamental atribuye a dicho funcionario" (Corte de Casación 1911, II:126-27).

60 A saber: la inviolabilidad de la correspondencia y del hogar doméstico, abolición del reclutamiento forzoso, libertad de expresión, libertad de industria, libertad de reunión y asociación, y prohibición de privación de libertad por causas políticas.

> se refieren los números 6°, 7°[,] caso 1° del número 5° y 9° del artículo 17 de la Constitución Nacional[61].
> Artículo 3. Los Presidentes de Estados, el Gobernador del Distrito Federal y los Gobernadores de los Territorios Federales reglamentarán el presente Decreto en su respectiva jurisdicción, de acuerdo con las supremas necesidades del orden público (Imprenta Nacional 1904a, XXIV:359).

Nótese al respecto cómo el Decreto se limitaba a destacar cuáles derechos eran suspendidos y en qué localidades, delegándose a las autoridades locales la regulación de cómo quedaría configurado cada uno con motivo de la excepción, en lo que atestiguaba cierto alejamiento de la arbitrariedad al exigírsele a las autoridades comentadas que determinarán previamente su actuar de forma general, si bien tampoco podemos defender que con ello se obtuviese una seguridad jurídica plena dada la multiplicidad de regímenes de excepción que se generaban y la deslegalización de los derechos al poder ser estos regulados por vía reglamentaria.

En tanto, por lo que se refiere al segundo de los decretos mencionados -el de 1902- este invocó como fundamento de hecho "la excitación que le ha hecho el Congreso (...) de tomar las providencias que en el orden político juzgue necesarias y convenientes durante el tiempo de la guerra", suspendiéndose "en todos los Estados de la República y en el Distrito Federal" los derechos previstos en los numerales 2, 3, 4, 6, 7, 9, 5 (casos 1, 4 y 5) y 14 (casos 3, 4, 5 y 9) del artículo 17 de la Constitución, en adición a la garantía prevista en el artículo 48 constitucional[62], a la par que se reiteraba que las autoridades locales se-

---

[61] Referidos a la libertad de expresión, libre tránsito, abolición del reclutamiento forzoso, libertad de reunión y asociación.

[62] A saber: la propiedad, inviolabilidad de la correspondencia y del hogar doméstico, libertad de expresión, libre tránsito, libertad de reunión y asociación, libertad personal -en cuanto al reclutamiento forzoso y las libertades de "hacer o ejecutar lo que no perjudique a otro" y no estar "obligado a hacer lo que la ley no mande, ni impedido de ejecutar lo que ella no prohíba"-, seguridad individual -en cuanto al juez natural, prohibición de detención sin orden judicial, prohibición de incomunicación y prohibición de prisión por causa política- y la inmunidad parlamentaria.

rían las llamadas a reglamentar la excepción (Imprenta Nacional 1904b, XXV:99).

Tan solo tres años después de esta Constitución -específicamente, el 18-04-1904- el Congreso Nacional como poder constituido dictó un acuerdo por medio del cual asumió "las funciones, facultades y derechos que corresponden al Poder Constituyente" (Imprenta Nacional 1905, XXVII.2:140) y en poco menos de dos semanas discutió las reformas y sancionó la nueva Constitución (Pacheco Amistesarove 2005b, 475) -la decimotercera de Venezuela (Brewer-Carías 1985b, 587-604)- que, en cuanto al Derecho de excepción, añadió en el numeral 3 del artículo 7, sobre las bases de la Unión, que:

> En los casos de guerra exterior o interior, el Poder Ejecutivo del Estado asumirá también la administración de los Distritos de su Jurisdicción en lo económico y rentístico, con el voto de su Asamblea Legislativa, y si ésta no se encontrare reunida, con el de su Corte Suprema.

Previéndose a su vez en el numeral 3 del artículo 52 que aun cuando en "el Distrito Federal la ley consagrará la autonomía del Municipio en lo económico y administrativo, (...) [e]n los casos de guerra su primera autoridad civil y política asumirá la administración de los dos ramos mencionados".

Ambas disposiciones, que dan fe de la centralización del poder en el período estudiado, son complementadas por el ahora artículo 80 que, al enlistar las atribuciones del Ejecutivo Nacional, hizo referencia a:

> 6. Declarar la guerra.
>
> ...
>
> 8. Hacer uso en los casos de guerra extranjera o de conmoción interior o rebelión a mano armada contra las Instituciones, previa declaración de estar trastornado el orden público, y hasta el restablecimiento de la paz, de las siguientes facultades:
> a. Pedir a los Estados los auxilios necesarios para la defensa nacional o de las Instituciones.
> b. Exigir anticipadamente las contribuciones.

c. Arrestar, confinar o expulsar del Territorio de la República a los individuos, nacionales o extranjeros, que sean contrarios al restablecimiento de la paz.
d. Suspender los derechos cuyo ejercicio sea incompatible con la defensa del país o el restablecimiento del orden, excepto el de la inviolabilidad de la vida[63].
e. Señalar el lugar donde deba trasladarse transitoriamente el Poder General de la Unión, cuando haya graves motivos para ello.
f. Disponer el enjuiciamiento por traición a la Patria, de los venezolanos que de alguna manera sean hostiles a la defensa nacional; y
g. Expedir patentes de corso y autorizar represalias.

Nuevamente, aunado a la posibilidad de aumentar el contingente de la milicia (art. 109), pero apreciándose que en comparación con la Constitución de 1901 se eliminaron las menciones a que decretar la guerra era una atribución del Congreso, la importancia del Derecho internacional público en las guerras civiles, y la imposibilidad de conferir otras facultades extraordinarias al Ejecutivo Nacional, constatándose así una disminución de los límites del Derecho de excepción que se agrava al ver que se unificaron los supuestos de conmoción exterior e interior, facultándose al Presidente de la Unión para tomar los mismos correctivos en ambos casos siempre que existiese "previa declaración de estar trastornado el orden público y hasta el restablecimiento de la paz", y que, en cuanto a la suspensión de derechos, se suprimió la exigencia de que previamente se declarará cuáles eran los derechos que eran objeto de esta medida y la localidad donde la misma surgía efectos.

---

63 Al respecto téngase presente el artículo 19 de la Constitución que precisó que los "derechos o garantías" enlistados en el artículo 17 *ejusdem* podían ser "suspendidos en los casos y con las formalidades que determine la atribución 8, artículo 80, de esta Constitución". Dentro de los derechos que garantizaba el artículo 17 se encontraban la vida, la propiedad, la inviolabilidad de la correspondencia y del hogar doméstico, la libertad personal, la libertad de pensamiento, la libertad de tránsito, la libertad de industria, la libertad de reunión y asociación, y el sufragio.

Al salir Castro del poder y llegar de Juan Vicente Gómez al mismo el 23-11-1908, tan solo un par de semanas luego de asumir la Presidencia Provisional de Venezuela, el 13-12-1908 dictó "un decreto mediante el cual declara a la Nación en estado de proveer a su defensa, y en virtud de tal declaración asume el ejercicio de las facultades extraordinarias que prevé el inciso 8° del artículo 80 de la Constitución" (Delgado 2005b, 496-97)[64].

Ello, según se desprende del Decreto, visto que "han aparecido en las aguas territoriales de Venezuela y entrado a algunos de sus puertos, varios cruceros de la Marina Real Holandesa, ejecutando actos de registro a mano armada en naves mercantes, con propósitos deliberadamente hostiles", dada la orden de "la Reina de los Países Bajos (...) de secuestrar y embargar temporalmente todos los navíos del Gobierno Venezolano, como medida de represalia", que constituía una "verdadera invasión del territorio y agresión al Gobierno de la República" (Imprenta Nacional 1913, XXXI:80).

Poco tiempo después inició un nuevo proceso de reforma constitucional que, en criterio de la doctrina, tuvo como "objetivos políticos reales (...) la necesidad tanto de legitimar la asunción al poder del General Gómez, como la de proporcionarle a éste herramientas efectivas para consolidar el gobierno" (Delgado 2005b, 493). Surge así la Constitución de 1909, "específicamente vinculada con la situación política derivada de los hechos que condujeron al fin del Gobierno de Cipriano Castro" y que, si bien guardó gran similitud con la de 1904, permitió "obtener el control completo de la estructura institucional del Estado" a pesar de que "las circunstancias históricas no eran del todo favorables a la aprobación de una Constitución que reflejara con exactitud el proyecto gomecista

---

64 El autor destaca que, adicionalmente, al día siguiente el Gobernador del Distrito Federal declaró "suspendidas las garantías constitucionales y en vigor la Ley Marcial en la Sección Occidente del Distrito Federal, esto es, en la ciudad de Caracas, justificado dicha decisión en los desórdenes que se produjeron en la ciudad los días 13 y 14".

de permanencia indefinida en el poder" (Delgado 2005b, 495-96).

De ahí que la Constitución en cuestión fuese reformada en ocho oportunidades -como observaremos de seguida- para dar cabida a los cambios requeridos por la dictadura, aunado a la incorporación de artículos como el 156 según el cual el Presidente Provisional de la República -es decir, Gómez- quedaba "plenamente facultado para dictar las medidas, disposiciones, decretos y reglamentos que sean necesarios para la organización política y administrativa del País durante el período provisional", lo que llevó a autores como Delgado (2005b, 507) a sostener que:

> En apariencia, la reforma dio lugar a una Constitución democrática y liberal; el país creyó ingenuamente en la necesidad del cambio constitucional; pero en esencia, ella no tuvo jamás como verdadero propósito el establecimiento de un Estado liberal y democrático, fuerte y moderno, sino el de procurar las bases más firmes posibles al poder de un autócrata.

Esa apariencia demócrata se ve, por ejemplo, cuando en esta decimocuarta Constitución (Brewer-Carías 1985b, 607-27) volvió a incluirse como atribución del Congreso de los Estados Unidos de Venezuela decretar la guerra (art. 57 num. 28) previo a que el Presidente pudiese decretarla (art. 81 num. 2), y que las facultades extraordinarias de este requerían del voto deliberativo del Consejo de Gobierno -ahora conformado por diez vocales nombrados por el Congreso, según el artículo 88 constitucional-, del modo siguiente:

> Artículo 82. Además de las anteriores atribuciones, el Presidente de la Unión, previo el voto deliberativo del Consejo de Gobierno, ejercerá las siguientes:
> 1. Hacer uso en caso de guerra extranjera o conmoción interior o de rebelión a mano armada contra las instituciones, previa declaración de estar trastornado el orden público, y hasta el restablecimiento de la paz, de las siguientes facultades:
> a. Pedir a los Estados los auxilios necesarios para la defensa nacional o de las instituciones.

b. Exigir anticipadamente las contribuciones.
c. Arrestar, confinar o expulsar del Territorio de la República a los individuos nacionales o extranjeros que sean contrarios al restablecimiento de la paz.
d. Suspender, en caso de guerra internacional, los derechos cuyo ejercicio sea incompatible con la defensa del país, excepto el de la inviolabilidad de la vida.
En los casos de guerra interior podrá hacer uso de la misma atribución: pero sólo en tanto se restablece la paz.
e. Señalar el lugar donde deba trasladarse el Poder General de la Unión, cuando haya graves motivos para ello.
f. Disponer el enjuiciamiento por traición a la Patria, de los venezolanos que de alguna manera sean hostiles a la defensa nacional; y,
g. Expedir patentes de corso y autorizar represalias.

Es decir, un listado que no presenta cambios en relación con lo previsto en la Constitución de 1904, salvo por la precisión de que cuando los derechos son suspendidos con ocasión de una guerra interior, la temporalidad de esta medida está vinculada con el tiempo que dure restablecer la paz.

Más allá de ello el Derecho de excepción no sufrió cambios sino de mera enumeración: el artículo 7 pasó a ser el 12, el numeral 3 del artículo 52 pasó al numeral 4 del artículo 57, y el artículo 109 pasó al 126.

No obstante, dado el contenido del artículo 156 que facultaba al Presidente Provisional, como se dijo, a "dictar las medidas, disposiciones, decretos y reglamentos que sean necesarios para la organización política y administrativa del País durante el período provisional", bien podría decirse que Venezuela quedó subsumida en un estado de excepción permanente pues dicho mandatario contaba con "una amplísima competencia para dictar todo tipo de actos jurídicos, generales o particulares, y cuya necesidad, pertinencia y contenido específico quedaba a la determinación del propio Presidente" (Delgado 2005b, 505–6).

Con todo y eso, es posible encontrar algunas declaratorias formales de suspensión como la que se aprecia en el Decreto del 01-08-1913 según el cual Gómez:

En uso de las facultades que me confiere el artículo 82 de la Constitución Nacional, previo el voto deliberativo del Consejo de Gobierno de 29 de julio último y por cuanto ha sido trastornado el orden público,
Decreto:
Artículo único. Están en suspenso en cuanto lo requiera la defensa del orden público y en tanto se restablece la paz, las garantías definidas en los incisos 2°, 3°, 4°, 5°, 6°, 7°, 8°, 9°, 10°, 11° y 14° del artículo 23 de la Constitución Nacional (Imprenta Nacional 1914, XXXVI:233).

Como vemos, una declaratoria que no se caracterizó por su motivación ni precisión pero con amplias implicaciones para las libertades individuales al suspenderse de modo indefinido las garantías referidas a la propiedad, inviolabilidad de correspondencia y del hogar, libertad personal, expresión, tránsito, industria, reunión y asociación, petición, sufragio y seguridad individual.

Esta situación no haría sino agravarse en los años sucesivos pues, dado el interés de Gómez de reformar la Constitución de 1909 para dar pie a su reelección inmediata y el hecho de que esta preveía que las enmiendas constitucionales no se "podrán poner en vigor sino después de la renovación de los Poderes Públicos de la Nación que las haya solicitado o sancionado" (art. 145), el dictador procedió el 01-08-1913 a "suspender un conjunto de garantías constitucionales, alegando la alteración del orden que se había producido por el levantamiento armado de un grupo de generales antigomecistas", lo que trajo consigo (i) "la imposibilidad de llevar a cabo las elecciones previstas en el texto constitucional para renovar los órganos del Poder Federal", (ii) que el Gobierno usara "un mecanismo autorizado en la Constitución con el propósito de generar una situación excepcional orientada a hacer imposible la continuidad jurídica del país" y, en definitiva, (iii) que el Ejecutivo defendiera que "la validez de la Constitución [de 1909] se extinguía inexorablemente al no haberse podido llevar a cabo, en los Estados, las elecciones correspondientes a la integración de los órganos legislativos", por lo que era necesario organizar un nuevo Congreso que sancionara una nueva Constitución ante el vacío existente (Delgado 2005b, 513–15), habiéndose como se dijo instrumentalizado al Derecho de excepción para lograr este objetivo.

Es así como el 19-04-1914 se instala el "Congreso de Diputados Plenipotenciarios de los Estados Soberanos" y, ese mismo día, se aprueba el "Estatuto Constitucional Provisorio de los Estados Unidos de Venezuela" (Brewer-Carías 1985b, 631–42), que dedicó su artículo 35 al Derecho de excepción y previó lo siguiente:

> Artículo 35. Además de las anteriores atribuciones, el Presidente Provisional, de acuerdo con el Comandante en Jefe del Ejército, en los casos de guerra extranjera o de conmoción interior o de rebelión a mano armada contra las instituciones, previa declaración de estar trastornado el orden público, y hasta el restablecimiento de la paz, tendrá las atribuciones siguientes:
> a. Pedir a los Estados los auxilios necesarios para la defensa nacional o de las instituciones.
> b. Exigir anticipadamente las contribuciones.
> c. Arrestar, confinar o expulsar del territorio de la República a los individuos nacionales o extranjeros que sean contrarios al restablecimiento de la paz.
> d. Suspender en caso de guerra internacional, los derechos cuyo ejercicio sea incompatible con la defensa del país, excepto el de la inviolabilidad de la vida.
> En los casos de guerra interior podrá hacer uso de la misma atribución.
> e. Señalar el lugar donde deba trasladarse transitoriamente el Poder Federal, cuando haya grave motivo para ello.
> f. Disponer el enjuiciamiento por traición a la Patria, de los venezolanos que de alguna manera sean hostiles a la defensa nacional.
> g. Expedir patentes de corso y autorizar represalias; y
> h. Disponer que la fuerza pública, en caso de ser ineficaz la interposición de sus buenos oficios, sirva para poner término a la colisión armada entre dos o más Estados, y exigirles que depongan las armas y sometan la decisión de sus controversias a la Corte Federal y de Casación. También ejercerá esta atribución en caso de rebelión a mano armada en cualquiera de los Estados de la Unión, después de haber

agotado los medios pacíficos y conciliatorios para restablecer la paz y el orden público[65].

Esto en adición a la facultad común de aumentar el contingente de la milicia en caso de guerra (art. 68), lo que denota la importancia del Derecho de excepción a nivel constitucional si consideramos que este Estatuto tuvo 81 artículos, prácticamente la mitad de la Constitución anterior (157 artículos), pero dedicó dos de ellos al régimen de excepción mientras otros temas de relevancia nacional –por ejemplo, el procedimiento de formación de leyes– fueron dejados de lado.

Se trata así de un Derecho de excepción que no difiere de la Constitución de 1909 salvo por el cambio del voto deliberativo del Consejo de Gobierno previa decisión del Presidente a requerirse el acuerdo del Comandante en Jefe del Ejército, que no debemos olvidar también era Gómez al compartir la dualidad Presidente Provisional – Comandante en Jefe del Ejército, por lo que en realidad no había control.

En todo caso, dos meses después del Estatuto Constitucional Provisorio el Congreso de Diputados Plenipotenciarios de los Estados Soberanos aprobó la Constitución de 1915 –la decimoquinta de Venezuela–, considerada por la doctrina como la más importante del ciclo gomecista al "traslucir de manera más franca el afán continuista y el sello militar" (Casal Hernández 2019, 168).

---

[65] Nótese que este literal, en las Constituciones anteriores y posteriores al Estatuto Constitucional Provisorio, se incluía entre las atribuciones del Presidente de la Unión separada de los supuestos de la guerra extranjera o conmoción interior o de rebelión a mano armada contra las instituciones del Estado, por lo que pareciera distanciarse del Derecho de excepción como facultad extraordinaria y tender únicamente a un supuesto en el cual era conforme con Derecho el uso de la fuerza pública. Véase en este sentido el numeral 24 del artículo 79 de la Constitución de 1914, el numeral 2 del artículo 82 de la Constitución de 1909, el numeral 9 del artículo 80 de la Constitución de 1904, el numeral 22 del artículo 89 de la Constitución de 1901, y el numeral 2 del artículo 78 de la Constitución de 1893.

Esta Constitución (Brewer-Carías 1985b, 643-62) no incorporó cambios de valor en cuanto al Derecho de excepción, reiterándose que: (i) En caso "de guerra exterior o interior, el Poder Ejecutivo del Estado asumirá también la administración de los Distritos de su jurisdicción en lo económico y rentístico", requiriéndose para ello "el voto de su Asamblea Legislativa, y si ésta no se encontrare reunida, con el de su Corte Suprema" (art. 19 num. 4); (ii) Era atribución del Congreso decretar la guerra (art. 58 num. 20) para que el Presidente pudiese luego declararla (art. 79 num. 17); (iii) Correspondía al Presidente ejercer las facultades extraordinarias previstas en la Constitución anterior en caso de guerra internacional o interior, con la particularidad de que en esta última estas podían ejercerse "en todo el territorio de la República o en aquellas localidades en que a su juicio fuere necesario" (art. 79 num. 23); y (iv) Lo ya conocido del aumento del contingente de la milicia en caso de guerra (art.110).

Así, el único cambio que notamos es que -una vez más- los estados de excepción quedaron exentos de control interinstitucional, pues al desaparecer en la Constitución el Consejo de Gobierno, ya no se requería su voto deliberativo para la adopción de esta figura.

Estas disposiciones se reiteraron sin cambios en la Constitución de 1922 (Brewer-Carías 1985b, 673-93) -que giró en torno a la necesidad de regular la falta absoluta del Presidente de la República, dado el estado de salud de Gómez (Casal Hernández 2019, 169)- y tuvieron una variación de interés en la Constitución de 1925 (Brewer-Carías 1985b, 697-719), la decimoséptima de nuestra historia.

Ello, visto que esta Constitución, además de repetir el régimen ya visto en sus predecesoras inmediatas[66], con inclusión

---

[66] A saber: que en caso de guerra exterior o interior el Poder Ejecutivo del Estado podía asumir también la administración de los Distritos (art. 14), la atribución del Congreso de decretar la guerra (art. 78 num. 14) y del Presidente de la Unión de declararla (art. 100 num. 18); mientras el aumento del contingente de la milicia fue suprimido.

de que en caso de guerra civil o internacional podía pedirse a los estados los auxilios necesarios para la defensa nacional o de las instituciones, señalar el sitio donde habían de trasladarse los Poderes de la Federación, disponer el enjuiciamiento por traición a la Patria de los venezolanos que de alguna manera fueron hostiles a la defensa nacional, y expedir patentes de corso y autorizar represalias (literales "a", "b", "c" y "e" del numeral 24 del artículo 100, respectivamente), agregó como una nueva facultad extraordinaria el "[r]eorganizar los Estados que fueron dominados por fuerzas rebeldes o cuyos Gobiernos mismos participaren en la rebelión" (literal "d" del mismo numeral), a la par que se eliminó lo referente al exigir anticipadamente contribuciones.

Adicionalmente, el tema de la suspensión -ya no de derechos como se decía desde 1893, sino- de garantías, pasó a estar regulado en un artículo separado, constituyendo esta la medida principal a asumir en casos de guerra civil o internacional, aun cuando la Constitución preveía otras medidas posibles según hemos comentado. Así, el artículo en cuestión era del siguiente tenor:

> Artículo 36. Cuando la República se hallare envuelta en una guerra internacional o estallare en su seno la guerra civil o exista inminente peligro de que una u otra ocurran, el Presidente de la República, en Consejo de Ministros, lo declarará así y suspenderá el goce de las garantías constitucionales en todo el territorio de la Nación que en el propio Decreto se determine; pero esta suspensión no tendrá efecto sino en tanto se restablece la paz y quedará sujeta a las restricciones siguientes:
> 1. En ningún caso se podrá privar a nadie de la vida, que será siempre inviolable, ni se podrán decretar ni aplicar castigos infamantes;
> 2. No se decretarán ni se llevarán a cabo confiscaciones de bienes, salvo, únicamente, como medida de represalias en guerra internacional, contra los nacionales del país con el cual fuere la guerra, si éste hubiere decretado previamente la confiscación de los bienes de los venezolanos;
> 3. Podrá arrestarse, confinarse o expulsarse del territorio de la República a los individuos nacionales o extranjeros que sean contrarios al restablecimiento o conservación de la paz;

> pero tales medidas cesarán al terminar las circunstancias que las hubieren motivado, salvo la expulsión de extranjeros, que podrá no revocarla el Ejecutivo Federal si no lo creyere conveniente.

Los aportes de este artículo al Derecho de excepción pueden enlistarse del modo siguiente:

i. Ya no era imperativo que la guerra hubiese *estallado* para acudir al Derecho de excepción, pues podía recurrirse al mismo incluso en caso de "inminente peligro" de que ella ocurriese, dándosele a la figura un rol preventivo que podría colisionar con el principio de necesidad que rige a este Derecho de no haber un peligro real en contra de los elementos constitutivos del Estado.

ii. La suspensión de garantías se adoptaba en Consejo de Ministros, lo que podría fungir como un control de la voluntad del Presidente de la Unión si bien, al ser estos funcionarios de libre nombramiento y remoción por parte de este último (art. 100 num. 1) se trataba –y sigue siéndolo en la actualidad– de un control de escasos efectos e implicaciones pues la negativa de aprobar el decreto fácilmente podría solventarse con la designación de nuevos ministros.

iii. Se agregó dentro de las prohibiciones expresas a la suspensión de garantías lo referido a los castigos infamantes, para los cuales resulta prudente recordar que las Constituciones anteriores ya aludían a la importancia del Derecho internacional público en caso de conflictos, siendo que este ya incluía disposiciones al respecto al girar en torno a la idea de la dignidad humana[67].

---

67 Téngase como ejemplo la Declaración de Ginebra sobre los Derechos del Niño de 1924, adoptada por la Sociedad de Naciones y de la que Venezuela formaba parte gracias al anexo I del Tratado de Versalles.

iv. El derecho de propiedad había de ser garantizado también en caso de excepción, previéndose como única limitante de este derecho el supuesto de la confiscación, cuando se tratase de una medida durante guerras internacionales y con motivo de reciprocidad.

v. El arresto, confinamiento y expulsión de nacionales estaba sujeta a límites temporales en el sentido que, una vez cesara la excepción, los mismos podían regresar al suelo venezolano, previéndose que en el caso de extranjeros sí era posible que la medida tuviese una connotación permanente en desconocimiento del principio de temporalidad.

Es decir, que el Derecho Constitucional de la época -al menos en la teoría, pues no podemos olvidar el momento histórico que se vivía y lo cercenada que se encontraban las libertades y derechos individuales producto del gobierno dictatorial de ese entonces- fortaleció el régimen de excepción venezolano al prever una serie de limitaciones al Poder Ejecutivo en cuanto a la forma -decreto en Consejo de Ministros- y fondo -sin castigos infamantes, permanentes, etc.- de las medidas que podían adoptarse con ocasión de la suspensión de garantías, si bien en paralelo se consintió que esta última se diera ante riesgos o peligros futuros, lo que abría las puertas -o mejor dicho, facilitaba- la represión de la disidencia al estimarse que su comportamiento podía dar pie a una guerra civil, aunque fuese una mera suposición.

Estas disposiciones se repitieron sin cambios en las tres Constituciones restantes del período gomecista -a saber, la Constitución de 1928, 1929 y 1931 (Brewer-Carías 1985b, 723-98)-, constatándose su aplicación a inicios de enero de 1936 cuando, luego de la muerte de Gómez el 17-12-1935, "se desencadenó una vertiginosa actividad de participación y cuestionamientos políticos, inicialmente desarrollada anárquicamente, con saqueos y disturbios de magnitud importante" (Sánchez Falcón 2005b, 541-42), que dieron lugar a que se suspendieran las garantías constitucionales, prohibiéndose las manifestaciones e implementándose mecanismos de censura sobre la prensa y la radiodifusión (Casal Hernández 2019, 173).

Medidas que serían levantadas el 21-02-1936 cuando el Presidente López Contreras anunció el Programa de Febrero como método de transición a la democracia y que favoreció la adopción de un nuevo texto constitucional "como uno de los instrumentos de aniquilamiento del Gomecismo y de instauración de la legalidad necesaria a un Estado de derecho democrático", inclusive si la misma provenía de un Congreso electo durante el gomecismo (Sánchez Falcón 2005b, 545–48).

Así llegamos a la Constitución de los Estados Unidos Venezuela de 1936, la vigesimoprimera de nuestra historia (Brewer-Carías 1985b, 801–27), en la que el artículo 36 pasó a tener la siguiente redacción:

> Artículo 36. Cuando la República se hallare envuelta en guerra internacional o estallare en su seno la guerra civil o exista peligro de que una u otra ocurran, de epidemia o de cualquiera otra calamidad pública, o cuando por cualquiera otra circunstancia lo exija la defensa, la paz o seguridad de la Nación o de sus instituciones o forma de gobierno, el Presidente de la República en Consejo de Ministros, podrá, por un Decreto, restringir o suspender, en todo o parte del territorio nacional, el ejercicio de las garantías ciudadanas, con excepción, en todo caso, de las relativas a la inviolabilidad de la vida, la proscripción de la esclavitud y a la no condenación a penas infamantes[68].
> El Decreto contendrá: 1. los motivos que lo justifiquen; 2. la determinación de la garantía o garantías que se restrinjan o suspendan y, 3. el territorio que afectará la suspensión o restricción.
> Este Decreto será derogado al cesar las causas que lo motivaron.

---

68 Téngase presente que el numeral 2 del artículo 32 preveía otra disposición de interés en esta materia, al precisar: "No se decretarán ni llevarán a cabo confiscaciones de bienes, salvo en los casos siguientes: 1. Como medida de represalias en guerra internacional, contra los nacionales del país con el cual se estuviere en guerra, si éste hubiere decretado previamente la confiscación de los bienes de los venezolanos".

> La restricción de garantías en modo alguno afectará el funcionamiento de los Poderes Públicos de la Nación, cuyos miembros gozarán siempre de las prerrogativas que les reconoce la ley.
> Podrá arrestarse, confinarse o expulsarse del territorio de la República a los individuos nacionales o extranjeros que sean contrarios al restablecimiento o conservación de la paz; pero tales medidas cesarán al terminar las circunstancias que las hubieren motivado, salvo la expulsión de extranjeros, que podrá no revocarla el Ejecutivo Federal si lo creyere conveniente.

A lo que el numeral 23 del artículo 100 agregaba como atribuciones del Presidente de los Estados Unidos de Venezuela:

> 18. Declarar la guerra, en nombre de la República, cuando lo hubiere decretado el Congreso[69].
> ...
> 23. Decretar la restricción o suspensión de garantías en los casos previstos en el artículo 36, y en caso de guerra civil o internacional podrá además, mientras ellas duren:
> a. Pedir y otorgar a los Estados los auxilios necesarios para la defensa nacional o de las instituciones.
> b. Señalar el sitio a donde hayan de trasladarse transitoriamente todos o algunos de los Poderes de la Federación, cuando existiere grave motivo para ello.
> c. Disponer el enjuiciamiento por traición a la Patria, de los venezolanos que de alguna manera fueren hostiles a la defensa nacional o voluntariamente causaren perjuicios a los intereses de la Nación.
> d. Reorganizar los Estados que fueren dominados por las fuerzas rebeldes o cuyos Gobiernos mismos participaren en la rebelión.
> e. Expedir patentes de corso y autorizar represalias.

La lectura conjunta de estos artículos permite arribar a la existencia de dos regímenes de excepción en la Constitución de 1936: uno para el caso de la guerra civil o internacional –para el que era aplicable todo el catálogo de medidas enunciadas en el texto constitucional (arts. 36 y 100 num. 23)– y

---

[69] Léase en concordancia con el numeral 15 del artículo 77 *ejusdem*, sobre la atribución del Congreso de decretar la guerra.

otro para los casos "de epidemia o de cualquiera otra calamidad pública, o cuando por cualquiera otra circunstancia lo exija la defensa, la paz o seguridad de la Nación o de sus instituciones o forma de gobierno" -como supuestos novedosos, vale destacar- en virtud de los cuales podía únicamente procederse con la restricción o suspensión de garantías (art. 36).

De este modo, la reforma constitucional de 1936 amplió el universo de supuestos de excepción ya que, al contrario de lo que venía repitiéndose en nuestra historia, estos no se circunscribirían únicamente a hechos bélicos en los que el país estuviese involucrado de forma directa, previéndose ahora un *numerus apertus* al hablarse de "cualquiera otra circunstancia lo exija la defensa, la paz o seguridad de la Nación o de sus instituciones o forma de gobierno", por lo que se asevera que la Constitución "contenía previsiones autoritarias, ya que se ampliaron genéricamente los supuestos de hecho que daban lugar a la suspensión o restricciones de las garantías" (Casal Hernández 1993, 95), siendo esta una afirmación que se traslada a la Constitución vigente, como retomaremos más adelante.

No obstante, como contrapartida de esta ampliación del Derecho de excepción también se incorporaron ciertas pautas que tendían a impedir la arbitrariedad, como lo eran el exigir que el decreto fuese motivado y especificara las garantías que se suspendían o restringían, en adición al ya existente requisito de determinar la extensión geográfica sobre la cual recaerían las medidas y que la vigencia de las mismas estaría sujeta a las causas que le dieron lugar.

Aunado a lo anterior, la Constitución de 1936 prohibió que con motivo de estas declaratorias se implementara la esclavitud y agregó una disposición, que hoy recoge la CRBV, sobre que la restricción o suspensión de garantías no afectaba el normal funcionamiento del Poder Público.

Ejemplo práctico de estas disposiciones, apunta la doctrina, fue "la suspensión o restricción de garantías constitucionales de carácter económico que se había decretado desde 1939, cuyo contexto internacional era la Segunda Guerra Mundial"

(Casal Hernández 2019, 179) y que permitió que "desde fines de 1939 hasta 1944 se dict[aran], mediante Decretos-Leyes emanados en virtud de la restricción de esa garantía, lo que puede considerarse que fue la legislación básica del país en materia económica, y origen de la actual" (Brewer-Carías 2013b, 445)[70].

Al respecto, la jurisprudencia de la época asentó que los decretos del Presidente de la República que restringían las garantías previstas en los numerales 2, 8 y 9 del artículo 32 de la Constitución -a saber: la propiedad y la libertad de trabajo e industria[71]- para "evitar las privaciones y conjurar las más gra-

---

70 El autor agrega que "la emergencia económica que legislativamente se reguló por Decretos-Leyes durante el período 1939-1944, influyó en la reforma constitucional de 1945, habiéndose redactado el texto relativo a la garantía económica en forma distinta al texto de 1936, dándose cabida, precisamente, a la posibilidad de las medidas económicas de emergencia. Así se facultó al Poder Federal para 'dictar en circunstancias extraordinarias, las medidas de orden económico que fueren necesarias para racionalizar y regular la producción, circulación y consumo de la riqueza' (art. 32, ord. 9)", en lo que constituye un antecedente de las leyes habilitantes en el país (Brewer-Carías 2013b, 448).

71 *Cfr.* G.O. n° 19.975 del 09-09-1939, en la que se aprecia que con base en estas restricciones, por ejemplo, se declararon artículos de primera necesidad (alimentos, medicinas, combustible, entre otros) y su precio máximo de venta al mayor y al detal. Esta medida fue ampliada por decretos del 01-10-1941 y del 07-05-1942, de acuerdo con la G.O. n° 20.790 del 07-05-1942, limitándose en este último también el libre tránsito al facultarse a la Junta Nacional Reguladora de Precios a "organizar todo lo relativo a la más conveniente coordinación y aprovechamiento de los diferentes medios de transporte en todo el territorio de la República" (art. 4). Asimismo resultan de interés los decretos n° 281 del 09-11-1942 y n° 142 del 07-07-1943 -este último en G.O. n° 21.149 del 10-07-1943, y que sumó la restricción del derecho a la igualdad ante la ley y la imposibilidad de acordar exoneraciones- y el n° 176 en G.O. n° 21.484 del 15-08-1944, que agregó la restricción de la inviolabilidad de la correspondencia y papeles particulares, así como de la prohibición de prisión por deudas. Estas medidas fueron levantadas por Decreto n° 292 en G.O. n° 21.813 del 15-09-1945, que en su motivación asentó que "habiendo cesado ya el estado de beligerancia", procedía "restablecer las condiciones jurídicas normales que rigen la vida de los venezolanos en todos aquellos aspectos que han dejado de estar afectados por las consecuencias del estado de guerra, restablecimiento que debe hacerse en forma gradual, a medida que vaya operando el reajuste de la situación económica internacional; en cumplimiento del

ves consecuencias del conflicto europeo" hallaban sustento en el artículo 36 constitucional (Ruggeri Parra 1941, 162), en el entendido que:

> La gran mayoría de las Constituciones escritas tienen respaldada la suspensión o la restricción de las garantías ciudadanas que ellas consagran con disposiciones reguladoras del estado de sitio. Mas es obvio que la omisión en Venezuela de provisiones relativas a las restricciones a que se refieren los Decretos, no significa que no puedan funcionar en la República disposiciones de previsión social y política para reglamentar la suspensión o restricción que la Constitución concede al ciudadano Presidente, de dichas garantías, así como de las otras, a excepción solamente de las relativas a la inviolabilidad de la vida, a la proscripción de la esclavitud y a la prohibición de penas infamantes, las cuales, en todo caso, permanecerán incólumes (...).
>
> Ahora, pues, por regla jurídica de derecho político, tales objetivos tropiezan en su realización con el límite, sin duda, contemplado por el Ejecutivo Federal, impuesto a las facultades dictatoriales asumidas por él en esta ocasión por los mismos altos propósitos de bienestar común, los cuales no pueden menos que llevarse a cabo dentro de las precisas normas legales y constitucionales que definen el concepto y el alcance de las restricciones de garantías individuales. Porque estas restricciones no hieren de ningún modo el principio de la separación de los Poderes Públicos en ejercicio de la soberanía nacional residente en el pueblo. El orden constitucional no se transforma ni el funcionamiento de la República sufre, por lo mismo, ninguna interrupción, y ha de se-

---

artículo 37, segundo aparte, de la Constitución Nacional" (Kancev González 2014, 116–20). Con base en estos decretos, por ejemplo, la Corte Federal y de Casación en Corte Plena avaló por sentencia del 04-04-1951 la competencia de la Comisión Nacional de Abastecimiento para fijar el alquiler máximo y autorizar la desocupación de inmuebles (Corte Federal y de Casación 1952, 18–19), así como en Sala Federal en fecha 08-04-1951 que el Ejecutivo podía regular lo referido a la exportación de café dada la restricción de las garantías de la propiedad, trabajo e industria (Corte Federal y de Casación 1952, 205–7).

guir desarrollándose dentro de los cánones que establece la Constitución Nacional (Ruggeri Parra 1941, 163-64)[72].

En otras palabras, el hecho que la Constitución de 1936 no previese mayores regulaciones sobre cómo operaba la restricción de garantías no se traducía ni en que el Poder Ejecutivo Nacional estuviese impedido de adoptar esta medida cuando así lo requería el interés general, ni que el mismo tuviese una libertad absoluta en su implementación en el entendido que el estado de excepción, como ya hemos indicado, no equivale a una negativa del Estado de Derecho, por lo que dicho mandatario había de actuar de acuerdo con los límites dados por el constituyente -por ejemplo, cuando fijó que determinadas garantías no podían ser suspendidas- y respetar el resto de los poderes constituidos que habían de seguir ejerciendo sus funciones[73].

Cierra este período la Constitución de 1945 (Brewer-Carías 1985b, 831-66) que, en criterio del foro, "fue producto de la voluntad de[l Presidente] Medina de ampliar la democracia en Venezuela, creando garantías constitucionales y libertades públicas, facilitando la existencia y organización de partidos y sindicatos en los ámbitos político y económico-social" (Núñez 2005, 566), y que no previó cambios en cuanto al Derecho de excepción más allá de la numeración de los artículos al pasar el artículo 36 al 37 y el artículo 100 el 104[74], si bien se consolidó la

---

72 *Cfr.* Sentencia dictada por la Corte Federal y de Casación en Sala Política y Administrativa el 13-01-1940, con inclusión de su voto (Corte Federal y de Casación 1941, I:101-27).

73 Otro ejemplo representativo de este control jurisdiccional lo encontramos en la sentencia de la Corte Federal y de Casación en Sala Política y Administrativa del 26-06-1940, al señalar que al Ejecutivo imponer a la Compañía Anónima de Luz y Fuerza Eléctrica de El Tocuyo una rebaja del 80 % de sus tarifas, se trató de una "restricción constitucional que estuvo en la mente bien intencionada del ciudadano Presidente de la República, frente al conflicto europeo", al tratarse el servicio eléctrico de un artículo de primera necesidad (Corte Federal y de Casación 1941, I:183-91).

74 Adicionalmente, el artículo 77 sobre las atribuciones del Congreso pasó a ser el 78. En tanto, la redacción de la confiscación se simplificó del modo siguiente: "No se decretarán ni se llevarán a cabo confiscaciones

legislación presidencial por vía de ley habilitante que escapa del objeto de estudio de este trabajo[75].

Como otras tantas, la duración de esta vigesimosegunda Constitución fue breve pues, a pesar de sus avances, a los pocos meses ocurrió un golpe de Estado en el país por parte de quienes consideraron que las reformas eran insuficientes y, con él, el llamado a un nuevo cambio constitucional (Casal Hernández 2019, 137–38). De ahí que no resulte extraño que durante esta etapa de nuestra historia constitucional, como recoge el foro, "algunos sectores de la población decían que la Constitución de Venezuela era un folleto amarillo reformado todos los años y violado todos lo [sic] días" (Núñez 2005, 569).

En todo caso, por lo que respecta a nuestro objeto de estudio, podemos concluir que en el tercer período de nuestra historia constitucional el Derecho de excepción fue objeto de ampliaciones en el sentido que se dio cabida a los conflictos internos y, posteriormente, a situaciones como las epidemias y cualquier otra que amenazara gravemente la estabilidad de la nación, lo que permitía justificar que se adoptaran estados de excepción por motivos económicos, como se vio durante la Segunda Guerra Mundial, inclusive de forma preventiva si se consideraba que existía un inminente peligro de que ocurriría un conflicto.

Este Derecho de excepción estuvo en todo momento en cabeza del Presidente de la República previéndose en ocasiones su sometimiento al control de consejos (de gobierno o de ministros), apreciándose a su vez que las Constituciones al inicio de este período destacaban que no podía dotarse al Ejecutivo de facultades extraordinarias más allá de las previstas

---

de bienes sino contra los extranjeros y únicamente en caso de conflicto internacional con su país" (art. 32 num. 2).

[75] *Cfr.* Núñez (2005, 581), para quien "[c]on esta reforma el Ejecutivo tenía la posibilidad de establecer por decreto medidas extraordinarias destinadas a proteger la vida económica y financiera de la nación. Tal facultad la podía ejercer el Ejecutivo con autorización previa por parte del Congreso y esta debía ser siempre de carácter temporal". Asimismo, véase Grau (2009) y Escudero (2014).

taxativamente en las Constituciones –como vimos, exigir anticipadamente contribuciones, arrestar o expulsar individuos y suspender derechos, entre otros– y que el Derecho internacional público fungía como límite de las medidas a adoptar, si bien con el paso del tiempo estas disposiciones fueron atenuadas.

Finalmente se constata que, ante las experiencias vividas donde la suspensión de garantías se instrumentalizó en favor de los intereses personales del gobernante de turno, el listado de derechos que no podían suspenderse fue en aumento –se pasó de únicamente la vida a incluir también la prohibición de castigos infamantes y la protección de la propiedad, por ejemplo– para, en el año 1936, además de distinguirse entre el régimen de excepción de la guerra y el de calamidades públicas en general, con las medidas que podían adoptarse en uno u otro, precisarse en el texto constitucional los requisitos mínimos de forma que debía cumplir el decreto de suspensión de garantías y exigirse que este debía ser motivado y destacar qué garantías quedaban suspendidas y en qué localidades, lo cual obraba como nuevos límites al Ejecutivo.

IV. EL ESTADO DEMOCRÁTICO CENTRALIZADO (1947-1999)

El último período de nuestra historia constitucional que antecede a la Constitución de 1999 es el del llamado Estado democrático centralizado, caracterizado por "la democratización del Estado petrolero" con el "interregno de la intervención y dictadura militar" (Brewer-Carías 2017, 18). Tres Constituciones conforman este período: las de 1947, 1953 y 1961.

La primera de ellas –la Constitución de 1947 (Brewer-Carías 1985b, 885–924)– que, como adelantamos, respondió al golpe de Estado del 18-10-1945 y el primer decreto de la Junta Revolucionaria de Gobierno, donde se afirmó que "[s]e mantiene en vigencia el ordenamiento jurídico nacional en tanto no resulte derogado directa o indirectamente por los decretos que sancione este gobierno que con el asentimiento popular ha asumido los plenos poderes de la soberanía nacional" (art. 1) y, adicionalmente, se determinó que la Junta dictaría "un decreto ley de elecciones de constituyentes, para fijar el procedimiento mediante el cual realizará una Constituyente Nacional que tendrá por finalidad dar a Venezuela una Constitución realmente democrática" (art. 3) (Jiménez Monsalve 2005, 591), a la par que "suspendió 'el ejercicio de las garantías ciudadanas en todo el territorio de la República, con las únicas excepciones que la propia Constitución establece en el citado artículo 37 (...)'" ante los "actos de rebelión" ocurridos "en varios cuarteles de las guarniciones de Caracas y Maracay, que pueden dar motivo a graves acontecimientos y que han puesto en peligro el orden constitucional y la paz y la seguridad de la República" (Brewer-Carías 2013b, 450)[76].

El resultado de esta Asamblea –es decir, la Constitución de 1947– fue catalogado como "una de las constituciones más modernas y democráticas que han existido en la historia venezolana, no sólo desde el punto de vista estrictamente jurídico; sino también por las implicaciones políticas y filosóficas que contenía" (Jiménez Monsalve 2005, 610), visto que, "a pesar de su vigencia efímera de algo más de un año, y de que, por tanto, muchas de sus disposiciones no llegaron a aplicarse, cambió completamente en cuanto al fondo y a la forma, la tradición constitucional precedente" (Brewer-Carías 2013b, 452).

Muestra de ello es el Derecho de excepción que fue concebido "de una manera moderna, al someterlas a una serie de controles y limitaciones tendentes a preservar los derechos de los ciudadanos" (Peña Colmenares 2015, 421), al circunscribirse las disposiciones en la materia al Capítulo VIII ("De la suspensión y restricción de garantías") del Título III ("De los deberes y derechos individuales y sociales"), del modo siguiente:

---

[76] El autor agrega que posteriormente, mediante el "Comunicado del Gobierno Provisional a la Nación" del 19-10-1945, se afirmó que "será mantenido en vigencia el Decreto de suspensión de garantías constitucionales hasta tanto no sea recuperado el orden público turbado para cuyo efecto pedimos y esperamos la colaboración ciudadana"; lo que se mantuvo hasta el 17-12-1946, "oportunidad en la cual, instalada la Asamblea Nacional Constituyente que había sido electa, ésta asumió la función de dictar la Carta Fundamental de la República".

Artículo 76. En los casos de guerra civil o internacional o cuando exista peligro inminente de que una u otra ocurra, o graves circunstancias que afecten la vida económica o social de la Nación, el Presidente de la República en Consejo de Ministros, podrá restringir o suspender en todo el territorio nacional, o parte del él, el ejercicio de las garantías constitucionales, con excepción de las consagradas en el artículo 29 y en el ordinal 9° del artículo 30 de esta Constitución[77].
El decreto de restricción o suspensión de garantías expresará: 1. Los motivos que los justifiquen; 2. La determinación de las garantías que se restrinjan o suspendan; 3. El territorio que afectará la restricción o suspensión.
Las garantías serán restringidas o suspendidas sólo en cuanto fuere requerido para la seguridad del país y la restauración de la normalidad, y el Decreto que ordenare la restricción o suspensión será sometido al Congreso Nacional o a la Comisión Permanente del mismo, dentro de los diez días siguientes a su promulgación y derogado al cesar las causa que lo motivaron.
Artículo 77. Si las circunstancias no exigiesen la restricción o la suspensión de las garantías, pero hubiere fundados indicios de la existencia de planes o actividades que tengan por objeto derrocar los Poderes constituidos, por golpe de estado u otros medios violentos, el Presidente de la República en Consejo de Ministros, podrá ordenar la detención preventiva de las personas contra quienes obren graves motivos para considerárselas comprometidas en dichos planes o actividades. Estas medidas serán sometidas, dentro de los diez días siguientes a su ejecución, a la consideración del Congreso Nacional o, durante el receso de éste, a la Comisión Permanente, para su aprobación o improbación; y serán suspendidas al cesar las causas que las motivaron. Si fueren aprobadas por el Congreso Nacional o por la Comisión Permanente y no fueren suspendidas dentro de los 60 días siguientes a dicha aprobación, el Presidente de la República cumplido este último plazo, las someterá al conocimiento de la Corte Suprema de Justicia, la cual decidirá sobre su mantenimiento o suspensión tomando en cuenta, además de las disposi-

[77] Los artículos citados se refieren a la inviolabilidad del derecho a la vida y la prohibición de penas infamantes o perpetuas, torturas y medios que causen sufrimiento físico.

ciones legales, la seguridad del Estado, y la preservación del orden público.
Artículo 78. La restricción de garantías no afectará en ningún caso el funcionamiento de los Poderes Públicos de la Nación, cuyos miembros gozarán siempre de las prerrogativas que les reconoce la Ley.

De este modo, al comparar la Constitución de 1947 con su predecesora de 1945, se constatan como cambios de interés que:

i. Se sustituyó la frase "de epidemia o de cualquiera otra calamidad pública, o cuando por cualquiera otra circunstancia lo exija la defensa, la paz o seguridad de la Nación o de sus instituciones o forma de gobierno" por "graves circunstancias que afecten la vida económica o social de la Nación", siendo estas, junto a la guerra civil y la guerra internacional, los supuestos de hecho que daban lugar a la restricción o suspensión de garantías.

ii. Se reincorporó el control del Poder Legislativo sobre el decreto –dejado de lado en 1864– sometiéndose este último a la consideración del Congreso Nacional o a su Comisión Permanente luego de ser promulgado, incluyéndose a su vez un novedoso control sobre la vigencia del decreto por parte del Poder Judicial.

iii. Se restituyó la figura de la detención preventiva de forma similar a lo visto en el artículo 126 de la Constitución de 1821, aun cuando su inclusión "fue muy discutida" (Peña Colmenares 2015, 422)[78].

---

[78] *Cfr.* Sentencia del 16-12-1947 de la Corte Suprema de Justicia en la que, al conocer sobre la detención de varias personas con motivo de los hechos subversivos del 11 y 12-09-1947, la Corte precisa los requisitos, condiciones, duración y motivos de esta detención preventiva, en el entendido que "[s]iendo la libertad la condición normal del ciudadano y su mantenimiento y respeto uno de los fines primordiales del Estado, resulta claro que la intención del Constituyente al someter las citadas medidas ejecutivas al control de los Poderes Legislativo y Judicial, no fue otra cosa que la de rodear de las mayores garantías al ejercicio de

Así, la doctrina apunta que, en definitiva, "[f]ue mejorada la normativa constitucional de los estados de excepción, al explicitar límites materiales y al introducir el necesario control parlamentario, pero se previeron las llamadas medidas de alta policía" (Casal Hernández 2019, 183), a lo que hemos de sumar que de acuerdo con el artículo 198 constitucional, eran atribuciones y deberes del Presidente de la República:

> 7. Adoptar las medidas necesarias para la defensa de la República, la integridad de su territorio y su soberanía en caso de emergencia internacional, y dar ejecución a las obligaciones que resulten de los pactos en que ella sea parte para la seguridad y defensa comunes, cuando sea requerido hacerlo. En estos casos, solicitará urgentemente la convocatoria del Congreso a sesiones extraordinarias, si no estuviere reunido, le dará cuenta de todo lo actuado y propondrá las medidas que estime necesarias.
>
> ...
>
> 18. Decretar la restricción o suspensión de garantías en los casos previstos por el artículo 76 de esta Constitución y en caso de alteración de paz interna de la República o conflicto armado internacional podrá, además, mientras ellas duren:
>
> a. Pedir y otorgar a los Estados los auxilios necesarios para la defensa nacional o de las instituciones;
>
> b. Señalar el sitio a donde hayan de trasladarse transitoriamente todos o algunos de los Poderes de la República cuando existiere grave motivo para ello;
>
> c. Disponer el enjuiciamiento de los venezolanos y extranjeros que en caso de emergencia internacional sean hostiles a los intereses de Venezuela;
>
> d. Reorganizar los Estados que fueren dominados por las fuerzas rebeldes o cuyos Gobiernos participaren en la rebelión;
>
> e. Ordenar que sean armados para su defensa los buques mercantes nacionales, en caso de necesidad;
>
> f. Incorporar a la Armada Nacional los buques mercantes nacionales o los extranjeros que se hallen en los puertos de la República y que fueren necesarios para la defensa, y dotarlos de personal, distintivo y equipo militar requeridos. En esos

---

una facultad que puede conducir a abusos contrarios al espíritu y letra de la Constitución" (Corte Suprema de Justicia 1948, 14–19).

casos, se proveerá el modo de indemnizar los perjuicios que sufrieren los dueños;
g. Autorizar las demás medidas de carácter militar permitidas por el derecho internacional.

Lo anterior, aunado a que esta Constitución incorporó una última disposición de interés para nuestro objeto de estudio pues, en el artículo 162, al establecer las atribuciones de las Cámaras del Congreso Nacional, incluyó en su numeral 2 el "[d]ecretar el estado de emergencia, aprobar las medidas necesarias para la defensa nacional y autorizar las que se requieran para dar cumplimiento a las obligaciones de la República en la comunidad internacional, de acuerdo con los pactos en que ella sea parte"; facultad que no debe ser confundida con el numeral 9 del mismo artículo referido al "[a]utorizar, temporalmente, al Presidente de la República para ejercer determinadas y precisas facultades extraordinarias destinadas a proteger la vida económica y financiera de la Nación, cuando la necesidad o conveniencia pública lo requieran".

Al respecto, si bien esta última atribución –prevista en idénticos términos en el numeral 23 del artículo 78 de la Constitución de 1945– es considerada por la doctrina nacional como la base de las leyes habilitantes (Herrera Orellana 2014b) –es decir, el otro supuesto que permite la legislación presidencial, y que no estudiaremos en esta oportunidad–, la primera parecía dotar al Congreso Nacional de un doble rol, ya que no solo le correspondía convalidar las medidas que adoptara el Ejecutivo Nacional –en concatenación con el artículo 198 *ejusdem*– sino que, a su vez, sería el llamado a "decretar el estado de emergencia", en lo que los autores han denominado una falta de coherencia (Peña Colmenares 2015, 422).

En este sentido, podemos resumir el Derecho de excepción en la Constitución de 1947 del siguiente modo:

i. *La restricción o suspensión de garantías* (art. 76). Decretada por el Presidente de la República en Consejo de Ministros, debiendo luego someterse el decreto al Congreso Nacional o su Comisión Permanente. Procedía en caso de guerra civil, guerra internacional, o circunstancias socioeconómicas de gravedad, previéndose en la Constitución los requisitos de forma (por ejemplo, en cuanto a su motivación) y fondo (cumplimiento de los principios de necesidad, proporcionalidad y temporalidad) del decreto.

ii. *Las medidas extraordinarias en general* (art. 198 num. 18). Decretadas por el Presidente de la República. Procedían en caso de alteración de la paz interna de la República o conflicto armado internacional, constatándose una enumeración taxativa salvo por lo que respecta a las "medidas de carácter militar", que serían todas aquellas permitidas por el Derecho internacional público.

iii. *La medida de detención preventiva* (art. 77). Decretada por el Presidente de la República en Consejo de Ministros, debiendo luego someterse el decreto al Congreso Nacional o su Comisión Permanente. Procedía en caso de existir fundados indicios de planes o actividades que tuviesen por objeto derrocar el Poder Público, mediante un golpe de Estado u otros medios violentos, sin que fuese necesario para su control acudir a una suspensión o restricción de garantías para la colectividad[79].

iv. *El estado de emergencia* (art. 162 num. 2). Decretado por el Congreso Nacional, sin que la Constitución previese alguna otra disposición al respecto que permitiese precisar sus supuestos de aplicación y consecuencias.

---

[79] Esta disposición, conocida como el "inciso Alfaro" al ser propuesta por un diputado con este apellido, dio lugar a debate dada su vaguedad al basarse en conceptos jurídicos indeterminados como el de orden público, preguntándose los diputados de bancada contraria al partido de gobierno –que a su vez era mayoría en el congreso constituyente– "¿de qué le vale a una persona tener en sus manos un recurso como el hábeas corpus (...) cuando esa misma Constitución le concede al Poder Ejecutivo Nacional el poder de confinarlo o detenerlo por un lapso de seis meses" (Jiménez Monsalve 2005, 607–8).

No obstante, al igual que ocurrió en otras oportunidades reseñadas en este Capítulo, poca práctica tuvieron estas disposiciones pues el 24-11-1948 se produjo un nuevo golpe de Estado en el país que derivó en la conformación de una Junta Militar de Gobierno para el ejercicio del Poder Ejecutivo, la sustitución de la Constitución de 1947 por la de 1945, y el posterior llamado –en 1951– a otra Asamblea Nacional Constituyente que no solo fungió como un plebiscito de Marcos Pérez Jiménez y su gobierno, sino que reforzó las bases de la dictadura militar una vez estos últimos desconocieron los resultados adversos en las elecciones de constituyentes de 1952 (E. Escovar León 2005, 633–40)[80], y se suspendieron en diversas oportunidades las garantías constitucionales (Brewer-Carías 2013b, 456).

Así, la Constitución de 1953 (Brewer-Carías 1985b, 937–56), la vigesimocuarta de nuestra historia, en lo que respecta a nuestro objeto de estudio suprimió una vez más los controles del Poder Legislativo sobre los decretos de suspensión o restricción de garantías –cuestión que no es de extrañar, al encontrarnos frente a un régimen dictatorial– y el Derecho de excepción quedó limitado a un solo artículo que era del siguiente tenor:

> Artículo 36. En caso de emergencia nacional o internacional el Presidente de la República podrá, por Decreto dictado en Consejo de Ministros, restringir o suspender, total o parcialmente, las garantías ciudadanas en todo o en parte del territorio nacional, con excepción de las enunciadas en el ordinal 1° del artículo 35 de esta Constitución y en la letra g) del ordinal 2° del mismo artículo.
> Este decreto será revocado al cesar las causas que los motivaron.

---

80 La autora recoge declaraciones del partido URD, contrario a Pérez Jiménez, en las que se sostiene que "[m]añana pretenderá el gobierno usurpador consumar el mayor atentado contra la fe pública y la soberanía popular que se conoce en la historia de Venezuela. Se trata de la instalación de una Asamblea a la cual el régimen (...) quiere calificar como Nacional Constituyente cuando en realidad es solo la reunión de un grupo de empleados públicos (...) mediante el otorgamiento de falsas credenciales".

Es decir, que los únicos límites en la materia eran la inviolabilidad de la vida y la prohibición de condenas corporales superiores a treinta años, penas infamantes o perpetuas y procedimientos que causaran sufrimiento físico; siendo abolido, en consecuencia, (i) el sometimiento del decreto ante el Congreso Nacional[81], (ii) la exigencia de que el decreto contara con unos contenidos mínimos, y (iii) las circunstancias particulares que podían dar lugar a estas medidas, pues todas fueron resumidas en el término "emergencia nacional o internacional". No obstante, se mantuvo que la declaratoria no afectaría el funcionamiento del Poder Público (art. 37 *ejusdem*).

Pero, no conforme con ello, la Constitución de 1953 incluyó como disposición transitoria tercera que:

> Entretanto se completa la legislación determinada en el capítulo sobre Garantías individuales de esta Constitución se mantienen en vigor las disposiciones correspondientes del Gobierno Provisorio y se autoriza al Presidente de la República para que tome las medidas que juzgue convenientes a la preservación en toda forma de la seguridad de la Nación, la conservación de la paz social y el mantenimiento del orden público.

En otras palabras, y de modo similar a lo que preveía la Constitución de 1909 durante la regencia de Gómez, el Presidente de la República podía limitar a voluntad las garantías individuales sin requerir acudir formalmente al Derecho de excepción, siempre que alegase que ello se hacía en defensa del orden constitucional, pudiendo así convertir un régimen extraordinario en el común denominador del Estado venezolano, como de hecho ocurrió[82], dando paso a una verdadera

---

[81] Nótese que, de acuerdo con el numeral 2 del artículo 81 de esta Constitución, seguía siendo atribución del Congreso autorizar al Presidente de la República para que declarara la guerra, lo que podía obrar como un límite del Derecho de excepción si bien tenue, ya que este podía invocarse ante cualquier emergencia aunque esta última no tuviese naturaleza bélica.

[82] Al respecto, téngase como ejemplo la actividad de la Dirección de Seguridad Nacional y las Juntas de Censura durante el período de la dictadura.

Constitución Fachada (Casal Hernández 2011) que bajo un manto de aparente legalidad acobijó los abusos del Poder pues, como recuerda el foro (Escovar Salom 1972, 100-101):

> Los golpes como las llamadas revoluciones latinoamericanas suelen ser producidos en nombre de la Constitución. De modo que el mito de la Constitución está presente en todas estas vueltas y contravueltas de nuestro orden político. El derecho paralelo de los gobiernos de facto ha tenido a veces más influencia en nuestro país que el derecho teóricamente consagrado en las Constituciones.

De ahí que se afirme que "las disposiciones transitorias comentadas pretendían consolidar al régimen autocrático instaurado; en igual dirección apuntaba la supresión (...) del control parlamentario sobre el decreto de suspensión o restricción de garantías que había recuperado la Constitución de 1947" (Casal Hernández 2019, 187).

En todo caso, nótese que una vez retornada la democracia, por Decreto n° 403 del año 1960[83], el Presidente de la República acudió al artículo 36 constitucional para, visto que "se han sucedido desórdenes, actos de violencia y atentados contra las personas y propiedades" y "las retiradas perturbaciones de la tranquilidad pública muestran el evidente propósito de alterar por la violencia el orden constitucional establecido por la soberana voluntad del pueblo en las elecciones realizadas el 7 de diciembre de 1958", proceder a suspender en todo el territorio nacional las garantías referidas a la libertad personal en cuanto al solo poder ser preso o detenido conforme con las leyes, la inviolabilidad del hogar y de la correspondencia, la libertad de expresión, la libertad de tránsito y el derecho de reunión (art. 1); así como restringir la libertad y protección del trabajo y la libertad de industria y comercio (art. 2), hasta tanto cesaran las causas que motivaron al decreto (art. 3).

Esta sería la situación constitucional de Venezuela hasta el año 1961 cuando, de regreso a la democracia, se sancionó la

---

83 G.O. n° 26.418 del 28-11-1960.

última Constitución que funge de antecedente a la Constitución de 1999.

Al respecto, autores como Rachadell (2005, 683) expresan que "la Constitución de 1961 ha sido la Norma Suprema (...) que ha regido con mayor intensidad las relaciones en la sociedad y la que ha impulsado un proceso de democratización de mayor aliento", a la par que "[n]unca en nuestra vida republicana ha habido mayores niveles de consenso en la sociedad y jamás una Constitución había sido elaborada atendiendo (...) a las aspiraciones de los sectores de la población más disímiles".

Nótese que, al contrario de lo que podría pensarse, ese debate social no se dio en el seno de una Asamblea Nacional Constituyente pues, una vez planteada la necesidad de sustituir la Constitución de 1953, las voces políticas del Estado consideraron pertinente que fuese el Congreso el que redactara la nueva Carta Magna, en virtud de lo previsto en la Constitución que se deseaba suplantar y que no preveía la posibilidad de una asamblea como la comentada (Rachadell 2005, 691).

De este modo, fueron sendas comisiones especiales designadas por la Cámara de Diputados y la Cámara del Senado del Congreso las que formularon el proyecto de nueva Constitución que, si bien actuaron como Poder Constituyente Derivado, ello "no configuró limitación alguna para la discusión o aprobación de ningún proyecto de modificación, y ni siquiera obligó a que las discusiones tuvieran como base la Constitución entonces vigente" (Rachadell 2005, 705). Así, una vez avalado el proyecto por el Congreso, el mismo fue remitido a las Asambleas Legislativas que procedieron a ratificarlo para que, finalmente, el Congreso lo aprobara el 23-01-1961, procediéndose a la sanción de la nueva Constitución y su inmediata promulgación por parte del Presidente de la República.

Así, para finalizar con los antecedentes constitucionales del Derecho de excepción en Venezuela, encontramos que la

Constitución de 1961[84] retornó a un régimen similar al de 1947 y dedicó su Título IX a "La emergencia", en los siguientes términos:

> Artículo 240. El Presidente de la República podrá decidir el estado de emergencia en caso de conflicto interior o exterior, o cuando existan fundados motivos de que uno u otro ocurran.
>
> Artículo 241. En caso de emergencia, de conmoción que pueda perturbar la paz de la República o de graves circunstancias que afecten la vida económica o social, el Presidente de la República podrá restringir o suspender las garantías constitucionales, o algunas de ellas, con excepción de las consagradas en el artículo 58 y en los ordinales 3° y 7° del artículo 60.
>
> El Decreto expresará los motivos en que se funda, las garantías que se restringen o suspenden, y si rige para todo o parte del territorio nacional.
>
> La restricción o suspensión de garantías no interrumpe el funcionamiento ni afecta las prerrogativas de los órganos del Poder Nacional.
>
> Artículo 242. El Decreto que declare el estado de emergencia u ordene la restricción o suspensión de garantías será dictado en Consejo de Ministros y sometido a la consideración de las Cámaras en sesión conjunta o de la Comisión Delegada, dentro de los diez días siguientes a su publicación.
>
> Artículo 243. El Decreto de restricción o suspensión de garantías será revocado por el Ejecutivo Nacional, o por las Cámaras en sesión conjunta, al cesar las causas que lo motivaron. La cesación del estado de emergencia será declarada por el Presidente de la República en Consejo de Ministros y con la autorización de las Cámaras en sesión conjunta o de la Comisión Delegada.
>
> Artículo 244. Si existieran fundados indicios para temer inminentes trastornos del orden público, que no justifiquen la restricción o suspensión de las garantías constitucionales, el Presidente de la República, en Consejo de Ministros, podrá

---

84 Gaceta Oficial n° 662 Extraordinario del 23-01-1961. Primera enmienda en n° 1.585 Extraordinario del 11-05-1973. Segunda enmienda en n° 3.251 Extraordinario del 12-09-1983. Reimpresión en n° 3.357 Extraordinario del 02-03-1984.

> adoptar las medidas indispensables para evitar que tales hechos se produzcan.
> Estas medidas se limitarán a la detención o confinamiento de los indiciados, y deberán ser sometidas a la consideración del Congreso o de la Comisión Delegada dentro de los diez días siguientes a su adopción. Si éstos las declararen no justificadas, cesarán de inmediato; en caso contrario, se las podrá mantener hasta por un límite no mayor de noventa días. La ley reglamentará el ejercicio de esta facultad.

De esta forma, la Constitución inmediatamente precedente a la vigente incluyó como parte del Derecho de excepción dos supuestos calificados como atribuciones y deberes del Presidente de la República en el numeral 6 de su artículo 190 –disposición que aludía a "[d]eclarar el estado de emergencia y decretar la restricción o suspensión de garantías en los casos previstos en esta Constitución"–, aunado al caso de las medidas de alta policía:

i. *El estado de emergencia* (art. 240). Decretado por el Presidente de la República en Consejo de Ministros, con aprobación posterior del Congreso[85]. Procedía en caso de conflicto interior o exterior, materializado o no, y era revocado por el Presidente de la República en Consejo de Ministros, previa autorización del Congreso, sin que la Constitución determinara qué medidas podían tomarse con motivo de la emergencia[86] por lo

---

[85] Al respecto, Casal (1993, 100) indica que "[a]unque la Constitución no indique explícitamente los efectos que se derivarían de una opinión negativa del Congreso a la declaración del estado de emergencia, resulta lógico pensar que ello implicaría la cesación de los efectos de tal declaración". Sobre los efectos de este control volveremos en el Capítulo III de esta investigación.

[86] *Cfr.* Planchart Manrique (1985, 25-26), para quien "la Comisión introdujo en la Constitución una variante importante. Creó una nueva situación llamada estado de emergencia, que puede ser declarado por el Ejecutivo en caso de conflicto exterior o interior o de existir motivos fundados de que uno u otro ocurran. El Decreto igualmente tiene efecto inmediato, pero debe ser enviado al Congreso para su consideración y éste puede rechazarlo. La emergencia puede no llevar la consecuencia inmediata de la suspensión de derechos y garantías, pero una vez declarada, puede servir de base para tal suspensión. Esta insti-

que, en criterio de la doctrina, se requería que el vacío normativo lo colmara el legislador (Casal Hernández 1993, 103)[87].

ii. *La restricción o suspensión de garantías* (art. 241)[88]. Decretado por el Presidente de la República en Consejo de Ministros, con aprobación posterior del Congreso. Procedía en caso de la declaración anterior del estado de emergencia, conmoción –materializada o no– a la paz o graves circunstancias socioeconómicas[89]; y era revocado por el Presidente de la República o el Congreso al cesar la causa que le dio origen, determinando la Constitución que (i) la medida no podía recaer sobre el derecho a la vida y la prohibición de penas perpetuas o infamantes, torturas e incomunicación, y (ii) el decreto tenía que estar motivado y precisar qué garantías estaban afectadas y en cuáles localidades.

---

tución de la emergencia es en cierto modo curiosa, ya que surge por el hecho de que se quiere en todo momento evitar el uso de la palabra guerra, por considerar que está proscrita por el Derecho Internacional (...). La Constitución de 1947 hacía ya mención de la emergencia como una atribución del Congreso, pero la de 1961 modifica el sistema y lo hace atribución ejecutiva con consideración posterior legislativa. Puede decirse que la emergencia sustituye el estado de guerra o lo que algunos países denominan el estado de alerta".

87 El autor agrega que "[e]n todo caso, las medidas que tome el Ejecutivo Nacional con motivo de la declaración del estado de emergencia, cualquiera que sea la índole del conflicto que lo determine, no pueden válidamente quebrantar los derechos constitucionales, ya que ellos mantienen plenamente su vigor" al ser "la suspensión o restricción de garantías constitucionales (...) una figura jurídica autónoma en nuestro derecho de excepción, razón por la cual no constituye una consecuencia necesaria de la declaración del estado de emergencia".

88 Nótese que, al respecto, la doctrina apunta que en este caso "la expresión garantía equivale a derecho constitucionalmente reconocido. (...) el constituyente ha usado el término garantía como sinónimo de derecho, lo que es por lo demás frecuente en el texto constitucional" (Casal Hernández 1995, 18).

89 La doctrina coloca como ejemplos de estas "el estallido de una insurrección (...), la propagación de severas epidemias que pongan en peligro la salud pública, una súbita situación de desabastecimiento, catástrofes naturales, entre otros" (Casal Hernández 1993, 104).

iii. *La medida de detención preventiva* (art. 244). Decretada por el Presidente de la República en Consejo de Ministros, debiendo luego someterse el decreto al Congreso Nacional o su Comisión Permanente. Procedía en caso de existir fundados indicios de trastornos del orden público –y no solamente el derrocamiento del Gobierno, como se preveía en la Constitución de 1947–, sin que fuese necesario para su control acudir a una suspensión o restricción de garantías para la colectividad.

Al respecto, nótese que el cuestionamiento principal del precepto, que fue rechazado por algunas bancadas en el debate constituyente (Casal Hernández 2019, 210–11) y que nunca contó con el desarrollo legislativo que el artículo exigía en su parte *in fine* (Álvarez 2001, 34), radicaba en el "carácter genérico del supuesto de procedencia de dichas medidas [de alta policía], lo que atentaba contra el derecho a la libertad personal", si bien la disposición, aunque "fue aplicada en los primeros años de la década del 60, posteriormente cayó prácticamente en desuso, de manera que no jugó un papel relevante en el marco de los estados de excepción diseñado por la Constitución de 1961" (Peña Colmenares 2015, 425) y, de hecho, fue suprimida en la CRBV, según veremos más adelante.

No podemos decir lo mismo de la restricción de garantías ya que, como se recordará, el mismo día que se promulgó la Constitución de 1961 se publicó el Decreto n° 455[90] por medio del cual se restringieron las garantías previstas en los artículos 92 y 96 constitucional[91] y se suspendieron las del artículo 60 numeral 1 y los artículos 62, 63, 64, 66, 71 y 115[92], sin que se precisara el motivo de la restricción de las libertades económi-

[90] G.O. n° 26.463 del 23-01-1961. Reimpresión en n° 26.464 del 24-01-1961.

[91] Referidos a la huelga y la libertad de empresa.

[92] Referidos a la inviolabilidad del hogar y las comunicaciones, libertad de tránsito, reunión, expresión, manifestación, y no detención sin orden judicial o flagrancia.

cas[93], lo que obró como "uno de los factores que facilitó la larga permanencia de esa restricción, ya que impidió determinar si existían circunstancias extraordinarias que la justificaran y, en caso afirmativo, imposibilitó la precisión del momento a partir del cual perdieron toda legitimidad" (Casal Hernández 1993, 130).

Esta restricción, que "[p]robablemente (...) se debió a que se quiso mantener en vigor el régimen de control de cambios establecido por vía ejecutiva desde noviembre de 1960, con base en la restricción de la garantía del derecho a la libertad económica" (Casal Hernández 1993, 130), fue ratificada por Decreto n° 674 del 08-01-1962[94], el Acuerdo del Congreso del 06-04-1962[95] y el Decreto n° 813 del 31-07-1962[96] lo que se exten-

---

93 En sus considerandos, el Presidente de la República sostuvo que por Decreto n° 403 del 23-11-1960 –según dijimos *supra*– se habían suspendido y restringido garantías y que al promulgarse la nueva Constitución dicho Decreto quedaría sin efecto, siendo que "no obstante el firme deseo del Ejecutivo Nacional de que los venezolanos gocen de inmediato de todas las garantías que la nueva Constitución consagra, no han cesado las causas que motivaron el Decreto antes citado" y habían "pruebas de que se han seguido preparando actos de rebelión con el propósito de destruir el orden constitucional democrático".

94 G.O. n° 26.746 del 08-01-1962. El Decreto restableció "el pleno ejercicio de las garantías (...) relativas a la inviolabilidad de la libertad y seguridad personales, la inviolabilidad del hogar doméstico, la inviolabilidad de la correspondencia, la libertad de transitar libremente y el derecho de huelga", restableció la garantía de la libertad de expresión, reunión y manifestación con ciertas limitaciones, y mantuvo la restricción de la libertad de empresa.

95 G.O. n° 26.821 del 07-04-1962. El Acuerdo, visto que habían "cesado las causas" de los Decretos anteriores pero "subsisten en el país graves circunstancias económicas que afectan la vida de la Nación y hacen imposible la plena vigencia de la libertad establecida en el artículo 96 de la Constitución", revocó todas las restricciones y suspensiones salvo por lo que respecta a la libertad económica, que continuó restringida.

96 G.O. n° 26.912 del 31-07-1962. Una vez más, el Decreto mantuvo en vigencia la restricción de la libertad económica, debido en parte a que "el Gobierno Nacional tiene pruebas de que los grupos que han promovido y ejecutado acciones subversivas contra la Constitución y la organización democrática de la República, siguen preparando actos de

dió hasta el año 1991 cuando finalmente fue levantada la restricción por el Decreto n° 1.724 del 04-07-1991[97]; si bien en años posteriores dicha garantía volvió a ser suspendida en más de una ocasión dada la precariedad del sistema económico nacional que servía de aliciente a protestas populares[98]. De ahí que la doctrina alertara una vez más sobre "la falta de claridad que rodea al tema, constitucionalmente decisivo, de los estados de excepción" y que facilitaba su abuso por parte del Ejecutivo Nacional (Casal Hernández 1995, 17); falta de la que tampoco escapó la CRBV, según veremos en los próximos capítulos de esta investigación.

Así tenemos que durante el período estudiado las libertades económicas estuvieron restringidas o suspendidas en el país por poco más de treinta años, en contravención a los principios que rigen al Derecho de excepción, en lo que claramente

---

rebelión con el manifiesto propósito de derrocar los poderes legítimamente constituidos".

97 G.O. n° 34.752 del 10-07-1991. El Decretó apuntó que "han cesado las causas que motivaron la restricción de la garantía económica consagrada en el artículo 96 de la Constitución".

98 *Cfr.* Decreto n° 51 en G.O. n° 35.410 del 28-02-1994 revocado por el n° 208 en G.O. n° 35.474 del 02-06-1994 -el Presidente hizo alusión a la inestabilidad del sistema económico y financiero del país y la especulación, que requerían de una respuesta rápida- y Decreto n° 285 en G.O. n° 4.754 Extraordinario del 22-07-1994, revocado por el n° 739 en G.O. n° 4.931 Extraordinario del 06-07-1995, para el cual se arguyó que persistía la crisis del sistema financiero, la inestabilidad del mercado cambiario y las dificultades en el abastecimiento de bienes, siendo que "en la actualidad el Ejecutivo Nacional no dispone de medios legales, y los que existen son insuficientes, para enfrentar la crisis económico-financiera, por lo que se necesita que el Congreso apruebe las leyes que sobre la materia le han sido sometidas a su consideración" visto que "las alteraciones del orden económico repercuten peligrosamente en el orden político y social y perturban la paz de la República, cuya conservación es deber esencial del Estado" y "para restablecer la normalidad en todo el territorio nacional se requieren medidas de excepción, para lo cual es necesario mantener suspendidas las garantía constitucionales". En este último Decreto, adicionalmente, se suspendió la garantía de no detención sin orden de funcionario autorizado, inviolabilidad del hogar, libre tránsito y propiedad (Kancev González 2014, 123-25).

constituyó una desviación de la finalidad perseguida por este Derecho y la implementación de "un estado de excepción permanente" en el que "el Ejecutivo Nacional asumió las funciones del Congreso, estableciendo una regulación de la economía que a éste correspondía dictar" (Casal Hernández 1993, 131–33).

Lo anterior, aunado a que también, en uso de estas facultades extraordinarias, se:

> ...restringieron algunas garantías individuales a comienzos de la década de los sesenta para hacer frente a la subvención armada, y en febrero de 1989, para hacer frente a disturbios y saqueos generalizados que se produjeron en varias ciudades del país, y en 1992 con ocasión de dos intentos de golpe militar (Brewer-Carías 2013b, 488).

Todo ello permite afirmar, como lo hace la doctrina, que "la regulación constitucional del 61 [en materia de Derecho de excepción] adolecía de mayores deficiencias" y "unida al uso desmesurado, en ocasiones arbitrario, de las facultades reconocidas a las autoridades durante los estados de excepción, y a interpretaciones doctrinales y jurisprudenciales poco acertadas, condujo a situaciones vergonzosas de violación de derechos humanos" (Casal Hernández 1999, 45).

En todo caso, este texto fue objeto de enmienda en dos oportunidades –años 1972 y 1983– a fin de evitar el regreso de Marcos Pérez Jiménez al Poder y para profundizar la democracia, respectivamente (Alcibiades 2005), sin que ninguna de estas versara sobre el Derecho de excepción, por lo que regulación permaneció incólume hasta la Constitución de 1999 anotándose como particularidad de interés que el 16-12-1999, la Asamblea Nacional Constituyente dictó –como "poder constituyente originario", por lo que se abstrajo del régimen previsto en la Constitución de 1961– el "Decreto mediante el cual se declara el estado de alarma sobre todo el territorio de la República mientras dure la actual catástrofe natural"[99], dada la "situación climática extraordinaria en todo el territorio nacional, por constantes precipitaciones de lluvia de proporciones

---

[99] G.O. n° 36.853 del 20-12-1999.

inusuales" que había "causado graves daños a los bienes de amplios sectores de la población y lamentables pérdidas de vida (...), así como la paralización de servicios públicos y de actividades económicas necesarias para el desarrollo del país, constituyendo una calamidad pública nacional".

Conforme con este Decreto, se facultó "ampliamente al Ejecutivo Nacional para que ejecute directamente todas las previsiones y medidas necesarias para evitar mayores daños y atienda las necesidades de la población (...), y para que coordine la acción unificada de todos los órganos nacionales, estadales y municipales" (art. 2).

V. RECAPITULACIÓN

Con base en lo narrado en las páginas anteriores, podemos llegar a las siguientes conclusiones en cuanto a la previsión del Derecho de excepción en las Constituciones de Venezuela que anteceden al texto vigente, así como su implementación práctica:

Primero, la Constitución Federal para los Estados de Venezuela de 1811, la primera de nuestra historia como Estado independiente, admitió la posibilidad de que el Poder Legislativo regional se abstrajera del texto constitucional. Esto era posible cuando dicho texto era sobrepasado por circunstancias extraordinarias, tales como las guerras independentistas y el terremoto de 1812. Adicionalmente, se dotaba al Ejecutivo Nacional de facultades extraordinarias para enfrentar estos sucesos.

Segundo, son justamente los avatares de las guerras sobre los que gira el Derecho de excepción en el primer período del constitucionalismo venezolano (1811-1864), al acudirse con frecuencia a la figura de la dictadura y las leyes marciales para garantizar la seguridad y defensa del naciente Estado.

Tercero, este abuso y la desviación del poder en situaciones de emergencia llevó a que las Constituciones venezolanas fuesen más propensas a la limitación del Derecho de excepción. A tal efecto, se reguló el supuesto de la conmoción interior a mano armada y la invasión extranjera como casos que permitían suspender el imperio de la Constitución de 1819 en concordancia con los principios de necesidad, proporcionalidad y temporalidad del Derecho de excepción, contándose en todo caso con cierta participación del Legislativo Nacional a los fines de control.

Cuarto, muestra de estos límites es que las Constituciones también comenzaron a enlistar cuáles eran las medidas específicas que podía adoptar el Poder Ejecutivo Nacional en casos de excepción. Así, la primera de ellas fue el llamado arresto inmediato y preventivo en la Constitución de 1821. No obstante, la historia muestra que esta normativa fue rápidamente relativizada por el Congreso al concederle a Bolívar facultades extraordinarias que fomentaron la inestabilidad institucional y culminaron en dicho mandatario declarándose como dictador al margen de la Constitución y los límites que ella preveía.

Quinto, gracias a estas nuevas arbitrariedades, la Constitución de 1830 reguló todavía más al Derecho de excepción venezolano. En tal sentido, el texto incluyó un listado taxativo de medidas a aplicar previa aprobación del Congreso, lo que se reiteró con cambios menores en las dos Constituciones siguientes (1857 y 1858). Estas medidas fueron invocadas en más de una ocasión dado el clima de inestabilidad política que se vivía el país.

Sexto, con la llegada del período del Estado federal (1864-1901), el Derecho de excepción aumentó los poderes extraordinarios del Presidente de la República, en algunas ocasiones con control del Congreso o Consejos, y en otras sin él. De igual modo, según fuese el supuesto de hecho que motivaba esta declaratoria (sublevación armada contra las instituciones políticas que se ha dado la Nación o guerra extranjera), eran las medidas que podían adoptarse de acuerdo con las Constituciones de 1864 y 1874. Al respecto, destaca que en 1864 es cuando se incluyó de forma primigenia y expresa la posibilidad de que se suspendan garantías con motivo de la excepción, constatándose una ampliación de tales supuestos en la Constitución de 1881 que se reiteró sin cambios de interés en los años 1891 y 1893.

Séptimo, el tercer período de nuestra historia constitucional (1901-1947) engloba buena parte de las Constituciones que han estado vigentes en el país. Estos textos continuaron con la tendencia de incrementar los poderes extraordinarios del Presidente de la República al permitirse, en 1901, que la suspensión de derechos no ocurriese solo en la guerra externa sino también en casos de conflictos internos. A ello se sumó (i) el vaivén del control que sobre tales decretos correspondía al Congreso, y (ii) las tendencias centralistas desde la Constitución de 1904 que se profundizaron con la dictadura de Gómez y sus Constituciones de 1909, 1914, 1922 y 1925, dedicándose en esta última un artículo separado al tema de la suspensión de garantías con ciertas limitaciones de forma y fondo -en el papel, porque la práctica dictatorial reflejaba otra realidad- cuyas disposiciones se repitieron en las Constituciones de 1928, 1929 y 1931.

Octavo, con la Constitución de 1936 el Derecho de excepción venezolano pasó a estar conformado por (i) el caso de las guerras -civil o internacional, con un extenso catálogo de medidas a adoptar- y (ii) las epidemias o cualquier otra calamidad pública o circunstancia que lo exigiera, que daba lugar a la suspensión o restricción de garantías. De ahí que se diga que esta Constitución fue de corte autoritario al ampliar genéricamente el Derecho de excepción a pesar de que se exigió -entre otros- que el decreto fuese motivado y que no podía impedir las funciones del resto del Poder Público, brindando algunas salvaguardas institucionales. Es con base en esta Constitución que se dictaron varias suspensiones de garantías económicas producto de la Segunda Guerra Mundial y sus implicaciones en el abastecimiento de bienes y servicios en el país.

Noveno, el régimen anterior no experimentó cambios en la Constitución de 1945 y fue reforzado en la de 1947 al incluirse nuevos controles y límites, siendo ejemplo de ello la restitución del control por parte del Poder Legislativo dejado de lado en 1864. En esta Constitución el Derecho de excepción quedó conformado por la restricción o suspensión de garantías, las medidas extraordinarias, la detención preventiva y el estado de emergencia. Ello se mantuvo hasta la Constitución de 1953 cuando, en un cambio radical propio del régimen dictatorial de la época, el Derecho de excepción quedó limitado a un único artículo que avalaba que el Presidente de la República restringiera o suspendiera las garantías en caso de considerar que había una emergencia nacional o internacional, nuevamente sin control del Poder Legislativo.

Décimo, con el regreso de la democracia y la Constitución de 1961, la vaguedad del Derecho de excepción de 1953 –al que se sumaba la disposición transitoria tercera de dicho texto que facultaba al Presidente de la República para regular cualquier derecho con motivo de la seguridad nacional, lo que equivalía a vivir en un régimen de excepción permanente– fue superada al retornarse a un régimen similar al de 1947. En tan sentido, se previó la posibilidad de que el Presidente de la República decretara el estado de emergencia (sin que el texto determinase qué medidas podían tomarse en este caso), la restricción o suspensión de garantías y la detención preventiva.

Undécimo, en resumen, el Derecho de excepción en Venezuela evolucionó al pasar de ser considerado únicamente para supuestos de conflictos armados a otras circunstancias tales como epidemias, calamidades o condiciones socioeconómicas de gravedad. Adicionalmente, si bien la posibilidad de acordar estas medidas siempre ha sido del Presidente de la República, la intervención de otros organismos ha variado distinguiéndose entre la independencia absoluta del mandatario nacional (Constitución de 1864, 1901, 1904, 1914, 1922, 1925, 1928, 1929, 1931, 1936, 1945 y 1953) y la necesaria valoración por parte del Congreso (Constitución de 1819, 1821, 1830, 1857, 1858, 1874, 1947 y 1961) u otras figuras (Constitución de 1881, 1891, 1893 y 1909).

Duodécimo, por último, en relación con las medidas que podrían adoptarse en virtud de la excepción, también los cambios fueron constantes alternándose entre una autorización general (Constitución de 1819, 1821, 1953 y 1961) y correctivos de una u otra forma tasados (Constitución de 1830, 1857, 1858, 1864, 1874, 1881, 1891, 1893, 1901, 1904, 1909, 1914, 1922, 1925, 1928, 1929, 1931, 1936, 1945 y 1947), exigiéndose además, en algunas ocasiones, que el decreto contara con ciertos requisitos mínimos (Constitución de 1936, 1945, 1947 y 1961).

CAPÍTULO III: LOS ESTADOS DE EXCEPCIÓN EN EL DERECHO VENEZOLANO VIGENTE

Como precisamos en los capítulos anteriores, el Derecho de excepción está presente en el mundo occidental desde la Antigüedad y en Venezuela desde que existimos como Estado independiente.

Con el paso del tiempo, este Derecho ha sufrido modificaciones que en su mayoría han girado sobre la idea de precisar sus límites a fin de evitar que la excepción pase a ser la regla, lo temporal adquiera perpetuidad y las facultades extraordinarias que se conceden al mandatario de turno se traduzcan en un régimen autoritario que desconozca los derechos individuales –con inclusión de los de carácter económico– con la excusa de defender la integridad de la República.

Este contexto, sin dudas, es el que inspira la concepción actual del Derecho de excepción en el ordenamiento jurídico venezolano que, si bien encuentra su base en la CRBV –particularmente, en el Capítulo II ("De los estados de excepción") de su Título VIII, convenientemente denominado "De la protección de esta Constitución", en adición a algunos otros artículos disgregados en otros títulos de la Carta Magna– no se limita a este texto pues, adicionalmente, al estudiar los estados de excepción en Venezuela hemos de tener presentes otras tantas normas con fuerza de ley que se dedican específicamente a esta materia –es el caso de la LOEE– o la abordan de modo incidental dada la vinculación de su objeto con eventuales circunstancias extraordinarias. Ejemplo de estas últimas serían, solo por nombrar un par, el Decreto con Rango, Valor y Fuerza de Ley Orgánica de la Fuerza Armada Nacional Bolivariana y la Ley Orgánica de Telecomunicaciones.

Es a estas leyes, decretos con fuerza de ley y, claro está, el texto constitucional, al que dedicaremos este Capítulo a fin de conocer cuál es el ordenamiento jurídico que rige en la actualidad al Derecho de excepción en Venezuela, para poder estudiar con posterioridad el caso de la "emergencia económica" como circunstancia de hecho que dio paso a un régimen de excepción en Venezuela desde el año 2015, originalmente en la frontera colombo-venezolana y luego extendida a nivel nacional.

De este modo, pasamos de seguida a reseñar lo que prevé la CRBV, la LOEE y otras normas con fuerza de ley en materia de Derecho de excepción.

I. LA CONSTITUCIÓN DE LA REPÚBLICA

Hemos adelantado que el Capítulo II ("De los estados de excepción") de la CRBV se encuentra en su Título VIII, denominado "De la protección de esta Constitución".

La ubicación de estas disposiciones dentro del texto constitucional nos permiten arribar a una primera conclusión, con base en las técnicas interpretativas clásicas del Derecho y, muy especialmente, la interpretación sistemática[100]: los estados de excepción son mecanismos a través de los cuales se pretende garantizar la vigencia de la Constitución de la República frente a determinadas situaciones de hecho que pueden ser invoca-

---

[100] *Cfr.* Sentencia n° 35 del 03-03-1983 de la Corte Suprema de Justicia en Sala Político Administrativa (Magistrado Ponente: Luis H. Farías Mata), donde se asentó que "la interpretación de la ley es una sola, siempre encaminada a buscar el sentido unívoco de la regla de derecho, pudiendo con tal fin utilizarse, si fuere lo procedente, simultáneamente, los elementos gramatical y lógico-sistemático para encontrar el sentido de la regla dentro del orden jurídico, siendo ésta la función del intérprete en la recta aplicación del derecho". Así, la "interpretación de la ley, debe (...) hacerse dentro del marco de la institución a que se refiere, pero en congruencia con la integridad del orden jurídico, sin que quepa la interpretación aislada de cada norma, puesto que la intención del legislador (...) solo puede derivarse de la integridad del ordenamiento jurídico y de sus instituciones y no del aparente sentido que pueda dársele a un artículo o artículos aislados de una ley" (Ramos Fernández 1983, 152).

das –de buena o mala fe– para falsear o derogar, en todo o en parte, su contenido en un momento dado. Así lo comparte el foro, al afirmar que:

> El hecho de que el régimen de los estados de excepción se cobije también con el (...) título de "Protección de la Constitución", deriva del hecho de que el mismo tiene como objetivo protegerla de las circunstancias que no pueden combatirse con los medios normales que se atribuyen a los órganos de los poderes públicos. Es decir, que las disposiciones sobre los estados de excepción configuran una normativa reguladora de las situaciones de anormalidad para tutelar durante las mismas la vigencia y sobrevivencia de la constitución (Rondón de Sansó 2021, 1049).

Basados en esa interpretación podríamos decir, inclusive, que los estados de excepción han de cumplir con una finalidad similar a la que le asignó el constituyente al Poder Judicial en el artículo 334, previsto en ese mismo Título: el "asegurar la integridad de esta Constitución", en el entendido que "[e]sta Constitución no perderá su vigencia si dejare de observarse por acto de fuerza o porque fuere derogada por cualquier otro medio distinto al previsto en ella" (art. 333 *ejusdem*).

En este sentido –y aunque como ya hemos dicho, los tres artículos contenidos en ese capítulo no son los únicos de la CRBV de interés para nuestro estudio[101]– es correcto sostener que en ese Capítulo II del Título VIII el constituyente estipuló lo que ha de entenderse por un estado de excepción, cuáles son sus tipos y a qué controles se encuentran sometidos. Aspectos que desarrollaremos de seguida no sin antes aprovechar la ocasión para precisar que en el año 2007, cuando se pretendió reformar el texto constitucional, se planteó la modificación del régimen de excepción vigente desde 1999.

Al respecto, como sintetizó Casal Hernández (2007), la reforma constitucional además de restablecer la "suspensión" de

---

[101] *Cfr.* Artículos 27; 45; 134; 232; 236 numeral 7; y 336 numeral 6 de la CRBV.

las garantías[102] pretendió eliminar: (i) La protección de no limitación del derecho a la información[103], los derechos humanos intangibles y el debido proceso[104]; (ii) Los límites de 30, 60 y 90 días según se tratase de un estado de alarma, emergencia económica o conmoción, respectivamente; (iii) La remisión del decreto de excepción a la Sala Constitucional; (iv) La facultad revocatoria del Poder Legislativo Nacional; (v) La obligación de que el decreto cumpla con las exigencias, principios y garantías establecidos en tratados internacionales sobre derechos humanos ratificados por Venezuela; y (vi) La necesidad de que se

---

[102] Lo que para el autor durante las Constituciones anteriores "había conducido a declarar que durante una suspensión de garantías quedaban suspendidas las garantías de los derechos constitucionales, es decir, los mecanismos previstos para su protección, lo cual llevó en más de una ocasión a que se declararan inadmisibles los amparos u otras acciones judiciales dirigidas a tutelar garantías o derechos afectados por la suspensión".

[103] Al respecto, Arismendi (2007, 31) señaló que la información pasaría a ser un monopolio del Gobierno -que sería el llamado a darla de un modo oportuno y veraz- lo que, en criterio de Núñez Machado (2007, 333) violentaba el principio de progresividad de los derechos fundamentales pues "la lista de derechos cuyas garantías no podían ser restringidas en estados de excepción sólo puede incrementarse, nunca reducirse ya que, reiteramos, en el campo de los derechos humanos, sólo es posible la evolución y nunca la involución".

[104] La nueva redacción amparaba solo al derecho a la defensa y al juez natural excluyendo la presunción de inocencia, la prohibición de ser obligado a confesarse culpable o a declarar contra sí mismo o sus parientes cercanos, el principio de legalidad y de irretroactividad en materia penal, la prohibición de ser juzgado dos veces por un mismo hecho y el principio de responsabilidad del Estado por error, retardo u omisión judicial. Al respecto, Orlando (2007) advirtió que "[s]i en circunstancias normales ha habido casos en los cuales se atenta contra el artículo 49 de la vigente Constitución que recoge estos derechos, qué puede esperarse en una situación de excepción sino otra cosa que arbitrariedades e injusticias de toda índole, pues se trata de un conjunto de garantías que se aplican tanto en el ámbito jurisdiccional como en la esfera netamente administrativa".

dictase una ley orgánica que regulase al Derecho de excepción[105].

A lo hasta aquí dicho hemos de sumar que, como se desprende de la comparación literal realizada por Bermúdez (2007) entre la Constitución de 1999 y el texto del proyecto de reforma de 2007, el estado de alarma pasó a denominarse "estado de emergencia" y se pretendió crear un nuevo estado de excepción –denominado "estado de alerta"– para cuando:

> ...exista la posibilidad cierta e inminente que va a ocurrir una situación capaz de generar catástrofes, calamidades públicas u otros acontecimientos similares, con el fin de tomar las medidas previas necesarias para proteger la seguridad de la Nación o de sus ciudadanos y ciudadanas.

Como es sabido, esta reforma no prosperó ya que fue rechazada en el referendo de diciembre de 2007 (CNE 2007). No obstante, el proyecto dejó entrever cuáles eran las intenciones del mandatario de turno[106] en relación con el Derecho de excepción al desproveerlo de límites (temporales, control por parte del resto del Poder Público e implicaciones del Derecho internacional público) y aumentar su cota de poder al incrementarse las garantías que podían ser restringidas, en desco-

---

105 *Cfr.* Gerardo Fernández (2007), quien expone que todo ello se hizo "con el único objetivo de controlar al ciudadano". En el mismo sentido: Escudero León (2007) y Haro García (2008).

106 Recuerde que en enero del año 2007, Hugo Chávez, quien para entonces era Presidente de la República, dictó el Decreto n° 5.138 mediante el cual se creó el "Consejo Presidencial para la Reforma de la Constitución de la República Bolivariana de Venezuela", cuyo objeto era el "estudio y preparación de un anteproyecto de reforma constitucional que, sin modificar la estructura y principios fundamentales del texto constitucional, pueda convertirse en un instrumento idóneo para la obtención de los fines superiores del Estado" y, así, "adaptar el texto constitucional al nuevo modelo basado en los cambios profundos que el pueblo reclama y en el nuevo orden económico, político y social para la República" (art. 1). Todo ello, es bueno recordar, "de conformidad con los lineamientos del Jefe de Estado en estricta confidencialidad" (art. 2). G.O. n° 38.606 del 17-02-2007 con reimpresión en n° 38.607 del 18-01-2007. *Cfr.* C. Nikken (2007).

nocimiento del principio de progresividad que rige a los derechos fundamentales (P. Nikken 1996).

Así, visto también que la enmienda del texto constitucional de 2009 no incluyó cambios sobre nuestro objeto de estudio[107], hemos de centrar nuestro estudio en la CRBV publicada en Gaceta Oficial en marzo de 2000, con algunas precisiones en cuanto al desarrollo de esta regulación en el seno de la Asamblea Nacional Constituyente según se desprende de sus diarios de debates y las menciones a la misma en la Exposición de Motivos de la Constitución.

A tal efecto, nos pronunciamos de seguida sobre la definición del estado de excepción, sus tipos y controles.

1. La definición del estado de excepción

El artículo 337 de la CRBV, el primero del Capítulo II de su Título VIII, prevé lo siguiente:

> Artículo 337. El Presidente o Presidenta de la República, en Consejo de Ministros, podrá decretar los estados de excepción. Se califican expresamente como tales las circunstancias de orden social, económico, político, natural o ecológico, que afecten gravemente la seguridad de la Nación, de las instituciones y de los ciudadanos, a cuyo respecto resultan insuficientes las facultades de las cuales se disponen para hacer frente a tales hechos. En tal caso, podrán ser restringidas temporalmente las garantías consagradas en esta Constitución, salvo las referidas a los derechos a la vida, prohibición de incomunicación o tortura, el derecho al debido proceso, el derecho a la información y los demás derechos humanos intangibles.

Como vemos, el artículo citado incluye diversas proposiciones normativas a considerar sobre los estados de excepción y da respuesta a algunas de las principales interrogantes en la

---

[107] Las enmiendas versaron sobre los artículos 160, 162, 174, 192 y 230, en cuanto a la posibilidad de la reelección indefinida de los gobernadores, representantes de los consejos legislativos estadales, alcaldes, diputados de la Asamblea Nacional y el Presidente de la República, respectivamente.

materia, a la par que permite enlazar esta norma con los dichos del foro internacional, al verse que este define a estos estados como una "situación de crisis que afecta a la población como un todo y que constituye una amenaza a la existencia de la comunidad organizada como base del Estado" (Questiaux 1982, 8, traducción nuestra), sea dicha amenaza "actual o al menos inminente" (Despouy 1999, 18), que se prevé a nivel constitucional (Echeverri Duque 2014, 7), pues "[s]ólo cabe hablar de situaciones de excepción partiendo de la base de la existencia previa de una Constitución en la que se configure un 'estado normal' que al ser alterado comporta la aparición del estado excepcional", caracterizado por "la temporalidad de las acciones extraordinarias, y la intencionalidad de éstas como exclusivamente dirigidas a acabar con una perturbación para luego restablecer íntegramente la situación anterior" (Fernández Segado 1978, 463 y 467), lo que suele traer como consecuencia la:

> ...suspensión temporal de ciertos derechos y libertades, y una mayor concentración del poder político para superar la crisis que pone en peligro al Estado democrático, al objeto de que, en un plazo determinado, el propio poder democrático, y los derechos y libertades, sean salvaguardados (Goig Martínez 2014, 14).

En otras palabras, los estados de excepción serían situaciones graves de la más variada naturaleza que quebrantan –o puede llegar a quebrantar– la vida en sociedad de modo general, y que, por tanto, requieren que el Estado, mediante su Poder Ejecutivo y con base en la Constitución, por lo que se trata de una respuesta jurídica, implemente correctivos con una vigencia temporal y espacial limitada, a fin de evitar la ruptura del orden constitucional.

Esta visión es compartida por el foro nacional cuando sostiene que los estados de excepción son "circunstancias excepcionales, que sobrepasan las posibilidades de su atención mediante los mecanismos institucionales previstos para situaciones normales" (Brewer-Carías 2017, 247), que obligan a "la negación temporal del orden constitucional en principio previsto, [si bien] tiene[n] la ventaja de mantener la eficacia formal de la Constitución, lo cual, facilita la vuelta ordenada a la racionalización del poder en ella contenida" (Sosa Gómez 1989, 429).

De ahí que se diga que el "régimen de excepción que ha previsto la Constitución Nacional funciona como una autodefensa o garantía de la propia Constitución ante situaciones de crisis que puedan resquebrajar su vigencia" (Morales Manzur 1993, 73), lo que supone que "mientras dure su aplicación, los preceptos constitucionales no vinculan o vinculan de manera disminuida a la acción del Poder Público, personificado en el Poder Ejecutivo" (Gallardo 1996, 504), quedando este último facultado para "regular por decreto con rango legal, en sustitución de la ley ordinaria formal, las materias involucradas en tales estados de excepción, sin esperar las leyes de la Asamblea Nacional" (Suárez Mejías 2015, 88–89)[108] y pudiendo, inclusive "limitar el ejercicio de determinados derechos al restringir sus garantías" si ello es necesario para lograr "el pronto restablecimiento de la normalidad" (Casal Hernández 2008, 143).

En resumen, como sostuvimos otrora, el estado de excepción podría ser definido como un:

> ...mecanismo previsto en la CRBV para la protección del orden constitucional que, frente a una circunstancia fáctica determinada que por su gravedad hace insuficiente al ordenamiento jurídico ordinario, faculta al Presidente de la República para dictar los actos que sean estrictamente necesarios para lograr una respuesta oportuna que ponga fin a la crisis –o, al menos, la haga manejable–, pudiendo este mandatario incluso restringir determinadas garantías, debiendo su actuar, en todo momento, respetar los principios que ri-

---

108 En el mismo sentido: Grau (2009, 15), para quien la declaratoria en cuestión faculta al Presidente de la República para dictar, con fuerza de ley, "una regulación transitoria y expedita para atender la situación de desastre o peligro"; y Zerpa Aponte (2003, 170), que destaca que la excepción "permitirá al Jefe de Estado hacer uso de sus poderes extraordinarios, sustituyéndose en la facultad que el ordenamiento constitucional le confiere normalmente al poder legislativo y confiándose mayores atribuciones como Jefe de Estado y del Poder Ejecutivo".

gen al régimen de excepción y estar fundamentado en una emergencia cierta (Sira Santana 2017a, 49).

Pasamos de seguida a desglosar esta definición, basándonos para ello en el artículo 337 de la CRBV que sirve de fundamento a este acápite y brinda luces sobre la competencia para decretar el estado de excepción, los supuestos de procedencia del estado de excepción y la restricción de garantías como medida típica de excepción.

A. La competencia para decretar el estado de excepción

En primer lugar, el artículo precisa que el único facultado para decretar un estado de excepción en Venezuela es el Presidente de la República actuando en Consejo de Ministros. Esta disposición se reiterada en el artículo 236 *ejusdem* que, al enumerar las atribuciones y obligaciones del Presidente de la República, incluye en su numeral 7 el "[d]eclarar los estados de excepción y decretar la restricción de garantías en los casos previstos en esta Constitución", determinándose en el primer aparte de ese artículo que "[e]l Presidente (...) de la República ejercerá en Consejo de Ministros las atribuciones señaladas en los numerales 7 (...)".

En virtud de estos artículos, la TSJ/SC anuló parcialmente constituciones estadales que regulaban la posibilidad de que el gobernador de estas entidades dictaran estados de emergencia o estados de alarma, pues, según expuso la Sala:

> ...se advierte que la competencia para legislar y regular "los estados de excepción y las medidas que pueden adoptarse con base en los mismos", corresponde a la Asamblea Nacional, así como "el régimen de la administración de riesgos y emergencias", al Poder Público Nacional, por lo que la competencia atribuida a los Estados para la organización de los Poderes Públicos y el ejercicio de sus competencias, debe ser ejercida de acuerdo a lo previsto en la Constitución y el marco legislativo nacional que lo desarrolla (...).
> De ello resulta pues, que en ejecución de los preceptos normativos contenidos en la Constitución de la República Bolivariana de Venezuela y la Ley Orgánica sobre Estados de Ex-

cepción, no es posible que una autoridad distinta al Presidente de la República en Consejo de Ministros, pueda asumir competencias relativas a la declaratoria y gestión de los estados de excepción, en sus diferentes formas[109].

Lo afirmado por la Sala para el Poder Estadal resulta extensivo, a su vez, para el Poder Municipal (Geyer A. 2007), en el entendido que ni la CRBV ni la Ley Orgánica del Poder Público Municipal[110] prevén la posibilidad de que los alcaldes como cabezas del Poder Ejecutivo a nivel local realicen declaratorias de este tipo[111], por lo que la actuación de los gobernadores y alcaldes frente a circunstancias extraordinarias está limitada, principalmente, a:

i. Lo previsto en el Decreto con Fuerza de Ley del Sistema Nacional de Protección Civil y Administración de Desastres[112] en cuanto a las declaratorias de estados de alarma y emergencia en su jurisdicción, apreciándose que si bien ambas permiten la activación de recursos técnicos, humanos, financieros y materiales, los primeros tienen por objeto "reducir los efectos dañosos ante la ocurrencia inminente de un fenómeno natural técnicamente previsto" mientras que, los segundos, el "atender o enfrentar los efectos dañosos causados por un fenómeno natural o tecnológico que han generado

109 TSJ/SC n° 780 del 24-05-2011 (caso: Constitución del estado Yaracuy). Reiterado en TSJ/SC n° 781 del 24-05-2011 (caso: Constitución del estado Miranda), 973 del 10-07-2012 (caso: Constitución del estado Apure), 974 del 10-07-2012 (caso: Constitución del estado Amazonas) y 1729 del 10-12-2013 (caso: Constitución del estado Guárico).

110 G.O. n° 6.015 Extraordinario del 28-12-2010.

111 A lo sumo, la ley prevé en su artículo 141 que "[l]os ingresos públicos extraordinarios (...) [e]xcepcionalmente y sólo en caso de emergencia por catástrofe o calamidad pública, podrán destinarse para atenderla; este destino requerirá la autorización del Concejo Municipal", y en el artículo 241 que el presupuesto de gastos del municipio contará con una partida denominada "Rectificaciones del presupuesto" que, en "casos de emergencia", podrán destinarse a crear nuevos créditos. Nótese que en ninguno de estos casos la ley precisa qué debe entenderse por dicha emergencia.

112 G.O. n° 5.557 Extraordinario del 13-11-2001.

un desastre", siendo este último definido como "todo evento violento, repentino y no deseado" con la capacidad de "alterar la estructura social y económica de la comunidad, produciendo grandes daños materiales y numerosas pérdidas de vidas humanas y que sobrepasa la capacidad de respuesta de los organismos de atención primaria o de emergencia para atender eficazmente sus consecuencias" (art. 4 nums. 3, 4 y 1 del decreto-ley, respectivamente).

ii. La posibilidad de que "[e]n caso de emergencia manifiesta, por fuerza de la obligación del Estado en la seguridad y protección de la sociedad o en los casos de legislación excepcional previstos en la Constitución", puedan "autorizar la aprobación de normas sin la consulta previa" a la que se refiere el artículo 140 del DRVF-LOAP[113], haciéndose la salvedad de que en estos casos "las normas aprobadas serán consultadas seguidamente bajo el mismo procedimiento a las comunidades organizadas; el resultado de la consulta deberá ser considerado por la instancia que aprobó la norma y éstas podrán ratificarla, modificarla o eliminarla" (art. 141)[114].

---

113 Reza el artículo: "Cuando los órganos o entes públicos, en su rol de regulación sectorial, propongan la adopción de normas reglamentarias o de otra jerarquía, deberán iniciar el correspondiente proceso de consulta pública y remitir el anteproyecto a las comunidades organizadas. (...) // Durante el proceso de consulta cualquier persona puede presentar por escrito sus observaciones y comentarios sobre el correspondiente anteproyecto. (...) // El resultado del proceso de consulta tendrá carácter participativo no vinculante". *Cfr.* Sira Santana (2015a).

114 *Cfr.* Brewer-Carías (2012a), quien luego de citar el artículo expresa que "[l]os únicos casos de 'legislación excepcional previstos en la Constitución' son los derivados de la restricción de garantías constitucionales", que como hemos dicho requieren la declaración previa del Presidente de la República, por lo que los alcaldes y gobernadores podrán valerse de este supuesto solo si existe tal declaratoria previa. La emergencia manifiesta, en tanto, parece responder a circunstancias que no harían imperativo la necesidad de tal declaratoria dada su obviedad y urgen-

iii. La contratación directa en caso de "emergencias comprobadas", entendiéndose por estas según el Decreto con Rango, Valor y Fuerza de Ley de Contrataciones Públicas[115] "los hechos o circunstancias sobrevenidas que tienen como consecuencia la paralización, o la amenaza de paralización total o parcial de las actividades, o del desarrollo de las competencias del contratante" (art. 6 num. 20), a lo que el artículo 102 *ejusdem* agrega que esta emergencia "deberá ser especifica e individualmente considerada para cada contratación, por lo que deberá limitarse al tiempo y objeto estrictamente necesario para corregir, impedir o limitar los efectos del daño grave en que se basa la calificación" y utilizarse "sólo para atender las áreas estrictamente afectadas por los hechos o circunstancias que lo generaron".

Así, reiteramos, los alcaldes y gobernadores cuentan con un halo de actuación frente a circunstancias extraordinarias que puedan ser calificadas como emergencias, emergencias manifiestas, emergencias comprobadas o estados de alarma, pero que en ningún caso los facultan para proceder a restringir garantías tal como si se tratase de un estado de excepción[116], de lo que deriva que no todo hecho excepcional da necesariamente pie a un estado de excepción, según retomaremos más adelante.

Reiteramos entonces que solo el Presidente de la República puede dictar decretos de esta naturaleza ya que, como señala Escudero León (2014, 82), la declaratoria de excepción

---

cia, en lo que podría acercarnos a la noción de los hechos notorios (R. Escovar León 2002) y lo previsto en el Decreto con Fuerza de Ley del Sistema Nacional de Protección Civil y Administración de Desastres, según mencionamos *supra*.

115 G.O. n° 6.154 Extraordinario del 19-11-2014.

116 Una violación de esta limitación se vivió con la pandemia COVID-19, ya que algunos alcaldes dictaron actos que limitaban el ejercicio de garantías constitucionales –entre ellas, el libre tránsito y la libertad de empresa– sin tener competencias para ello (Rodríguez García 2020).

"tiene un claro contenido normativo pues en dicho decreto no solo se declarará el estado de excepción, sino que se regulará la forma de ejercicio del derecho cuya garantía se restringe", por lo que "al ser un decreto, de contenido normativo, dictado en ejecución directa e inmediata del texto constitucional, estamos ante otro tipo de decretos-leyes que pueden ser dictados por el Presidente de la República"[117].

B. Los supuestos de procedencia del estado de excepción

En segundo lugar, el artículo 337 precisa qué circunstancias se califican expresamente como un estado de excepción, enlistando que estas (i) pueden ser "de orden social, económico, político, natural o ecológico", (ii) siempre que "afecten gravemente la seguridad de la Nación, de las instituciones y de los ciudadanos" y (iii) hagan "insuficientes las facultades de las cuales se disponen para hacer frente a tales hechos".

Este fragmento del artículo constitucional da respuesta a la interrogante de cuándo puede dictarse un estado de excepción, en el entendido que no toda circunstancia que escape de la normalidad será considerada motivo suficiente para que se active el Derecho de excepción, pues este procederá únicamente cuando, producto de los sucesos a los que se refiere el artículo 337 de la CRBV:

> ...parte del ordenamiento jurídico debe pasar a un segundo plano -por incompetente o ineficaz- a fin de que se dicten medidas inmediatas -el ordenamiento excepcional- que amplíen el margen de acción del Poder Ejecutivo Nacional para que este embista la crisis; bien sea controlándola por completo o paliando sus efectos con el objetivo de que esta, con posterioridad, pueda ser enfrentada con los mecanismos del derecho ordinario (Sira Santana 2017a, 61).

Así, el primero de los requisitos concurrentes que prevé el artículo 337 -es decir, la existencia de una circunstancia de orden social, económico, político, natural o ecológico- no re-

---

[117] En sentido similar véase Leza Betz (2000).

presenta mayor inconveniente pues con frecuencia existen sucesos de este tipo –a modo de ejemplo: protestas, recesión económica o inflación, revueltas, lluvias y sequias–, siendo lo eventualmente relevante es si el hecho pertenece a una u otra categoría[118].

El segundo requisito –esto es, que la circunstancia afecte gravemente la seguridad de la Nación, de las instituciones o de los ciudadanos– presenta mayor interés ya que hemos de precisar qué se entiende por cada uno de estos criterios si queremos constreñir el Derecho de excepción a su verdadera finalidad y evitar que pueda ser invocado de forma arbitraria o instrumental.

En este sentido, por lo que respecta a la seguridad de la Nación, el término debe leerse hoy[119] junto con el Título VII de la CRBV denominado justamente "De la seguridad de la Nación" que, entre otras disposiciones de interés, recoge que esta "es competencia esencial y responsabilidad del Estado" y se fundamenta en el "desarrollo integral" de la Nación (art. 322), existiendo al respecto una "correspondencia entre el Estado y la sociedad civil para dar cumplimiento a los principios de independencia, democracia, igualdad, paz, libertad, justicia, solidaridad, promoción y conservación ambiental y afirmación de los derechos humanos" (art. 326).

Estos planteamientos son reiterados en el Decreto con Rango, Valor y Fuerza de Ley Orgánica de Seguridad de la Nación[120], que define en su artículo 2 a esta seguridad como:

---

118 Nuevamente téngase presente el caso de la pandemia COVID-19, dado que en su momento se dudaba si el virus SARS-CoV-2 había surgido de forma autónoma (circunstancia natural) o era una creación de laboratorio (circunstancia sociopolítica) (BBC 2020).

119 Nótese que anteriormente el término se vinculaba con la "doctrina de la seguridad nacional" que tuvo su origen en la Guerra Fría y permitía que se cometieran violaciones de derechos humanos en contra de quienes se calificaban como enemigos a fin de asegurar el orden interno (Peña Colmenares 2014, 79-80).

120 G.O. n° 6.156 Extraordinario del 19-11-2014.

> ...la condición, estado o situación que garantiza el goce y ejercicio de los derechos y garantías en los ámbitos económico, social, político, cultural, geográfico, ambiental y militar de los principios y valores constitucionales por la población, las instituciones y cada una de las personas que conforman el Estado y la sociedad, con proyección generacional, dentro de un sistema democrático, participativo y protagónico, libre de amenazas a su sobrevivencia, su soberanía y a la integridad de su territorio y demás espacios geográficos.

Como vemos, una definición que peca de amplia y se presta a promover el intervencionismo estatal en buena parte de los ámbitos de la vida individual y colectiva[121] -sin que dicha seguridad se limite, como podría pensarse, a la preservación del orden interno, los sistemas de seguridad ciudadana y protección civil, y la política exterior- por lo que la doctrina afirma que "el régimen de excepción (...) peca de extrema laxitud" (Aguiar 1999, 31), a pesar de que el foro tampoco es extraño a definir la seguridad nacional en términos ambiguos[122].

De ahí, en parte, que autores como Casal Hernández (2020b, 424) planteen al estudiar el caso de la CADH -que alude en más de una ocasión a la seguridad nacional como circunstancia que permite restringir ciertos derechos[123]- que "[l]os

---

121 A modo de ejemplo, véase el artículo 9 de este Decreto-ley conforme con el cual "[l]a familia será protegida como unidad insustituible en el desarrollo y formación integral del individuo, a través de políticas que garanticen el derecho a la vida y los servicios básicos, vivienda, salud, asistencia y previsión social, trabajo, educación, cultura, deporte, ciencia y tecnología, seguridad ciudadana y alimentaria, en armonía con los intereses nacionales, dirigidos a fortalecer y preservar la calidad de vida de venezolanos y venezolanas". Del mismo modo se incluyen en el Decreto-ley artículos referidos a la protección del patrimonio cultural, los pueblos indígenas, la diversidad biológica, los recursos naturales, el genoma humano, y los riesgos tecnológicos y científicos.

122 *Cfr.* Portillo (2009, 165), quien conceptualiza a la seguridad nacional como "el relativo grado de garantía que el Estado le proporciona a la colectividad nacional, para la consecución y salvaguarda de sus objetivos, a pesar de los antagonismos internos y externos, existentes o presumibles".

123 Téngase como ejemplo el artículo 15 de esta Convención, según el cual "[s]e reconoce el derecho de reunión pacífica y sin armas. El ejercicio

conceptos indeterminados empleados por los instrumentos internacionales (...) como el de (...) seguridad nacional, pueden dar cabida a limitaciones muy severas y excesivas de derechos humanos, si no son interpretados desde el prisma de la sociedad democrática", por lo que se hace imperativo que estas circunstancias no sean desnaturalizadas para vaciar de contenido a los derechos previstos en la Convención -ni en la CRBV, agregamos- en contravención a sus objetivos y fines.

De modo similar se pronuncia Ayala Corao (1986, 26) al sostener que:

> ...la seguridad nacional es un todo indivisible expresado en una meta, fin u objetivo de naturaleza instrumental que se propone alcanzar el Estado, en una época determinada. El fin o cometido de la Seguridad Nacional es garantizar la conquista y realización de los objetivos nacionales, que son, a su vez, la síntesis de los intereses básicos y de las aspiraciones vitales de la comunidad nacional. De esta forma se establece una relación de interdependencia o mutua causalidad entre los objetivos nacionales de desarrollo y la seguridad nacional: el desarrollo juega un papel preponderante e indispensable para ser efectiva la seguridad; en tanto que ésta se constituye en una condición fundamental que requiere la Nación para el logro de sus objetivos de desarrollo.

No obstante, el autor apunta que esta idea del desarrollo tampoco debe verse en abstracto pues con el paso del Estado Absoluto al Estado Moderno y la posterior configuración del Estado Social y Democrático de Derecho, la seguridad a la que hacemos referencia se apartó de términos subjetivos como la felicidad y guarda mayor relación con el asegurar la participación efectiva de los ciudadanos en los procesos de tomas de decisiones, la libertad y autonomía de los individuos en la fijación de sus objetivos de vida legítimos, y el pluralismo y tole-

---

de tal derecho sólo puede estar sujeto a las restricciones previstas por la ley, que sean necesarias en una sociedad democrática, en interés de la seguridad nacional (...)". De modo similar se prevén disposiciones para la libertad de pensamiento y expresión (art. 13), la libertad de asociación (art. 16) y el derecho de circulación (art. 22).

rancia social ante las opiniones minoritarias o disidentes (Ayala Corao 1986, 28).

En otras palabras, como expone Brewer-Carías (2013a, 211), al hacer el artículo 337 de la CRBV referencia a la seguridad de la Nación no habría de entenderse esta última como un sinónimo de seguridad de Estado[124] sino, más bien, de "un concepto sociológico o socio político, referido a la sociedad venezolana en su conjunto, como comunidad organizada y con su población asentada en un territorio, con sus propias y definidoras características y tradiciones históricas y culturales", acercándose el supuesto a lo que parte del foro extranjero denomina seguridad humana (Rojas Aravena 2012).

De modo similar, Peña Colmenares (2014, 82) plantea que:

> ...la seguridad de la Nación resulta constitucionalmente una nueva concepción integral e integradora, suficientemente amplia, construida a partir de un conjunto de principios articulados básicamente en el relativo a la protección de los derechos humanos, razón por la cual basta que circunstancias extraordinarias afecten gravemente uno o varios de esos principios para admitir que se ha producido la afectación exigida en el artículo 337 de la Constitución, es decir, de la seguridad de la Nación.

Es decir, que el Derecho de excepción podría activarse si nos encontramos frente a una circunstancia que afecte gravemente la seguridad de la población ante factores de riesgo de la más variada naturaleza (geográficos, humanos, políticos...), lo que en parte reiteraría el artículo al hacer luego alusión a las circunstancias que afecten gravemente la seguridad de los ciudadanos, comprendidos como aquellos que pertenecen a la

---

124 *Cfr*. Zovatto (1990, 52) quien sostuvo que la seguridad de Estado ha de entenderse en relación con los elementos que integran al mismo, motivo por el cual "un Estado será realmente seguro sólo en tanto y en cuanto sea capaz de reaccionar eficaz y coherentemente ante las amenazas de cada uno de sus tres elementos constitutivos"; lo que llevó al jurista a afirmar que la seguridad del Estado comprende la integridad de su territorio, la estabilidad de su gobierno y la inviolabilidad de los derechos fundamentales de su población.

sociedad política de un Estado al ser titulares de derechos y deberes políticos (Hernández Bretón 2000, 48) y que, de acuerdo con el artículo 39 de la CRBV, son los "venezolanos (...) que no estén sujetos (...) a inhabilitación política ni a interdicción civil, y en las condiciones de edad previstas en esta Constitución"[125].

Lo anterior, ya que entre la nación –entendida como toda la sociedad venezolana en su conjunto o la población, en los términos citados *supra*– y los ciudadanos existiría una relación de continente-contenido, por lo que las circunstancias que afecten gravemente a la primera también afectarían a la segunda, si bien no necesariamente ocurriría igual del modo inverso.

Esta aparente reiteración lleva a que algunos autores califiquen al artículo de redundante (Peña Colmenares 2014, 84) en tanto otros afirmen –en posición contraria a la ya narrada– que "la seguridad de la nación no es la misma que la seguridad de las personas", ya que la primera "se refiere a un concepto general abstracto de nación (...) y por ende se conecta con valores, con el sistema político y con el Estado, vinculándose con conceptos tales como la soberanía, independencia, integridad del territorio y desarrollo integral", en tanto la segunda "es una garantía de derechos (...) que tiene referentes materiales con-

---

[125] Nótese al respecto que, como sostuvimos en otra oportunidad, "si bien la edad base para ser ciudadano son los dieciocho años (artículo 64 de la Constitución de la República en concordancia con el artículo 18 del Código Civil), determinados derechos políticos se encuentran sujetos a edades diferentes. Téngase como ejemplo el ser candidato a los cargos de alcalde de un municipio o gobernador de un estado, ya que ambos supuestos exigen ser mayor de veinticinco años (artículos 174 y 160 de la Constitución de la República, respectivamente). Asimismo, téngase presente que el artículo 52 de la Ley de Nacionalidad y Ciudadanía incluye como supuestos adicionales de suspensión –además de la interdicción e inhabilitación– 'la aceptación de funciones políticas u honores de otro Estado o la prestación de servicios militares a otro Estado, sin la previa autorización de la Asamblea Nacional' y 'la ofensa a los símbolos patrios'" (Sira Santana 2019b, 149).

cretos y se expresa a través de derechos civiles claramente distinguibles" (Ávila 2015, 499–501).

De ahí que también se diga que la seguridad de la nación es una función estatal, que en Venezuela tiende a la militarización y que versa sobre la protección de las fronteras, la independencia y la democracia (Landáez Arcaya y Landáez Arcaya 2006, 59–60), por lo que no se limitaría a la protección de la población sino que también abarcaría la integridad territorial del Estado y sus órganos y entes llamados a ejercer el Poder Público, acercándonos en definitiva a la seguridad de Estado[126].

Así, este sector de la doctrina expone que "[a] partir de la configuración del Estado, la Seguridad y Defensa va a estar referida a la conservación del orden estatal en todos sus elementos, frente a las posibles agresiones de otros Estados o grupos de naturaleza político-militar", lo que se traduce en "defensa de los elementos del Estado, ello es, en su territorio, poder político y población", siendo el primero "el ámbito espacial para el desempeño y desarrollo del Estado" que otorga el "derecho a utilizar los medios necesarios para la preservación de su integridad territorial"; el segundo una referencia directa "a la democracia, ello es, al gobierno del pueblo, por el pueblo y para el pueblo"; y el tercero la "protección y salvaguarda de sus ciudadanos" incluyendo "tanto la protección física (...) como la protección de sus derechos" (Ayala Corao 1986, 29).

En todo caso, sea que se adopte esta última tesis de que la seguridad de la Nación equivale a la seguridad del Estado

---

[126] Esta idea parece ser la que imperó al inicio de la Asamblea Nacional Constituyente visto que, como sostuvimos en otra ocasión, "los Diarios de Debate de la Asamblea Nacional Constituyente recogen menciones a los estados de excepción de forma temprana cuando, por ejemplo, el Constituyente Escarrá expuso en las primeras sesiones de este cuerpo que la Comisión del Sistema de Defensa y de las Fuerzas Armadas Nacionales (...) había de incluir el desarrollo de 'los debidos estados de excepción, o estados de emergencia'", apreciándose "en el anteproyecto de Constitución presentado por este Constituyente (...) que nuestro objeto de estudio se incluía en un Título denominado 'De la seguridad a la Nación' junto con el régimen de las Fuerzas Armadas y los principios de seguridad del Estado" (Sira Santana 2020c, 384).

–posición con la que coincidimos visto en parte que estos términos suelen intercambiarse sin mayor cuidado en nuestro ordenamiento jurídico[127], así como las implicaciones de la defensa y el desarrollo integral de la Nación que incluyen aspectos que escapan de la comunidad organizada, al aludirse a la integridad territorial, la soberanía, la independencia, la geografía y lo militar (arts. 3 y 4 del Decreto con Rango, Valor y Fuerza de Ley Orgánica de Seguridad de la Nación)– o la tesis de que la seguridad de la Nación se limita a la seguridad de la población venezolana, resulta claro que la definición de los estados de excepción en la CRBV presenta resquebrajos desde su propia conceptualización, lo que facilita que la figura sea tergiversada por los mandatarios de turno de acuerdo a lo que los mismos entiendan por "seguridad de la Nación".

Los otros dos supuestos que prevé el artículo 137 constitucional, en tanto, generan menores dudas ya que cuando se refiere a la seguridad de las instituciones debemos entender por ellas los órganos y entes en los que se disgrega el Poder Público en Venezuela, tanto en su connotación vertical como horizontal (Carrillo Artiles 2001), mientras que por la seguridad de los ciudadanos, como ya indicamos, habría de entenderse la de aquellos individuos que gozan de derechos y deberes políticos, si bien somos del criterio que lo correcto sería referirse a la seguridad de la población venezolana por ser un término más amplio que engloba a nacionales, extranjeros, ciudadanos, residentes, transeúntes y demás sujetos de derecho sometidos al ordenamiento jurídico nacional (Sira Santana 2019b, 146–50), al ser también común que en la CRBV el término ciudadano se intercambia con el de población[128].

---

[127] A modo de ejemplo, téngase presente el artículo 19 del Código Civil, en G.O. n° 2.990 Extraordinario del 26-07-1982, según el cual "[s]on personas jurídicas y por lo tanto, capaces de obligaciones y derechos: 1. La Nación y las Entidades políticas que la componen" y lo dicho por la doctrina sobre cómo el Estado ha sido denominado como "Nación en la terminología venezolana" (Moles Caubet 1991, 61–63).

[128] Téngase como muestra el único aparte del artículo 60 cuando prevé que "[l]a ley limitará el uso de la informática para garantizar el honor y

Lamentablemente, este artículo no dio lugar a mayor discusión en la Asamblea Nacional Constituyente (Peña Colmenares 2015, 426-32) por lo que no se cuenta con herramientas que permitan determinar cuál era la intención del constituyente al usar estos vocablos, a fin de conocer el verdadero sentido y alcance del Derecho de excepción en la CRBV.

De cualquier forma, una vez constatado un hecho que afecta gravemente[129] la seguridad de la Nación, de las instituciones y de los ciudadanos, restará por determinar si este hace insuficiente a las facultades de las cuales se disponen en el ordenamiento jurídico ordinario para enfrentarlo, en lo que constituye el tercero de los requisitos concurrentes para que pueda declararse válidamente un estado de excepción en Venezuela.

Así, si bien existen autores que sostienen que la declaratoria de la excepción "tiene un dejo de discrecionalidad, no enfocada en la inmotivación del acto, que lo viciaría de inconstitucionalidad, sino en el análisis de la situación de hecho que lo motiva, competencia exclusiva del Presidente de la República" (Álvarez 2001, 33), somos del criterio que esa discrecionalidad no abarca el determinar si el ordenamiento ordinario confiere o no al Poder Ejecutivo de medios suficientes para atender la crisis en cuestión, por responder ello a una cuestión objetiva. A saber: la existencia -o inexistencia- de una norma que confiera atribuciones y competencias para controlar la situación.

Lo anterior responde a que, si el Derecho de excepción puede invocarse únicamente en casos que sobrepasen al ordenamiento jurídico ordinario, entonces, un tanto a la Perogrullo, "para que se trate de un caso excepcional, se requiere que la nueva situación tenga realmente un carácter anormal" (Ayala

la intimidad personal y familiar de los ciudadanos y ciudadanas y el pleno ejercicio de sus derechos", o el artículo 141 al señalar que "[l]a Administración Pública está al servicio de los ciudadanos (...)".

129 Al respecto, si bien la gravedad atiende a la casuística, conviene recordar que por este término debe entenderse una circunstancia "[g]rande, de mucha entidad o importancia" (Real Academia Española 2022e, 2° acepción).

Corao 1986, 32), pues, en caso contrario, el estado de excepción no será realmente necesario y la situación podrá mitigarse con los medios que ofrece el ordenamiento ordinario[130].

En tanto, si nos encontramos en el segundo supuesto –es decir, frente a la inexistencia de una norma que permita controlar la situación– el estado de excepción no solo será necesario, sino que con base en él el Ejecutivo Nacional habría de tomar las medidas pertinentes según la circunstancia extraordinaria de la que se trate pues, como sostuvimos en otra oportunidad:

> ...esta declaratoria lleva consigo la instauración de un ordenamiento jurídico paralelo y excepcional mediante el cual se desea lograr la "vuelta ordenada" a la normalidad y, por lo tanto, no puede consistir en un caparazón vacío que carezca de contenido cierto visto que, de permitirse ello, no habría una respuesta eficaz ante el problema planteado para facilitar su solución (idea sobre la que gira la propia noción del estado de excepción); en adición a los inconvenientes que tal situación acarrearía para la seguridad jurídica y los derechos e intereses de aquellos que puedan verse afectados por la declaratoria (Sira Santana 2017a, 65).

De este modo, reiteramos que si el Derecho de excepción depende de la falta de regulación del Derecho ordinario de un supuesto de hecho –y de ahí deviene su carácter extraordina-

---

130 Entre otros, resultan de interés el Decreto con Fuerza de Ley del Sistema Nacional de Protección Civil y Administración de Desastres, la Ley de Partidos Políticos, Reuniones Públicas y Manifestaciones (G.O. n° 6.013 Extraordinario del 23-12-2010), la Ley Constitucional de la Fuerza Armada Nacional Bolivariana (G.O. n° 6.508 Extraordinario del 30-01-2020) y la Ley del Estatuto de la Función Policial (G.O. n° 6.650 Extraordinario del 22-09-2021). Nótese que en esta oportunidad no nos pronunciaremos sobre la contrariedad a Derecho de los dos últimos actos citados, con motivo de la irregularidad de la "Asamblea Nacional Constituyente" de 2017 y sus actuaciones –dentro de las que se encuentra la "ley constitucional"– y la ilegitimidad de la legislatura electa para el período 2021-2026 por vicios que devienen de la propia convocatoria del proceso electoral de 2020, por lo que en aplicación de la "teoría del fruto del árbol envenenado" sus actos, como la ley mencionada de 2021, también estarían viciados de nulidad (Brewer-Carías y García Soto 2017; Brewer-Carías 2021).

rio– es evidente que, para poder activarse el primero, se requiere que el segundo, en efecto, no regule la circunstancia excepcional; lo que habrá de ser motivado por el Presidente de la República como conocedor del ordenamiento jurídico vigente.

En caso contrario, como apunta la doctrina, podría darse el caso vivido durante la pandemia COVID-19 en la que:

> ...se le olvidó a quien ejerce la Presidencia de la República que el estado de alarma, como todos los estados de excepción, conforme al artículo 337 de la Constitución, solo debe dictarse cuando "las facultades de las cuales se disponen para hacer frente a tales hechos resultan insuficientes", siendo precisamente la materia de salud y de atención de enfermedades como el coronavirus, que encaja en las denominadas como de "Enfermedades de Notificación Obligatoria", un campo en el cual la legislación vigente desde hace casi cien años regula suficientes poderes para dictarse las medidas que se indican en el decreto.
>
> En efecto, quienes redactaron el decreto desconocen o se les olvidó que desde los años cuarenta del siglo pasado y en ejecución de la vieja Ley de Sanidad Nacional, se dictó el Reglamento de las Enfermedades de Denuncia Obligatoria (Enfermedades de Notificación Obligatoria, en la terminología contemporánea), en la cual no solo se enumera las "influenzas" como una de ellas –de notificación "inmediata"– sino que se precisa que al listado incluido en el Reglamento el Ministerio de Sanidad puede agregar otras enfermedades, como sin duda es la afección respiratoria intensa producida por la COVID-19.
>
> En realidad, no era necesario decretar un "estado de alarma" para identificar una Enfermedad de Notificación Obligatoria como la COVID-19, y menos aún para poder establecer restricciones a la libertad personal respecto de las personas afectadas por la misma o expuestas a la misma. Bastaba recurrir al viejo Reglamento de Enfermedades de Denuncia Obligatoria, para constatar cómo, en el mismo, se regulan las restricciones a la libertad de transitar y cómo se regula, además, la figura del aislamiento (cuarentena) obligatorio para personas afectadas de la enfermedad (Brewer-Carías 2020, 184).

C. La restricción de garantías como medida típica de excepción

En tercer lugar, por último, el artículo 337 de la CRBV prevé que, en caso de declararse un estado de excepción, "podrán ser restringidas temporalmente las garantías consagradas en esta Constitución", de lo que se desprende que no todo estado de excepción exige la restricción de garantías[131], si bien toda

---

131 Téngase como muestra que durante la vigencia de la CRBV y hasta el año 2015 se dictaron -al menos- ocho decretos en los que se invocaron los artículos 337 o 338 de la CRBV como fundamento jurídico, y no se hizo alusión a la restricción de garantías. Ellos son: (i) Decreto n° 827, mediante el cual se declaró el estado de excepción en la Laguna de Sinamaica del Estado Zulia (G.O. n° 36.961 del 30-05-2000); (ii) Decreto n° 852, mediante el cual se declaró el estado de excepción en el sector Biruaca - La Guanota - Apurito (G.O. n° 36.972 del 14-06-2000); (iii) Decreto n° 853, mediante el cual se declaró el estado de excepción en las zonas adyacentes a los depósitos del Instituto de Crédito Agropecuario ubicadas en las poblaciones de Tocuyito, Camatagua y El Cenizo, en los estados Carabobo, Aragua y Trujillo (G.O. n° 36.972 del 14-06-2000); (iv) Decreto n° 7.228, mediante el cual se declaró el estado de emergencia sobre la prestación del servicio eléctrico nacional y sus instalaciones y bienes asociados (G.O. n° 39.363 del 08-02-2010), prorrogado por Decretos n° 7.357 y 7.462 (G.O. n° 39.399 del 08-04-2010 y n° 39.440 del 07-06-2010, respectivamente); (v) Decreto n° 9.429, mediante el cual se declaró el estado de emergencia sobre la prestación del servicio eléctrico en la Isla de El Gran Roque (G.O. n° 40.153 del 24-04-2013), prorrogado por Decreto n° 319 (G.O. n° 40.227 del 13-08-2013); (vi) Decreto n° 1.085, mediante el cual se declaró el estado de emergencia sobre la prestación del servicio eléctrico en el estado Monagas y sus instalaciones y bienes asociados (G.O. n° 40.447 del 04-07-2014); (vii) Decreto n° 1.861, mediante el cual se declaró el estado de emergencia en todo el territorio del estado Falcón sobre la prestación del servicio público de agua potable y sus instalaciones y bienes asociados (G.O. n° 40.696 del 06-07-2015); y (viii) Decreto n° 1.866, mediante el cual se declaró el estado de emergencia en el territorio del municipio Páez del estado Apure (G.O. n° 40.698 del 08-07-2015). Entre las medidas adoptadas en estos decretos se encuentra declarar urgente la ejecución de obras, autorizar adjudicaciones directas y requisar bienes, destacándose que, en cuanto a la emergencia del sistema y servicio eléctrico nacional, luego hubo declaratorias con la misma finalidad -a saber: el Decreto n° 9 (G.O. n° 40.151 del 22-04-2013), prorrogado por los Decretos n° 319 y 587 (G.O. n° 40.227 del 13-08-2013 y n° 40.292 del 12-11-2013, respectivamente)- pero no que incluyeron

restricción de garantías por parte del Presidente de la República deriva de la declaratoria de un estado de excepción (o una ley habilitante, como supuesto que no estudiaremos en esta ocasión[132]). Esta disposición invita a hacer dos reflexiones:

La primera, es que la CRBV se refiere a una restricción de garantías y no de derechos, siendo que, como vimos en el Capítulo II de este trabajo, nuestros textos constitucionales se han referido a ambos.

Ello hace prudente que precisemos qué se entiende por cada uno de estos vocablos, siendo la garantía la "protección jurídico-política" a través de la cual se logra "respaldar, asegurar, consagrar o salvaguardar los derechos del hombre y del ciudadano, mediante una protección eficaz, que nace de la sociedad y que se lleva a cabo por el Estado y sus órganos", en el entendido que para que se configure un Estado de Derecho "es necesario que (...) los gobernados –cualquiera de ellos– se halle en condiciones de oponer esa supremacía y vigencia constitucionales a la autoridad gubernativa" para lograr la defensa de sus derechos (Sánchez Viamonte 1986), constatándose una relación simbiótica entre ambos términos.

De ahí que un sector de la doctrina exprese que "el derecho es una cosa y la garantía es otra, siendo ésta los principios y mecanismos previstos para hacer efectivos los primeros" (Brewer-Carías 1989, 5)[133]; "[e]l Derecho es la facultad estable-

---

dentro de su fundamento jurídico el régimen de los estados de excepción (Canónico Sarabia 2011; Hernández-Mendible y Orjuela Córdoba 2016, 154–57).

132 *Cfr.* Peña Colmenares (2020a, 148–62); Grau (2009); Herrera Orellana (2015).

133 El autor agrega que las garantías son, básicamente, "el principio de la reserva legal en materia de regulación y limitación de los derechos; el principio de la nulidad de los actos que violen o menoscaben los derechos; el principio de la responsabilidad de los funcionarios que los ejecuten, y la previsión del control judicial de los actos y acciones u omisiones que lesionen los derechos". Brewer-Carías (2015b, 395) añade que, "[s]i la esencia de la garantía constitucional es la reserva legal para su limitación y reglamentación; restringida la garantía constitucional, ello implica la reducción del monopolio del legislador para regular

cida o reconocida por la norma, dotada de coercibilidad para otorga a su titular la satisfacción de su contenido", mientras que la garantía es "el medio que el ordenamiento jurídico otorga para hacer efectivo ese derecho, bien, facilitando su ejercicio, o bien, proporcionando los medios para que el titular pueda accionar para obtener su satisfacción" (Rondón de Sansó 1992, 57); o que, en definitiva, "los derechos constitucionales son las libertades públicas reconocidas formalmente por el Estado en el Texto Fundamental; mientras que las garantías son las instituciones de seguridad para hacer efectivo el reconocimiento de un derecho" (Ayala Corao 1989, 27).

Conforme con estos criterios, entonces, aunque el Presidente de la República puede "decretar la restricción de garantías" como consecuencia de un estado de excepción, los derechos permanecerían incólumes en cabeza de sus titulares, limitándose únicamente el halo de protección del que gozan para hacerlos efectivos, particularmente, en cuanto al principio de reserva legal.

Este tema, no obstante, no está exento de debates pues, como sostuvimos en otra ocasión, hay "espacio a interpretaciones si nos preguntamos cuál es el valor de un derecho que se encuentra positivizado, pero respecto al cual el interesado no cuenta con los medios necesarios (garantías) para exigirlo" (Sira Santana 2017a, 140).

Ello visto que, como expuso la CorteIDH en su opinión consultiva OC-8/87 del 30-01-1987, "los derechos y libertades inherentes a la persona, sus garantías y el Estado de Derecho constituyen una triada, cada uno de cuyos componentes se define, completa y adquiere sentido en función de otros", por lo que no sería correcto hablar de un derecho sin garantía o exigibilidad (CorteIDH 1987b, párr. 26).

---

o limitar los derechos, y la consecuente ampliación de los poderes del Ejecutivo Nacional para regular y limitar, por vía de Decreto, dichas garantías constitucionales".

En sentido similar se pronuncia García Belaunde (1988, 276) en el foro internacional, para quien "la suspensión de garantías significa inequívocamente suspensión de derechos", en tanto la doctrina nacional ha apuntado que la disociación entre los derechos y sus garantías es "artificial e inaceptable", por lo que "no hay en rigor restricción de las garantías de los derechos, pues cada derecho fundamental lo es justamente por sus garantías, incluyendo las judiciales" (Casal Hernández 2020a, 32).

En consecuencia, sigue el último de los autores citados, "bajo ningún concepto [el Derecho de excepción] puede suponer una desaparición temporal de un derecho constitucional ni tampoco un cercenamiento de sus garantías", con especial mención a la protección judicial de los derechos fundamentales pues es esta la que permite (i) "examinar si las autoridades se han ceñido a las disposiciones constitucionales y a los principios rectores de los estados de excepción" y (ii) determinar si procede "el restablecimiento del derecho vulnerado, la indemnización de daños y perjuicios causados, o la condena de los responsables de un delito" (Casal Hernández 1999, 48).

La segunda reflexión, en tanto, es que al contrario de lo previsto en la Constitución de 1961 y sus predecesoras, la CRBV no prevé la posibilidad de que las "garantías" sean suspendidas (limitación absoluta) sino solo restringidas (limitación o reducción parcial), tal como expuso la doctrina al destacar que "[m]ientras que la suspensión se refiere a la totalidad de la garantía constitucional, la restricción atañe tan sólo a una parte de la misma" (Casal Hernández 1993, 120)[134], o que:

---

[134] El autor completa su planteamiento señalando que "en el supuesto de la suspensión de una garantía constitucional, el decreto respectivo se limita a indicar, además de sus motivos y de su ámbito espacial de validez, cuál es la garantía suspendida, aludiendo al artículo de la Constitución que la consagra y enunciando eventualmente su contenido. De esta manera tal garantía queda suspendida en su totalidad, correspondiendo al Ejecutivo Nacional determinar, ajustándose al principio de necesidad, el alcance de las medidas que afectarán el ejercicio del derecho de que se trate. En cambio, en el supuesto de la restricción de

> La suspensión de garantías es un concepto más genérico, que implica la interrupción o cesación temporal de los mecanismos para asegurar el goce y ejercicio de los derechos. La restricción de garantías implica únicamente la ampliación de las potestades normativas de rango legal del Presidente de la República (Ayala Corao 1989, 28).

De este modo, visto que en ambos casos nos encontramos frente a una limitación de los medios con los que contamos para hacer efectivos nuestros derechos, y que reiteramos van íntimamente vinculados con la propia existencia de tales derechos, "la diferencia entre suspensión y restricción de garantías, por tanto, no está en sus efectos y consecuencias jurídicas básicas, sino en la intensidad de la intervención ejecutiva respecto de la regulación de un derecho fundamental" (Brewer-Carías 1989, 13)[135].

Así se sostuvo, también, en la Asamblea Nacional Constituyente de 1999 al discutirse en la sesión ordinaria del 04-11-1999 el numeral 8 del artículo 269 del anteproyecto –sobre la competencia del Presidente de la República para "[d]eclarar los estados de excepción y decretar la restricción o suspensión de garantías en los casos previstos en esta Constitución"– respecto al cual el constituyente Villegas propuso:

> ...suprimir la palabra "suspensión" porque ya la tendencia es a la restricción de garantías, no a la suspensión de garantías. Es decir, que cualquier decisión en materia de emergencia pase por la restricción de garantías que me parece un término más adecuado a lo que se ha avanzado en materia de

---

las garantías constitucionales, el decreto respectivo ha de expresar además los términos concretos de la limitación extraordinaria que sufre la garantía constitucional".

135 *Cfr.* García Belaunde (1988, 276–77), para quien "[l]os derechos materia de suspensión se encontraban suspendidos, no en sí mismos, sino en su ejercicio" y, por ende, la suspensión se entendía "como una franquicia que se otorga el Estado para que pueda desconocer, sin tapujos jurídicos, los derechos de los demás (...). La suspensión no significaba la imposibilidad física de ejercitar un derecho, sino solamente su desprotección legal, y únicamente sí la autoridad hacía uso de la franquicia que le otorgaba la emergencia declarada".

derechos humanos y garantías constitucionales en el ámbito internacional (Brewer-Carías 2000b, 414).

Idea que compartiría el constituyente Brewer-Carías, dado que la suspensión de garantías "ha conducido, las veces que se ha utilizado en el país, a abusos que tenemos que evitar en relación a los derechos humanos" (Brewer-Carías 2000b, 416-17).

Esta distinción terminológica favorece en definitiva que, aun cuando la restricción de garantías es "la manifestación jurídica más relevante de los efectos que la dictadura constitucional produce sobre las libertades públicas en nuestro Derecho", ella implica solo "una suspensión parcial e interina" de dos principios, quedando otros como la responsabilidad del Estado y el control judicial de los actos del Poder Público incólumes (Casal Hernández 1993, 114). Así, los principios que pueden verse afectados por esta restricción son:

> ...primero, del principio de la reserva legal, por cuanto las autoridades ejecutivas [particularmente, el Presidente de la República] quedan habilitadas para dictar, en las esferas que el estado de excepción determine, disposiciones generales que regulen materias constitucionalmente reservadas al legislador, y segundo, del principio de la intangibilidad del núcleo esencial de los derechos fundamentales, ya que las autoridades ejecutivas [particularmente, el Presidente de la República] pueden dictar medidas que cercenen el ejercicio de esos derechos (Casal Hernández 1993, 114).

Ahora, ¿qué garantías pueden restringirse con motivo de un estado de excepción? La respuesta -en principio- la ofrece el propio artículo 137 que, por interpretación a contrario, permite restringir cualquier garantía constitucional siempre que esta no verse sobre "los derechos a la vida, prohibición de incomunicación o tortura, el derecho al debido proceso, el derecho a la información y los demás derechos humanos intangibles"[136], lo que constituye un aumento de garantías no restrin-

---

[136] *Cfr.* Artículos 43, 46, 49 y 58 de la CRBV para conocer, respectivamente, el contenido y alcance de los primeros cuatro derechos mencionados.

gibles al compararlo con lo previsto en la Constitución de 1961[137].

De este elenco de garantías consideramos necesario referirnos en particular al caso de "los demás derechos humanos intangibles" al ser una expresión poco usada en la CRBV[138] y que puede prestarse a equívocos, como de hecho se discutió en la Asamblea Nacional Constituyente en la que en su sesión ordinaria del 09-11-1999 el constituyente Combellas expresó que "estamos en situaciones excepcionales, donde deben estar muy claramente expuestos los supuestos para su actualización", por lo que era mejor determinar cuáles garantías no podrían restringirse en vez de acudir sin más a la fórmula de los derechos intangibles que se prestaba a diversas interpretaciones (Brewer-Carías 2000b, 845)[139].

Esta advertencia, no obstante, fue ignorada por la Asamblea Nacional Constituyente, por lo que resulta prudente consultar los dichos de la doctrina sobre qué debe entenderse por un derecho humano intangible, siendo que ella equipara el término a aquellos derechos que no pueden ser objeto de limitación según los tratados internacionales que aluden a derechos fundamentales, "por lo que han de considerarse constitucionalizados los listados formulados por los artículos 27.2 de la Convención Americana sobre Derechos Humanos y 4.2 del Pacto Internacional de Derechos Civiles y Políticos" (Casal

---

137 Recuérdese que, como expusimos en el Capítulo II, el artículo 241 de la Constitución de 1961 únicamente se refería a la vida (art. 58), la incomunicación o sometimiento a torturas y procedimientos que causen sufrimiento físico o moral (art. 60 num. 3) y la detención después de dictada orden de excarcelación por la autoridad competente o una vez cumplida la pena impuesta (art. 60 num. 7).

138 *Cfr.* Artículo 89 numeral 1 de la CRBV como único caso en que se emplea el adjetivo vinculado con un derecho, al preverse que "[n]inguna ley podrá establecer disposiciones que alteren la intangibilidad y progresividad de los derechos y beneficios laborales".

139 Esta también fue la posición del constituyente Escarrá y de la Comisión en la materia según intervención del constituyente Marín.

Hernández 2008, 150)[140], a los que nos referiremos en el curso de la investigación.

Esta idea, en todo caso, es reiterada por la TSJ/SC en al menos dos de sus fallos sobre el Derecho de excepción: el n° 1507 del 05-06-2003 (caso: Ley de Regulación de la Emergencia Financiera)[141] y el n° 3567 del 06-12-2005 (caso: Ley Orgánica sobre Estados de Excepción), donde expuso que los estados de excepción cuentan con "precisos límites en aras de minimizar su grado de afectación (...) en la vida de los ciudadanos, en cuyo favor (...) se instaura un catálogo abierto de derechos no susceptibles de restricción (como se infiere de la frase 'derechos humanos intangibles')".

De este modo, a las garantías mencionadas en el artículo 337 constitucional hemos de agregar las que la CADH y el PIDCP, como el Derecho internacional aplicable en la materia, prevén como no restringibles según abordaremos al comentar el artículo 339 de la CRBV en esta investigación, ya que, como prevé la Exposición de Motivos del texto constitucional[142]:

---

140 En el mismo sentido véase en el ámbito nacional a C. Nikken (2020, 286), para quien "[l]os derechos humanos intangibles son aquellos cuya garantía no puede ser objeto de restricción en el marco de un estado de excepción. Esta definición resulta de la lectura del artículo 337 de la Constitución, y también de los artículos 4.2 del PIDCP y 27.2 de la Convención Americana sobre Derechos Humanos"; y en el ámbito internacional a O'Donell (2004, 999–1006), quien se refiere a estos derechos como obligaciones del Estado no susceptibles de suspensión.

141 La Sala expuso que "existen garantías que no pueden ser afectadas ni siquiera bajo marcos de excepción, por lo que mantienen plena vigencia durante su transcurso, siendo posible en virtud de ello, afirmar la existencia de un núcleo esencial de derechos humanos intangibles inderogables (...). Dentro del contexto de los principios constitucionales ajenos a la restricción o suspensión, se encuentran, además de los ya reseñados por nuestra Constitución como irrestringibles, otros que han sido contemplados bajo ese carácter por los tratados internacionales, tal como se mencionó supra, en la Convención Americana de los Derechos Humanos y en el Pacto Internacional de Derechos Civiles y Políticos".

142 Téngase presente que este texto puede consultarse a modo meramente referencial, ya que no solo su autoría es discutida por la doctrina (C. Nikken 2003, 210–11; Delgado 2017, 17–18), sino también su carácter

> ...el precepto menciona los principales derechos que no pueden ser suspendidos o restringidos durante los estados de excepción. Se trata de un listado meramente enunciativo, pues tampoco son susceptibles de suspensión o restricción los derechos señalados en los artículos 4.2 del Pacto Internacional de Derechos Civiles y Políticos y 27.2 de la Convención Americana sobre Derechos Humanos. Importa subrayar que entre los derechos intangibles se encuentran las garantías judiciales necesarias para la defensa de los derechos.

A ello hemos de sumar otras tres garantías que podemos hallar disgregadas a lo largo del texto constitucional. A saber:

i. *En relación con el amparo*. El último aparte del artículo 27 de la CRBV prevé que el derecho de toda persona a ser amparada por los tribunales en el goce y ejercicio de los derechos y garantías constitucionales "no puede ser afectado, en modo alguno, por la declaración del estado de excepción o de la restricción de garantías constitucionales", tal como se incorporó en el anteproyecto de la Constitución según sesión ordinaria del 21-10-1999 de la Asamblea Nacional Constituyente, sin que conste mayor discusión al respecto (Brewer-Carías 2000a, 394), a pesar de ser un tema que se había debatido en el foro en los años previos a la constituyente (Hernández-Mendible 1995).

ii. *En relación con la desaparición forzada de personas*. El artículo 45 de la CRBV precisa que "[s]e prohíbe a la autoridad pública, sea civil o militar, aun en estado de emergencia, excepción o restricción de garantías, practicar, permitir o tolerar la desaparición forzada de

---

normativo al sostener la TSJ/SC en fallo n° 93 del 06-02-2001 (caso: Corpoturismo) que tal exposición "constituye un documento independiente al Texto Constitucional propiamente dicho y, no siendo parte integrante de la Constitución, no posee carácter normativo", por lo que su contenido puede ser consultado "sólo a título referencial e ilustrativo para el análisis de la norma constitucional", puesto que "constituye simplemente una expresión de la intención subjetiva del Constituyente, y tiene el único fin de complementar al lector de la norma constitucional en la comprensión de la misma".

personas", como también se incorporó en el anteproyecto según sesión del día siguiente, sin que tampoco diera lugar a discusión (Brewer-Carías 2000a, 551–56).

iii. *En relación con la responsabilidad del Estado*. El artículo 232 de la CRBV determina que "[l]a declaración de los estados de excepción no modifica el principio de su responsabilidad, ni la del Vicepresidente Ejecutivo (...), ni la de los Ministros (...), de conformidad con esta Constitución y con la ley", lo que también responde al anteproyecto de la Constitución según sesión ordinaria del 04-11-1999 de la Asamblea Nacional Constituyente sin que el punto diera lugar a debate (Brewer-Carías 2000b, 409–10).

En este sentido tenemos que, de acuerdo con la CRBV, en un estado de excepción no podrían restringirse las garantías referidas al amparo constitucional, el debido proceso, la información, la integridad –personal, física, psíquica y moral–, la prohibición de desaparición forzada, la responsabilidad del Estado, y la vida, en adición a aquellas previstas en tratados internacionales según veremos más adelante, pudiéndose por interpretación a contrario restringirse el resto de garantías previstas en la Constitución, siempre que ello fuese estrictamente necesario para controlar la circunstancia excepcional que se presenta.

2. Los tipos de estados de excepción

El artículo 338 de la CRBV, el segundo del Capítulo II de su Título VIII, prevé lo siguiente:

> Artículo 338. Podrá decretarse el estado de alarma cuando se produzcan catástrofes, calamidades públicas u otros acontecimientos similares que pongan seriamente en peligro la seguridad de la Nación o de sus ciudadanos o ciudadanas. Dicho estado de excepción durará hasta treinta días, siendo prorrogable por treinta días más.
> Podrá decretarse el estado de emergencia económica cuando se susciten circunstancias económicas extraordinarias que afecten gravemente la vida económica de la Nación. Su

> duración será de sesenta días prorrogables por un plazo igual.
> Podrá decretarse el estado de conmoción interior o exterior en caso de conflicto interno o externo, que ponga seriamente en peligro la seguridad de la Nación, de sus ciudadanos o de sus instituciones. Se prolongará hasta por noventa días, siendo prorrogable hasta por noventa días más.
> La aprobación de la prórroga de los estados de excepción corresponde a la Asamblea Nacional. Una ley orgánica regulará los estados de excepción y determinará las medidas que pueden adoptarse con base en los mismos.

Al respecto, la Exposición de Motivos de la CRBV dice que este artículo "contempla los distintos estados de excepción, estableciendo, de conformidad con el principio de gradualidad, las circunstancias fácticas que pueden justificarlos y su limitación temporal" y "[s]e remite a una ley orgánica la regulación de los detalles del régimen de los estados de excepción", siendo oportuno mencionar que ese artículo 338, como expone la doctrina:

> ...nunca llegó a ser sancionado formalmente [por la Asamblea Nacional Constituyente], debido a que, si bien es verdad que en la segunda discusión el constituyente I. Rodríguez propuso calificar a los estados de excepción, es decir, especificar sus tipos, dándoles las siguientes denominaciones: "la declaratoria de emergencia, la declaratoria de emergencia especial y la declaratoria del estado de conmoción", tal proposición no fue acogida por la Asamblea (...). Por otro lado, la información acerca de una proposición que iba hacer el constituyente I. Rodríguez a la comisión especial, solamente resultó una mera información que este proporcionó a la Asamblea Nacional Constituyente, en la sesión permanente del 15-11-99, en la cual, ciertamente, estaban incluidos los estados de alarma, de emergencia económica y de conmoción interior y exterior. Pero es necesario subrayar que al tratarse de una mera información, no fue sometida a discusión y mucho menos votada al no ser presentada como proposición; de allí, pues, que resulte incontestable que el artículo 338 de la vigente Constitución que contiene los referidos tipos de estados de excepción nunca resultó aprobado formalmente por la Asamblea Nacional Constituyente (Peña Colmenares 2015, 436).

Esta realidad, que por sí sola revela el poco cuidado prestado por la Asamblea Nacional Constituyente a un tema tan relevante como lo es el Derecho de excepción, explica en parte por qué las circunstancias fácticas que diferencian a los cuatro estados de excepción no se caracterizan por su especificidad –ni siquiera a título enunciativo– y mucho menos se precisan qué medidas pueden adoptarse en uno u otro caso como sí ocurría –por ejemplo– en las Constituciones de 1864 y 1947, según reseñáramos *supra*.

De este modo, si bien la clasificación adoptada en la CRBV converge con sectores de la doctrina que planteaban que las circunstancias que dan pie a un estado de excepción "pueden resultar de (1) una grave crisis política (conflictos armados o desordenes internos), (2) fuerza mayor (desastres de varios tipos) o (3) situaciones económicas particulares, generalmente asociadas con el subdesarrollo" (Questiaux 1982, 8, traducción nuestra), en tanto otros autores aluden a listados más casuísticos (Despouy 1999, 18)[143] dada la "heterogeneidad" de la institución (Rondón de Sansó 2021, 1049–51)[144], ella no da mayores luces sobre qué supuestos de hecho calzan en cada categoría, viéndose que la mayor imprecisión ocurre en el caso de la

143 El autor enlista como "situaciones que autorizan la declaración del estado de excepción" la guerra internacional; los conflictos armados internos; las fuertes perturbaciones o tensiones interiores producto de factores políticos, económicos, sociales o culturales que originen enfrentamientos, actos de violencia, vandalismo o atentados terroristas; y las catástrofes naturales y ambientales.

144 La autora expresa que el estado de excepción puede responder a hechos bélicos, sublevaciones civiles o militares, asonadas, intentos de golpe de estados, descubrimiento de focos conspirativos, la presencia de tropas extranjeras en el territorio nacional, movimientos guerrilleros, terrorismo, terremotos, maremotos, erupciones volcánicas, inundaciones, sequías, lluvias torrenciales, fuertes alteraciones climáticas, crisis económicas grave, inmigraciones o emigraciones masivas, la difusión de doctrina filosófica religiosa o políticas de tesis que fomentan la destrucción de las instituciones y divulgan las modalidades para su ejecución material, bloqueos de información, epidemias, la aparición de formas endémicas de gran mortalidad, la propagación de enfermedades contagiosas de alto riesgo, y el crecimiento desmesurado de la mortalidad infantil.

emergencia económica al referirse solamente a "circunstancias económicas extraordinarias que afecten gravemente la vida económica de la Nación".

Nótese que esta situación resulta común a la América hispanohablante (Delfino de Palacios 1996; Georgetown University, s/f; Mendieta-González y Tobón-Tobón 2017; Sira Santana 2017a, 69-73) en cuyas Constituciones pueden distinguirse tres tipos de disposiciones: (i) Las que no estipulan las causales que dan origen al estado de excepción (caso de Guatemala); (ii) Las que estipulan diferentes causales para un régimen de excepción común, sin que ellas sean definidas por el constituyente (caso de Argentina, Bolivia, Costa Rica, Cuba, Ecuador, El Salvador, Honduras, México, Nicaragua, Panamá, Paraguay y Uruguay); (iii) Las que estipulan diferentes causales para diferentes regímenes de excepción, sin que ellas seas definidas por el constituyente (Chile, Colombia, Perú, República Dominicana y Venezuela).

Al respecto, compartimos el criterio de Goig Martínez (2014, 277), para quien el "derecho de excepción democrático" debe caracterizarse -valga la cacofonía- por el carácter taxativo o *numerus clausus* de circunstancias extraordinarias que permiten invocar este régimen, las que, a su vez, deben ser lo más concretas posibles para evitar los abusos de la autoridad con base en interpretaciones acomodaticias.

Ello, sobre todo, en el entendido que si bien hay supuestos que no generan mayores dudas (guerras, desastres naturales, epidemias...), otros tantos se caracterizan por su ambigüedad, como es el caso -reiteramos- de las "circunstancias económicas extraordinarias que afecten gravemente la vida económica de la Nación", y hacen necesario que se tomen salvaguardas adicionales para garantizar la protección de los derechos fundamentales durante el período de excepción. En parte por lo apuntado por la doctrina de que:

> ...las condiciones para su aplicación [en relación con los estados de excepción] generalmente son formuladas de manera vaga, amplia e imprecisa; el vocabulario utilizado a este respecto es muy particular. En cambio, las condiciones for-

> males para su puesta en vigor, deben ser muy precisas; en esta precisión radica, en gran parte, la garantía que los gobernados deben tener frente a la aplicación de los poderes de crisis (Naranjo Mesa 2003, 427).

Así, debemos acudir al foro para conocer los supuestos de hecho que encuadran dentro de cada una de las categorías mencionadas en el artículo 338 de la CRBV, con base en el modelo pluralista adoptado en dicho texto[145], anotándose que las medidas que pueden adoptarse durante los estados de excepción serán tratadas en acápites siguientes al remitir el último aparte del artículo mencionado a la LOEE.

De este modo, abordamos de seguida lo referente al estado de alarma, el estado de emergencia económica y el estado de conmoción interior o exterior.

A. El estado de alarma

De acuerdo con el encabezado del artículo 338 constitucional, la declaratoria del estado de alarma procede frente a "catástrofes, calamidades públicas u otros acontecimientos similares" que, como resulta común a los estados de excepción en general, ponga seriamente en peligro la seguridad de la Nación o de sus ciudadanos.

Esta declaratoria, que encuentra su antecedente en la Constitución de 1936 según reseñamos en el Capítulo II, tendrá una duración máxima de treinta días (la menor prevista en la CRBV) y podrá prorrogarse por un tiempo similar en caso que no se hayan disipado sus causas.

---

[145] Entiéndase por este el modelo en el cual "la Constitución establece un presupuesto general que sustenta la declaración del estado de excepción, pero segmentado; de tal manera que cada segmento da lugar a una modalidad de estado de excepción distinta", a diferencia del modelo gradualista en el cual hay un único tipo de declaratoria para todas las circunstancias excepciones, pero las medidas a tomar se corresponden con la gravedad de los hechos que se enfrentan (Peña Colmenares 2014, 174), en el entendido que "los poderes extraordinarios han de ejercerse escalonadamente, reservando para las situaciones más extremas los medios más represivos y violentos" (Casal Hernández 1999, 47).

Ahora, ¿qué hemos de entender por catástrofes, calamidades públicas u otros acontecimientos similares? Si nos vamos a una interpretación literal de estos términos, por el primero se comprende un "[s]uceso que produce gran destrucción o daño" (Real Academia Española 2022b, 1° acepción) y por el segundo una "[d]esgracia o infortunio que alcanza a muchas personas" (Real Academia Española 2022a, 1° acepción), lo que deja entrever que nos hallamos frente a circunstancias que afectan gravemente a la colectividad y no a sujetos en concreto.

No obstante, la definición anterior bien podría resultar común a los estados de excepción en general, por lo que permanecería la duda de cómo diferenciar el estado de alarma de los otros tres estados de excepción previstos en la CRBV, a fin de precisar qué supuestos de hecho encuadran en la "alarma".

Al respecto, somos del criterio que este estado tiene un carácter residual en el sentido que cualquier circunstancia "de orden social, económico, político, natural o ecológico" que afecte "gravemente la seguridad de la Nación, de las instituciones y de los ciudadanos, a cuyo respecto resultan insuficientes las facultades de las cuales se disponen para hacer frente a tales hechos" (art. 337 de la CRBV), y que no dé lugar a un estado de emergencia económica o a un estado de conmoción interior o exterior, podrá originar un estado de alarma.

De este modo, entrarían dentro de esta concepción las catástrofes naturales como los terremotos e inundaciones u otros fenómenos ambientales o provocados por el hombre "siempre y cuando (...) asuman proporciones de tal magnitud que pongan en peligro a la comunidad" (Despouy 1999, 18–19), así como las pandemias (Peña B. 2021, 292), incorporándose a su vez listados más extensos y casuísticos referidos a:

> ...sucesos infaustos de la naturaleza, tales como: terremotos, derrumbes en zonas montañosas que impiden el tránsito y bloquean ciudades o poblados, tornados, maremotos, erupciones de volcanes, ciclones, desbordamientos de ríos, lluvias torrenciales, inundaciones. Los anteriores enunciados se refieren a hechos de la naturaleza; pero hay otros análogos por su virulencia que son procesos derivados de los con-

glomerados, de la vida en común y de una cierta participación humana, tales como la proliferación de virus, la exacerbación de enfermedades de altos contagios, (...), intoxicaciones colectivas, desmoronamiento de puentes u otras de ingeniería vial; incendios forestales, etc. (Rondón de Sansó 2004, 218-21).

Idea esta que es compartida en el Derecho comparado cuando -por ejemplo- la Ley Orgánica 4/1981 de los estados de alarma, excepción y sitio en España establece en su artículo 4 que podrá dictarse el estado en alarma en caso de "a) Catástrofes, calamidades o desgracias públicas, tales como terremotos, inundaciones, incendios urbanos y forestales o accidentes de gran magnitud. b) Crisis sanitarias, tales como epidemias y situaciones de contaminación graves (...)" (Alfonzo Paradisi 2020, 195).

Es decir, que nos encontraríamos frente a "una catástrofe natural o tecnológica, (...) no política, no producida intencionalmente por el ser humano, sino consecuencia de la acción de agentes naturales o de un error humano en el control de las leyes de la naturaleza" (Carrasco Durán y Pérez Royo 2018, 849), lo que ha dado lugar a que la doctrina comente "la dificultad que se presenta para lograr una definición acabada de las calamidades públicas y de las catástrofes" visto que la mayoría de las aproximaciones doctrinales "se limitan a ejemplificar y postular el origen de las mismas" (Peña Colmenares 2014, 186).

En todo caso, es prudente destacar que no cualquier catástrofe o calamidad haría imperativo que se acuda al Derecho de excepción, ya que es posible que el ordenamiento jurídico ordinario prevea disposiciones en la materia como ocurre en la Ley para la Protección de las Familias, la Maternidad y la Paternidad[146] al apuntar lo siguiente:

> Artículo 42. En casos de catástrofes, calamidades públicas u otros acontecimientos similares, las acciones orientadas a garantizar la seguridad familiar corresponden al Estado, con la participación solidaria y protagónica de la sociedad y las

[146] G.O. n° 6.686 Extraordinario del 15-02-2022

familias. Las políticas y acciones en esta materia deben tener como principio fundamental mantener la unidad del grupo familiar en caso de ocurrencia de un evento adverso.

O el artículo 90 del Decreto con Rango, Valor y Fuerza de Ley Orgánica de la Administración Financiera del Sector Público[147], al prever que:

> Por encima del monto máximo a contratar autorizado por la ley de endeudamiento anual podrán celebrarse aquellas operaciones requeridas para hacer frente a gastos extraordinarios producto de calamidades o de catástrofes públicas (...). Todas las operaciones por encima del monto máximo a contratar, con excepción de las relacionadas a gastos extraordinarios producto de calamidades o de catástrofes públicas, deberán autorizarse mediante ley especial (...)[148].

Ambos, así como otros previstos en el ordenamiento jurídico nacional[149], son supuestos diferentes al de la Ley Constitu-

---

[147] G.O. n° 6.210 Extraordinario del 30-12-2015.

[148] Léase en concordancia con el numeral 12 del artículo 91 de la Ley Orgánica de la Contraloría General de la República y del Sistema Nacional de Control Fiscal (G.O. n° 6.013 Extraordinario del 23-12-2010), según el cual no genera responsabilidad administrativa "[e]fectuar gastos o contraer compromisos de cualquier naturaleza que puedan afectar la responsabilidad de los entes y organismos señalados en los numerales 1 al 11 del Artículo 9 de esta ley, sin autorización legal previa para ello, o sin disponer presupuestariamente de los recursos necesarios para hacerlo" cuando "tales operaciones sean efectuadas en situaciones de emergencia evidentes, como en casos de catástrofes naturales, calamidades públicas, conflicto interior o exterior u otros análogos, cuya magnitud exija su urgente realización, pero informando de manera inmediata a los respectivos órganos de control fiscal, a fin de que procedan a tomar las medidas que estimen convenientes, dentro de los límites de esta ley".

[149] Téngase a modo de ejemplo: (i) El artículo 53 de la Ley Orgánica del Ambiente (G.O. n° 5.833 Extraordinario del 22-12-2006), que permite al Ejecutivo Nacional "decretar el libre aprovechamiento de determinados recursos naturales y de los componentes de la diversidad biológica, por razones de catástrofe natural o situaciones similares que pongan en peligro a la población"; (ii) El artículo 18 del Decreto con Rango, Valor y Fuerza de Ley Orgánica de Emergencia para Terrenos y Vivienda (G.O. n° 6.018 Extraordinario del 29-01-2011, con reimpresión en n° 39.626 del 01-03-2011), que prevé la creación de un registro de las familias susceptibles de ser beneficiadas con las adjudicaciones previstas

cional de la Fuerza Armada Nacional Bolivariana, según la cual es una función de la Fuerza Armada el "[a]poyar al órgano rector correspondiente en casos de emergencia por estado de alarma debido a catástrofes y calamidades públicas" (art. 6 num. 15) y corresponde al Comando Estratégico Operacional "[e]nfrentar contingencias en casos de emergencia por estado de alarma, catástrofes y calamidades públicas, que ponga en peligro la Seguridad de la Nación" (art. 47 num. 10), ya que en estos casos se determina que no basta la mera existencia de la calamidad o catástrofe para que encuentre aplicación la norma, pues se requiere que ella sea de tal gravedad que amerite la declaratoria de un estado de alarma como manifestación del Derecho de excepción.

E igual ocurre con el numeral 6 del artículo 11 de la Ley Orgánica de Salud[150], según el cual corresponde al ministerio en la materia:

> Ejercer la alta dirección de las autoridades públicas en salud, de los establecimientos de atención médica y de los programas de asistencia social y de saneamiento ambiental en toda la República, en caso de emergencia sanitaria declarada por el Ejecutivo Nacional en virtud de catástrofes, desastres y riesgos de epidemias, con el fin de acometer las medidas necesarias de protección y preservación de la salud y garanti-

---

en dicha ley y hayan resultado afectadas por calamidades, catástrofes u otros acontecimientos naturales o sociales (Sira Santana 2016b); (iii) El numeral 4 del artículo 18 de la Ley Orgánica del Sistema de Seguridad Social (G.O. n° 39.912 del 30-04-2012), en cuanto a la prestación de atención integral en caso de enfermedades catastróficas por parte del Sistema de Seguridad Social; (iv) El numeral 25 del artículo 74 del Decreto con Rango, Valor y Fuerza de Ley Orgánica de los Espacios Acuáticos (G.O. n° 6.153 Extraordinario del 18-11-2014) sobre la competencia de la Administración Acuática para "[p]restar asistencia en caso de catástrofes naturales en coordinación con las autoridades competentes"; y (v) El artículo 40 de la Ley Orgánica para la Atención y Desarrollo Integral de las Personas Adultas Mayores (G.O. n° 6.641 Extraordinario del 13-09-2021), al determinar que "[e]n caso de catástrofes y calamidades públicas, el Estado adoptará las medidas específicas que sean necesarias para garantizar la vida, integridad y los demás derechos de las personas adultas mayores (...)".

150 G.O. n° 36.579 del 11-11-1998.

zar la atención oportuna, eficaz y eficiente a las comunidades afectadas.

En resumen, a pesar de que el estado de alarma previsto en el encabezado del artículo 338 de la CRBV tiene un carácter residual para dar cabida a todos aquellos supuestos de excepción que no encuadren en los estados de emergencia económica y de conmoción interior o exterior –lo que por descarte podría dejarnos con las circunstancias de orden natural o ecológico, y en menor medida social–, la sola existencia del suceso que genere gran daño y afecte a un número elevado de personas no se traducirá, *per se*, en la adopción del Derecho de excepción, pues puede que el hecho sea controlado mediante los mecanismos de seguridad ciudadana, protección civil y administración de desastres ordinarios.

Ello, sin que tampoco deje de ser una contrariedad a Derecho que al darse un supuesto de hecho que amerite la declaratoria, esta sea obviada por el Presidente de la República en atención a motivos personales o políticos, tal como ocurrió en Venezuela con las lluvias de diciembre de 2010 que, aunque dejaron a más de 130.000 afectados, el Presidente prefirió solicitar una ley habilitante (El País 2010) ya que su duración se extendería en el tiempo, al igual que los decretos con fuerza de ley que dictara con base en la misma, lo que resultaba más ventajoso para sus intereses políticos aunque:

> ...en el contexto discursivo de la Exposición de Motivos, las razones climáticas esgrimidas como base para la habilitación se antojan falaces, sofistas: la solución de un problema coyuntural, como lo puede ser la emergencia derivada de las lluvias, bien puede ser atendida en función de su gravedad (...) mediante el empleo de los poderes excepcionales propios de los estados de excepción (Weffe 2012, 58)[151].

---

[151] El autor agrega más adelante que "el carácter decididamente contingente de las medidas adoptadas con base en un estado de excepción hace a esta figura inútil para el confesado objetivo del Legislador: consolidar el proyecto político dominante, con exclusión de las tendencias políticas y sociales adversas". En el mismo sentido: Hernández G. (2013, 143), para quien "[l]a Ley Habilitante solo procede cuando medien cau-

De ahí que resulte prudente reiterar que tanto en situaciones normales como ante circunstancias extraordinarias, las autoridades del Estado se deben a la sociedad al ser este un mero medio para que los individuos logren materializar sus derechos e intereses legítimos, por lo que no puede consentirse que dichas autoridades tergiversen sus competencias para perseguir fines distintos a aquellos previstos en la norma, tal como sería la no declaratoria de un estado de alarma por considerarse que el supuesto de hecho se presta para obtener una habilitación legislativa.

B. El estado de emergencia económica

El segundo de los estados de excepción que prevé el artículo 338 de la CRBV es la emergencia económica al indicar en su primer aparte que esta procederá, hasta por sesenta días prorrogables por un lapso similar, al suscitarse "circunstancias económicas extraordinarias que afecten gravemente la vida económica de la Nación".

Así, nos encontramos ante una disposición que se caracteriza por su generalidad y que -prácticamente- podría ser invocada a gusto del Presidente de la República pues, a simple vista, dependerá de su criterio definir cuándo nos encontramos frente a un supuesto de esta naturaleza, sin que la CRBV ofrezca supuestos -ni siquiera a título enunciativo- que permitan su delimitación.

Esta realidad lleva a que estimemos imperativo precisar qué puede entenderse por una circunstancia económica extraordinaria que afecte gravemente la vida económica de la Nación, ya que solo de este modo podremos determinar luego si existen verdaderos motivos para invocar el Derecho de excepción. No en vano, la doctrina expone que la declaratoria del estado de excepción se trata de un acto jurídico y, como tal, debe estar debidamente motivado por el Presidente de la Re-

---

sas objetivas que impidan atender determinada materia de la reserva legal por el procedimiento legislativo ordinario, pero que a su vez no justifiquen acudir al régimen de excepción".

pública a fin de conocer cuáles son los motivos, causas, circunstancias y efectos que hacen imperativa su declaratoria (Despouy 1999, 19).

A tal efecto, partimos de que al referirnos a la economía nacional nuestras aproximaciones son de carácter macroeconómico, como parte del "estudio de la economía en su conjunto, o sea, los agregados económicos tales como el producto nacional total, el empleo total, la inflación, la oferta monetaria, etc." o "el estudio de las causas y soluciones de problemas 'macro' tales como el desempleo y la inflación, [que] pertenecen al ámbito de la acción gubernamental", en contraposición a la microeconomía que aborda el "comportamiento de los elementos individuales de una economía, como lo son las actividades de productores y consumidores, ya sea como individuos o como grupo de oferentes y demandantes" (Toro Hardy 2005, 45).

Lo anterior, sin que por ello olvidemos que al versar la economía sobre "la acción del hombre para, procurando bienes escasos, satisfacer de la manera más eficiente las necesidades humanas" (Canova González, Graterol Stefanelli, y Herrera Orellana 2014, 15), es en beneficio de él –y no de las autoridades– que deben girar las políticas macroeconómicas, si bien "la realidad económica venezolana evidencia cómo históricamente el Estado siempre ha tenido una fuerte participación en la economía. Sobre todo desde el poder ejecutivo, los presidentes han arbitrariamente favorecido a determinados sectores que forman parte de su círculo político" (Osorio Bohórquez 2017, 389).

Este enfoque nos acerca al Título VI de la CRBV, denominado "Del sistema socioeconómico" y que se divide en dos capítulos: "Del régimen socio económico y la función del Estado en la economía" y "Del régimen fiscal y monetario".

El primero de estos capítulos abarca los artículos 299 al 310 y si bien contiene algunos artículos que no resultan de interés para nuestro objeto de estudio –por ejemplo, cuando promueve las asociaciones comunitarias, la artesanía y el turismo como parte del desarrollo económico del país; o la reservas de recursos como los hidrocarburos y las aguas que deben ser desarrolladas por el legislador ordinario–, existen dos artículos que hemos de considerar en materia de Derecho de excepción:

> Artículo 299. El régimen socioeconómico de la República Bolivariana de Venezuela se fundamenta en los principios de justicia social, democratización, eficiencia, libre competencia, protección del ambiente, productividad y solidaridad, a los fines de asegurar el desarrollo humano integral y una existencia digna y provechosa para la colectividad. El Estado conjuntamente con la iniciativa privada promoverá el desarrollo armónico de la economía nacional con el fin de generar fuentes de trabajo, alto valor agregado nacional, elevar el nivel de vida de la población y fortalecer la soberanía económica del país, garantizando la seguridad jurídica, solidez, dinamismo, sustentabilidad, permanencia y equidad del crecimiento de la economía, para garantizar una justa distribución de la riqueza mediante una planificación estratégica democrática participativa y de consulta abierta.
>
> Artículo 305. El Estado promoverá la agricultura sustentable como base estratégica del desarrollo rural integral, y en consecuencia garantiza la seguridad alimentaria de la población; entendida como la disponibilidad suficiente y estable de alimentos en el ámbito nacional y el acceso oportuno y permanente a éstos por parte del público consumidor. La seguridad alimentaria deberá alcanzarse desarrollando y privilegiando la producción agropecuaria interna, entendiéndose como tal la proveniente de las actividades agrícola, pecuaria, pesquera y acuícola. La producción de alimentos es de interés nacional y fundamental al desarrollo económico y social de la Nación. A tales fines, el Estado dictará las medidas de orden financiera, comercial, transferencia tecnológica, tenencia de la tierra, infraestructura, capacitación de mano de obra y otras que fueran necesarias para alcanzar niveles estratégicos de autoabastecimiento. Además, promoverá las acciones en el marco de la economía nacional e internacional para compensar las desventajas propias de la actividad agrícola.

Traemos a colación estos artículos porque los mismos dan ciertas luces sobre algunos caracteres que, de verse gravemente afectados por circunstancias extraordinarias, podrían justificar la adopción de un estado de excepción por emergencia económica al, por ejemplo, constatarse altos índices de desempleo, la contracción de la economía nacional, la disminución del nivel de vida de la población, y la escasez de alimentos; cuya determinación -agrega la doctrina- "está condicionada por elementos técnicos de la ciencia económica" (Peña Colmenares 2014, 196) al ser estos los que permiten en definitiva definir situaciones como la recesión, la inflación, el déficit fiscal, la devaluación de la moneda y la falta de liquidez (Lorente 1997, 85-86)[152]. Todos estos supuestos que no resultan extraños a la historia latinoamericana -ni del mundo occidental, como lo demuestran las múltiples emergencias económicas declaradas en Alemania a principios de la década de 1930 (Bercovici 2020)- y que han hecho imperativo la adopción de regímenes de excepción para lograr un mínimo orden económico, pero que tienden a desnaturalizarse en la práctica (Negretto 2001)[153].

Reiteramos, siempre que estos problemas sean de una gravedad considerable y atiendan a circunstancias extraordinarias es que podría acudirse al Derecho de excepción. De ahí que autores como Gallardo (1996, 506) afirmen que las "razones de naturaleza económica que justifican la suspensión deben ser de tal magnitud que amenacen con subvertir el orden establecido", al tener "tal gravedad, que causen o puedan causar u[n]

---

152 El autor ejemplifica, al estudiar el caso colombiano, que en ese Estado el "déficit se agravó (...) porque la economía entró en una fase de recesión, lo que significa que bajan las utilidades de las empresas y que disminuyen las compras de los hogares, así que los planes de producción se estancan o disminuyen y las inversiones se postergan. Con menos utilidades hay menos impuestos indirectos, y con menos bienes intermedios y menos ventas finales hay menos Iva y hay menos aranceles, así que los ingresos del Estado disminuyen rápidamente, aunque el crecimiento del Pib siga siendo positivo".

153 El autor destaca que estas situaciones dieron paso a declaraciones de emergencia económica en Brasil y Argentina y se han tergiversado en instrumentos de gobierno en el entendido que "[l]os poderes de excepción han sido en muchos casos efectivos para hacer frente a situaciones de crisis. Sin embargo, una vez insertos en la constitución, pueden ser y han sido utilizados como instrumento normal de gobierno con el consiguiente menoscabo para las instituciones democráticas".

estado de conflicto interno tal como sería una insurrección popular", a lo que agrega que:

> ....si bien es cierto que la apreciación de tales hechos corresponde al Ejecutivo y que el control de esta apreciación es de naturaleza política, ejercida por el Congreso de la República, no es menos cierto que la necesaria proporcionalidad que debe informar la actuación del Poder Público, entre ellas, la evaluación de las circunstancias concomitantes que dan lugar a la subsunción de los hechos en la norma jurídica, demanda la debida prudencia al momento de adoptar una decisión de esta envergadura.

Lo anterior, teniendo presente que esta modalidad de excepción guarda clara relación con los derechos económicos previstos en el Capítulo VII del Título III de la CRBV, referido a los derechos humanos y sus garantías (Brewer-Carías 2014a, 857–931; González De La Vega 2013), y que llevan a afirmar que "las normas que declaran la emergencia económica restringen fuertemente los derechos de contenido económico", con especial mención a la propiedad y la libertad de contratar, sin que estos puedan desnaturalizarse o perder su sustancia con motivo de la emergencia que se pretende atender (Ylarri 2016, 181–83).

En caso contrario –es decir, si los problemas no son de una gravedad considerable ni responden a circunstancias extraordinarias– los mismos habrían de ser atendidos por las funciones que de ordinario tiene el Estado en la economía[154] y que pueden sintetizarse en su rol: (i) Regulador, al definir los deberes y derechos de los agentes económicos y garantizar su cumplimiento; (ii) Impositivo, al recaudar tributos a fin de contar con los recursos que le permitan cumplir con el resto de sus obligaciones; (iii) Estabilizador, al evitar grandes fluctuaciones en los ciclos económicos mediante políticas monetarias, fiscales, salariales, entre otras; (iv) Planificador; al dirigir secto-

---

[154] *Cfr.* Encabezado del artículo 320 de la CRBV, conforme con el cual "[e]l Estado debe promover y defender la estabilidad económica, evitar la vulnerabilidad de la economía y velar por la estabilidad monetaria y de precios, para asegurar el bienestar social".

res de la economía nacional para evitar los monopolios y favorecer el abastecimiento y la oferta de bienes y servicios de calidad; y (v) De gasto público, al prestar servicios de la más variada naturaleza, así como subsidios, donaciones, pensiones y similares (Toro Hardy 2005, 132-47).

De este modo, estas funciones en tiempos de normalidad se aprecian, por ejemplo, cuando la CRBV precisa que no se harán gastos que no estén previstos en la ley de presupuesto y solo se aprobarán créditos para "gastos necesarios no previstos o cuyas partidas resulten insuficientes, siempre que el tesoro cuente con recursos para atender a la respectiva erogación" (art. 314), los tributos y sus exenciones deben preverse por ley (art. 317) y que corresponde al BCV "lograr la estabilidad de precios y preservar el valor interno y externo de la unidad monetaria" (art. 318), aspectos que forman parte de la Constitución económica como el "conjunto de normas constitucionales que, implícita o explícitamente, establecen el marco fundamental de la economía, esto es, el régimen básico del ejercicio de actividades económicas", con inclusión de los derechos y deberes de los operadores económicos, las garantías judiciales, y los límites que puede imponer el Poder Público (Hernández G. 2008, 15), o, en otras palabras:

> ...el marco jurídico primario conforme al cual ha de desarrollarse la actividad económica del país. Corresponde a la Constitución establecer las directrices bajo las cuales habrá de regularse y desenvolverse el régimen económico, consagrar los derechos económicos de los ciudadanos -entre ellos la libertad económica- y además delimitar el ámbito de participación del Estado en la vida económica. La Constitución sirve de marco normativo fundamental de las relaciones entre los ciudadanos y el Estado, entre ellas, las relaciones económicas, y en un régimen de libertad económica, las regulaciones deben convertirse en un estímulo para el desarrollo económico y no en un obstáculo (Grau 2019, 54-55).

En este orden de ideas, cuando la CRBV alude a la "vida económica de la Nación" hemos de tener presente el rol "regulador, planificador, de control, prestador de servicios públicos, empresario, de fomento y protección" que tiene el Estado venezolano, "con lo cual la actividad económica, en sus fases fundamentales de producción, distribución y consumo pueden ser intervenidas en pro de la 'justicia social'" (Bello Rengifo 2015, 309), sin obviar que "el poder del derecho sobre la economía no es en muchos aspectos más fuerte, sino más débil de lo que era en otras circunstancias", dado que la "posibilidad de influir la conducta económica humana no es, por tanto, una simple función del sometimiento general respecto de la coacción jurídica" y "[l]os límites del éxito de hecho de la coacción jurídica resultan más bien de los límites del poder económico de los interesados: no sólo el acervo de bienes es limitado sino también las formas posibles de utilización son limitadas" (Weber 2002, 270).

Más allá de esto, la CRBV no permite hacer precisiones en cuanto a cuándo existe una emergencia económica y el estudio habría de hacerse caso por caso, atendiendo a los principios que rigen el Derecho de excepción –especialmente, el de necesidad– siendo esta circunstancia común en la región ya que las Constituciones de la América hispanohablante que prevé figuras similares se limitan a mencionar que la excepción procede "cuando así lo demande[n] (...) las condiciones económicas" (art. 185 de la Constitución de Nicaragua) u ocurran hechos que "perturben o amenacen perturbar en forma grave e inminente el orden económico (art. 215 de la Constitución de Colombia y 265 de la de República Dominicana).

Esta situación llevó al foro internacional a afirmar, por ejemplo, que aun cuando los decretos de urgencia económica tienen un elevado grado de discrecionalidad y subjetividad, su "marco de referencia" son las previsiones sobre el régimen económico que prevé la Constitución –es decir, la Constitución económica a la que ya nos hemos referido– por lo que la discrecionalidad indicada no puede dar cabida a la arbitrariedad ni el abuso de la institución (Quispe Correa 2007, 493); lo que se enlaza con el hecho que para que el Derecho de excepción esté justificado se requiere que la crisis económica-financiera que afecta al Estado, si bien su precisión depende de la casuística y su valoración técnica[155], se traduzca en "un desajuste grave, en la economía de un país o nación, provocada tanto por factores inherentes a dicha economía como por causas externas a la misma" (Bustos Cervantes 2009, 1).

De lo contrario, como ha asentado la jurisprudencia argentina y lo hemos constatado dentro de nuestras propias fronteras, se corre el riesgo de que el Derecho de excepción de paso a una extralimitación de los órganos de gobierno en desmedro de las libertades individuales, y muy especialmente las de carácter económico (Elias 2013, 121).

C. El estado de conmoción interior o exterior

Por último sobre los tipos de excepción, en su segundo aparte el artículo 338 de la CRBV alude a la posibilidad de que el Presidente de la República decrete –un tanto a lo Perogrullo– el estado de conmoción interior en caso de conflicto interno y el estado de conmoción exterior en caso de conflicto externo, siempre que uno u otro, como ocurre con cualquier estado de excepción, "ponga seriamente en peligro la seguridad de la Nación, de sus ciudadanos o de sus instituciones".

Estos estados pueden dictarse por hasta noventa días prorrogables por un lapso de igual duración, y sería correcto afirmar que se corresponden con la noción "clásica" del Derecho de excepción que, como vimos preveían las Constituciones venezolanas desde los orígenes de nuestra República, aludían a las amenazas a la seguridad del Estado con motivo de conmociones o rebelión a mano armada, guerras civiles y defensivas, invasiones extranjeras y supuestos similares.

---

155 Téngase como ejemplo el término "inflación", que si bien en el argot popular se conoce como la mera "[e]levación del nivel general de precios" (Real Academia Española 2022f, 4° acepción), la doctrina lo define como "un aumento continuo y generalizado en el nivel de los precios de los bienes y servicios que se producen y se prestan en una economía, lo cual evidentemente conlleva una merma en el poder adquisitivo del dinero" (Toro Hardy 2005, 464).

En este sentido, autores como Andueza (1986, 8 y 17) estudiaron los casos de conmoción precisando que aun cuando la Constitución de 1961 -vigente para cuando redactó estas líneas, y extensible a la CRBV- no regulaba los supuestos de declaración de guerra, ella "ha previsto la situación excepcional de las sublevaciones, rebeliones, insurrecciones, guerras subversivas o guerras civiles cuando regula el conflicto interior como un supuesto del estado de emergencia". Así, "[e]l supuesto de hecho para que el Presidente de la República pueda ejercer los poderes de hacer y dirigir la guerra es la existencia de un conflicto interior o exterior. Esto es, cuando internamente existe un estado de rebelión o de guerra civil y externamente cuando el país es agredido".

De modo similar, Rondón de Sansó (2016, 318) acudió como ejemplo a las revueltas sociopolíticas, insurrecciones y los golpes de Estado (conflicto interno) y las guerras e invasiones (conflicto externo), agregando en estos últimos casos que "exista o no una formal declaración de guerra, basta con que las amenazas sean ciertas o la beligerancia o combatividad se haya desatado, para que proceda la declaratoria del estado de conmoción exterior".

Estas aproximaciones son compartidas por Peña Colmenares (2014, 215-17) quien, luego de recordar que el "espacio geográfico venezolano es una zona de paz" a tenor del primer aparte del artículo 13 de la CRBV como consecuencia, en parte, de la proscripción de la guerra por parte de la Carta de las Naciones Unidas[156] precisa que:

> ...ello no significa que el país no pueda entrar en un conflicto bélico con otros países, en virtud de que es evidente que si por ejemplo, otro Estado extranjero invade el territorio nacional o formalmente nos declara la guerra, pese a esa tesis acerca de la "zona de paz", naturalmente que en ejercicio del

---

[156] *Cfr.* Numeral 3 del artículo 2, según el cual: "Los Miembros de la Organización arreglarán sus controversias internacionales por medios pacíficos de tal manera que no se pongan en peligro ni la paz y la seguridad internacionales ni la justicia". El arreglo pacífico de controversias es desarrollado, *in extenso*, en el capítulo VI de la Carta (ONU, s/f).

> legítimo de derecho de defensa, la República está legitimada para entrar en guerra con el agresor, debido a que si en ese hipotético ejemplo, se abstuviera de hacerlo, sus Poderes Públicos, especialmente el Ejecutivo, estarían violando el deber de defender integralmente la Nación, su soberanía e integridad de su espacio geográfico, el cual se infiere del artículo 323 del texto constitucional. Igualmente debe entrar en guerra, porque de lo contrario permitiría en su propio territorio la violación del principio de no intervención y autodeterminación de los pueblos, a que se contrae el Preámbulo y el artículo 152 de la Constitución.

Así, los estados de excepción por concepto de conmoción se asemejarían a los otrora estados de sitio, que tuvieron "su origen en Francia para regir en las plazas y puestos militares que se encontraban asediados por el enemigo, contribuyendo así a una mayor eficacia en las acciones bélicas", y que luego se transfirieron "al plano civil a través de los conceptos de conmoción o perturbación interna" (Delfino de Palacios 1996, 76), como término que da cabida a otros tantos como la guerra, las agresiones armadas, las invasiones de territorio, la sedición, entre otros, recordándose una vez más que para que proceda la declaratoria estos hechos tienen que ser de una gravedad tal que sobrepasen al Derecho ordinario pues, en caso contrario, el estado de excepción carecería de justificación[157].

3. Los controles sobre el estado de excepción

El último artículo del Capítulo II del Título VIII de la CRBV es del siguiente tenor:

> Artículo 339. El Decreto que declare el estado de excepción, en el cual se regulará el ejercicio del derecho cuya garantía se restringe, será presentado, dentro de los ocho días si-

---

[157] Piénsese por ejemplo en el caso de una protesta en contra del Ejecutivo Nacional que derive en olas de saqueo o barricadas en vías públicas, pudiendo ambos hechos ser controlados por los cuerpos policiales y de seguridad en el control del orden público con base -entre otras- en la Ley Orgánica del Servicio de Policía y del Cuerpo de Policía Nacional, en G.O. n° 5.940 Extraordinario del 07-12-2009 y la Ley de Partidos Políticos, Reuniones Públicas y Manifestaciones, en G.O. n° 6.013 Extraordinario del 23-10-2010.

> guientes a su promulgación, a la Asamblea Nacional, o a la Comisión Delegada, para su consideración y aprobación, y a la Sala Constitucional del Tribunal Supremo de Justicia, para que se pronuncie sobre su constitucionalidad. El Decreto cumplirá con las exigencias, principios y garantías establecidos en el Pacto Internacional de Derechos Civiles y Políticos y en la Convención Americana sobre Derechos Humanos. El Presidente o Presidenta de la República podrá solicitar su prórroga por un plazo igual, y será revocado por el Ejecutivo Nacional o por la Asamblea Nacional o por su Comisión Delegada, antes del término señalado, al cesar las causas que lo motivaron.
> La declaratoria del estado de excepción no interrumpe el funcionamiento de los órganos del Poder Público.

Este artículo incorpora al Derecho de excepción venezolano cuatro disposiciones de interés en la materia y que pasamos a desarrollar de seguida englobadas bajo la idea de control como "uno de los postulados fundamentales del Estado de Derecho" que "[g]arantiza -al menos teóricamente- el respeto del principio de legalidad y resguarda derechos y libertades de los administrados frente a posibles abusos de la actividad estatal" (Avellaneda 1999, 9).

A tal efecto, nos referiremos al contenido mínimo de la declaratoria, el control político y el control jurídico de la declaratoria, las exigencias del Derecho internacional público, y la prórroga y revocatoria de la declaratoria del estado de excepción.

A. El contenido mínimo de la declaratoria

En primer lugar, como requisito del decreto, así como antes se pedía que fuese motivado y otros aspectos similares según vimos en el Capítulo II de esta investigación, ahora se señala que en el mismo ha de determinarse cómo queda regulado el derecho cuya garantía es restringida, en caso que el decreto en efecto restrinja alguna garantía.

Así, como señala la doctrina, "es en el propio texto del decreto de Estado de Excepción y no en los decretos con rango, fuerza y valor de ley que lo ejecuten, en donde 'se regulará el ejercicio del derecho cuya garantía se restringe'" (Herrera Orellana 2015, 81), por lo que:

> ...el decreto que declare el estado de excepción no puede limitarse a anunciar las medidas que el Poder Ejecutivo (...) puede tomar posteriormente a que se dicte dicho decreto, sino que su texto, debe contener las medidas para enfrentar la situación extraordinaria y las consecuentes restricciones a derechos, sin que sea posible que las medidas y restricciones a derechos se establezcan en actos estatales posteriores a la declaratoria del estado de excepción (García Soto 2020, 119).

De este modo, el decreto de excepción debe prever "en términos taxativos" cuáles garantías quedan restringidas, lo que opera como "una garantía para los ciudadanos, que consiste en crear una interdicción absoluta al Poder Ejecutivo, para que en el uso de sus facultades extraordinarias pueda afectar cualquier otra garantía que no esté expresamente enunciada en el decreto" (Peña Colmenares 2014, 109).

¿Qué pasaría entonces sí se determina que, por el curso de la anomalía que se enfrenta, se deben restringir otras garantías no previstas en el decreto original? Coincidimos con Peña Colmenares (2014, 110) en que en estos casos el Presidente de la República habría de dictar un nuevo estado de excepción ya que la reforma -autónoma o con ocasión de la prórroga- del anterior, o el aumento de las garantías restringidas por otros decretos en el marco de la excepción "debe reputarse inconstitucional" y "constituye una especie de fraude a la Constitución", independientemente de si tal medida es efectivamente requerida o no para hacer frente a la emergencia, dado que las nuevas restricciones se darían en abstracción del procedimiento y controles previstos por el constituyente.

Es por este motivo que, cuando el Presidente de la República dicta un estado de excepción, el mismo no se puede limitar a nombrar sin más las garantías que quedan restringidas o los artículos constitucionales que las prevén, como si de una autorización a su futura normación se tratase, sino que deberá regular con detalle cómo quedarán conformadas las mismas durante el régimen de excepción, tal como si se tratase de una ley, visto que los actos dictados en ejecución del decreto de excepción (que tiene rango y fuerza de ley, según veremos más adelante) tienen la connotación de actos administrativos y, por lo tanto, están vedados de regular derechos de modo general y abstracto[158].

Este criterio es compartido –entre otros– por Brewer-Carías (2020, 164–65) al asentar que:

> ...no es posible que el decreto ejecutivo "restrinja" una garantía constitucional pura y simplemente, sino que es indispensable que en el texto del mismo decreto se regule, en concreto, mediante normas, el ejercicio del derecho cuya garantía se restringe. Por ejemplo, si se restringe la libertad de tránsito, en el mismo decreto de restricción, que tiene entonces que tener contenido normativo, debe especificarse en qué consiste la restricción, estableciéndose, por ejemplo, la prohibición de circular a determinadas horas (toque de queda), o en determinados vehículos, o en determinadas zonas.
>
> ...es necesario e indispensable que el decreto establezca la normativa sustitutiva correspondiente que debe regir temporalmente durante el estado de excepción.

No obstante, hemos de mencionar que la precisión o extensión de esta regulación es un tema que no resulta del todo pacífico en el foro visto que, dado que las crisis se caracterizan por su imprevisibilidad, algunos autores apuntan que cuando la CRBV señala que "[e]l Decreto que declare el estado de excepción (...) regulará el ejercicio del derecho cuya garantía se restringe", el constituyente lo que pretende:

> ...es imponer al Ejecutivo la obligación de dictar las bases o lineamientos generales del referido ejercicio, siendo desa-

---

[158] Sobre la diferencia entre los decretos de excepción y los actos administrativos véase Araujo-Juárez (2024c, 60–62), quien plantea que si bien los primeros "son actos de la Administración en sentido amplio y, concretamente, del Poder ejecutivo, se trata de la existencia del ejercicio de la potestad legislativa en cabeza del Presidente de la República, en Consejo de Ministros, con el mismo valor de la ley y que, por esa circunstancia, son verdaderos actos legislativos en ejecución directa de la Constitución (...), mientras que el acto administrativo se dicta en ejecución directa de la ley, de carácter sublegal".

> rrolladas (...) complementariamente mediante decretos con fuerza de ley, es decir, con la misma fuerza que el decreto declaratorio del estado de excepción, pero sin poder contrariar ni a la ley ni al mencionado decreto, so pena de nulidad (Peña Colmenares 2014, 234).

En tanto, Casal Hernández (1999, 51) expone que aun cuando "el propio decreto debe prever el marco normativo básico al cual ha de ceñirse el Ejecutivo para adoptar medidas extraordinarias respecto del derecho afectado", ello "no implica la necesidad de una regulación pormenorizada, pero sí la determinación del tipo de medidas que pretenden ser adoptadas con fundamento en la declaratoria del estado de excepción, y de sus presupuestos fácticos" para lograr "un mínimo de seguridad jurídica".

Al respecto, somos de la opinión que la regulación del ejercicio a la que alude el constituyente debe entenderse en los términos más precisos posibles, tal como si se tratase y le sería exigido a una ley ordinaria, siendo posible que determinados aspectos quedaran pendientes de desarrollo por vía sublegal o reglamentaria, sin que por ello pueda plantearse una deslegalización de la excepción o que el decreto se convierta, en la práctica, en un *cheque en blanco*, para que las medidas vayan siendo adoptadas a lo largo de la vigencia del decreto en desmedro de la seguridad jurídica y la propia esfera de derechos de los individuos.

¿Qué ocurriría si el Presidente de la República obvia este requisito y dicta un estado de excepción con el que pretende restringir garantías sin la precisión necesaria, o con posterioridad a la declaratoria dicta actos adicionales –y sin rango y fuerza de ley, pues reiteramos que solo el decreto en el que consta la declaratoria tiene tal carácter– en los que procede a regular tales garantías?

En ambos casos adquiere especial relevancia el único aparte del artículo 339 constitucional que recoge una disposición que forma parte de nuestro ordenamiento jurídico desde la Constitución de los Estados Unidos Venezuela de 1936, según vimos en el Capítulo II, y que proscribe que el funcionamiento de los órganos del Poder Público se vea interrumpido por la declaratoria del estado de excepción.

De ahí que, por ejemplo, incluso luego de dicha declaratoria, el Poder Judicial puede –y debe– pronunciarse sobre la contrariedad a Derecho de los actos y actuaciones del Poder Ejecutivo; idea que reitera el último aparte del artículo 27 al disponer que el ejercicio del derecho de amparo "no puede ser afectado, en modo alguno, por la declaración del estado de excepción o de la restricción de garantías constitucionales".

En este sentido, la doctrina apunta que esa no interrupción se traduce en "la no suspensión del Estado de Derecho" (Herrera Orellana 2015, 81), en el entendido que el régimen de excepción "no excluye ni permite excluir a ningún órgano o agente del Estado del acatamiento debido al ordenamiento jurídico, así como tampoco exonera a las instituciones y sus titulares del eventual ejercicio de controles (...) sobre las decisiones adoptadas" (Rodríguez García 2020, 202).

Con motivo de lo anterior, independientemente que se trate de una legislación de urgencia, la declaración de un estado de excepción no faculta al Poder Ejecutivo Nacional para vulnerar la distribución del Poder Público en su connotación vertical (República, estados y municipios) u horizontal (Ejecutivo, Legislativo, Judicial, Ciudadano y Electoral), según se desprende del artículo 136 de la CRBV, por lo que este continuará operando con normalidad, ajustándose a las disposiciones del decreto y prestando su debida colaboración[159], sin que por ello deje de ejercer sus competencias y atribuciones regulares.

---

[159] *Cfr.* Fernández Toro (2018, 321–23), para quien la colaboración es "un principio de buen gobierno" que consiste en la obligación genérica, indeterminada y unilateral "de actuación en alguna materia, función o actividad determinada, bajo un procedimiento o manera expresamente prevista para ello", a fin de brindar "un apoyo, ayuda o auxilio, que tendrá un cumplimiento más o menos efectivo dependiendo de los términos en que el derecho positivo exija y garantice, en cada caso, de manera concreta y particular, el cumplimiento de dicha obligación". En resumen, concluye el autor, "el sentido de colaboración es el de que 'A'

Esta afirmación aplica, incluso, al Poder Legislativo Nacional ya que, aun cuando el "efecto fundamental" de esta declaratoria es que el "Poder Ejecutivo (...) acrecienta sus competencias a costa del Poder Legislativo, pues (...) ante la suspensión parcial de la garantía de la reserva legal, pasa a ejercer competencias de este a los fines de adoptar las medidas necesarias para encarar la crisis" (Peña Colmenares 2014, 37), el estado de excepción "no impide ni afecta las competencias legislativas ordinarias del Congreso" (Brewer-Carías 2014a, 161), por lo que este último podrá continuar ejerciendo sus funciones normativas, administrativas, jurisdiccionales, de control y políticas (Brewer-Carías 2014b, 207–20).

B. El control político y el control jurídico de la declaratoria

En segundo lugar, el artículo 339 de la CRBV somete el decreto que declara el estado de excepción a dos controles, entendidos estos como la:

> ...actividad por la cual un sujeto verifica que un acto o una conducta, realizada o por realizarse, se ajusta a las normas y principios del ordenamiento jurídico y a los criterios de oportunidad y conveniencia que deben respetarse para alcanzar los fines del Estado (Avellaneda 1999, 21).

Así, estos controles son: uno frente al Poder Legislativo Nacional, de carácter político, y otro frente al Poder Judicial, de carácter jurídico, como novedad de la Constitución de 1999. Venezuela se unió de este modo a Colombia y Ecuador como los únicos países de la región que poseen este control dual[160],

---

apoya a 'B' en algo que es de la competencia de este último, vale decir, que 'A' está obligado a apoyar a 'B' en lo que 'B' necesita".

160 Conforme al numeral 6 del artículo 214 y el parágrafo único del artículo 215 de la Constitución colombiana, luego de dictarse un estado de excepción o de emergencia, el Gobierno enviará a la Corte Constitucional, al día siguiente de su expedición, los decretos legislativos que dicte en uso de estas facultades para que ella decida sobre su constitucionalidad. Si el Gobierno no cumpliere con el deber de enviarlos, la Corte Constitucional aprehenderá de oficio y en forma inmediata su conocimiento. La Constitución de Ecuador contiene una disposición

siendo lo común que tal intervención recaiga únicamente en el Poder Legislativo[161]. Pero, ¿a qué se refiere cada control?

El control político es visto en el foro –en un sentido general– como la "función indeclinable del parlamentarismo democrático que, al utilizar un criterio de oportunidad política, produce una valoración subjetiva condicionante de la acción de gobierno al fijar las líneas de actuación que operarán como marco habilitante" (Alonso de Antonio y Alonso de Antonio 2000, 204) y, "[c]onsiderado como un aspecto de procedimiento constitucional, el control político también podría ser visto como un elemento de legitimidad" (Valadés 2007, 50).

Lo anterior, visto que es "dogma del constitucionalismo el que los Parlamentos representan de manera inmediata al pueblo" y "por su integración plural y por ser emanados de la voluntad inmediata del pueblo", se constituyen en "los censores natos de la actividad política de quienes conducen al Estado, y

---

similar pero solo si el decreto suspende las garantías ya que, conforme al numeral 8 del artículo 436, será competencia de la Corte Constitucional de ese país el "[e]fectuar de oficio y de modo inmediato el control de constitucionalidad de las declaratorias de los estados de excepción, cuando impliquen la suspensión de derechos constitucionales". *Cfr.* Nogueira Alcalá (2006, 187), quien apunta que en el caso colombiano, "[s]i bien la Corte ha establecido que el gobierno cuenta con un cierto margen de apreciación de los hechos, ella determina en cada caso, si concurren o no los presupuestos objetivos", y es una realidad que "[l]a Corte Constitucional en varias oportunidades ha declarado inconstitucionales estados de excepción".

161 *Cfr.* Constituciones de Argentina (art. 61) , Bolivia (art. 138 num. 1) , Chile (arts. 40 a 42) , Colombia (art. 212), Honduras (art. 187), Nicaragua (art. 138 num. 27 en concordancia con el art. 150 num. 9), República Dominicana (art. 266 num. 1) , Uruguay (art. 168 num. 17 en concordancia con el art. 31), Panamá (art. 55) y México (art. 29). Nótese que en algunos otros Estados de la región el Poder Ejecutivo solo da cuenta al Poder Legislativo de la declaratoria –casos de Cuba (art. 93 lit. "I"), Ecuador (art. 166) y Perú (art. 137)– o el decreto corresponde originalmente al Poder Legislativo, debiendo este aprobar el actuar del Poder Ejecutivo cuando el primero se encuentra en receso, como ocurre en Costa Rica (art. 121 num. 7 en concordancia con el art. 140 num. 4), El Salvador (art. 131 num. 27 en concordancia con el art. 167 nums. 5 y 6) y Paraguay (art. 288).

son los encargados, en primer término, de mantener a éstos en la defensa de los intereses y aspiraciones de la colectividad" (Tovar Tamayo 1983, 83), lo que puede alcanzarse a través de la imposición de sanciones, el obstáculo o impedimento de actividades y la declaratoria de responsabilidad de funcionarios públicos (Avellaneda 1999, 29).

De ahí que autores como Aragón Reyes (1988, 4) no escatimen en apuntar que "el control político se basa en la capacidad de una voluntad para fiscalizar e incluso imponerse a otra voluntad", hallándose el Parlamento como institución en una posición de supremacía sobre el Ejecutivo, ya que "[u]n control subjetivo (y en ese sentido no 'neutral' o 'imparcial') como es el control político sólo puede fundamentarse, pues, en la existencia de dicha relación".

Así, por lo que respecto a los estados de excepción, este control es llevado a cabo por la Asamblea Nacional –o, en su defecto, la Comisión Delegada[162]– "dentro de los ocho días siguientes de haberse dictado [el decreto] (...) para su consideración y aprobación" (art. 339 de la CRBV), a lo que la Exposición de Motivos agrega que la Asamblea Nacional "como instancia deliberante y representativa por excelencia de la soberanía popular, puede revocarlo si estima que las circunstancias invocadas no justifican la declaración de un estado de excepción o si considera que las medidas previstas para hacerle frente son excesivas".

Sobre ello volveremos más adelante al ahondar en el contenido de la LOEE, por lo que de momento bastará recordar, como vimos en el Capítulo II de este trabajo, que:

---

162 Según el artículo 195 de la CRBV, "[d]urante el receso de la Asamblea funcionará la Comisión Delegada integrada por el Presidente (...), los Vicepresidentes (...) y los Presidentes (...) de las Comisiones Permanentes". Nótese que, según el artículo 29 de la LOEE, la Comisión Delegada se pronunciará sobre el decreto solo si le es imposible, por las circunstancias del caso, convocar a una sesión extraordinaria de la Asamblea Nacional, dentro de las cuarenta y ocho horas luego de recibido el decreto o si, a la misma, no asiste la mayoría absoluta de los diputados.

> ...desde la Constitución de 1819 hasta la de 1901 se reguló en las disposiciones constitucionales, una participación del Congreso en todos aquellos casos en que situaciones excepcionales exigían adoptar determinadas medidas. A partir de la Constitución de 1904 se elimina toda intervención del Congreso en esta materia y sólo la de 1961 vuelve a restablecerla (Avellaneda 1999, 101).

En tanto, el control jurídico corresponde a la TSJ/SC que contará con el mismo plazo de ocho días para pronunciarse sobre su constitucionalidad (art. 339 de la CRBV), encontrándose adicionalmente que el numeral 6 del artículo 336 de dicho texto prevé que "[s]on atribuciones de la Sala Constitucional del Tribunal Supremo de Justicia: (...) 6. Revisar, en todo caso, aun de oficio, la constitucionalidad de los decretos que declaren estados de excepción dictados por el Presidente (...) de la República", en lo que la Exposición de Motivos calificó como un "control judicial automático" al "pronunciarse sobre la constitucionalidad o no del estado de excepción y de lo establecido en el decreto que lo declaró", siendo esta, además, "la única competencia que podrá ejercer de oficio la Sala Constitucional y ello por tratarse de la protección de los derechos humanos, razón por la cual se ha previsto expresamente en el texto constitucional", sin requerirse entonces que quien se considere afectado demande la inconstitucionalidad por vía de la acción popular (Sira Santana 2014).

En este sentido, y para evitar que por ejemplo se restrinjan garantías sin verdadero fundamento jurídico aunque se cuente con la anuencia de un Poder Legislativo de tendencia oficialista[163], este control versa sobre la determinación de la conformidad del decreto con los valores, principios y normas previstas

---

163 *Cfr.* Avellaneda (1999, 13), quien recuerda que "[e]l control parlamentario tiene una serie de escollas que vencer, entre los cuales hay que mencionar, en primer lugar, la actuación de los partidos políticos dentro del Parlamento. Cuando hay una vinculación partidista entre el Gobierno y la mayoría parlamentaria es posible que el Parlamento encuentre obstáculos para poner en marcha cualquier mecanismo de control y mucho más para imponer alguna sanción al Gobierno, ya que el partido político con la fuerza de su mayoría numérica lo impedirá".

en la CRBV para "evitar la vigencia y aplicación de normas inconstitucionales"; por lo que nos hallaríamos frente a un "control jurídico (...) que hace efectiva la supralegalidad como garantía de la supremacía constitucional" (Nogueira Alcalá 2006, 188 y 26)[164] y que no se limita a "la confrontación del acto objeto de revisión con las normas constitucionales contenidas en el texto fundamental", pues se extiende a los principios constitucionales tales como la proporcionalidad, racionalidad e interdicción de la arbitrariedad (Escudero León 2005, 91-94).

Esta concepción, que comparte la TSJ/SC[165], es profundizada por la doctrina al apuntar, por ejemplo, que dicha Sala "puede pronunciarse no sólo sobre la constitucionalidad de los decretos que declaren el estado de excepción, sino sobre la constitucionalidad del contenido de los mismos (...) conforme a lo dispuesto en los artículos 337 y siguientes de la Constitución", como sería el deber de verificar que el decreto contenga la necesaria regulación sobre el ejercicio del derecho cuya garantía se restringe (Brewer-Carías 2006b, 229), o que, al ser el decreto de estado de excepción "uno de los actos del Poder Público más delicados en la vida institucional del país", el ordenamiento jurídico "establece determinados requisitos de cons-

---

164 El autor recuerda que "[l]a supremacía constitucional es una calidad política de toda Constitución, en cuanto ella es un conjunto de reglas jurídicas que se tiene por fundamentales y esenciales para preservar la forma política del Estado, su sistema de valores y el sistema de fuentes formales del derecho", en el entendido que "[l]a Constitución asegura y garantiza los principios y reglas que determinan la convivencia en dicha sociedad política". Por ende, "las normas inferiores no pueden contradecirla".

165 TSJ/SC n° 302 del 16-03-2005 (caso: Magaly Josefina Trivison Brito y Miguel Ángel López Moros), donde afirmó que "el proceso relacionado con el control concentrado de la constitucionalidad deviene de la necesidad de que se revise el acto cuya inconstitucionalidad se denuncia, siendo un juicio que obra más por caracteres objetivos -estudio del acto respecto a la Constitución- que en defensa de la esfera de derechos subjetivos de los particulares. Ese control concentrado (...) otorga competencia a esta Sala (...) para dictar sentencias mero declarativas de congruencia o no con la Constitución, acordando (...) la constitucionalidad o no de los decretos que declaran estados de excepción".

titucionalidad que debe cumplir"[166], siendo justamente esos requisitos los que la Sala está llamada a revisar (García Soto 2015, 11-12).

Se observa entonces que el control del decreto que debe llevar a cabo la TSJ/SC no se limita a precisar si el decreto fue dictado por el Presidente de la República en Consejo de Ministros, sino que debe cerciorarse de que existan los presupuestos fácticos alegados por dicho mandatario como justificativo del decreto, y que el mismo cumplió con los principios de necesidad, proporcionalidad y temporalidad que rigen al Derecho de excepción, al comportar este control un juicio de existencia, de valor y de insuficiencia de las medidas ordinarias (Ramelli Arteaga 2003).

De ahí que pueda afirmarse que el control judicial no se ejerce únicamente sobre aspectos formales del decreto, sino que se adentra en su contenido y disposiciones a fin de conocer, objetivamente y por disposición de la Ley[167], si los mismos cumplen con las exigencias del texto constitucional, por lo que, para que la TSJ/SC declare la constitucionalidad de un estado de excepción, es necesario que ella realice un examen de hecho (presupuestos fácticos que fundamentan los estados de excepción según la motivación de los decretos) y de derecho (cumplimiento de los principios constitucionales y legales en la materia, así como cerciorarse que las restricciones de garantías operan sobre aquellas disponibles) y que los decretos se ajustan al marco normativo vigente, como sostiene la doctrina (Peña Colmenares 2016), sin que tampoco por ello el juez constitucional se extralimite en sus funciones y dé paso al llamado

---

166 Entre ellos: (i) que exista una circunstancia objetiva de gravedad que haga insuficiente los medios ordinarios que dispone el Estado, (ii) que las medidas adoptadas sean proporcionales y temporales, (iii) que el decreto regule el ejercicio del derecho cuya garantía se restringe y (iv) que solo se limiten aquellas que el ordenamiento jurídico permite.

167 *Cfr.* Nogueira Alcalá (2006, 27), para quien un control objetivado "significa que existe como parámetro de control un orden normativo constitucional preexistente, que la valoración del objeto sometido a control está basada en razones jurídicas y que el órgano es independiente, imparcial y calificado".

"activismo judicial" en el sentido que la Sala anule o imponga determinadas políticas -en este caso, de emergencia- a las ramas electas del Poder Público con base en interpretaciones contrarias al texto constitucional y la intención del constituyente, creando Derecho en vez de aplicarlo (Escudero León 2005, 119-31).

Al igual que con el control político, sobre el control jurídico volveremos más adelante al precisar lo que al respecto prevé la LOEE.

C. Las exigencias del Derecho internacional público

En tercer lugar, el artículo 339 de la CRBV exige que el decreto que declara el estado de excepción cumpla con el Derecho Internacional Público y, en particular, el PIDCP y la CADH en cuanto a los principios y garantías que ambos prevén en la materia, constitucionalizándose su contenido.

Así, en cuanto a los principios podemos apreciar que el PIDCP alude en el numeral 1 de su artículo 4 a los de necesidad ("...situaciones excepcionales que pongan en peligro la vida de la nación..."), proporcionalidad ("...adoptar disposiciones que, en la medida estrictamente limitada a las exigencias de la situación...") y temporalidad como una consecuencia de los dos anteriores, en adición a los principios de proclamación ("...cuya existencia haya sido proclamada oficialmente..."), igualdad y no discriminación ("...no entrañen discriminación alguna fundada únicamente en motivos de raza, color, sexo, idioma, religión u origen social") y compatibilidad con las obligaciones del Derecho internacional ("...siempre que tales disposiciones no sean incompatibles con las demás obligaciones que les impone el derecho internacional..."), y, en el numeral 3 del mismo artículo 4, el principio de notificación ("Todo Estado Parte en el presente Pacto que haga uso del derecho de suspensión deberá informar inmediatamente a los demás Estados Partes en el presente Pacto...").

En tanto, por lo que se refiere a las garantías, el PIDCP incluyó en el numeral 2 del artículo 4 un listado de garantías no restringibles conformado por el derecho a la vida (art. 6); la libertad de pensamiento, conciencia y religión (art. 18); no ser sometido a torturas ni penas o tratos crueles, inhumanos o degradantes (art. 7); no ser sometido a experimentos médicos o científicos sin haber dado libre consentimiento para ello (art. 7); no ser sometido a esclavitud o servidumbre (art. 8 nums. 1 y 2); no ser encarcelado por no cumplir una obligación contractual (art. 11); no ser condenado a una pena más grave en aplicación de una norma penal retroactiva (art. 15); y no ser reconocido como una persona ante la ley (art. 16).

Por interpretación a contrario, el PIDCP permitiría la restricción de las garantías referidas a la libertad personal (art. 9), el libre tránsito (art. 12), la no expulsión de extranjeros (art. 13), el debido proceso (art. 14), la inviolabilidad del domicilio y correspondencia (art. 17), la libertad de expresión (art. 19), el derecho de reunión pacífica (art. 21), el derecho de libre asociación (art. 22), la protección a la familia (art. 23), los derechos del niño a tener un nombre y nacionalidad (art. 24) y la participación política (art. 25).

De este modo, el PIDCP prevé una serie de límites a los estados de excepción que la doctrina califica como formales y materiales, versando los primeros sobre la proclamación de la restricción para evitar los estados *de facto* y el deber que tiene el Estado de notificar a los demás signatarios de las medidas implementadas, y los segundos sobre que debe tratarse de una amenaza excepcional y que las medidas adoptadas deben ser proporcionales, no causantes de discriminación y sobre garantías disponibles o limitables (Zovatto 1990, 88–101), siendo en definitiva la norma comentada del siguiente tenor:

> Artículo 4
> 1. En situaciones excepcionales que pongan en peligro la vida de la nación y cuya existencia haya sido proclamada oficialmente, los Estados Partes en el presente Pacto podrán adoptar disposiciones que, en la medida estrictamente limitada a las exigencias de la situación, suspendan las obligaciones contraídas en virtud de este Pacto, siempre que tales disposiciones no sean incompatibles con las demás obligaciones que les impone el derecho internacional y no entrañen dis-

> criminación alguna fundada únicamente en motivos de raza, color, sexo, idioma, religión u origen social.
> 2. La disposición precedente no autoriza suspensión alguna de los artículos 6, 7, 8 (párrafos 1 y 2), 11, 15, 16 y 18.
> 3. Todo Estado Parte en el presente Pacto que haga uso del derecho de suspensión deberá informar inmediatamente a los demás Estados Partes en el presente Pacto, por conducto del Secretario General de las Naciones Unidas, de las disposiciones cuya aplicación haya suspendido y de los motivos que hayan suscitado la suspensión. Se hará una nueva comunicación por el mismo conducto en la fecha en que se haya dado por terminada tal suspensión.

Este artículo, calificado por la Organización de las Naciones Unidas como uno de los de los "mayor importancia para el sistema de protección de los derechos humanos reconocidos en el Pacto" al "autoriza[r] a los Estados Partes a suspender unilateralmente y temporalmente algunas de las obligaciones que les incumben en virtud del Pacto" y "somete[r] tanto la adopción misma de la medida de suspensión, así como sus consecuencias materiales, a un régimen específico de salvaguardias" (ONU 2001, párr. 1), fue objeto de desarrollo por la Comisión de Derechos Humanos de dicha organización que, en 1984, adoptó los "Principios de Siracusa sobre la limitación y derogación de disposiciones del Pacto Internacional de Derechos Civiles y Políticos" (en lo sucesivo, Principios de Siracusa).

Estos Principios, entre otros aspectos de interés, versaron sobre la importancia de que (i) las restricciones de garantías se interpretaran –valga la cacofonía– en un sentido restringido; (ii) los gobiernos no actuaran de forma arbitraria ni instrumentalizaran el Derecho de excepción para perseguir fines ilegítimos; y que (iii) los Estados tienen la carga de la prueba en cuanto a la necesidad y proporcionalidad de las medidas que adoptan, siendo por ejemplo que "[l]as dificultades económicas por sí solas no pueden justificar las medidas de derogación" (Comisión de Derechos Humanos de las Naciones Unidas 1984).

Por su parte, cuando volteamos nuestra mirada a la CADH nos encontramos que ella, al igual que el PIDCP, también alude a una serie de principios y garantías que rigen durante el Derecho de excepción –y que en Venezuela se habrían constitucionalizado gracias a la letra del artículo 339 de la CRBV–, en parte dada la frecuencia con la que en la región se ha abusado de este Derecho y que sirvió de aliciente para que se determinaran límites precisos a los poderes extraordinarios en pro de la defensa de los derechos fundamentales, sin por ello obviar la importancia que tales poderes tienen para la defensa del orden constitucional (Faúndez Ledesma 1996, 31).

En este sentido, por lo que respecta a los principios hallamos de modo bastante similar al Pacto ya comentado que el numeral 1 de su artículo 27 incluye el de necesidad ("...caso de guerra, de peligro público o de otra emergencia que amenace la independencia o seguridad del Estado parte..."), proporcionalidad y temporalidad ("...disposiciones que, en la medida y por el tiempo estrictamente limitados a las exigencias de la situación..."), en adición al principio de igualdad y no discriminación ("....no entrañen discriminación alguna fundada en motivos de raza, color, sexo, idioma, religión u origen social"), de compatibilidad con las obligaciones del Derecho internacional ("...siempre que tales disposiciones no sean incompatibles con las demás obligaciones que les impone el derecho internacional..."), y de notificación ("Todo Estado parte que haga uso del derecho de suspensión deberá informar inmediatamente a los demás Estados Partes en la presente Convención..."), este último previsto en el numeral 3 del mismo artículo 27.

Finalmente, el numeral 2 del artículo comentado presenta un listado análogo al del PIDCP con la excepción que incluye –explícitamente– la protección a la familia (art. 17), el derecho al nombre (art. 18), los derechos del niño (art. 19), el derecho a la nacionalidad (art. 20) y los derechos políticos (art. 23)[168];

---

[168] Estos últimos incluye, de acuerdo con la CADH, el participar en la dirección de los asuntos públicos, directamente o por medio de representantes libremente elegidos; votar y ser elegidos en elecciones periódicas auténticas, realizadas por sufragio universal e igual y por voto secreto que garantice la libre expresión de la voluntad de los electores; y tener acceso, en condiciones generales de igualdad, a las funciones públicas de su país.

permitiéndose que se limiten -por interpretación a contrario- las garantías relativas a la libertad personal (art. 7), el debido proceso (art. 8), el derecho a la indemnización (art. 10), la protección de la honra y de la dignidad (art. 11), la libertad de expresión (art. 13), el derecho de rectificación o respuesta (art. 14), el derecho de reunión (art. 15), la libertad de asociación (art. 16), el derecho a la propiedad privada (art. 21) y el derecho de circulación y de residencia (art. 22), algunos de los cuales han sido objeto de comentarios por parte de la CorteIDH en sus casos contenciosos (Sira Santana 2019c, 647-58).

En todo caso, el artículo estudiado de la CADH es del siguiente tenor:

> Artículo 27. Suspensión de Garantías
> 1. En caso de guerra, de peligro público o de otra emergencia que amenace la independencia o seguridad del Estado parte, éste podrá adoptar disposiciones que, en la medida y por el tiempo estrictamente limitados a las exigencias de la situación, suspendan las obligaciones contraídas en virtud de esta Convención, siempre que tales disposiciones no sean incompatibles con las demás obligaciones que les impone el derecho internacional y no entrañen discriminación alguna fundada en motivos de raza, color, sexo, idioma, religión u origen social.
> 2. La disposición precedente no autoriza la suspensión de los derechos determinados en los siguientes artículos: 3 (Derecho al Reconocimiento de la Personalidad Jurídica); 4 (Derecho a la Vida); 5 (Derecho a la Integridad Personal); 6 (Prohibición de la Esclavitud y Servidumbre); 9 (Principio de Legalidad y de Retroactividad); 12 (Libertad de Conciencia y de Religión); 17 (Protección a la Familia); 18 (Derecho al Nombre); 19 (Derechos del Niño); 20 (Derecho a la Nacionalidad), y 23 (Derechos Políticos), ni de las garantías judiciales indispensables para la protección de tales derechos.
> 3. Todo Estado parte que haga uso del derecho de suspensión deberá informar inmediatamente a los demás Estados Partes en la presente Convención, por conducto del Secretario General de la Organización de los Estados Americanos, de las disposiciones cuya aplicación haya suspendido, de los

motivos que hayan suscitado la suspensión y de la fecha en que haya dado por terminada tal suspensión[169].

Es decir, que el artículo coincidiría con lo ya dicho de los límites formales y materiales de las declaratorias de estados de excepción en Venezuela[170], pudiendo agregarse que, aun cuando la redacción del artículo podría prestarse a confusiones al hablar de suspensión de obligaciones contraídas en virtud de la CADH, de derechos, y de garantías judiciales indispensables para la protección de tales derechos como si se tratase de equivalentes, la CorteIDH se ha pronunciado al respecto en su Opinión Consultiva OC-8/87 del 30-01-1987 precisando que "no se trata de una 'suspensión de garantías' en sentido absoluto, ni de la 'suspensión de los derechos' ya que siendo éstos consustanciales con la persona lo único que podría suspenderse o impedirse sería su pleno y efectivo ejercicio" (CorteIDH 1987b, párr. 18), tal como analizamos *supra* al referirnos a la medida de la restricción de garantías en el marco del Derecho de excepción.

D. La prórroga y revocatoria de la declaratoria

Finalmente, en cuarto lugar, el artículo 339 de la CRBV se refiere a la temporalidad de los decretos en cuanto a la posibilidad de su prórroga, complementando lo ya previsto en el artículo 338 *ejusdem* en el sentido que corresponde al Presidente solicitar la prórroga del decreto, la cual será aprobada por la Asamblea Nacional como parte del control político ya estudia-

---

169 Nótese al respecto que, de acuerdo con la Opinión Consultiva OC-3/83 del 08-09-1983 de la CorteIDH (1987a, párr. 61), "toda reserva destinada a permitir al Estado la suspensión de uno de esos derechos fundamentales, cuya derogación está en toda hipótesis prohibida, debe ser considerada como incompatible con el objeto y fin de la Convención y, en consecuencia, no autorizada por ésta".

170 Nótese que tales límites permanecen incólumes incluso luego de la denuncia de la CorteIDH por parte del Gobierno Nacional en el año 2012 dada la constitucionalización de su contenido en el artículo 339 de la CRBV y que, adicionalmente, dicha denuncia originó fue el "retiro" de Venezuela de la jurisdicción de la CorteIDH, y no de la Convención (Ayala Corao 2012; Ochoa Jiménez 2014).

do, y corresponde al Presidente de la República, la Asamblea Nacional o la Comisión Delegada revocar el estado de excepción una vez hayan cesado las causas que dieron lugar al mismo.

Estas prórrogas se encuentran sujetas a los mismos principios y límites estudiados para las declaratorias de excepción primigenias, que damos por reproducidos en este aparte, a la par que precisamos que el tema será traído a colación nuevamente cuando se aborde con mayor plenitud el principio de temporalidad, por ser este el que guarda mayor relación con las prórrogas y que, en la práctica, estas últimas pueden constituirse en un mecanismo para vulnerar al primero.

II. LA LEY ORGÁNICA SOBRE ESTADOS DE EXCEPCIÓN

Hemos dicho que el último aparte del artículo 338 de la CRBV estableció que "[u]na ley orgánica regulará los estados de excepción y determinará las medidas que pueden adoptarse con base en los mismos".

Esta ley fue sancionada el 19-08-2001 y promulgada el 15-08-2001, día en que también fue publicada en la G.O. n° 37.261, luego de que el Presidente de la República la hubiese regresado a la Asamblea Nacional el 28-12-2000 con base en lo previsto en el artículo 214 de la CRBV[171] al tener observaciones sobre los artículos 22, 30 y 32 aprobados por la Asamblea Nacional (Peña Colmenares 2014, 122), lo que dio lugar a que la Comisión Permanente de Defensa y Seguridad de este cuerpo elaborara un informe con fecha del 22-05-2001 en el que propuso levantar la sanción de los artículos indicados por el Presidente a fin de su modificación (art. 22[172] y 32[173]) y eliminación (art. 30[174]), tal como

---

171 El encabezado del artículo prevé: "El Presidente (...) de la República promulgará la ley dentro de los diez días siguientes a aquél en que la haya recibido. Dentro de ese lapso podrá, con acuerdo del Consejo de Ministros, solicitar a la Asamblea Nacional, mediante exposición razonada, que modifique alguna de las disposiciones de la ley o levante la sanción a toda la ley o parte de ella".

172 Su suprimió la obligación de publicar el decreto que declara la excepción "al día siguiente en que haya sido dictado" por "deberá ser publi-

fue aceptado por la plenaria (Comisión Permanente de Defensa y Seguridad de la Asamblea Nacional 2001).

De este modo, Venezuela se unió a otros países de la región como Chile, Colombia, Ecuador y Perú que han legislado en materia de estados de excepción según se aprecia –respectivamente– en la Ley Orgánica Constitucional sobre Estados de Excepción (Ley 18.415)[175], la Ley Estatutaria de Estados de Excepción (Ley 137/1994)[176], la Ley Orgánica de Seguridad Pública y del Estado[177], y la Ley que crea el Sistema Nacional de Gestión del Riesgo de Desastres (Ley N° 29.664) en concordancia con el Decreto Supremo que aprueba la Norma

---

cado en la Gaceta Oficial de la República Bolivariana de Venezuela y difundido en el más breve plazo por todos los medios de comunicación social, si fuera posible".

173 El primer aparte del artículo, que resultó eliminado, era del siguiente tenor: "Si la Asamblea Nacional modifica los términos del decreto, que declara el estado de excepción, de conformidad con lo previsto en el artículo 30 de la presente Ley, su Presidente remitirá dicho Acuerdo a la Sala Constitucional del Tribunal Supremo de Justicia dentro de las cuarenta y ocho horas siguientes a su adopción, a los fines de que ésta se pronuncie sobre su constitucionalidad, dentro del trámite iniciado para controlar el decreto modificado".

174 El texto era del siguiente tenor: "La Asamblea Nacional podrá modificar los términos del decreto, atendiendo las circunstancias del caso. No podrá sin embargo, establecer un régimen que implique mayores restricciones a las instituidas por el Ejecutivo Nacional. En este caso, el acuerdo de la Asamblea Nacional deberá contar con el voto favorable de las tres quintas parte de sus miembros. // Esta facultad no está atribuida a la Comisión Delegada de la Asamblea Nacional".

175 Nótese que la ley se sancionó durante la presidencia de Augusto Pinochet y fue adoptada por la Junta de Gobierno de la República de Chile en junio de 1985, reformándose en enero de 1990. Disponible en https://bcn.cl/2f6vs.

176 Publicada en el Diario Oficial n° 41.379 del 03-06-1994. Disponible en http://www.secretariasenado.gov.co/senado/basedoc/ley_0137_1994.html.

177 Nótese que la ley solo dedica su Título VI a los estados de excepción, refiriéndose el resto a situaciones de normalidad. Publicada en el Registro Oficial Suplemento n° 35 del 28-09-2009. Disponible en https://www.obraspublicas.gob.ec/wp-content/uploads/downloads/2021/08/LOTAIP_6_Ley-Organica-de-Seguridad-Publica-y-del-Estado-2021.pdf#.

Complementaria sobre la Declaratoria de Estado de Emergencia por Desastre o Peligro Inminente[178].

Lo anterior, aun cuando sectores de la doctrina han apuntado que “la existencia de una ley contraría el principio mismo de la excepcionalidad” ya que “la regulación de los estados de excepción es materia de reserva constitucional” y, en consecuencia, “la regulación de los estados de excepción, así como las medidas que pueden adoptarse con base en ellos, deberían estar claramente establecidas y delimitadas en la Constitución, siempre con un cierto margen de discrecionalidad: la suficiente para dar cabida a la ‘legislación de excepción’”, sin perjuicio de que “haya materias relativas al estado de excepción susceptibles de ser reguladas mediante ley” (C. Nikken 2002, 181–83).

En todo caso, independientemente de este criterio y al tratarse de una parte integrante del Derecho vigente que rige a los estados de excepción en el país desde que la ley fue publicada en Gaceta Oficial (art. 42 de la LOEE), pasamos a esbozar su contenido que, adelantamos, poco agrega a lo ya previsto por el constituyente visto que, en la mayoría de las ocasiones, el legislador se limitó a reiterar lo expuesto en cuanto a la definición del estado de excepción, sus tipos y controleS.

1. La definición del estado de excepción

El Título I de la LOEE se denomina “Del objeto, finalidad y principios rectores de los estados de excepción” y se divide en dos capítulos.

El primero de ellos, sobre el objeto y finalidad de la ley, cuenta con un solo artículo en el que se precisa que la razón de ser de esta ley es “regular los estados de excepción, en sus diferentes formas (...) así como, el ejercicio de los derechos que sean restringidos con la finalidad de restablecer la normalidad

---

[178] Disponibles, respectivamente, en https://www.gob.pe/institucion/indeci/informes-publicaciones/2370524-ley-n-29664-ley-del-sistema-nacional-de-gestion-del-riesgo-de-desastres-sinagerd y https://www.gob.pe/institucion/pcm/normas-legales/414829.

en el menor tiempo posible" (art. 1), constatándose en consecuencia el carácter instrumental del Derecho de excepción y su vinculación con los principios de eficiencia, eficacia y temporalidad a fin de evitar que la excepción pase a ser la regla.

A renglón seguido, en el Capítulo II de la ley denominado "De los principios rectores de los estados de excepción" y conformado por los artículos 2 al 7, el legislador copió la definición de tales estados apreciada en el artículo 337 de la CRBV, agregando que la declaración responde a "situaciones objetivas" (art. 2 de la LOEE), por lo que debe tratarse de verdaderas emergencias y no meros ardides del Presidente de la República para abstraerse del ordenamiento jurídico ordinario.

De seguida, el artículo 3 de la LOEE reitera que el decreto "no interrumpe el funcionamiento de los Poderes Públicos", como ya se dijo prevé el único aparte del artículo 339 de la CRBV, precisándose que tales poderes "deben además cooperar con el Ejecutivo Nacional a los fines de la realización de las medidas contenidas en dicho decreto", lo que no es sino aplicación del único aparte del artículo 136 conforme con el cual "[c]ada una de las ramas del Poder Público tiene sus funciones propias, pero los órganos a los que incumbe su ejercicio colaborarán entre sí en la realización de los fines del Estado".

Un tanto más desarrollo en la LOEE presentan los principios de proporcionalidad, temporalidad y necesidad, abordados respectivamente en los artículos 4 al 6 de la ley y que preceptúan que "[t]oda medida de excepción debe ser proporcional a la situación que se quiere afrontar en lo que respecta a gravedad, naturaleza y ámbito de aplicación", "[t]oda medida de excepción debe tener una duración limitada a las exigencias de la situación que se quiere afrontar, sin que tal medida pierda su carácter excepcional o de no permanencia" –esto, aun cuando la ley prevé la posibilidad de que el "Presidente de la República, en Consejo de Ministros, podrá ratificar las medidas que no impliquen la restricción de una garantía o de un derecho constitucional", como comentaremos más adelante– y "[e]l decreto que declare los estados de excepción será dictado en caso de estricta necesidad para solventar la situación de anormalidad, ampliando las facultades del Ejecutivo Nacional (...)".

Visto que sobre estos principios volveremos luego, de momento quedaría por decir que la LOEE, como vimos establece la CRBV, señala que en el marco de una declaratoria de excepción podrán restringirse temporalmente algunas garantías -a saber, las que no estén enlistadas en el artículo 7 de la LOEE[179], ni en la CRBV, el PIDCP ni la CADH, según vimos- y, en todo caso, la "ejecución, seguimiento, supervisión e inspección de las medidas que se adopten" debe darse de acuerdo con el Derecho, lo que atestigua lo señalo *supra* de que el Derecho de excepción no equivale a una negativa del Estado de Derecho.

Lo anterior, a pesar de que el artículo 21 de la LOEE señale que "[e]l decreto que declare el estado de excepción suspende temporalmente, en las leyes vigentes, los artículos incompatibles con las medidas dictadas en dicho decreto" -de ahí su carácter de ordenamiento jurídico paralelo, que mencionamos al inicio de esta investigación[180]- en tanto el artículo 22 *ejusdem* agregue que el decreto que declare el estado de excepción "tendrá rango y fuerza de Ley"[181], "entrará en vigencia una vez

---

179 El artículo se refiere a las garantías de los derechos a: (i) la vida, (ii) el reconocimiento a la personalidad jurídica, (iii) la protección de la familia, (iv) la igualdad ante la ley, (v) la nacionalidad, (vi) la libertad personal y la prohibición de práctica de desaparición forzada de personas, (vii) la integridad personal, física, psíquica y moral, (viii) no ser sometido a esclavitud o servidumbre, (ix) la libertad de pensamiento, conciencia y religión, (x) la legalidad y la irretroactividad de las leyes, especialmente de las leyes penales, (xi) el debido proceso, (xii) el amparo constitucional, (xiii) la participación, el sufragio y el acceso a la función pública, y (xiv) la información.

180 Nótese que esta idea es compartida por la doctrina, al apuntar que "[l]as medidas excepcionales que adoptan las autoridades con ocasión de esos sucesos no son cabalmente contrarias a las leyes ordinarias (contra legem), sino más bien actos ajenos a sus presupuestos fácticos (praeter legem) que reclaman para sí una normatividad propia: un derecho de excepción" (Casal Hernández 1999, 46).

181 *Cfr.* Rondón de Sansó (2006, 1005), para quien "[e]l hecho de que exista una ley sobre la materia, no hace que los decretos tengan rango sublegal, ya que todo el dispositivo básico que los regula se encuentra en la normativa constitucional, así la tipología, los efectos y los controles",

dictado por el Presidente de la República (...) y deberá ser publicado en la Gaceta Oficial (...) y difundido en el más breve plazo por todos los medios de comunicación social, si fuere posible", en lo que constituye una excepción del principio de publicidad normativa que no ha estado exenta de críticas.

Al respecto, autores como Brewer-Carías (2015b, 377) han catalogado al artículo 22 de la LOEE como inconstitucional pues "no puede establecerse que un Decreto que tiene 'rango y fuerza de Ley' pueda entrar en vigencia antes de su publicación", visto que, según el "artículo 215 de la Constitución, la ley sólo queda promulgada al publicarse con el correspondiente 'Cúmplase' en la Gaceta Oficial, disponiendo el Código Civil, en su artículo 1, que 'la Ley es obligatoria desde su publicación en la Gaceta Oficial'", no siendo tal publicación, en consecuencia, "una mera formalidad adicional de divulgación como parece derivarse del texto del artículo 22 de la Ley Orgánica".

En sentido similar, Leal (2003, 340) dice que este artículo "obviamente es inconstitucional, pues sólo una vez publicado puede tener valor legal", en tanto Peña Colmenares (2014, 135) expuso que debe abogarse porque "el momento cronológico de entrada en vigencia del decreto declaratorio del estado de excepción, es el momento o fecha de su publicación en la Gaceta Oficial", dado lo previsto en el artículo 215 de la CRBV y el principio de seguridad jurídica, "siendo la publicación [formal en G.O.] una condición de eficacia de la ley, debido a que es el acto que le otorga carácter vinculante tanto para las personas, como para los órganos de los Poderes Públicos", tratándose de una "norma (...) constitucional [que] no es susceptible de modificaciones por ningún tipo de normas de rango infraconstitucional, ni aun en casos extremos como por ejemplo en situaciones de guerra o de conflicto interno".

Una posición contraria plantea C. Nikken (2002, 184-85) al apuntar que "la sucesión de hechos que justifican el estado de excepción no se suspende hasta tanto entre en vigor el decreto

---

tratándose en consecuencia de un acto dictado en ejecución directa e inmediata de la Constitución.

que lo declare y que establezca las medidas necesarias para restablecer la normalidad", por lo que resulta incompatible con el Derecho de excepción profesar que "el decreto que declare el estado de excepción cobrará vigencia en el momento en que sea publicado en la gaceta oficial y que, en ningún caso, puede ser aplicado a hechos ocurridos con anterioridad a ello".

De este modo, la autora concluye que el decreto entra en vigencia al ser acordado, sin que por ello la publicación en gaceta quede "a la discrecionalidad del Presidente de la República", por lo que debe proceder a su difusión de manera inmediata y lo recomendable es que se publicase en la Gaceta Oficial al día siguiente de ser adoptado o tan pronto como sea posible.

Nos apegamos a la posición de esta última autora ya que somos de la opinión que circunscribir la vigencia del estado de excepción a su publicación en la Gaceta Oficial podría traer más inconvenientes que ventajas[182], motivo por el cual no resulta ilógico defender que el decreto entre en vigencia al ser dictado, debiendo procederse a su publicación inmediata o a la brevedad posible según las particularidades del caso.

Lo anterior, si bien también estamos conscientes de la ligereza con la que el Ejecutivo Nacional maneja el tema de las publicaciones oficiales en el país y cómo la Gaceta Oficial se ha convertido hoy en día en una fuente de inseguridad jurídica. Realidad de la que no ha escapado el Derecho de excepción según comentaremos más adelante (Sira Santana 2020b).

Finalmente, otro tema que se presta a discusión en esta materia es el referido al artículo 16 de la LOEE según el cual

---

182 Pensemos, por ejemplo, en el caso de un fuerte sismo que destruya -entre otros- la sede de la Imprenta Nacional o de una falla eléctrica nacional producto de un grave fenómeno natural o humano. En estos casos se habrían satisfecho los requisitos para declarar el estado de excepción y tomar las medidas que sean necesarias para solventar la crisis, pero el Ejecutivo Nacional no podría dar pie a estos correctivos hasta tanto se publicase el decreto en la gaceta oficial; aun cuando ello podría ser materialmente inviable por una circunstancia extraordinaria que, justamente, se desea enfrentar con el decreto de estado de excepción.

"[d]ecretado el estado de excepción, el Presidente de la República podrá delegar su ejecución, total o parcialmente, en los gobernadores (...), alcaldes (...), comandantes de guarnición o cualquier otra autoridad debidamente constituida, que el Ejecutivo Nacional designe".

Como sostuvimos en otra ocasión (Sira Santana 2017a, 54-60), este artículo fue objeto de una demanda de nulidad por inconstitucionalidad en el año 2002 basada en los principios de separación de poderes y la autonomía local y estatal que impedía la delegación al no existir una relación de dependencia o subordinación entre el delegante (Presidente de la República) y los delegados (gobernadores y alcaldes). Al respecto, la TSJ/SC expuso en su fallo n° 3567 del 06-12-2005 (caso: Javier Elechiguerra Naranjo y otros) que:

> Esta norma, prevé una genérica potestad del Ejecutivo Nacional para "delegar" en diversas autoridades la ejecución -total o parcial- del decreto de estado de excepción.
>
> En el marco de nuestro ordenamiento, esta figura no se compadece con la figura organizativa de la "delegación intersubjetiva" propia del Derecho Administrativo, regulada en el artículo 34 la Ley Orgánica de la Administración Pública (G.O. n° 37.305 del 17-10-01), pues no necesariamente existe una relación de inmediata inferioridad y dependencia entre el "órgano delegante" (Presidente de la República) y los "órganos delegados" (gobernadores y gobernadoras, alcaldes y alcaldesas, comandantes de guarnición o cualquier otra autoridad debidamente constituida). Tampoco guarda semejanza con alguna otra figura de esta índole acogida por nuestro ordenamiento jurídico-administrativo y por ello es necesario, antes que delatar su inconstitucionalidad, analizar con mayor profundidad sus alcances.
>
> Para ello, el estudio de la disposición recién transcrita debe abordarse en el plano en el que la misma se encuentra inserta: la legislación de urgencia, la cual puede ser definida como el ordenamiento jurídico confeccionado para enfrentar las causas que motivaron el régimen excepcional, comprendiendo tanto las formas y modalidades de restricción de garantías constitucionales, como las medidas indispensables para asegurar en el más inmediato plazo posible el retorno a la normalidad.

> ...
> Se trata, sin duda alguna, de una imprecisión por parte del Legislador el uso del verbo "delegar", en el sentido vinculado a la organización administrativa. En la ley comentada, tal vocablo abarca simplemente la potestad de atribuir a otro órgano, en el marco de sus competencias naturales, la ejecución de las medidas adoptadas bajo un régimen excepcional, en el entendido de que tal "delegación" garantiza una mayor eficacia en la implementación de las mismas.
> En el caso de los Gobernadores o Alcaldes, que preocupa con particular intensidad a los accionantes, debe desecharse de plano que la posibilidad que les sea encomendada la ejecución de cualquier medida amparada en el derecho de necesidad, les subordine en relación con el Poder Ejecutivo y, por tanto, menoscabe en forma alguna la autonomía que caracteriza a los órganos de los poderes públicos regionales o locales.
> Se trata de una relación de competencia: mientras el Presidente de la República, en Consejo de Ministros, dicta las normas para paliar una crisis en ciernes, ellos están en la obligación de asegurar su cumplimiento en atención a la naturaleza propia de sus funciones como jefes de gobierno en los niveles respectivos, en apego al principio de colaboración de poderes previsto en el artículo 136 dela [sic] Carta Magna.

En otras palabras, ante la contrariedad a Derecho del artículo 16 de la LOEE en el que se permite la delegación de la ejecución del decreto de estado de excepción en sujetos que no se encuentran en una relación de subordinación (delegación interorgánica) con el Presidente de la República, o son sus respectivos entes descentralizados funcionalmente (delegación intersubjetiva), la Sala optó por realizar una interpretación constitucionalizante del artículo (Brewer-Carías 2006a; Herrera Orellana 2008), visto que este se encontraba inserto en la "legislación de urgencia" y el uso del vocablo delegación se trataba de "una imprecisión por parte del Legislador"; motivo por el cual no había de dársele a este término su significado ordinario sino entenderse, simplemente, como "la potestad de atribuir a otro órgano, en el marco de sus competencias naturales, la ejecución de las medidas adoptadas bajo un régimen excepcional"[183].

Es decir, que se trata de una delegación que no es delegación, en la que aunque no hay una jerarquía entre el Presidente de la República y los alcaldes y gobernadores, estos últimos estarán obligados a asegurar el cumplimiento de lo decidido por el primero. Claro está, sin que ello, según la TSJ/SC, "menoscabe en forma alguna la autonomía que caracteriza a los órganos de los poderes públicos regionales o locales".

Coincidimos con la doctrina en que este artículo de la LOEE –así como el fallo de la TSJ/SC que declara su constitucionalidad– viola "los principios más elementales de la forma federal del Estado, conforme a los cuales los Gobernadores no son funcionarios dependientes ni subalternos del Presidente de la República, que son en los únicos que el mismo puede delegar atribuciones" y "[l]os actos de ejecución directa de la Constitución atribuidos al Presidente de la República (...) como los que implica dictar y ejecutar un decreto de excepción, son de su exclusiva responsabilidad y no son delegables" (Brewer-Carías 2015b, 386–88), agregándose que al no ser los gobernadores ni alcaldes "dependiente[s] jerárquicamente ni en modo alguno del Presidente de la República" encuentra aplicación "la disposición consagrada en el artículo 232 de la Constitución de 1999, según el cual 'la declaración de los estados de excepción no modifica el principio de la responsabilidad del Presidente de la República (...)'" (Pernía-Reyes 2015, 105).

---

183 Nótese la contradicción existente entre esta afirmación y lo dicho por la misma TSJ/SC en los fallos que declaran la nulidad parcial de diversas Constituciones estadales –citados al inicio de este Capítulo– en los que sostiene que "no es posible que una autoridad distinta al Presidente de la República en Consejo de Ministros, pueda asumir competencias relativas a la (...) gestión de los estados de excepción". Justamente, esa gestión es la que el artículo 16 de la LOEE permite delegar, y la Sala avala en el fallo comentado.

2. Los tipos de estados de excepción

Uno de los aspectos del Derecho de excepción que se presta a mayores ambigüedades en la CRBV es lo que concierne a la tipología de los estados de excepción y las medidas que pueden adoptarse en cada caso, según estudiamos *supra*.

El llamado del constituyente a la sanción de la LOEE podría hacer suponer que él estimó que la Constitución debía limitarse a brindar el marco del régimen de excepción y el legislador es a quien correspondía su precisión, como se observa también ocurre en las Constituciones de Bolivia, Chile, Colombia, Cuba, Guatemala, Honduras y Nicaragua (arts. 139; 44; 152 y 214 num. 2; 67; 139; 188; y 185, respectivamente), y lo comentado por la doctrina de que con la LOEE:

> Se trataba de adoptar el modelo histórico español de la existencia de una ley sobre los estados de excepción que precisara el alcance de tales poderes, una ley elaborada en tiempos de paz o normalidad, en el entendido de que dejar todo a una regulación constitucional necesariamente general, o a un decreto de suspensión o restricción de garantías concebido en medio de la emergencia, no es suficiente para proteger el Estado de Derecho y los derechos humanos (Casal Hernández 2007, 329).

No obstante, basta una revisión de la ley para constatar que este deseo no se materializó pues ella, lejos de precisar el alcance de los poderes y tipificar las situaciones excepcionales, se limitó a repetir lo dicho por el constituyente sin puntualizar cuáles medidas pueden tomarse en virtud de cada excepción.

Así, los artículos 8 y 9 de la LOEE reiteran la previsión constitucional sobre los estados de alarma agregando únicamente que ellos podrán decretarse "en todo o parte del territorio nacional", lo que no es sino aplicación del principio de proporcionalidad, y sin precisar si quiera a título enunciativo qué ha de entenderse por "catástrofes, calamidades públicas u otros acontecimientos similares", como términos usados tanto por el constituyente como el legislador.

Los artículos 10 a 12 de la LOEE, en tanto, hacen lo propio con el estado de emergencia económica respecto al cual tampoco se explica qué puede constituir una "circunstancia extraordinaria que afecte gravemente la vida económica de la Nación", limitándose el legislador a mencionar de modo general que este estado también podrá dictarse "en todo o parte del territorio nacional" y que el decreto en cuestión "dispondrá las medidas oportunas, destinadas a resolver satisfactoriamente la anormalidad o crisis e impedir la extensión de sus efectos", lo que resulta una característica común a todo estado de excepción.

Finalmente, los artículos 13 y 14 aluden respectivamente al estado de conmoción interior y exterior y se diferencian de los casos anteriores en que, además de reiterar lo previsto en el artículo 338 de la CRBV, el primero enuncia como "causas, entre otras, para declarar el estado de conmoción interior" a:

> ...todas aquellas circunstancias excepcionales que impliquen grandes perturbaciones del orden público interno y que signifiquen un notorio o inminente peligro para la estabilidad institucional, la convivencia ciudadana, la seguridad pública, el mantenimiento del orden libre y democrático, o cuando el funcionamiento de los Poderes Públicos esté interrumpido.

En tanto el segundo menciona como "causas, entre otras, para declarar el estado de conmoción exterior todas aquellas situaciones que impliquen una amenaza a la Nación, la integridad del territorio o la soberanía", tomándose en consecuencia "las medidas que se estimen convenientes, a fin de defender y asegurar los intereses, objetivos nacionales y la sobrevivencia de la República".

En este sentido, a pesar de que ambos listados se caracterizan por contener términos indeterminados, estimamos que la consagración es correcta ya que deja el campo suficientemente abierto para atender circunstancias determinadas que en caso de preverse un *numerus clausus* podrían quedar fuera de su ámbito de aplicación, haciendo nugatorio al Derecho de excepción, pero lo limita a fin de evitar que cualquier tipo de conmoción pueda dar pie a una declaratoria de este tipo.

De ahí que la declaratoria de un estado de excepción responda en gran medida a la casuística y, al no haber una predeterminación de supuestos concretos en los que la misma procede como otrora ocurría con las guerras civiles o las epidemias, por nombrar algunos casos, el control posterior sobre la declaratoria –político y jurídico, según vimos– adquiere mayor valía al ser el mecanismo que permitirá cerciorarnos que en efecto existe una situación objetiva que pone el vilo a la población, el Estado o sus instituciones, y que requiere de particulares medidas del Derecho de excepción para hacerles frente.

Lo anterior, visto que la indeterminación mencionada de la LOEE en cuanto a la tipología de los estados de excepción se aprecia a su vez en cuanto a las medidas que podrán adoptarse pues, lejos de prever medidas concretas para cada estado, la ley se limitó a enlistar una serie de "disposiciones comunes" en sus artículos 13 al 25 como lo son: (i) Limitar o racionar el uso de servicios o el consumo de artículos de primera necesidad, así como asegurar el abastecimiento de los mercados y el funcionamiento de los servicios y de los centros de producción (art. 19); (ii) Hacer erogaciones con cargo al Tesoro Nacional que no estén incluidas en la ley de presupuesto (art.20); (iii) Requisar los bienes propiedad de particulares que deban ser utilizados para restablecer la normalidad (arts. 24 y 25)[184]; y (iv) Ordenar la movilización de cualquier componente o de toda la Fuerza Armada Nacional (art. 23)[185].

---

[184] Según estos artículos, la requisición requiere la orden previa del Presidente de la República o la autoridad competente, debiendo expedirse su constancia inmediata. Una vez termine el estado de excepción habrán de restituirse los bienes junto a la indemnización a que haya lugar por concepto de su uso, pagándose el valor total del bien en caso que tal restitución no sea posible.

[185] El tema es desarrollado en el Decreto con Rango, Valor y Fuerza de Ley Orgánica de la Fuerza Armada Nacional Bolivariana que, entre otros, incluye como función de esta institución el participar en las operaciones que se originen como consecuencia de los estados de excepción (art. 4 num. 19), siendo competencia del Comando Estratégico Operacional y de los Comandos de las Regiones Estratégicas de Defensa Integral el control de los medios y recursos en coordinación con la autoridad civil correspondiente (arts. 39 num. 13 y 47 num. 8, respectivamente), así como de la milicia el ejercer acciones de defensa integral (art. 27 num. 2). De igual modo, resulta de interés el artículo 29 del De-

Ello, anotándose que tales medidas tienen un carácter meramente enunciativo pues, tal como prevé el artículo 15 de la LOEE, el Presidente de la República podrá, en Consejo de Ministros, "[d]ictar todas las medidas que estime convenientes", sean estas "de orden social, económico, político o ecológico". Artículo este que ha dado pie a que la doctrina exprese que:

> ...la formulación legislativa es tan general que las medidas a que alude pueden ser calificadas de innominadas, (...) al punto que la única parte reglada que se desprende del citado artículo 15 LOEE, es que el órgano competente para dictarlas es el Presidente de la República en Consejo de Ministros, en virtud de que la determinación del número y la clase de las medidas, queda a juicio de este.
>
> ...
>
> Esta forma de conferir esa competencia al Poder Ejecutivo resulta poco ortodoxa, (...) pues el Derecho comparado enseña que en aras de garantizar al máximo los derechos fundamentales, (...) la mejor técnica legislativa para lograr ese objetivo, consiste en especificar tanto el número y clase de todas las medidas (nominadas), que pueden ser dictadas por el Poder Ejecutivo, e inclusive se suele establecer para cada una de las modalidades de estados de excepción determinadas clases de medidas, como ocurre en los ordenamientos español y colombiano entre otros (Peña Colmenares 2014, 250-51).

En otras palabras, la LOEE reafirma que el Presidente de la República cuenta con una amplísima discrecionalidad para determinar qué medida dictar en cada estado de excepción, sin que el legislador ni el constituyente le hayan puesto cotas más allá de las que derivan de los principios en la materia, sujetos

---

creto con Rango, Valor y Fuerza de Ley Orgánica de Seguridad de la Nación según el cual "[l]a movilización de la Fuerza Armada Nacional se regirá por las disposiciones que sobre ella establezca la ley, sin que sea necesario decretar el estado de excepción" y el artículo 53 de la Ley para el Desarme y Control de Armas y Municiones que prevé que "[b]ajo las circunstancias de movilización decretadas de conformidad con la ley, la Fuerza Armada Nacional Bolivariana podrá requisar todas las armas de fuego existentes en el país". Esta última publicada en Gaceta Oficial n° 40.190 del 17-06-2013.

en la mayoría de los casos a la interpretación de la fuerza política dominante.

Esta realidad constituye una afrenta en contra de los individuos ya que sus derechos fundamentales y garantías se hacen depender del mandatario de turno producto de la declaratoria de excepción y su eventual control posterior, siendo que hasta tanto este no ocurra dicho particular verá mermados sus derechos y se acrecienta el riesgo que el Derecho de excepción sea usado para fines contrarios a su verdadera finalidad al estar en manos de la sola buena voluntad del gobernante, en lo que nos hace recordar la célebre frase de Madison (2003, 319) en *El Federalista n° 51*, según la cual: "si los ángeles gobernaran a los hombres, no serían necesarios ni controles externos ni internos sobre el gobierno. Al formular un gobierno que debe ser administrado por hombres sobre hombres, la gran dificultad radica en esto: (...) obligarlo a controlarse" (traducción nuestra).

De ahí que en la Constituciones de Venezuela pasadas, como tuvimos oportunidad de estudiar en el Capítulo II, se encontrasen casos como el artículo 118 de la Constitución de 1830 –calificado por la doctrina, según citamos *supra*, como "uno de nuestros mejores modelos constitucionales" (Casal Hernández 1993, 89)– en el que se enumeró de forma taxativamente las atribuciones que podía ejercer el Presidente de la República en virtud de la declaratoria de conmoción interior o invasión exterior, entre las que se hallaba el llamado de la milicia nacional, exigir anticipadamente el pago de tributos y conceder amnistías.

Así, también, se aprecia en el Derecho comparado en la Ley 137/1994 que regula los estados de excepción en Colombia y que prevé que según se trate de un estado de guerra exterior, de conmoción interior o emergencia económica, social y ecológica serán las medidas que el Presidente de la República puede adoptar, encontrándose como ejemplos en el primer caso restricciones a la propiedad, información, circulación y residencia; en el segundo restricciones a las reuniones y manifestaciones, la aprensión preventiva y el uso de servicios o consumos de primera necesidad; y en el tercero establecer nuevos tributos o modificar los existentes. Ello, aun cuando a nivel constitucional se aprecia que la región latinoamericana coincide con el sistema venezolano de que una vez se decreta el estado de excepción, el mandatario puede adoptar cualquier medida que se estime como necesaria independientemente del tipo de estado que haya dictado[186].

En todo caso, llama la atención que de acuerdo con la LOEE, independientemente de cuál sea la medida que adopte el Presidente de la República, "toda persona natural o jurídica, de carácter público o privado" queda "obligada a cooperar con las autoridades competentes para la protección de personas, bienes y lugares, pudiendo imponerles servicios extraordinarios por su duración o por su naturaleza, con la correspondiente indemnización de ser el caso" (art. 17), previéndose a su vez que "[e]l incumplimiento o la resistencia a la obligación de cooperar (...) será sancionado con arreglo a lo dispuesto en las respectivas leyes", aun cuando la LOEE solo prevé como sanción que si la omisión proviene de un funcionario público este podrá ser suspendido de forma inmediata de su cargo, debiendo salvaguardase las garantías respectivas si se trata de una autoridad electa por voluntad popular (art. 18).

Al respecto, nos hacemos eco de la doctrina cuando afirma que "la ley no establece régimen especial de responsabilidad

---

186 Como sostuvimos en otra ocasión (Sira Santana 2017a, 74-80), al estudiar las Constituciones latinoamericanas se aprecian los siguientes grupos: (i) Constituciones que no especifican las medidas que pueden adoptarse en un estado de excepción: Cuba, Guatemala y México; (ii) Constituciones que solo señalan, de modo general, las garantías que podrán o no suspenderse o restringirse como medida a adoptar en un estado de excepción: Argentina, Bolivia, Costa Rica, El Salvador, Honduras, Nicaragua, Panamá, Paraguay, Uruguay y Venezuela; (iii) Constituciones que en adición a las garantías que podrán o no suspenderse o restringirse en un estado de excepción, estipulan, de modo general, otras medidas que podrán tomarse: Ecuador; y (iv) Constituciones que especifican las medidas que pueden adoptarse según el estado de excepción que se haya dictado: Chile, Colombia, Perú y República Dominicana.

alguno, respecto de las autoridades, ni de los ciudadanos" (C. Nikken 2002, 196-97), ya que el binomio infracción-sanción propio del Derecho sancionatorio y manifestación del principio de tipicidad se halla incompleto en la ley, en el entendido que la sanción no puede estudiarse sola sino junto a la infracción que la genera, por lo que no existirá una infracción sin una sanción ni viceversa, so pena que la norma resulte inaplicable (Carretero Pérez y Carretero Sánchez 1995, 174), tal y como es este caso.

Lo anterior, si bien existe la posibilidad de que, al tener el decreto que declara el estado de excepción rango y fuerza de ley, el mismo incorpore en su contenido gravámenes (sanción) por el incumplimiento de su previsiones (infracción), siendo que en ese caso el binomio si estaría consagrado a nivel legislativo y podría discutirse es si el principio de legalidad exige que dicha regulación derive de una ley formal o no, que es un tema que rebasa nuestro objeto de estudio y ha sido estudiado por la doctrina en relación con los decretos con rango, valor y fuerza de ley en general (Moles Caubet 1972; Silva Bocaney 2019).

3. Los controles sobre el estado de excepción

La LOEE dedica su Título IV a los controles que el resto del Poder Público debe ejercer sobre las declaratorias de estados de excepción que devengan del Presidente de la República, distinguiendo entre el control por parte de la Asamblea Nacional (Capítulo I) y el control por parte del Tribunal Supremo de Justicia (Capítulo II).

De seguida formularemos algunos comentarios sobre cada uno de estos controles, basados en las aproximaciones que efectuamos en otra oportunidad, comenzando por el control político para luego dar paso al control jurídico.

A. El control político

Hemos dicho que, de acuerdo con el artículo 339 de la CRBV, el decreto que declare el estado de excepción debe presentarse a la Asamblea Nacional -o a la Comisión Delegada si la primera se encuentra en receso y resulta imposible que sesione– dentro de los ocho días siguientes a su promulgación para que esta considere su contenido y decida sobre su aprobación.

Este control, que tiene naturaleza política, es desarrollado en los artículos 26 a 30 de la LOEE, en los que se agregan como aspectos de interés que:

i. La Asamblea Nacional podrá pronunciarse de oficio si el Presidente de la República no realiza la remisión comentada, en tanto la Comisión Delegada podrá hacer lo propio solo si le resulta imposible convocar una sesión extraordinaria de la Asamblea Nacional, dentro de las cuarenta y ocho horas de haberse hecho público el decreto o si a la misma no concurre la mayoría absoluta de los diputados.

ii. La aprobación del decreto requiere de la mayoría absoluta –es decir, el 50 % más uno– de los diputados presentes en la "sesión especial que se realizará sin previa convocatoria, dentro de las cuarenta y ocho horas de haberse hecho público el decreto".

iii. "Si por caso fortuito o fuerza mayor la Asamblea Nacional no se pronunciare dentro de los ocho días continuos siguientes a la recepción del decreto, éste se entenderá aprobado", en lo que constituye uno de los pocos ejemplos de la ficción del silencio positivo en nuestro ordenamiento, que huelga decir no está exento de críticas[187].

iv. Tal como ocurre con el decreto de declaratoria de excepción, el acuerdo de la Asamblea Nacional también entra en vigencia de forma inmediata, requiriéndose su difusión y publicación en la Gaceta Oficial a la brevedad posible.

---

187 *Cfr.* C. Nikken (2002, 190), quien expone que "no es posible admitir que el legislativo pueda, sin tomar una decisión al respecto, prorrogar un estado de excepción que considera inoportuno o inconveniente –si no, no se explicaría su silencio–, y en definitiva delegar esa decisión en la Sala Constitucional del Tribunal Supremo de Justicia".

v. En adición al decreto que declara la excepción y el decreto de prórroga, se prevé que la Asamblea también debe aprobar "los decretos mediante los cuales se solicite (...) aumento del número de garantías restringidas", dejando entrever la posibilidad de que el Presidente de la República, en el marco de un estado de excepción, proceda a su modificación, como supuesto no previsto en la CRBV y que, como bien expone la doctrina, "infringe los artículos 337 y 338 de la Constitución (...) porque (...) no está contemplado (...) ni expresa ni implícitamente, en esos preceptos que aluden exclusivamente al decreto declaratorio de los estados de excepción y al decreto de solicitud de prórroga de este", de lo que deriva, de acuerdo con la CRBV, que existe "una interdicción absoluta al Poder Ejecutivo, para que en el uso de sus facultades extraordinarias pueda afectar cualquier otra garantía que no esté expresamente enunciada en el decreto" (Peña Colmenares 2014, 109), según detalláramos *supra*.

Precisado lo anterior, nos interesa hacer dos comentarios sobre el control político con base en lo ya expuesto en otra obra nuestra y a cuya lectura remitimos de desearse profundizar sobre lo aquí dicho (Sira Santana 2017a, 106–25):

En primer lugar, ante la interrogante de cuál es el lapso con el que cuenta la Asamblea Nacional para pronunciarse sobre la declaratoria de excepción dada las diferencias que hallamos en el artículo 339 de la CRBV y los artículos 26 y 27 de la LOEE en cuanto a los lapsos y momentos en que inicia el cómputo del mismo y que dan pie a la pregunta de si la Asamblea Nacional puede pronunciarse sobre el decreto solo en las cuarenta y ocho horas siguientes a su publicación o en los ocho días siguientes a su recepción, somos de la opinión que debe imperar la segunda interpretación.

Lo anterior, porque carecería de sentido sostener que la Asamblea Nacional puede pronunciarse sobre el estado de excepción solo dentro de los dos días siguientes a su publicación, pero sí han pasado ocho días y existe fuerza mayor o caso fortuito el decreto se entenderá aprobado. Es decir, de aceptarse que la Asamblea Nacional solo puede aprobar o no el decreto en los dos días siguientes a su publicación, no habría necesidad de una disposición que indicase que sí han pasado ocho días y ella no se ha pronunciado, el decreto se tendrá por aprobado.

Así, partiendo de que el Legislador ha de ser racional (Nino 1989, 85-101; González Carvajal y Zorzetto 2015), podría sostenerse que en atención a la urgencia que caracteriza al Derecho de excepción, una vez dictado el decreto, el Presidente de la República deberá remitirlo a la Asamblea Nacional conforme al lapso acordado por el constituyente. No obstante, si la publicación en Gaceta Oficial ocurre antes de tal presentación[188], la Asamblea Nacional celebrará una sesión extraordinaria, en las cuarenta y ocho siguientes, en la que se dará inicio a la consideración del decreto, contando dicha institución con ocho días para decidir sobre su aprobación so pena que, salvo que exista un caso fortuito o fuerza mayor, el decreto se entienda improbado.

Esta interpretación coincidiría con lo que sostuvo la propia Asamblea Nacional cuando, al demandarse la nulidad por inconstitucionalidad del artículo 27 de la LOEE, sus apoderados judiciales manifestaron que "la convocatoria [a la sesión] la establece la misma ley impugnada al indicar, en su artículo 27, que ésta tendrá lugar 'dentro de las cuarenta y ocho [después] de haberse hecho público el decreto', esto es, haberse publicado en la Gaceta Oficial", contando la Asamblea Nacional con "un plazo de ocho días continuos siguientes a la recepción del decreto para su pronunciamiento, lo que también posibilitaría la mayor presencia de los diputados que habrán de pronun-

---

188 Se hace la salvedad que se está consciente de los problemas que este planteamiento podría generar dada la práctica, cada vez más común, de publicar gacetas oficiales con fechas anteriores a las reales (Sira Santana 2020b).

ciarse para el caso de que la sesión especial no se hubiere realizado"[189].

No obstante, en esa oportunidad la Sala Constitucional no ahondó sobre este último planteamiento y se limitó a asentar que:

> ...la sesión parlamentaria con miras a aprobar o improbar el decreto de estado de excepción de que se trate, debe efectuarse dentro de las cuarenta y ocho (48) horas siguientes de haberse hecho público éste. Tal publicidad, se adquiere a través de su divulgación en la Gaceta Oficial.

Concluyendo que el artículo 27 de la LOEE:

> ...permite inferir que la oportunidad de la referida sesión de la Asamblea Nacional, se haya razonablemente precisada por el Legislador, entre el momento en que tenga lugar la publicación del decreto que establezca el régimen excepcional respectivo y las cuarenta y ocho horas siguientes a aquél.

Este tema fue retomado por la TSJ/SC en el año 2016[190], gracias a una solicitud de interpretación constitucional "sobre el alcance, particulares y consecuencias del artículo 339 en concatenación con el artículo 136 de la Constitución de la República (...), además de los artículos 27 y 34 [rectius: 33] de la Ley Orgánica sobre los [sic] Estados de Excepción", presentada por miembros de diversos consejos comunales. En este fallo, la Sala determinó que:

> Ciertamente, el lapso máximo para su decisión es de ocho (8) días, pero para que la Asamblea pueda pronunciarse con posterioridad a las 48 horas indicadas en el párrafo inicial del artículo 27, debe cumplirse con la realización de la sesión especial, que además solo puede tratar ese único objeto -artículo 59 del Reglamento Interior y de Debates de la Asamblea Nacional- y, de ser necesario, acordar una prórroga debidamente justificada para considerar el decreto con posterioridad al aludido lapso, pero dentro de los ocho (8) días, salvo caso fortuito o fuerza mayor (artículo 27 *in fine*).

---

189 TSJ/SC n° 3567/2005, ya citado.

190 TSJ/SC n° 7 del 11-02-2016 (caso: Hernán Toro y otros).

> Tal interpretación es lógica y congruente, pues de lo contrario estaríamos en presencia de una antinomia al interior del citado artículo 27.

Conforme a este criterio de la TSJ/SC -reiterado, entre otros, en fallo n° 411 del 19-05-2016 (caso: Nicolás Maduro Moros)- el lapso de ocho días para que la Asamblea Nacional apruebe o no el decreto solo se abrirá si ella celebró la sesión extraordinaria que prevé el artículo 27 de la LOEE en las cuarenta y ocho horas siguientes a la publicación de la declaratoria, pues, de lo contrario operará el silencio positivo, independientemente que no hayan transcurrido los ocho días indicados por el Legislador para que ello ocurra ni exista caso fortuito o fuerza mayor.

Esa es la interpretación "lógica y congruente" dada por la Sala que, como se puede apreciar, se aparta claramente del artículo interpretado -y del resto de la normativa citada- que solo estipula el silencio positivo en caso que no haya pronunciamiento por parte de la Asamblea Nacional luego de transcurrido ocho días desde la presentación del decreto, y exista una causa extraña no imputable[191].

En tanto, por lo que se refiere al segundo comentario, tenemos que antes del año 2016 no generaba mayor duda el hecho que si la Asamblea Nacional se pronunciaba a favor de un decreto de excepción este seguiría vigente y, si por el contrario, se pronuncia en contra, este quedaba sin efectos, dada la función del control político de buscar "el equilibrio entre las prerrogativas parlamentarias y la libertad de acción del Gobierno" (Tovar Tamayo 1983, 83)[192].

---

191 Es prudente acotar que este fallo se originó luego del cambio de fuerzas políticas en la Asamblea Nacional que provocó lo que en el foro se ha denominado "guerra de poderes" (Brewer-Carías 2016a).

192 *Cfr.* Brewer-Carías (2016a, 203), para quien"[l]a Constitución le atribuyó en esta forma al órgano parlamentario la potestad de control político sobre los decretos de estado de excepción, asignándole el poder de aprobarlos, y por supuesto de improbarlos. Cuando la Constitución dispone que el decreto se remita a la Asamblea 'para su consideración y aprobación' es por supuesto para su consideración, y como derivado

Tal es la importancia de este control que la LOEE precisó que, si la Asamblea Nacional o la Comisión Delegada desaprobaban el decreto de estado de excepción o negaban su prórroga, la TSJ/SC debía abstenerse de ejercer el control jurídico por motivos de eficacia y declarar extinguida la instancia (artículo 33)[193].

Sin embargo, apartándose de este criterio doctrinal y normativo, la TSJ/SC procedió en el fallo n° 7/2016 –ya citado– a resolver que:

> El control político de la Asamblea Nacional sobre los decretos que declaran estados de excepción no afecta la legitimidad, validez, vigencia y eficacia jurídica de los mismos; y el Texto Fundamental prevé de forma expresa que la Asamblea Nacional puede revocar la prórroga del decreto de estado de excepción, antes del término señalado, al cesar las causas que lo motivaron, actuación que pudiera ser objeto de control de la constitucionalidad por parte de esta Sala, sea, por ejemplo, como acción en ejecución directa e inmediata de la Constitución o como controversia constitucional entre poderes públicos.

No siendo esta la ocasión para analizar las falacias en las que incurrió este fallo, nos limitaremos a reiterar lo dicho en

---

de ello, para su aprobación o improbación. De lo contrario no sería control alguno, sino una simple rúbrica".

193 El artículo recoge lo previsto en la Exposición de Motivos de la CRBV según la cual, "la Sala Constitucional (...) habrá de pronunciarse sobre la constitucionalidad o no del estado de excepción y de lo establecido en el decreto que lo declaró, a menos que la Asamblea Nacional, o la Comisión Delegada, haya revocado previamente ese decreto". Nótese que aun cuando para un sector de la doctrina este artículo "puede considerarse como inconstitucional pues establece una limitación al ejercicio de sus poderes de revisión por la Sala, no autorizada en la Constitución. La revisión, aún de oficio, del decreto de estado de excepción puede realizarse por la Sala Constitucional, independientemente de que la Asamblea Nacional haya negado su aprobación" (Brewer-Carías 2007, 527-28), somos de la opinión que el artículo es una disposición racional en el sentido que tiende a la economía y celeridad procesal, evitando que el Poder Judicial emita un pronunciamiento que carezca de valor por versar sobre un decreto cuyos efectos cesaron con motivo de la decisión del Parlamento de improbarlo.

otra oportunidad de que "escapa a toda lógica que este cuerpo [la Asamblea Nacional] únicamente pudiera aprobar el decreto ya que ello equivaldría a negar la propia existencia de control que (...) se traduciría en una simple notificación, como se vio ocurre en Cuba, Ecuador y Perú" (Sira Santana 2017a, 119), siendo lo correcto que "el decreto de estado de excepción pod[r]ía ser rechazado por la Asamblea, negándole su aprobación; de eso se trata el control político" (Brewer-Carías 2016b, 300).

Estos argumentos son compartidos por la mayoría de la doctrina que, por ejemplo, asienta que aun cuando la CRBV faculta al Presidente de la República para dictar en Consejo de Ministros el decreto por medio del cual se declara la excepción:

> ...prescribe su remisión a la Asamblea Nacional, la cual, como instancia deliberante y representativa por excelencia de la soberanía popular, puede revocarlo si estima que las circunstancias invocadas no justifican la declaración de un estado de excepción o si considera que las medidas previstas para hacerle frente son excesivas (Arismendi 2008, II:870).

Líneas dentro de las que también se mueve Urbina Mendoza (2016, 53-54) cuando expresa que "[s]i se revisa con cuidado los verbos empleados por el constituyente, es claro en atribuirle también a la Asamblea Nacional la capacidad de evaluar las situaciones fácticas evidentes y las subyacentes que dieron pie al Decreto presidencial", por lo que "ambos [Ejecutivo y Legislativo], en estos casos co-gobiernan pues 'considerar', implica ponderar la realidad, inclusive, empleando móviles irracionales más no desproporcionados ni contrarios a los principios y valores que nos caracterizan como sociedad (ethos)"; a lo que podemos sumar las opiniones expresadas en relación con la Constitución de 1947 -que establecía que el decreto "será sometido al Congreso Nacional"[194]- y de 1961, que aludía a la

---

194 *Cfr.* Planchart Manrique (1985, 25), al exponer que "[l]a Constitución de 1947 estableció el régimen por el cual, la suspensión de garantías y derechos continuaba siendo potestad del Ejecutivo, pero dictado el Decreto, aunque entraba de inmediato en vigencia, era enviado al Congreso para su consideración y este podía rechazarlo, caso en el cual

"consideración de las Cámaras" siendo ejemplo de ello lo dicho por Casal Hernández (1993, 100) –al apuntar que "[a]unque la Constitución no indique explícitamente los efectos que se derivarían de una opinión negativa del Congreso a la declaración del estado de emergencia, resulta lógico pensar que ello implicaría la cesación de los efectos de tal declaración"– y Ayala Corao (1986, 33), cuando sostiene que si bien el Presidente de la República "posee una amplia facultad discrecional" al momento de restringir garantías, el decreto deberá someterse a la consideración del Poder Legislativo siendo que "el término 'consideración' debe entenderse, para su aprobación o desaprobación, en virtud de la gravedad que implica el acto"[195].

Lo anterior, a pesar de que existían posiciones en contra como se desprende de lo dicho por Andueza (1982, 18) al señalar que "[l]a declaración del estado de emergencia internacional debe ser sometida a la consideración de las Cámaras en sesión conjunta o de la Comisión Delegada", aun cuando "[n]o dice la Constitución venezolana a qué fines se somete a consideración".

Así, visto que el decreto "comienza a producir sus efectos jurídicos a partir de su publicación", el autor manifestó que "la consideración (...) no puede tener por finalidad la aprobación o la autorización del decreto porque éste es constitucionalmente perfecto desde su promulgación". En tal sentido, "[l]a remisión del decreto al Congreso se hace con el fin de informarlo para que éste colabore con el Ejecutivo Nacional para enfrentar con

---

quedaba sin efectos". Posición contraria manifestó Pérez Luciani (1980, 26) cuando sostuvo que en el Presidente de la República podía restringir o suspender garantías "con la única limitación, más de control teórico que práctico, de someter el Decreto de suspensión o restricción al Congreso Nacional o a la Comisión Delegada, con una finalidad informativa".

195 El autor agrega que, durante la vigencia de la Constitución de 1961, "[e]ste Decreto, en cuanto a la apreciación de los motivos para ser dictado no parece estar sometido al control jurisdiccional de la constitucionalidad. Es un acto típicamente político, sometido, por tanto, al control político del Congreso, como parece desprenderse de la redacción misma del texto constitucional".

éxito la emergencia" ya que, "[a]l considerar el decreto, el Congreso puede adoptar todas las medidas legislativas que estime conveniente para contribuir a la mejor defensa de la Nación" (Andueza 1982, 18)[196].

De modo similar, Avellaneda (1999, 101–2) opina que la Constitución de 1961 preveía que los decretos debían "someterse a la 'consideración' del Congreso, en consecuencia (...) no puede modificarlos ni puede impedir que produzcan sus efectos" pues, a lo sumo, "las Cámaras o la Comisión Delegada pueden manifestar su desacuerdo con la declaratoria (...) si consideran que la situación del país no justifica adoptar una medida de este tipo".

Finalmente, Rondón de Sansó (1992, 62) expresó que "ni el Congreso ni la Comisión Delegada tienen facultades para modificarlo o afectar su eficacia [en relación con el decreto que declaraba el estado de excepción] por tratarse de una atribución no condicionada del Presidente de la República, como lo prevé el ordinal 6° del artículo 190 de la Constitución [de 1961]".

Al respecto, nos apegamos a la postura de Arismendi, Urbina Mendoza, Casal Hernández y Ayala Corao, dado que el hecho que el decreto surta efectos desde su publicación no se estima como una situación que niegue los efectos del acuerdo que dicte el Poder Legislativo en ejercicio de sus facultades de control posterior, aunado a que incluso cuando la doctrina más calificada niega los efectos anulatorios del control político dado el halo de subjetividad que lo caracteriza, la misma recuerda que "[e]llo no es obstáculo para que, a veces, tal decisión pueda

---

196 A lo ya dicho el autor agrega que salvo por lo que se refiere al cese de la emergencia a través de un armisticio o tratado de paz que "si requiere la autorización de las cámaras", bajo la Constitución de 1961 "el Congreso no tiene participación en la declaración del estado de emergencia. Esta exclusión legislativa se explica por la rapidez con que debe ser tomada esa decisión, rapidez que resulta incompatible con la lentitud del procedimiento legislativo". De este modo, "el Congreso puede influir sobre la decisión política que le corresponde tomar al Ejecutivo Nacional" pero ello "no puede conducir a que el órgano de decisión sea sustituido por el órgano de control".

tener efectos jurídicos vinculantes, es decir, características sancionatorias en sentido estricto cuando el ordenamiento así lo establece" (Aragón Reyes 1988, 10), siendo el control político de los estados de excepción en Venezuela un ejemplo de ello de conformidad con la CRBV y la LOEE.

En este sentido, sostener -como lo hizo la TSJ/SC- que el control político no surte ningún tipo de consecuencia llevaría al sinsentido que declarado el estado de excepción y rechazado este por la Asamblea Nacional, tal decreto seguiría surtiendo efectos contra la voluntad de quienes ejercen la defensa de los intereses y aspiraciones de la colectividad hasta tanto se cumpliese su duración original, pudiendo los parlamentarios revocarlo únicamente cuando se presente la oportunidad de su prórroga, y siempre que la Sala Constitucional estuviese de acuerdo con ello, cuando la CRBV en ningún momento estableció que estos controles actuarían de forma concurrente o que la validez de uno se haría depender del otro, más allá de lo estipulado en el artículo 33 de la LOEE[197].

En cualquier caso, no podemos concluir este aparte sin destacar lo dicho por Valadés (2007, 51) quien, al estudiar el control del poder en general, concluye que "[i]dentificar al control político del poder como un instrumento prescindible supone una concepción totalitaria del poder", ya que:

> Los controles son asimismo una expresión de la racionalidad del poder. Sin control, el poder sería incomprensible e inaceptable; sin control el poder soberano se transferiría al titular o a los titulares de los órganos del poder (...); sin control el constitucionalismo no tendría fundamento y por lo mismo el Estado de derecho carecería de vigencia y positividad.

---

197 La situación narrada hace recordar el llamado "falseamiento de la Constitución" que según asentó la propia Sala en fallo n° 74 del 25-01-2006 (caso: Acción Democrática) basándose en doctrina francesa y alemana, ocurre cuando "se otorga a normas constitucionales una interpretación y un sentido distinto del que realmente tienen, que es en realidad una modificación no formal de la Constitución".

A ello es a lo que se tiende si negamos los efectos jurídicos del control parlamentario en materia de Derecho de excepción, como hizo la TSJ/SC en el fallo comentado.

B. El control jurídico

En adición al control político abordado *supra*, el artículo 339 de la CRBV también prevé el control jurídico que corresponde a la TSJ/SC para que se pronuncie sobre la constitucionalidad del decreto que declara el estado de excepción, que encuentra desarrollo legislativo en los artículos 31 a 40 de la LOEE y comporta una manifestación del control judicial de constitucionalidad como noción que busca hacer valer el principio de supremacía constitucional y de la Constitución como norma jurídica, la separación de poderes, la garantía y efectividad de los derechos fundamentales y el derecho a la tutela jurisdiccional efectiva (Escudero León 2005, 60-74).

Estas disposiciones se refieren en su mayoría al *iter procesal* que deberá seguir la Sala para el cual todos los días serán hábiles, pudiendo esquematizarse el proceso del modo siguiente:

i. Una vez el Presidente de la República dicta el decreto por medio del cual se declara el estado de excepción, su prórroga o aumento de garantías restringidas en los términos ya comentados en esta investigación, el mandatario cuenta con ocho días continuos para remitirlo a la Sala, contando la Asamblea Nacional con el mismo término para la remisión de su acuerdo[198]. En todo caso, a falta de una u otra remisión, la TSJ/SC deberá pronunciarse de oficio.

---

198 Ello, entendemos, no para que la Sala se pronuncie sobre su constitucionalidad, sino como indicio que brinde claridad en cuanto a la necesidad y proporcionalidad de la medida según las consideraciones de oportunidad y conveniencia que haya efectuado la Asamblea Nacional. *Cfr.* C. Nikken (2002, 188), para quien "[l]a validación de fondo del decreto que declare el estado de excepción, valida igualmente el fondo de la decisión dictada por la Asamblea Nacional; viceversa, la anulación del decreto, acarrea la nulidad del acuerdo de la Asamblea".

ii. La TSJ/SC cuenta con diez días continuos desde el recibo de los actos o el transcurso del lapso indicado en el párrafo anterior para emitir su sentencia –siempre que, como hemos dicho, la Asamblea Nacional no haya improbado el decreto–, so pena de que "los magistrados (...) incurrirán en responsabilidad disciplinaria, pudiendo ser removidos de sus cargos de conformidad con lo establecido en el artículo 265 de la Constitución de la República", en lo que la doctrina califica como "un régimen de responsabilidad absolutamente inaceptable" que se aparta del carácter excepcionalísimo de esta sanción y constituye una obscena "intromisión del legislativo en el poder judicial" (C. Nikken 2002, 197).

iii. En los primeros cinco días del lapso para decidir, los interesados podrán consignar ante la TSJ/SC los alegatos y elementos de convicción que sirvan para demostrar la constitucionalidad o la inconstitucionalidad del decreto, debiendo la Sala admitir en los dos días siguientes aquellos que resulten pertinentes y sin que esta decisión pueda recurrirse.

iv. Transcurrido el lapso anterior, la Sala contará con tres días para decidir y declarará la constitucionalidad o la nulidad total o parcial del decreto, según este cumpla o no los principios de la CRBV, los tratados internacionales sobre derechos humanos (PIDCP y CADH) y la LOEE, debiendo entonces el control darse de un modo objetivo sin entrar en consideraciones de conveniencia u oportunidad, que formarán parte del control político que corresponde al Poder Legislativo.

v. Finalmente, la decisión deberá publicarse en la Gaceta Oficial –sin que sus efectos queden atados a dicha publicación– y, de declararse la nulidad, la misma "tendrá efectos retroactivos, debiendo la Sala (...) restablecer inmediatamente la situación jurídica general infringida, mediante la anulación de todos los actos dictados en ejecución del decreto".

De este modo, al tratarse el decreto que declara el estado de excepción de un acto con rango y fuerza de ley a tenor del artículo 22 de la LOEE y correspondiéndole a la TSJ/SC sentenciar en contra de los actos con rango de ley que dicte el Poder Público –con inclusión del Ejecutivo Nacional– que coliden con la CRBV según prevé el artículo 336 de la CRBV, bien sea por cuestiones de forma o fondo, queda claro que nos encontramos frente a una manifestación del "control universal de constitucionalidad" que abarca incluso a los actos de gobierno como categoría jurídica en la que históricamente se han insertado las declaratorias de excepción (Alfonzo Paradisi 1992, 15; Escudero León 2005, 188) y que responden a aquel "acto dictado por el Presidente de la República, en ejecución directa e inmediata de la Constitución, pero agregando, sin embargo, que se trata de actos dictados en ejercicio de la función política" (Brewer-Carías 2012b, 27).

De ahí, por ejemplo, que la Corte Suprema de Justicia haya asentado en el año 1947 que:

> ...debe suspender las medidas preventivas [en el marco de un estado de excepción] cuando no hayan sido ordenadas en las condiciones establecidas por el citado precepto constitucional y no puede mantenerlas sino cuando, por haber persistido dichas causas, lo requieran la seguridad del Estado o la preservación del Orden Público (Alfonzo Paradisi 1992, 15).

Criterio que coincide con el expresado por la Procuraduría General de la República en 1971, según el cual:

> Como el decreto de suspensión o restricción de garantías tiene naturaleza legislativa, los recursos que contra él se intentan lo deben ser por las siguientes causas: a) Cuando el decreto no llene las formalidades constitucionales (por ejemplo: no se dictó en Consejo de Ministros o no se indican los motivos en que se fundamentó); b) Cuando suspenda o interrumpa el funcionamiento de los poderes públicos nacionales; c) Cuando suspenda alguna de las garantías que la Constitución prohíbe suspender o restringir. En cambio, somos de la opinión de que el recurso es inadmisible cuando el recurrente lo que pretende es que la Corte Suprema de Justicia analice la existencia de los motivos o razones del decreto.

> Este análisis sólo puede hacerlo el Congreso cuando le es sometido el decreto o cuando procede a revocarlo por considerar que han cesado las causas que lo motivaron. De aceptarse la otra tesis se convertiría la Corte Suprema de Justicia en un tribunal político (Alfonzo Paradisi 1992, 15).

Igual sostuvo la Corte Suprema de Justicia en Pleno que en 1993 asentó, como comenta la doctrina, que aun cuando "los actos de gobierno tienen un elemento discrecional que impide el control jurisdiccional del mérito sobre su oportunidad y conveniencia" (Escudero León 2005, 190):

> ...el control sobre los actos de gobierno se extiende a los aspectos formales que rodean la emisión del acto -la competencia del agente, el procedimiento establecido-, el contenido lícito y posible y determinado, la correcta utilización de la competencia y la revisión de la veracidad y congruencia de los hechos que constituyen su fundamento fáctico (Escudero León 2005, 189).

En este sentido, como bien expone Brewer-Carías (1986, 67):

> En Venezuela (...) la doctrina de los actos de gobierno tal como se ha expuesto [es decir, según el sistema europeo donde estaban exentos del ámbito de competencia de la jurisdicción contencioso-administrativa y constitucional], no tiene aplicación, pues al estar establecido el control de la constitucionalidad de los actos estatales, con la amplitud prevista en la Constitución, ningún acto del Estado puede escapar, en principio, del control jurisdiccional de la constitucionalidad y legalidad.

A lo que agrega que si bien la función política -entendida como el presupuesto de los actos de gobierno y el medio por el cual el Presidente de la República lleva a cabo sus actividades como Jefe del Estado y Jefe del Gobierno- es ejercida por dicho mandatario "en general sin condicionamiento legal alguno", existe una excepción a este principio en materia de estados de excepción, ya que "[e]l Legislador, (...) salvo por lo que se refiere a los estados de excepción dada la autorización constitucional (Art. 338), no puede limitar las facultades políticas del jefe del Estado" (Brewer-Carías 2012b, 29-30). Es decir que, por interpretación a contrario, en lo que se refiere a los estados de excepción el Poder Legislativo sí podría limitar las facultades políticas del Jefe del Estado.

En cualquier caso, como vimos, la posibilidad de controlar judicialmente los estados de excepción ha sido reconocida incluso antes de que se previese esta competencia de la TSJ/SC en la CRBV y en los artículos traídos a colación de la LOEE como se evidencia, por ejemplo, en el fallo del 11-03-1993 de la Corte Suprema de Justicia en Sala Plena (Magistrado Ponente: Josefina Calcaño de Temeltas) donde se indicó, al conocerse un decreto de suspensión de garantías, que "el control se extiende a la revisión de la competencia del agente, del contenido lícito, posible, determinado o determinable del acto, a la utilización correcta o debida de la competencia atribuida y al cumplimiento del procedimiento previamente establecido", por lo que "puede el Juez (...) conocer no sólo de los aspectos formales que rodearon la emisión del mismo, sino también revisar la 'veracidad y congruencia' de los hechos que constituyen su fundamentación fáctica"[199].

Finalmente, aun cuando hemos visto que el control jurídico del decreto corresponde a la TSJ/SC, la LOEE estipula en su artículo 40 que "[t]odos los jueces (...) de la República, en el ámbito de su competencia de Amparo Constitucional, están facultados para controlar la justificación y proporcionalidad de las medidas adoptadas con base al estado de excepción", lo que

---

199 *Cfr.* Suárez Mejías (2015, 87-102), para quien este fallo incorpora otras nociones de interés como lo son el hecho que "de la situación de emergencia no nace para el Ejecutivo, de pleno derecho, la potestad de suspender indiscriminadamente las garantías constitucionales, sino que por su doble condición de normas de contenido inherente a la persona humana y de rango constitucional deben ser restringidas en la menor medida posible", siendo "[l]a regla (...) que sólo son susceptibles de restricción o suspensión, aquellas garantías que constituyan un verdadero obstáculo para la vuelta a la normalidad institucional, y sólo en la medida en que no afecten la esencia del derecho cuya garantía se pretende reglamentar", pues "en un Estado de Derecho la suspensión de garantías no puede significar arbitrariedad".

complementaría el contenido del artículo 27 de la CRBV[200] en cuanto a la concepción del amparo como el "derecho a una vía judicial de protección, entre las cuales está una acción autónoma y subsidiaria; destinada a proteger todos los derechos y garantías constitucionales; y en particular, para asegurar el goce y ejercicio de esos derechos y garantías" (Brewer-Carías 1985a, 52).

Situación que no ha estado exenta de conflictos en nuestra historia como consta en la jurisprudencia de la Corte Primera de lo Contencioso Administrativo -antes de la vigencia de la CRBV- en virtud de la restricción de las libertades económicas imperante en Venezuela luego de la publicación de la Constitución de 1961[201].

---

200 La norma es del siguiente tenor "Artículo 27. Toda persona tiene derecho a ser amparada por los tribunales en el goce y ejercicio de los derechos y garantías constitucionales, aun de aquellos inherentes a la persona que no figuren expresamente en esta Constitución o en los instrumentos internacionales sobre derechos humanos. // El procedimiento de la acción de amparo constitucional será oral, público, breve, gratuito y no sujeto a formalidad, y la autoridad judicial competente tendrá potestad para restablecer inmediatamente la situación jurídica infringida o la situación que más se asemeje a ella. Todo tiempo será hábil y el tribunal lo tramitará con preferencia a cualquier otro asunto. // La acción de amparo a la libertad o seguridad podrá ser interpuesta por cualquier persona, y el detenido o detenida será puesto o puesta bajo la custodia del tribunal de manera inmediata, sin dilación alguna. // El ejercicio de este derecho no puede ser afectado, en modo alguno, por la declaración del estado de excepción o de la restricción de garantías constitucionales".

201 Téngase como ejemplos de esta afirmación los fallos del 05-05-1994 (Magistrado Ponente: Belén Ramírez Landaeta) y del 07-06-1994 (Magistrado Ponente: Jesús Caballero Ortiz) donde se asentó -en el primero- que "la suspensión de garantías constitucionales y en particular, de una garantía en específico, hace inoperable la protección mediante el amparo constitucional al derecho o garantía de que se trate, en la medida en que el mismo haya sido restringido", por lo que visto que "la garantía económica (...) fue suspendida en forma genérica, es decir, sin ninguna especificación; por lo tanto, el ejercicio del derecho de amparo queda suspendido en forma total respecto a la garantía económica, precisamente, porque la misma fue suspendida totalmente" y -en el segundo- que "en lo referente al derecho a la libertad económica se

III. OTRAS NORMAS CON FUERZA DE LEY

Ya para finalizar con este Capítulo de la investigación, no queda más que apuntar que, en adición a la LOEE, el Derecho de excepción ha sido incluido en diferentes leyes y decretos con rango, valor y fuerza de ley cuyo conocimiento estimamos oportuno ya que completan -o al menos complementan- el panorama del Derecho vigente en la materia en el país.

En este sentido, y sin ánimos de exhaustividad, podemos enlistar las siguientes normas de interés para nuestro objeto de estudio atendiendo a un criterio cronológico:

i. Ley Orgánica de la Defensoría del Pueblo, en G.O. n° 37.995 del 05-08-2004. Expone que "[p]ara el efectivo y eficaz cumplimiento de su misión y objetivos, todo tiempo es hábil para las actividades propias de su competencia; en consecuencia ni la declaratoria de estados de excepción (...) interrumpirán la actividad de la Defensoría del Pueblo".

ii. Ley Orgánica de Telecomunicaciones, en G.O. n° 6.015 Extraordinario del 08-12-2010 y reimpresión en G.O. n° 39.610 del 07-02-2011. Prevé como uno de los deberes de los operadores de servicios de telecomunicaciones el "[c]umplir (...) con todas aquellas obligaciones que se establezcan en la normativa aplicable a los servicios de telecomunicaciones en estados de excepción, y en los planes para estados de excepción que al efecto se formulen" (art. 15 num. 10), siendo prudente que, hasta donde se tiene conocimiento, no se han dictado planes de este tipo a la fecha.

---

observa que dicha garantía fue suspendida (...). Si bien es cierto que dicha suspensión no elimina a priori la vía del amparo constitucional, puesto que sólo la elimina respecto a la especificación que hiciere el Decreto de suspensión, en este caso (...) el Decreto (...) lo hizo de manera genérica, de forma tal que, por ello mismo, quedó suspendido el ejercicio de la acción de amparo en forma genérica respecto a la garantía constitucional suspendida" (Ramos Fernández 1994, 298-300).

iii. Ley Orgánica del Sistema y Servicio Eléctrico, en G.O. n° N° 39.573 del 14-12-2010. Determina que, "[e]n caso que el Ejecutivo Nacional declare el estado de excepción, el órgano encargado del Despacho del Sistema Eléctrico podrá disponer de la capacidad de las instalaciones de autogeneración igual o superior a dos megavatios (2 MW)" según "la Ley que regule la materia de estados de excepción", y "[l]a energía eléctrica generada para la prestación del servicio será remunerada de acuerdo a esta Ley y las normas que la desarrollen" (art. 47). Asimismo, la ley señala que se aplicarán multas de 5.000 a 100.000 unidades tributarias "a los titulares de instalaciones de autogeneración mayores a dos megavatios (2 MW), en caso de negar el suministro de electricidad en Estado de Excepción declarado por el Ejecutivo Nacional" (art. 101) y, adicionalmente, "serán sancionados con la revocatoria de la habilitación administrativa" (art. 102 num. 1).

iv. Ley Especial para Prevenir y Sancionar la Tortura y Otros Tratos Crueles, Inhumanos o Degradantes, en G.O. n° 40.212 del 22-07-2013. Expone que, tal como se deriva de las limitaciones constitucionales del Derecho de excepción, "[n]o se considerarán como causas eximentes de responsabilidad de los delitos de tortura y otros tratos crueles, inhumanos o degradantes" tipificados en esa ley, que "se invoquen o existan circunstancias excepcionales de orden social, económico, político, natural o ecológico, que afecten gravemente la seguridad de la Nación, de las instituciones y de las personas, estados de excepción, (...)" (art. 29).

v. Ley de Registro y Alistamiento para la Defensa Integral de la Nación, en G.O. n° 40.440 del 25-06-2014. Prevé que, "[e]n caso de decretarse estado de excepción, la prórroga del servicio militar podrá comprender a todos los alistados por el tiempo que la situación lo amerite" (art. 93, único aparte).

vi. Decreto con Rango, Valor y Fuerza de Ley Orgánica de Seguridad de la Nación, en G.O. n° 6.156 Extraordinario del 19-11-2014. Determina que "[d]ecretado el estado de excepción, el Presidente (...) de la República podrá ordenar la movilización total o parcial en cualquiera de los ámbitos que establece la Constitución de la República (...) y las leyes respectivas, en todo o en parte del territorio" (art. 29, encabezado). Asimismo, dispone que el Presidente de la República podrá ordenar que el personal de los servicios públicos o de las empresas básicas del Estado "quede sometido temporalmente al régimen militar, si se hubiere decretado el estado de excepción" (art. 32).

vii. Decreto con Rango, Valor y Fuerza de Ley de Contrataciones Públicas, en G.O. n° 6.154 Extraordinario del 19-11-2014. Señala que quedan excluidos de las modalidades de selección de contratistas los contratos que tengan por objeto "[l]a adquisición de bienes, la prestación de servicios y la ejecución de obras, requeridos, cuando se decrete cualquiera de los estados de excepción contemplados en la Constitución de la República" (art. 5 num. 12).

viii. Decreto con Rango, Valor y Fuerza de Ley Orgánica de la Administración Financiera del Sector Público, en G.O. n° 6.210 Extraordinario del 30-12-2015. Preceptúa que "[l]as modificaciones de los límites de gasto, de endeudamiento y de resultados financieros establecidos en la Ley del Marco Plurianual del Presupuesto sólo procederán en casos de estados de excepción decretados de conformidad con la Ley (...)" (art. 32).

ix. Ley Constitucional de la Fuerza Armada Nacional Bolivariana, en G.O. n° 6.508 Extraordinario del 30-01-2020. Prevé entre las funciones de la Fuerza Armada Nacional Bolivariana el "[p]articipar en las operaciones que se originen como consecuencia de los estados de excepción, que sean decretados de conformidad con la Constitución de la República Bolivariana de Venezuela y la ley" (art. 6 num. 19) y de los Comandantes de las Regiones Estratégicas de Defensa Integral, Zonas Operativas de Defensa Integral y Áreas Defensa Integral el "[e]jercer en coordinación con la autoridad civil correspondiente, el control de los medios y recursos para su empleo, en los casos de estado de excepción" (art. 56 num. 7); además de que "[e]n los Estados de Excepción declarados conforme a lo previsto en la Constitución de la República (...) los milicianos deberán presentarse en su Comando Natural, quedando a orden del Sistema Defensivo Territorial" (art. 81 num. 2) y que, en todo momento, "[l]os (...) integrantes de la Fuerza Armada (...) deben conocer, respetar, cumplir y hacer cumplir las disposiciones legales nacionales e internacionales relacionadas con los Derechos Humanos en tiempo de paz y en estado de excepción, actuando en el marco de los mismos" (art. 178).

x. Ley Constitucional Antibloqueo para el Desarrollo Nacional y la Garantía de los Derechos Humanos, en G.O. n° 6.583 Extraordinario del 12-10-2020. Incluye como disposición transitoria primera que el contenido de la ley es "de aplicación preferente" ante "el régimen derivado del Decreto mediante el cual se acuerda el Estado de Excepción (...), su prórroga o los nuevos que se dictaren de conformidad con la Constitución de la República (...) y la Ley Orgánica sobre Estados de Excepción"[202].

---

202 *Cfr.* Brewer-Carías (2022, 246-48), donde se califica a este acto como un "régimen de excepción con vocación de permanencia" visto que, gracias a su texto, "no hay normas jurídicas preestablecidas para la adopción de las medidas que puede adoptar el Ejecutivo Nacional en ejecución de la política económica -o el cambio de la misma- que se pretende con la Ley, pues si las previstas en las leyes vigentes difieren de lo que se establece en la 'Ley Constitucional', desde la publicación de la misma quedan en una especie de 'suspensión' (...) es decir, en una situación de ausencia de derecho aplicable, que se pretende suplir con la autorización al Ejecutivo Nacional para decretar su 'inaplicabilidad' en 'casos específicos' y legislar consecuentemente para llenar el vacío

xi. Ley Orgánica de Amparo a la Libertad y Seguridad Personal, en G.O. n° 6.651 Extraordinario del 22-09-2021. Señala que "[e]l ejercicio de la acción de amparo a la libertad y seguridad personal no puede ser afectado, en modo alguno, por la declaración del estado de excepción o de la restricción de garantías constitucionales" (art. 2 único aparte), como ya lo establecía la CRBV al regular el derecho al amparo en su artículo 27.

xii Ley Orgánica del Tribunal Supremo de Justicia, en G.O. n° 6.684 Extraordinario del 19-01-2022. Prevé como competencia de la TSJ/SC el "[r]evisar, en todo caso, aun de oficio, la constitucionalidad de los decretos que declaren estados de excepción que sean dictados por la Presidenta o Presidente de la República" (art. 25 num. 6), reiterando la atribución ya prevista en el numeral 6 del artículo 336 de la CRBV.

Asimismo, podemos encontrar algunas menciones a tipologías concretas de estados de excepción como lo serían los siguientes casos:

i. Decreto con Rango y Fuerza de Ley sobre Promoción de la Inversión Privada Bajo el Régimen de Concesiones, en G.O. n° 5.394 Extraordinario del 25-10-1999. Señala que las concesiones quedarán temporalmente suspendidas "[e]n el caso de guerra, conmoción interior o fuerza mayor que impidan la prestación del servicio" (art. 45 lit. "a").

ii. Decreto con Fuerza de Ley de los Fondos y las Sociedades de Capital de Riesgo, en G.O. n° 5.554 Extraordinario del 13-11-2001. Precisa que los fondos o sociedades de capital de riesgo que tengan entre sus accionistas a sujetos de Derecho público, "sólo pueden participar en procesos de reestructuración de sus pasivos, cuando a consideración del Ejecutivo Nacional se

---

legislativo a los efectos de implementar la 'política económica' fijada en la Ley".

trate de comprobadas situaciones de emergencia económica o financiera, o en circunstancias que afecten la potencialidad de desarrollo en sectores económicos o industriales" (art. 43 encabezado).

iii. Ley de Comercio Marítimo, en G.O. n° 38.351 del 05-01-2006. Prevé que "[e]l porteador y el buque no serán responsables de las pérdidas, daños o retardo en la entrega de las mercancías que tengan su origen en (...) Conmoción interior o exterior" (art. 206 num. 10).

iv. Decreto con Rango, Valor y Fuerza de Ley que Crea el Fondo para la Estabilización Macroeconómica, en G.O. n° 38.846 del 09-01-2008. Determina que el Fondo "venderá divisas al Banco Central de Venezuela y realizará la transferencia de los correspondientes bolívares a la Oficina Nacional del Tesoro" en caso del "Estado de Emergencia Económica, decretado de conformidad con la Constitución de la República" (art. 13), siendo que los retiros del Fondo "se efectuarán siguiendo los trámites simplificados y expeditos que se establezcan en el Reglamento de esta Ley, a los fines de lograr la mayor celeridad y funcionalidad acorde con la situación concreta que motive la declaratoria de la Emergencia" (art. 17 único aparte). Reglamento que, a la fecha, no se ha dictado.

v. Decreto con Rango, Valor y Fuerza de Ley de Salud Agrícola Integral, en G.O. n° 5.890 Extraordinario del 31-07-2008. Prevé como atribución del ministerio con competencia en materia de agricultura y tierras "solicitar al Presidente de la República decretar el estado de alarma sanitaria" (art. 9 num. 8),

vi. Ley de Gestión Integral de Riesgos Socionaturales y Tecnológicos, en G.O. n° 39.095 del 09-01-2009. Prevé que "[e]n caso de (...) haber sido declarado el Estado de Alarma, ante la inminente ocurrencia de amenazas de origen natural o tecnológico" los órganos contralores de gestión integral de riesgos socionaturales y tecnológicos –a saber: la Secretaría Técnica del Consejo Nacional para la Gestión Integral de Riesgos Socionaturales y Tecnológicos, los cuerpos de administración de emergencias y de administración de desastres, entre otros– "podrán ordenar el desalojo preventivo de las zonas en riesgo, y coordinar con los entes competentes la reubicación de las personas y familias afectadas" (art. 55).

vii. Decreto con Rango, Valor y Fuerza de Ley Especial de Refugios Dignos para Proteger a la Población, en Casos de Emergencias o Desastres, en G.O. n° 39.599 del 21-01-2011. Indica que [u]na vez decretado el estado de alarma o de emergencia, el Gobierno de la República (...) podrá, a fin de proteger a las familias afectadas o damnificadas, hacer uso temporal de cualquier tipo de infraestructura física e instalaciones que puedan ser habilitadas como refugio" (art. 10).

viii. Decreto con Rango, Valor y Fuerza de Ley Orgánica de Turismo, en G.O. n° 6.152 Extraordinario del 18-11-2014. Señala que el "Ejecutivo Nacional puede exonerar total o parcialmente del pago de las contribuciones especiales de turismo a los prestadores de servicios turísticos" cuando "se haya decretado estados de emergencia económica o estados de alarma; especialmente aquellos prestadores de servicios turísticos que hayan cedido gratuitamente sus espacios y servicios para la atención de personas procedentes de zonas declaradas de calamidad o de desastre" (art. 54).

ix. Decreto con Rango, Valor y Fuerza de Ley para la Promoción y Desarrollo de la Pequeña y Mediana Industria y Unidades de Propiedad Social, en G.O. n° 6.151 Extraordinario del 18-11-2014, con reimpresión en n° 40.550 del 27-11-2014). Expone que el Ejecutivo Nacional "podrá dictar en caso de situaciones coyunturales de emergencia económica y financiera que afecten la capacidad de pago de la pequeña y mediana industria", programas para la "reestructuración, refinanciamiento de deudas e implementación de formas de pago distintas a la moneda, con el objeto de propiciar y garantizar su recuperación" (art. 9).

IV. RECAPITULACIÓN

Con base en lo narrado en las páginas anteriores, podemos llegar a las siguientes conclusiones en cuanto al Derecho de excepción vigente en Venezuela:

Primero, la CRBV regula los estados de excepción en el Capítulo II de su Título VIII. Este mecanismo tiene por objeto garantizar la vigencia de este texto frente a las circunstancias de hecho anormales -sean de orden social, económico, político, natural o ecológico- que hacen insuficiente al Derecho ordinario y exigen la adopción de correctivos jurídicos, urgentes y temporales para hacerles frente, vista la amenaza existente -o al menos inminente- contra el Estado y la sociedad.

Segundo, a pesar del fallido intento de reforma constitucional del año 2007 con el que -entre otros- se pretendía desproveer al Derecho de excepción de algunas de las limitaciones que previó el constituyente de 1999, la Constitución vigente ofrece respuestas a las interrogantes de (i) quién puede declarar un estado de excepción y (ii) por cuánto tiempo, (iii) qué garantías pueden restringirse en un estado de excepción y, con menor precisión, (iv) cuándo puede declararse un estado de excepción. Nada se dice en cuanto a los efectos de esta declaratoria y las medidas que pueden adoptarse, si bien queda claro que con la excepción aumentan las facultades del Poder Ejecutivo Nacional y se tiende a una mayor concentración en favor de este último.

Tercero, el estado de excepción se configura como un mecanismo previsto en la CRBV para la protección del orden constitucional que, frente a una circunstancia fáctica determinada que por su gravedad hace insuficiente al ordenamiento jurídico ordinario, faculta al Presidente de la República para dictar, en Consejo de Ministros, los actos que sean estrictamente necesarios para lograr una respuesta oportuna que ponga fin a la crisis o, al menos, la haga manejable. A tal efecto, este mandatario puede restringir determinadas garantías debiendo su actuar, en todo momento, respetar los principios que rigen al régimen de excepción y estar fundamentado en una emergencia cierta.

Cuarto, las declaratorias de estados de excepción corresponden al Poder Ejecutivo Nacional, estándole vedado a los alcaldes y gobernadores adoptar medidas de este tipo en sus jurisdicciones. No obstante lo anterior, los gobiernos locales y estadales pueden declarar alarmas y emergencias fundamentadas en el Decreto con Fuerza de Ley del Sistema Nacional de Protección Civil y Administración de Desastres. Asimismo, nada obsta al Presidente de la República para que, comprobada una circunstancia excepcional en un municipio o estado determinado, declare la excepción únicamente en esa localidad visto que los estados de excepción no tienen necesariamente una connotación nacional.

Quinto, el estudio de conceptos como la "seguridad de la Nación" o de las instituciones del Estado como supuesto de hecho que puede dar pie a una declaratoria de excepción debe darse desde una concepción sociopolítica. Esto, dado que el individuo -y no la autoridad- es el centro de la vida política y, por ende, el sujeto cuya integridad debe ser garantizada por el Estado ante riesgos de carácter geográficos, humanos, políticos, entre otros, incluso en casos de alarma, emergencia o conmoción.

Sexto, aun cuando no todo estado de excepción conlleva a la restricción de garantías -entendidas como los mecanismos que permiten hacer efectivos a los derechos- esta suele ser la medida clásica de las declaratorias estudiadas al Presidente de la República dictar un acto con fuerza de ley (a saber: el decreto de excepción) que afecta la reserva legal y la intangibilidad de los derechos fundamentales. Ello, siempre que se trate de una garantía vinculada con los derechos que tanto la CRBV como la LOEE y los tratados internacionales en la materia permite restringir y que, en conjunto, plantean unos dieciocho casos en los que tal restricción no es posible, aunado al uso de conceptos jurídicos indeterminados por parte del constituyente como lo fueron los "derechos humanos intangibles".

Séptimo, al leer de forma concurrente los textos mencionados en el párrafo anterior encontramos que las garantías referidas al amparo constitucional; debido proceso; derecho al nombre; derechos del niño; igualdad ante la ley; información; integridad personal, física, psíquica y moral; legalidad e irretroactividad de las leyes; libertad de pensamiento, conciencia y religión; libertad personal; nacionalidad; no ser sometido a esclavitud o servidumbre; participación, sufragio y acceso a la función pública; personalidad jurídica; prohibición de prisión por obligación contractual; prohibición de desaparición forzada; protección de la familia; responsabilidad del Estado; y vida, no pueden ser restringidas con ocasión de un estado de excepción, siendo cualquier actuación del Ejecutivo Nacional en contra de las mismas adversa al Derecho de excepción y, por lo tanto, contraria al Estado de Derecho cuyas instituciones y principios no pierden vigencia durante un estado de excepción.

Octavo, la CRBV prevé cuatro tipos de estados de excepción: estado de alarma, de emergencia económica, de conmoción interior y de conmoción exterior. Estas modalidades no se caracterizan por su precisión respecto a los motivos que pueden originarlas ni las medidas a adoptar, encontrándose más clara su duración máxima que puede ser de treinta (alarma), sesenta (emergencia) o noventa (conmociones) días más una única prórroga que tiene el mismo límite temporal.

Noveno, lo anterior responde, quizás, al hecho que se trata de un artículo que no fue sancionado formalmente por la Asamblea Nacional Constituyente, tal como plantea la doctrina. En todo caso, somos del criterio que esta vaguedad atenta contra el carácter excepcional de la figura objeto de estudio y facilita los abusos de autoridad con base en interpretaciones viciadas a conveniencia de la fuerza política dominante. Esta situación se agrava considerablemente en el caso de la emergencia económica al haber solo una ambigua alusión a las "circunstancias económicas extraordinarias que afecten gravemente la vida económica de la Nación".

Décimo, ante el silencio de la CRBV y de la LOEE, somos de la opinión que los estados de alarma tienen un carácter residual que abarca las circunstancias extraordinarias que no dan pie a un estado de emergencia económica o a un estado de conmoción interior o exterior –en la medida en que el hecho no pueda ser controlado con los mecanismos de seguridad ciudadana, protección civil y administración de desastres ordinarios–, en tanto las conmociones se refieren a sucesos como las rebeliones, insurrecciones, guerras civiles, e invasiones o agresiones internacionales.

Undécimo, la emergencia económica, en tanto, debe entenderse bajo una visión *pro homine* –y no pro autoridad– de alcance macroeconómico que, gracias a una interpretación sistemática de la CRBV y en especial de su Título VI, podría referirse a situaciones como el alto índice de desempleo, la contracción de la economía nacional, la disminución del nivel de vida de la población, y la escasez de alimentos de una magnitud tal que amanece con subvertir el orden de la sociedad. Estas emergencias, en todo caso, están condicionadas por elementos técnicos de la Economía que permitan determinar a ciencia cierta si existe recesión, inflación, déficit fiscal, devaluación de la moneda, falta de liquidez o demás circunstancias similares que hagan recomendable la restricciones de garantías referidas –por ejemplo– a la propiedad o la libertad contractual y de empresa, o el empleo de fondos públicos.

Duodécimo, la CRBV plantea una serie de controles sobre las declaratorias de los estados de excepción que van desde la determinación de su contenido mínimo (específicamente, que se regule el ejercicio del derecho cuya garantía se restringe sin que puedan luego adoptarse medidas que afecten a otras garantías salvo que se dicte un nuevo estado de excepción) hasta la necesidad de respetar las exigencias del Derecho internacional público con especial mención a los principios y limitaciones que prevén el PIDCP y la CADH (entre ellos: la necesidad, proporcionalidad, temporalidad, proclamación, igualdad y compatibilidad). A ello se agrega lo concerniente a la prórroga y revocatoria de la declaratoria, donde la Asamblea Nacional juega un papel determinante.

Decimotercero, entre estos controles hallamos como los más relevantes al control político que corresponde a la Asamblea Nacional sobre el decreto, y al control jurídico por parte de la TSJ/SC que incluye a Venezuela entre los únicos países de la región, junto con Colombia y Ecuador, con un control dual sobre el Derecho de excepción. En este sentido, el control político está dotado de cierto halo de subjetividad y apunta a la legitimidad de la declaratoria, mientras que el control jurídico tiende a la objetividad y la legalidad del decreto revisado, tanto en sus aspectos formales como materiales, de hecho y de Derecho.

Decimocuarto, en adición a las previsiones constitucionales sobre los estados de excepción, en Venezuela existe una ley dedicada en exclusiva a este tema. Nos referimos a la LOEE del año 2001, que no constituye un tema exento de crítica pues para un sector de la doctrina la existencia de la ley contraría la idea de la excepcionalidad, si bien otros países de la región –entre ellos, Colombia y Ecuador– también cuentan con leyes en la materia.

Decimoquinto, esta ley se caracteriza por reiterar en gran medida lo ya dicho por el constituyente, repitiéndose en consecuencia la vaguedad vista, por ejemplo, en cuanto a los supuestos que puedan dar pie a uno u otro estado de excepción y las medidas a adoptarse en cada supuesto –si bien se enlistan algunas de modo general o enunciativo– lo que acrecienta la posibilidad de que el Presidente de la República abuse de su poder en el marco de la excepción pues, prácticamente, se depende de su buena voluntad a la hora de decidir cómo limitar las garantías de los particulares. Lo anterior, a pesar de que nuestra historia constitucional atestigua la necesidad de fijar claras cotas al Derecho de excepción y así también lo ha previsto parte del Derecho latinoamericano consultado.

Decimosexto, entre los pocos aportes al Derecho de excepción de la LOEE podemos mencionar (i) el haberse enunciado de modo expreso los principios que rigen a los estados de excepción; (ii) que estos responden a situaciones objetivas; (iii) que el decreto de declaratoria tiene rango y fuerza de ley y entra en vigencia incluso antes de su publicación en la Gaceta Oficial, lo que también ha dado lugar a debates en la doctrina, si bien lo estimamos como una medida correcta; y (iv) que el Presidente de la República puede delegar la ejecución del decreto en autoridades estadales y municipales, lo que junto con el sector mayoritario de la doctrina consideramos incorrecto a pesar de que la TSJ/SC haya declarado la constitucionalidad de esa facultad.

Decimoséptimo, buena parte del articulado de la LOEE versa sobre los ya comentados control político y jurídico sobre los decretos de excepción. Al respecto, la ley precisa con ciertas carencias su *iter procesal* y efectos, que en todo caso han mutado y sido desnaturalizados gracias a interpretaciones partidistas por parte de la TSJ/SC con las que se pretendió favorecer la adopción del Derecho de excepción por parte de la fuerza política dominante en desmedro del control que intentó realizar el Poder Legislativo Nacional, en su momento opositor al gobierno de turno.

Decimoctavo, por último, en adición a la LOEE es posible encontrar al menos doce leyes y decretos-leyes que aluden a los estados de excepción en el ordenamiento jurídico venezolano y que abordan temas como las competencias de la Defensoría del Pueblo, las obligaciones excepcionales de los operadores de servicios de telecomunicaciones y de los titulares de instalaciones de autogeneración de energía eléctrica, el régimen del servicio militar, y las contrataciones públicas. Además, se hallan otras tantas leyes y decretos-leyes que se refieren a tipologías concretas de estados de excepción como es el por ejemplo el caso del Decreto con Rango y Fuerza de Ley sobre Promoción de la Inversión Privada Bajo el Régimen de Concesiones al prever a la conmoción interior como una causal de suspensión temporal de las concesiones.

CAPÍTULO IV: LA VINCULACIÓN DEL DERECHO DE EXCEPCIÓN Y DE LA EMERGENCIA ECONÓMICA CON EL ESTADO DE DERECHO

Como precisamos en los capítulos anteriores, los estados excepción -como género- y la emergencia económica -como una de sus especies, y la más ambigua- son instituciones que forma parte del llamado Derecho de urgencia al que el Estado ha de acudir cuando el ordenamiento jurídico peca de insuficiente e inidóneo para hacer frente a una crisis que afecta a la sociedad, y se requiere brindar soluciones con premura so pena de que los gravámenes a los derechos fundamentales aumenten cuantitativa y cualitativamente.

De ahí que el Derecho vigente a nivel constitucional y legal, según detallamos en el Capítulo precedente, prevea la posibilidad de que el Presidente de la República declare estados de excepción y restrinja garantías con ocasión de tales declaratorias, siguiendo para ello las formalidades y exigencias previstas en estas normas y cuyo cumplimiento corresponde cerciorar tanto al Poder Legislativo como al Poder Judicial a través -respectivamente- del control político y jurídico del decreto.

No obstante, como ya destacamos, el ordenamiento jurídico que rige a los estados de excepción en el país no se caracteriza por su precisión y deja un cúmulo importante de decisiones a la discreción de las personas que ejercen el Poder Público en ese momento, dependiéndose en parte de la buena fe con la que actúen, que si bien ha de presumirse mal podría garantizarse. Sobre todo, cuando se conocen los abusos que ha experimentado el Derecho de excepción desde su propia consagración, como observamos al repasar sus antecedentes desde la Edad Antigua en el Capítulo I de este trabajo y en la historia venezolana, en el Capítulo II.

Surge así la necesidad de complementar las disposiciones expresamente previstas en el ordenamiento jurídico ya analizado en el Capítulo III de esta investigación con una serie de postulados y afirmaciones que limitan el poder del Ejecutivo tanto al momento de declarar la excepción como de gestionarla, lográndose en definitiva una mejor protección de la parte orgánica y dogmática de la CRBV –que recordamos, es el principal objetivo perseguido por este régimen extraordinario–, a la par que nos permiten aseverar que el estado de excepción por emergencia económica, tal como está consagrado en el Derecho vigente, presenta incompatibilidades insalvables en relación con los principios que rigen al Derecho de excepción y que hacen recomendable su supresión o, al menos, reforma.

A tal efecto, dedicaremos este Capítulo a precisar cuáles son los principios que rigen al Derecho de excepción, para luego adentrarnos en los motivos que permiten perfilar a los estados de excepción como una de las defensas del orden constitucional y cuáles deberían ser los correctivos jurídicos a ser invocados por el Poder Público en caso de constatarse una emergencia económica.

I. LOS PRINCIPIOS QUE RIGEN AL DERECHO DE EXCEPCIÓN

Uno de los temas más discutidos en la doctrina jurídica es qué se entiende por los principios del Derecho, al punto que se afirma que "[s]i la costumbre plantea problemas al teórico y al intérprete, estas dificultades se multiplican por cien a la hora de afrontar el concepto y función de los principios generales del Derecho" (Santamaría Pastor 2000, I:161).

Lo anterior, por tratarse de una categoría heterogénea y flexible que engloba aspectos normativos, éticos, estructurales, lógicos e interpretativos que varían según cada sociedad y que "no constituyen, por lo común, normas concretas, sino directrices prescriptivas o modelos genéricos de conducta que tratan de condicionar la actuación de los sujetos creadores o aplicadores del Derecho en relación con un conjunto indeterminado de supuestos semejantes" (Santamaría Pastor 2000, I:161).

Esta idea es compartida por Parejo Alfonso (2020, 75), para quien, aunque los principios "tienen un contenido ciertamente indeterminado", ello no impide catalogarlos como "normas, construidas con conceptos jurídicos y cuya eficacia ha de establecerse, consecuentemente, en términos rigurosamente jurídicos", en tanto Rodríguez-Arana (2020, 144–46) plantea que los principios "hacen presente y operativa la idea de justicia" y son previos al ordenamiento jurídico de un Estado, en el sentido que "[p]odría decirse que son su fundamento y que el Ordenamiento se justifica en la medida en que dichos principios se inspiran y presiden el sistema normativo".

Dentro de nuestras fronteras, en tanto, los criterios de la doctrina no se apartan de lo visto en el extranjero al anotarse, por ejemplo, que la "esencia de un principio es tener un propósito que permita lograr conseguir el fin propuesto y en esa línea dirige las acciones que lo logren", por lo que "el principio orienta la acción y a su vez es el fundamento y la base de la acción" (Sosa Gómez 2020, 92).

Araujo-Juárez (2024a, 540), por su parte, alude a los principios como una necesidad dada la incapacidad de la ley de "prever por adelantado todos los problemas que sus propias regulaciones plantearán en el futuro", requiriéndose en consecuencia postulados "más estables, que sirvieran de inspiración a todo el proceso creativo del Derecho y que portaran los valores esenciales que habrían de tenerse en cuenta al aplicarlo".

Vemos entonces que hay cierta uniformidad en cuanto a que los principios son axiomas –positivizados o no– que condicionan al ordenamiento jurídico ordinario y de excepción al, primero, ser el punto de partida tanto de su procedimiento de formación como de su posterior materialización en el mundo de las realidades, y segundo, admitir deducciones mas no contradicciones. Así, el mayor debate se halla es en cuanto al modo de hacer exigibles estos principios y la fuerza que poseen dentro del sistema jurídico.

Lo anterior, ya que para algún sector la doctrina los principios son "ideales de razón y justicia que el legislador ha de tener presentes en todo caso (...) [y] que pueden servir para completar la expresión de su pensamiento", caracterizados por su generalidad, universalidad y única solución justa (García Máynez 2002, 335, 370–71), en tanto para otros los principios son mandatos de optimización o "normas que ordenan que algo se realice en la mayor medida posible, de acuerdo con las posibilidades fácticas y jurídicas", al admitir graduación (Alexy 2003, loc. 761).

De una u otra forma, la doctrina es conteste en que los principios cumplen al menos cuatro funciones en el ordenamiento jurídico. Ellas son: (i) Directiva o de fundamento, al condicionar el procedimiento de creación del Derecho a nivel constitucional, legal y sublegal, (ii) Interpretativa o informadora, al precisar el significado y sentido de las normas escritas para arribar a soluciones justas, (iii) Integradora, al resolver las lagunas del sistema normativo, y (iv) Constructiva, al permitir sistematizar la materia jurídica según directrices finalistas y garantistas (Santamaría Pastor 2000, I:163–64; Araujo-Juárez 2024a, 546–47).

Son estas funciones las que debemos tener presente al estudiar, tal como haremos de seguida, los principios que rigen al Derecho de excepción, reconocidos en tratados internacionales suscritos y ratificados por la República, la CRBV y la LOEE, y clasificados por algunos autores como principios de fondo –necesidad, temporalidad, proporcionalidad, no discriminación y compatibilidad con otras obligaciones impuestas por el Derecho internacional– y de forma –proclamación y notificación– (Straka 2002, 190–91).

1. El principio de necesidad

En el lenguaje común se entiende por necesidad "[a]quello a lo cual es imposible sustraerse, faltar o resistir", la "[c]arencia de las cosas que son menester para la conservación de la vida" y el "[p]eligro o riesgo ante el cual se precisa auxilio urgente" (Real Academia Española 2022g, 2°, 3° y 5° acepción).

Todas estas definiciones resultan extrapolables al pensamiento jurídico del principio estudiado conforme con el cual, para lograr la correcta protección de un bien jurídico que el Estado debe garantizar, se requiere que este adopte medios que resulten objetivamente adecuados y que generen la menor intervención posible, al ser la libertad de los individuos la regla y la restricción la excepción (Espinoza Rausseo 2017, 318).

En otras palabras, "toda medida de intervención en los derechos fundamentales debe ser la más benigna con el derecho intervenido, entre todas aquéllas que revisten por lo menos la misma idoneidad para contribuir a alcanzar el objetivo propuesto" (Bernal Pulido 2005, 38), pues lo que se pretende es "evitar un mal mayor con un mal menor" (Rondón de Sansó 1998, 190).

Así, ante la existencia de circunstancias de hecho que ponen en riesgo la garantía de los derechos fundamentales como una de las obligaciones ineludibles y de los fines que persigue el Estado para que la vida en sociedad se desarrolle del modo más óptimo posible, se requiere entonces que se adopten medidas idóneas, eficientes e imprescindibles para alcanzar la garantía indicada sin que en el proceso se vean indebidamente disminuidos o lesionados otros derechos.

De ahí que se afirme que un sacrificio será necesario en la medida en que no exista otro medio menos lesivo para preservar los bienes y derechos constitucionalmente protegidos (Moreso 2008, 65), o que "[l]a medida adoptada por el legislador se reputará necesaria cuando no exista un medio alternativo que, siendo igualmente idóneo, al mismo tiempo resulte más benigno desde la perspectiva de los derechos fundamentales objeto de intervención" (Lopera Mesa 2008, 181).

Estas aproximaciones del foro son las que hemos de tener presente cuando la Exposición de Motivos de la CRBV apunta que el artículo 337 del texto constitucional recoge a la "estricta necesidad" como uno de los "principios básicos rectores de los estados de excepción", por lo que estas declaratorias procederán únicamente –según vimos en el Capítulo III– ante "circunstancias extraordinarias que afecten gravemente la seguridad de las personas, de la Nación o de las instituciones, y que no puedan ser afrontadas mediante las facultades ordinarias de los órganos del Poder Público".

Esta idea es reiterada en el único aparte del artículo 2 de la LOEE –al prever que "[l]os estados de excepción solamente pueden declararse ante situaciones objetivas de suma gravedad que hagan insuficientes los medios ordinarios que dispone el Estado para afrontarlos"– y en el artículo 6 *ejusdem*, según el cual "[e]l decreto que declare los estados de excepción será dictado en caso de estricta necesidad para solventar la situación de anormalidad (...)", sobre los cuales la doctrina recuerda que lamentablemente la LOEE no desarrolló el principio más allá de lo ya dicho por el constituyente (Brewer-Carías 2003, 1146–47).

Adicionalmente, el PIDCP y la CADH se refieren, respectivamente, a las "situaciones excepcionales que pongan en peligro la vida de la nación" y al "caso de guerra, de peligro público o de otra emergencia que amenace la independencia o seguridad del Estado parte" (arts. 4 num. 1 y 27 num. 1, respectivamente), a lo que los Principios de Siracusa agregan que:

> 10. Siempre que, conforme a las disposiciones del Pacto [PIDCP], se exija que una limitación sea "necesaria", este término implicará que la limitación: a) Se basa en uno de los motivos que justifican las limitaciones reconocidas por el artículo pertinente del Pacto. B) Responde a una necesidad pública o social apremiante. c) Responde a un objetivo legítimo, y d) Guarda proporción con este objetivo. Toda evaluación en cuanto a la necesidad de una limitación se basará en consideraciones objetivas.

Asimismo, y por lo que respecta en particular a los estados de excepción, los Principios de Siracusa señalan como aspectos de especial interés que: (i) El Estado debe evaluar cada medida a adoptar de forma individual a fin de determinar si ella es o no necesaria de acuerdo con lo ya previsto en el Derecho ordinario (arts. 52 y 53); (ii) Dicha evaluación responde a parámetros objetivos y la existencia de un "peligro real, claro, presente o inminente", no bastando valoraciones de mérito y oportunidad por parte de las autoridades competentes (arts. 54 y 57), ya que estas tienden a responder a ideales políticos; y (iii) Dada la volatilidad de las circunstancias excepcionales, los ordenamientos jurídicos deben prevén tanto recursos judiciales para impugnar las medidas adoptadas como mecanismos de control político para que el Poder Legislativo revise periódica e independientemente las mismas (arts. 55 y 56).

De este modo, se aprecia que para que se satisfaga el principio de necesidad en un estado de excepción no basta que exista una circunstancia anormal y grave, sino que la misma debe hacer insuficiente al ordenamiento jurídico ordinario pues, en caso contrario, la respuesta del Estado deberá fundamentarse en este último sin requerir invocar el Derecho de excepción.

Este criterio es compartido por la doctrina extranjera al afirmar, por ejemplo, que (i) la necesidad de un estado de excepción radica en la existencia de una "crisis o peligro público (...) actual o inminente (...) de tal gravedad que las medidas (...) usualmente autorizadas para situaciones normales, no sean suficientes para conservar el orden público" (Zovatto 1990, 93); (ii) la importancia de este principio radica en que define la naturaleza del peligro al determinar los presupuestos de hecho que podrán originar la declaratoria del estado de excepción y que, por ende, ha de tratarse de un peligro actual o inminente, que afecte a la población de la totalidad o parte del territorio de un Estado, de tal magnitud que las medidas o restricciones ordinarias sean ineficaces para atenderlo (Despouy 1999, 34-38); y, finalmente, (iii) que este principio "tiene una doble función respecto a los estados de excepción: (...) la imposición de un régimen de excepción debe ser necesario y (...) cada medida específica tomada en el marco del estado de excepción también debe ser necesaria" (O'Donell 2004, 996).

De igual modo se pronuncia la doctrina nacional cuando expresa que "en virtud del principio de necesidad se exige la existencia de una auténtica situación extraordinaria para que sea lícito el uso del derecho de excepción, así como para que tengan justificación las medidas concretas aplicadas con base en el mismo" (Casal Hernández 1993, 59), sin que baste "que la suspensión o restricción de garantías parezca oportuna o conveniente, se requiere que sea indispensable" (Casal Hernández 1995, 27).

En este sentido, tanto la declaratoria del estado de excepción como de las medidas que se tomen en virtud del mismo habrán de ser imperativas para restablecer la normalidad –o permitir que la situación sea controlada con medios ordinarios–, no siendo viable que el Presidente de la República dicte el decreto si no existe una amenaza o si, existiendo la misma, puede ser disminuida aplicando el ordenamiento ordinario, correspondiéndole en todo caso a dicho mandatario la justificación objetiva y fehaciente del decreto en cuestión.

2. El principio de temporalidad

Resulta de Perogrullo decir que el principio de temporalidad alude a la cualidad temporal de los estados de excepción, como término que el lenguaje común iguala a otros como la provisionalidad, transitoriedad, eventualidad, fugacidad e interinidad (Real Academia Española 2022l).

Así, se trata del principio que mejor fue valorado por el constituyente de 1999 al preverse no solo que las garantías podrían ser restringidas temporalmente (art. 337), sino que según el tipo de estado de excepción que se tratase –alarma, emergencia económica o conmoción interior o exterior– sería su duración máxima –treinta, sesenta o noventa días, respectivamente–, pudiendo darse su prórroga por iguales períodos (art. 338).

Este principio, catalogado en la Exposición de Motivos de la CRBV como el segundo de los "principios básicos rectores de los estados de excepción", encuentra desarrollo legal en los artículos 5 y 21 de la LOEE según los cuales –respectivamente– "[t]oda medida de excepción debe tener una duración limitada a las exigencias de la situación que se quiere afrontar, sin que tal medida pierda su carácter excepcional o de no permanencia" y "[e]l decreto que declare el estado de excepción suspende temporalmente, en las leyes vigentes, los artículos incompatibles con las medidas dictadas en dicho decreto"; aunado a los artículos 9, 12, 13 y 14 *ejusdem* que reiteran el lapso máximo de cada tipo de declaratoria (alarma, emergencia económica, conmoción interior y conmoción exterior, respectivamente).

En el Derecho internacional, en tanto, hallamos alusiones directas a este principio en la CADH –cuando estipula que las medidas serán solo "por el tiempo estrictamente limitados a las exigencias de la situación"– como indirectas en el caso del PIDCP que, a pesar de no mencionar expresamente a la temporalidad, regula estas circunstancias como algo de carácter excepcional –que lógicamente se contrapone a un régimen perpetuo– y señala que las medidas adoptadas dependen de la exigencia de la situación, por lo que al cesar esta las medidas dejarán de ser exigidas y, por ende, han de concluir también sus efectos.

Es decir, que el principio de temporalidad podría calificarse como un elemento implícito del Derecho de excepción en el sentido que "[l]a naturaleza 'temporal' de estas medidas es connatural con su excepcionalidad, pues de lo contrario estaríamos frente a una dictadura inconstitucional" (Ayala Corao 1989, 27). Por ello, "al cesar el estado de necesidad pierden vigor las medidas de efectos generales o particulares dictadas en virtud del mismo", ya que "restablecida la normalidad recobra plena vigencia la legalidad ordinaria" (Casal Hernández 1993, 62).

En el mismo sentido se pronuncia la doctrina internacional al sostener que "[l]a enunciación de este principio, implícito en la naturaleza misma del estado de excepción, apunta fundamentalmente a señalar su necesaria limitación en el tiempo y evitar así la indebida prolongación del mismo" (Despouy 1999, 32), pues "[u]n estado de emergencia prolongado indefinidamente, se presta a que se cometan violaciones sistemáticas y generalizadas de derechos humanos" (Zovatto 1990, 132), tal como atestigua la historia universal como vimos en el Capítulo I de esta investigación y la historia venezolana durante la vigencia de la Constitución de 1961 según reseñamos en el Capítulo II y ha profundizado el foro (Crazut 1994; Hernández Bretón y Machado Iturbe 1988; Brewer-Carías 1988; Rachadell 2015, 35-73).

Esta es una de las principales diferencias que presenta el Derecho de excepción cuando lo comparamos con el Derecho ordinario visto que, mientras este último profesa a la *lege perpetua* como una de sus características -entendida esta como una dimensión de la seguridad jurídica conforme con la cual los ordenamientos jurídicos deben ser estables y nacen con vocación de permanencia a fin de que las personas tengan la posibilidad de conocer sus previsiones y ajusten su comportamiento (Carbonell 2004, 588)-, el Derecho de excepción tiene una vigencia limitada en el tiempo derivada del hecho que, si a través de una declaración de esta naturaleza se pretende es dotar al Ejecutivo Nacional de las herramientas necesarias para enfrentar una crisis grave -y restablecer así la normalidad en el menor tiempo posible como vimos plantea el principio de necesidad- resulta ilógico, inconstitucional y contranatural que esta excepción pueda mantenerse *ad infinitum* y pase a ser el nuevo Derecho ordinario.

Así lo plantean también los autores del foro quienes exponen que un carácter de los estados de excepción es que estos son temporales pues su "duración es limitada en el tiempo, por lo cual deja de ser estado de excepción cuando es indefinido, por cuanto se convierte en la normalidad o en el acontecer normal del sistema" (Rondón de Sansó 1998, 189), tratándose en consecuencia de una medida provisional cuyo "término máximo de decaimiento" ha sido predeterminada por el constituyente, tanto "para el derecho presente en el decreto, como el derecho derivado de este" (Peña Colmenares 2014, 91).

En este sentido consideramos que hemos de responder dos preguntas vinculadas con este principio. Primero: ¿Pueden las medidas acordadas durante un estado de excepción mantenerse vigentes una vez ha decaído tal declaratoria? Y segundo: ¿Puede declararse un estado de excepción para enfrentar una circunstancia extraordinaria respecto a la cual ya se había dictado otro estado de excepción cuya prórroga caducó?

En relación con la primera interrogante hemos de señalar que dado que la temporalidad del estado de excepción no se limita a su declaratoria sino que también abarca a sus efectos, al cesar la primera también habrán de levantarse los segundos.

No obstante lo anterior, la parte *in fine* del artículo 6 de la LOEE apunta que "[e]l Presidente de la República, en Consejo de Ministros, podrá ratificar las medidas que no impliquen la restricción de una garantía o de un derecho constitucional".

A nuestro criterio, se trata de una disposición inconstitucional ya que, como sostuvimos en otra ocasión:

> ...equivaldría a permitir que el Presidente de la República, no existiendo ya una circunstancia que afecte gravemente la seguridad y que haga insuficiente al ordenamiento jurídico ordinario, por lo que habría cesado su legitimación para dictar actos con rango y fuerza de ley, podría seguir ejerciendo tal poderío al ratificar medidas tomadas para controlar una emergencia (que ya fue superada) en perjuicio de las atribuciones constitucionales del Poder Legislativo Nacional que vería mermado su ámbito de actuación (Sira Santana 2017a, 95).

Esta posición coincide con la de C. Nikken (2002, 186) para quien "sólo podrían ser ratificadas medidas excepcionales de rango sublegal" a fin de salvaguardar las garantías referidas tanto a los derechos constitucionales como a la separación orgánica del Legislativo y el Ejecutivo, si bien otros autores exponen –al comentar la restricción de las libertades económicas vivida en el marco del régimen de excepción previsto en la Constitución de 1961– que el hecho de restituir las garantías no significa la derogación de la regulación dictada con base en tal restricción, ya que:

> ...se trata de actos de efectos generales reguladores de la economía y que por su misma naturaleza normativa hubieran podido dictarse por el Legislador ordinario, de no existir la restricción. Es decir, se trata de cuerpos normativos compatibles con la plena vigencia de dicha libertad; y que sólo la limitan conforme lo prevé la Constitución (...). De sostenerse la tesis contraria, se produciría un colapso inaceptable en el régimen de la economía, y ello conduciría, materialmente, a

> la imposibilidad jurídica de restablecer plenamente la garantía de la económica, lo cual sería absurdo. Y la interpretación de las leyes y de las propias disposiciones constitucionales, jamás puede conducir al absurdo (Brewer-Carías 1989, 18).

No compartimos esta opinión por la temporalidad intrínseca del Derecho de excepción[203] y que, de pretenderse la persistencia de las medidas, ellas deberían adoptarse en virtud de una ley habilitante que, aunque tiene carácter temporal, los decretos con fuerza de ley basados en ella perduran una vez cesan los efectos de la primera[204].

De lo contrario habría un desprendimiento absoluto de la función normativa por parte del Poder Legislativo sin su control ni participación, visto que la LOEE ni siquiera prevé que competa a la Asamblea Nacional convalidar las normas dictadas para que estas subsistan en el tiempo, más allá de que siempre podría dictar una ley que derogase lo ratificado por el Ejecutivo en aplicación del principio de creación del Derecho por grados y que las leyes (en sentido material, por lo que el término abarcaría a su vez a los decretos con fuerza de ley) se derogan por otras.

Por estos motivos, estimamos que la eventual ratificación a la que alude el artículo 6 de la LOEE debería provenir es del

---

203 Véase un ejemplo práctico de la aplicación de este principio en Lovera De-Sola (1998, 13), quien recoge el criterio de la extinta Corte Suprema de Justicia en Sala Plena que "declaró el decaimiento de los llamados Decretos Caldera del año 1.971 sobre venta de apartamentos 'viejos', fundamentándose en que dichos Decretos tuvieron como basamento la suspensión de las garantías económicas que regía para el momento de su promulgación, por lo tanto, si bien sobrevive el preferente derecho de los arrendatarios de inmuebles destinados a vivienda a adquirir la propiedad de los mismos, preferencia consagrada en otros textos legales, el precio ya no será el que haya fijado la última regulación vigente, sino que será el precio del libre mercado inmobiliario para ese momento".

204 *Cfr.* Lares Martínez (1984, 51), quien recuerda que "el lapso que puede ser fijado en la ley habilitante determina la duración de las facultades extraordinarias que hayan sido otorgadas, pero no la duración de las medidas legislativas que acordare el Poder Ejecutivo, las cuales podrán ser permanentes".

Poder Legislativo, tal como ocurre en Colombia[205], al ser este al que compete en condiciones de normalidad legislar en las materias de la competencia nacional y sobre el funcionamiento de las distintas ramas del Poder Nacional (art. 187 num. 1 de la CRBV) y que, como vimos en el Capítulo II de este trabajo, "[l]a declaración del estado de excepción no interrumpe el funcionamiento de los órganos del Poder Público" (art. 339 único aparte).

En tanto, por lo que se refiere a la segunda pregunta que nos planteamos –como se recordará, si puede declararse un estado de excepción para enfrentar una circunstancia extraordinaria respecto a la cual ya se había dictado otro estado de excepción cuya prórroga caducó– coincidimos con C. Nikken (2020, 299) en que, al vencerse el lapso del decreto sin que hayan cesado las causas que lo motivaron, "la Asamblea Nacional no solo puede, sino que debe legislar. Esto, pues el funcionamiento de los poderes públicos no se ve interrumpido con motivo de la declaratoria del estado de excepción", motivo por el cual "la Asamblea Nacional debe dictar una legislación especial que, atendiendo a la garantía de la reserva legal, en particular con relación a los derechos humanos intangibles, sirva a los demás órganos del poder público para enfrentar las circunstancias en cuestión".

Lo anterior, porque admitir la posibilidad de que se dicten –o reediten– múltiples y consecutivos estados de excepción desnaturalizaría a esta institución jurídica que tiene por objeto hacer frente a situaciones extraordinarias y que requieren una respuesta inmediata, siendo que si un suceso se extiende más allá de los lapsos de la CRBV el mismo habría de estimarse como una circunstancia que dejó de ser sobrevenida y que debe ser valorada por el legislador ordinario, sea dictando una ley con vigencia indefinida o sujeta a un margen temporal o su-

---

205 *Cfr.* Segundo aparte del artículo 215 de su Constitución, conforme con el cual los nuevos tributos o modificaciones que dicte el Presidente de la República en el marco de un estado de emergencia "dejarán de regir al término de la siguiente vigencia fiscal, salvo que el Congreso, durante el año siguiente, les otorgue carácter permanente".

puesto en específico, como se vio ocurrió en algunos países durante la pandemia COVID-19[206].

Permitir lo contrario sería no solo hacer nugatorios los límites temporales fijados en la CRBV y convalidar la existencia de excepciones sumamente prolongadas en el tiempo o indefinidas, sino aceptar la incapacidad manifiesta -real o ficticia- del Poder Ejecutivo Nacional para enfrentar las circunstancias de orden social, económico, político, natural o ecológico que resultan lesivas al Estado y a la sociedad, aun cuando este cuenta con mecanismos excepcionales para ello, vulnerándose así principios básicos del Estado de Derecho como lo son la libertad individual -que solo puede ser restringida por el soberano representado en el Parlamento- y la responsabilidad de quienes ejercen el Poder Público, al no brindar respuestas oportunas a las exigencias de la colectividad.

Así lo plantea también la doctrina cuando, al analizar el caso de la "emergencia económica" declarada y prorrogada en el país por mucho más de los 120 días que previó el constituyente -60 días del decreto original y 60 más por concepto de prórroga- comenta que "el Estado de Excepción de Emergencia Económica (...) se ha venido extendiendo en el tiempo de manera desproporcionada e inconstitucional cada ciento veinte (120) días", convirtiéndose a dicho estado "en la normalidad" para "permitir al presidente de la República dictar decretos con (...) Fuerza de Ley en materia económica contrariando así las disposiciones constitucionales, concentrando el poder, evadiendo el sistema de pesos y contrapesos" y "dejando vacía a la Asamblea Nacional de sus funciones propias y fundamentales en un Estado de Derecho (...) reduciendo, por consiguiente, los derechos fundamentales de los ciudadanos" (Alfonzo Paradisi 2016, 165).

En resumen, entonces, se reitera que las declaratorias de estados de excepción y las medidas adoptadas con ocasión de

---

[206] *Cfr.* Ley de Reforma de la Ley de Privacidad de Australia, por medio de la cual se dio base legal a la aplicación móvil de rastro COVIDSafe (Sira Santana 2020a).

los mismos tienen una duración máxima predeterminada por la CRBV y que, en caso que la crisis se extienda más allá de esta, corresponde a la Asamblea Nacional como máximo representante del pueblo soberano proceder a regular el supuesto por medio de ley formal (art. 202 constitucional), no siendo posible que se reediten nuevos decretos de excepción para continuar enfrentado el mismo supuesto de hecho, ya que este último habría perdido su cualidad de excepcional.

Por último, resulta oportuno mencionar que si la circunstancia social, económica, política, natural o ecológica que dio lugar a la declaratoria logra controlarse –o al menos mitigarse suficientemente– antes de que se cumpla el lapso previsto en el decreto de excepción o su prórroga, este habría de revocarse ya que las medidas en él previstas no seguirían siendo necesarias, en los términos comentados *supra*.

Esta revocatoria correspondería al Presidente de la República por aplicación del principio de paralelismo de las formas o a la Asamblea Nacional, como parte del control político que el constituyente le acuerda en el artículo 339, y, en criterio de la doctrina, "[s]e trata entonces de que el derecho excepcional además de estar sometido a término extintivo, está en otras circunstancias, sometido a una especie de condición resolutoria (cese de las causas que lo motivaron)" (Peña Colmenares 2014, 91), ambas como manifestación del carácter temporal de la excepción como característica intrínseca del tema objeto de estudio.

3. El principio de proporcionalidad

El tercer principio que nos corresponde abordar en esta investigación es el de proporcionalidad, entendida en el lenguaje común como la "[c]onformidad o proporción de unas partes con el todo o de cosas relacionadas entre sí" (Real Academia Española 2022j), y uno de los aspectos que presenta más desarrollo en el Derecho ordinario al estudiarse –sobre todo– como un elemento a considerar para lograr la más correcta protección de los derechos fundamentales frente al ejercicio de la función normativa, administrativa y jurisdiccional por parte del Estado (Bernal Pulido 2005; Carbonell 2008), con inclusión del ejercicio del *ius puniendi* (Silva Bocaney 2019, 91-98).

En este sentido, la proporcionalidad exige realizar un balance de costos y beneficios o análisis valorativo para determinar si las ventajas que una medida ofrece para el fin perseguido justifica sus eventuales efectos negativos, al estarle vedado al Estado implementar cualquier medida para perseguir sus resultados ya que siempre debe optar por aquella que causa un perjuicio menor; valorando en todo caso que exista una relación de concordancia de tiempo, extensión territorial y naturaleza entre el supuesto de hecho que se desea regular y la norma sancionada, así como sus implicaciones económicas y sociales. En otras palabras:

> El principio de proporcionalidad es una técnica que permite que la consecución de los intereses públicos que se buscan satisfacer con la actuación limitativa o restrictiva del legislador, no se haga a costa de los derechos o intereses de los particulares; es un punto de equilibrio entre ambos; va más allá de lo requerido por el respeto del contenido esencial, pues, para éste basta que el derecho fundamental no quede destruido o desvirtuado, así su imagen esté concebida como una realidad evolutiva, mientras que la proporcionalidad exige, además, que la intervención sobre el derecho sea adecuada y necesaria (Lárez Fermín 2019, 390).

Este principio está recogido –en cuanto al Derecho de excepción– en el artículo 4 de la LOEE según el cual "[t]oda medida de excepción debe ser proporcional a la situación que se quiere afrontar en lo que respecta a gravedad, naturaleza y ámbito de aplicación" y el artículo 40 *ejusdem*, que prevé que "[t]odos los jueces o juezas de la República, en el ámbito de su competencia de Amparo Constitucional, están facultados para controlar la justificación y proporcionalidad de las medidas adoptadas con base al estado de excepción". La Exposición de Motivos de la CRBV, en tanto, expresa que el artículo 338 gradúa las declaratorias de excepción en cuanto a sus circunstancias fácticas y duración, en consonancia con el planteamiento de la doctrina de que "han de preverse distintos estados de excepción, según la gravedad de los acontecimientos que deban ser conjuradas" y "los poderes extraordinarios han de ejercerse escalonadamente, reservando para las situaciones más extremas los medios más represivos y violentos" (Casal Hernández 2008, 175).

Así lo reiteran también el PIDCP y la CADH al señalar el primero que la restricción de garantías opera "en la medida estrictamente limitada a las exigencias de la situación" (art. 4 num. 1) en tanto la segunda, con una redacción similar, circunscribe el actuar del Estado a "la medida y por el tiempo estrictamente limitados a las exigencias de la situación" (art. 27 num. 1).

Los Principios de Siracusa, por su parte, precisan que "[a]l aplicar una limitación [a los derechos previstos en el PIDCP], un Estado no utilizará medios más restrictivos de lo que sea necesario para lograr el propósito de la limitación", siendo que "[l]a carga de justificar una limitación a un derecho garantizado por el pacto incumbe al Estado" (arts. 12 y 13), y, en caso de estados de excepción, "[l]a gravedad, duración y ámbito geográfico de toda medida de derogación se adaptarán a lo estrictamente necesario para hacer frente a la amenaza a la vida de la nación y deberán ser proporcionales a su naturaleza y alcance" (art. 51).

A pesar de lo anterior, la ONU ha "expresado su preocupación por el hecho de que no se presta suficiente atención al principio de proporcionalidad" visto que es común que se adopten medidas más allá de las estrictamente necesarias según los exigencias del caso y que los Estados ignoren su obligación de "justificar no solamente que la situación constituye un peligro para la vida de la nación, sino también que todas las disposiciones que suspenden la aplicación de disposiciones del Pacto son estrictamente necesarias según las exigencias de la situación" (ONU 2001, párrs. 4-5).

Es con base en estos postulados que la doctrina afirma que las medidas "dictadas en ejecución de los poderes de emergencia han de ser proporcionales a los hechos que las motivaron, debiendo evitarse que las mismas incidan excesivamente, o sea, más allá de lo necesario, en los derechos de los individuos", y "entre las distintas medidas aptas para afrontar la emergencia, ha de preferirse aquella que cause el menor agravio a esos derechos" (Casal Hernández 1993, 61); lo que hace necesario evaluar, caso por caso, la situación que acontece, la suficiencia o no del Derecho ordinario y cuáles serían las medidas de emergencia que se presentan como alternativa, debiendo optarse siempre por la que resulte menos lesiva para el disfrute de los derechos fundamentales, en correlación con el principio de necesidad (Zovatto 1990, 133).

De modo similar, Peña Colmenares (2014, 21–22) alude a la exigencia de que "exista una adecuación entre las circunstancias excepcionales y las medidas adoptadas por el Estado" y que "antes de adoptar unas de esas medidas (...) [se] realice una ponderación con la finalidad (...) de lograr que dicha respuesta sea adecuada para obtener el fin propuesto y (...) que la medida sea necesaria en cuanto que no quepa otra menos gravosa", en tanto Rondón de Sansó (2016, 285) concluye que "toda medida de excepción debe ser proporcionada a los hechos que se quieran afrontar en lo que respecta a la gravedad, naturaleza y ámbito de aplicación" y Badell Madrid (2020b, 338) que "todas las medidas dictadas con ocasión de un estado de excepción sólo pueden ser adoptadas como última ratio para evitar o frenar las circunstancias que ocasionaron la declaratoria del estado de emergencia", por lo que "cualquier medida adoptada en el marco de un estado de excepción debe estar circunscrita a las materias estrictamente relacionadas con la emergencia declarada, de modo que en ninguna circunstancia pueden regularse materias no conexas al estado de excepción".

En resumen, cuando aludimos al principio de proporcionalidad estamos haciendo referencia a la adecuación, idoneidad, coherencia y justificación que debe existir entre el fin que persigue el Estado (controlar la circunstancia excepcional) y los medios que utiliza para materializarlo (declaratoria del estado de excepción y restricción de garantías, por ejemplo), apartándose de los excesos que puedan afectar ilegítimamente los derechos los individuos aun cuando obren a favor del fin mencionado.

De este modo, la invocación del Derecho de excepción será proporcional en la medida en que el mismo se ajuste a los parámetros indicados *supra* pues, en caso contrario, "todo exceso en el empleo de los medios convierte en ilegítima 'la defensa' [del Estado], la que se transforma así en agresión" (Despouy 1999, 38), lo que deriva no solo en la no solución del problema original sino el potencial aumento de su nocividad para el Estado y la sociedad.

4. El principio de no discriminación

A pesar de que el Derecho venezolano no prevé a la igualdad y no discriminación como un principio que debe tenerse particularmente en cuenta en materia de estados de excepción, hemos de mencionar que tanto la CADH como el PIDCP precisan que las medidas que se adopten producto de una declaratoria de este tipo no pueden entrañar "discriminación alguna fundada en motivos de raza, color, sexo, idioma, religión u origen social" (art. 27 num. 1 de la Convención), en tanto el Pacto reitera el planteamiento pero agrega que las disposiciones serán conforme con Derecho siempre que "no entrañen discriminación alguna fundada únicamente en motivos de raza, color, sexo, idioma, religión u origen social".

Esta inclusión del término "únicamente" en el PIDCP podría dar pie a discusiones sobre si la CADH plantea un régimen más garantista que el Pacto al no adjetivar la prohibición, lo que según la doctrina constituye una circunstancia que "tiende a acentuar el móvil discriminatorio de las medidas" (Despouy 1999, 42), a pesar de que el uso del adverbio ha sido comprendido como aquellos casos en los que "las medidas estrictamente requeridas para la situación involucran acciones dirigidas contra –o que afecten especialmente– a grupos pertenecientes, por ejemplo, a una raza o religión en particular" (Questiaux 1982, 18, traducción nuestra).

En todo caso, se trata de una distinción que estimamos poco relevante para el Derecho de excepción venezolano ya que, producto del artículo 339 de la CRBV estudiado en el Capítulo III de esta investigación, tanto el PIDCP como el CADH resultan aplicables a las declaratorias de excepción en el país por lo que, al brindar esta última una protección más completa en contra de la discriminación y a favor del principio de la igualdad, la misma ata al actuar del Estado venezolano, independientemente del contenido del PIDCP que, recordemos prevé en el numeral 2 de su artículo 5, "[n]o podrá admitirse restricción (...) de ninguno de los derechos humanos fundamentales reconocidos o vigentes en un Estado Parte en virtud de leyes, convenciones, (...), so pretexto de que el presente Pacto no los reconoce o los reconoce en menor grado".

Aunado a lo anterior, a pesar de que ninguno de estos textos incluye formalmente a la igualdad como una de las garantías no restringibles –a diferencia de la LOEE que hace lo propio en el numeral 4 de su artículo 7– impera el criterio que otrora expuso las Naciones Unidas en cuanto a que "existen elementos o dimensiones del derecho a la no discriminación que no admiten excepción en circunstancia alguna" (ONU 2001, párr. 8) al estimarse como "uno de los principios fundamentales del derecho internacional de los derechos humanos" (O'Donell 2004, 915), por lo que, incluso en casos excepcionales, debe tenerse presente que "ante una misma situación todos han de tener idénticos derechos e idénticas obligaciones", teniéndose en cuenta que "el principio de la igualdad (...) no es absoluto" pues se trata "de una igualdad relativa, limitada a los ciudadanos que se hallan en idénticas condiciones especiales tenidas en cuenta por la misma ley" (Sosa Gómez 1980, 39)[207].

---

[207] Para la autora, "[l]a idea de la igualdad debe dirigir todo el régimen jurídico" –lo que incluiría al régimen jurídico de excepción, dado el principio analizado– ya que, "[e]n definitiva, la armonía con la base política fundamental de nuestra sociedad, es la igualdad de los individuos entre ellos, es decir, la armonía de la democracia política se sustenta en: cada ciudadano tiene, en abstracto, las mismas posibilidades", sea que "[l]a desigualdad jurídica se presenta cuando se confiere a ciertas

Lo anterior, dado que "el principio de no discriminación es inherente a la dignidad de la persona y al Derecho de los derechos humanos" (Faúndez Ledesma 1996, 57) y "existe una presunción contra la licitud de toda forma de discriminación y sería sumamente difícil demostrar que no existen alternativas al empleo de medidas discriminatorias, o que (...) comportarían consecuencias aún más graves para el goce de los derechos humanos" (O'Donell 2004, 1022), de lo que se desprende que otras formas de discriminación no expresamente previstas por la CADH o el PIDCP -como lo sería por ejemplo por motivo de nacionalidad- también queden proscritas.

5. El principio de compatibilidad con el Derecho internacional

El principio de compatibilidad de los estados de excepción con las obligaciones del Derecho internacional no está previsto de modo expreso ni en la CRBV ni la LOEE, pero fue insertado en el ordenamiento jurídico gracias al artículo 339 del texto constitucional que hace suyo a las previsiones del PIDCP y de la CADH, encontrándose el principio en el numeral 1 del artículo 4 del primero y el numeral 1 del artículo 27 de la segunda al señalar ambos que los Estados podrán adoptar medidas excepcionales siempre que "tales disposiciones no sean incompatibles con las demás obligaciones que les impone el derecho internacional".

De este modo, los textos citados plantean la necesaria armonización y complementariedad que debe existir entre el Derecho nacional e internacional incluso en casos de urgencia, evitando que producto de la crisis los Estados desconozcan sus obligaciones en el marco interno o externo pues, como plantea la doctrina, "[l]o que está implícito en esta exigencia de compatibilidad es la preeminencia de las normas favorables a la protección de los derechos humanos" (Despouy 1999, 43), visto

---

categorías de personas derechos mayores que a otras. Y el estatuto que rige para esas personas privilegiadas no solamente es diferente del estatuto normal, sino más favorable".

que ambos textos se entienden como de "derechos mínimos" y no coartan el ejercicio de otros derechos conforme con una protección mayor que les conceda otro instrumento internacional (Faúndez Ledesma 1996, 55).

De ahí que autores como O'Donell (2004, 985) señalen que "estas cláusulas desautorizan toda suspensión de una norma sobre derechos humanos que surtiría efectos incompatibles con las normas del derecho internacional humanitario", en tanto Zovatto (1990, 100-101) alude a la importancia de salvaguardar las previsiones de los Convenios de Ginebra de 1959 y sus protocolos adicionales de 1977, además de la Convención para la Prevención y Sanción del Delito de Genocidio, en tanto los Principios de Siracusa añaden los convenios internacionales en materia laboral luego de precisar que "[l]a proclamación de buena fe de un estado de excepción permite suspender obligaciones específicas del Pacto pero no autoriza una inobservancia general de las obligaciones internacionales" (Comisión de Derechos Humanos de las Naciones Unidas 1984, art. 66).

En resumen, como planteó la ONU en su Observación General de 2001, el Derecho de excepción "no puede interpretarse como justificación para suspender la aplicación de disposiciones del Pacto si tal suspensión entrañase la infracción de otras obligaciones internacionales del Estado, contraídas ya sea en virtud de un tratado o del derecho internacional general" (ONU 2001, párr. 9), por lo que resulta imperativo que las autoridades estatales -y la población- tengan plena consciencia de los instrumentos de Derecho internacional de los que es parte la República a fin de evitar que los derechos o garantías previstos en alguno de ellos sea vulnerado o restringido de forma ilegítima como consecuencia de un estado de excepción.

6. El principio de proclamación

De paso a los principios de forma que rigen al Derecho de excepción se tiene en primer lugar al principio de proclamación, reconocido en el numeral 1 del artículo 4 del PIDCP como un método para evitar los estados *de facto*, entendidos como la adopción de medidas extraordinarias sin que previamente se haya declarado la excepción -o que se mantengan las mismas cesada esta última de forma oficial- en lo que constituye un "incumplimiento del requisito de publicidad con que deben ser acompañadas las medidas de excepción" (Despouy 1999, 56), visto que "el Estado que recurra a las instituciones de excepción está obligado a proclamar o dar a conocer previamente y de manera general a toda la población la existencia de la situación de emergencia de carácter excepcional" (Meléndez Padilla 1997, 101).

Así, el numeral mencionado del PIDCP prevé que "[e]n situaciones excepcionales que pongan en peligro la vida de la nación y cuya existencia haya sido proclamada oficialmente los Estados Partes en el presente Pacto podrán adoptar disposiciones (...)". Ello es desarrollado en los Principios de Siracusa, según los cuales todo Estado que "suspenda sus obligaciones en virtud del Pacto hará una proclamación oficial de la existencia de una situación de excepción que amenaza la vida de la nación" y dicha proclama debe darse de acuerdo con los procedimientos que el Estado determine antes de que ocurra la excepción (Comisión de Derechos Humanos de las Naciones Unidas 1984, arts. 42-43).

En este sentido, el principio de proclamación -o de publicación, como también se le conoce en el Derecho interno (Peña Colmenares 2014, 24)- plantea la necesidad de que el decreto de excepción conste en un documento oficial y que sea divulgado también por medios oficiales, a fin de que se especifiquen y den a conocer a la población los hechos que constituyen la excepción, las medidas calificadas como necesarias y proporcionadas, y su duración (Zovatto 1990, 89; Fix-Zamudio 2004, 829), todo lo cual facilita el control de este régimen excepcional.

Esta exigencia del PIDCP es reiterada en el artículo 22 de la LOEE según el cual el decreto que declare la excepción "deberá ser publicado en la Gaceta Oficial de la República (...) y difundido en el más breve plazo por todos los medios de comunicación social, si fuere posible", a pesar de que el mismo artículo precisa que el estado de excepción entrará en vigencia una vez sea dictado según desarrollamos *supra*, cuyas reflexiones damos por reproducidas en este acápite.

7. El principio de notificación

Finalmente, tanto el numeral 3 del artículo 4 del PIDCP como el numeral 3 del artículo 27 de la CADH plantean que "[t]odo Estado (...) que haga uso del derecho de suspensión deberá informar inmediatamente a los demás Estados Partes (...) por conducto del Secretario General (...) [de la ONU o de la OEA, respectivamente], de las disposiciones cuya aplicación haya suspendido" y sus motivos, debiendo notificarse a su vez cuando termine la restricción comentada.

Estas disposiciones son profundizadas en los Principios de Siracusa que prevén en su artículo 45, sin perjuicio de que los Estados partes soliciten información adicional a tenor del artículo 46 *ejusdem*, que:

> La notificación contendrá suficiente información para que los Estados partes puedan ejercer sus derechos y cumplir sus obligaciones en virtud del Pacto. En particular incluirá: a) Las disposiciones del Pacto que han sido derogadas; b) Un ejemplar de la proclamación del estado de excepción junto con las disposiciones constitucionales, la legislación o los decretos que rijas el estado de excepción para ayudar a los Estados partes a comprender el alcance de la derogación; c) La fecha efectiva de la imposición del estado de excepción y el período para el que ha sido proclamado; d) Una explicación de los motivos que indujeron al gobierno a adoptar la decisión de derogar las disposiciones con una breve descripción de las circunstancias que llevaron a la proclamación de estado de excepción; e) Una breve descripción del efecto previsto de las medidas de derogación sobre los derechos reconocidos por el Pacto, con copias de los decretos proclamados antes de la notificación por los que se suspenden esos derechos.

A lo que las Naciones Unidas agregó por medio de la Observación General n° 29 ya citada que esta notificación es "esencial no solamente para que el Comité pueda desempeñar sus funciones, especialmente la de evaluar si las medidas tomadas por el Estado Parte eran las estrictamente requeridas por las exigencias de la situación", sino "para permitir que los Estados Partes cumplan con su obligación de velar por el cumplimiento de las disposiciones del Pacto", por lo que no basta una comunicación sumaria pues deben brindarse suficientes datos y detalles que permitan el ejercicio de tal control (ONU 2001, párr. 17).

De este modo, así como el principio de proclamación persigue –en parte– que la declaratoria del estado de excepción sea conocida dentro del Estado donde se dictó, el principio de notificación busca ese mismo objetivo pero en cuanto a la comunidad internacional a fin de comunicar "la imposibilidad de cumplir transitoriamente ciertas obligaciones estipuladas" en el PIDCP y la CADH, según sea el caso, tratándose en consecuencia de un requisito formal que "juega un papel sumamente importante en tanto prerrequisito cuyo cumplimiento habilita a los Estados a prevalerse de las cláusulas de derogación" (Despouy 1999, 30).

A ello se añade que, gracias a la notificación oportuna, el resto de los Estados puede dar seguimiento a la implementación del Derecho de excepción donde tuvo lugar la declaratoria y controlar que la misma cumpla con las exigencias del Derecho internacional en la materia, de lo que deriva que, en el caso hipotético que luego se demande la responsabilidad del Estado, se estimen como legítimas únicamente aquellas medidas que hayan sido oportunamente notificadas (Zovatto 1990, 90–91).

Así lo reitera el foro nacional al mencionar que "el propósito de la notificación (...) es permitir la supervisión internacional en dos aspectos: (...) constatar si las características de la emergencia alegada (...) corresponden a las previstas por la Convención" y "controlar si el uso que los Estados hacen de este derecho, y la forma como lo aplican, es compatible con los propósitos de la Convención" (Faúndez Ledesma 1996, 64–65). A lo que podríamos añadir un tercer elemento, como lo es la protección de nacionales de otros Estados que residan o se encuentren en el territorio donde se declaró la excepción, bien sea informándoles de la situación para que tomen las medidas conducentes a su salvaguarda o facilitándoles o procediendo a su extracción si las circunstancias del caso así lo ameritan al estar en riesgo su integridad o vida.

II. LOS ESTADOS DE EXCEPCIÓN COMO DEFENSA DEL ORDEN CONSTITUCIONAL

Con base en las reflexiones efectuadas hasta el momento, se aprecia que el Derecho de excepción es una parte integrante del Estado de Derecho cuya finalidad es que, incluso ante sucesos imprevistos y graves, las autoridades estatales cuenten con un marco jurídico en el que consten tanto sus competencias como sus limitaciones, para de ese modo evitar cualquier abuso de poder que devenga en violaciones de los derechos fundamentales de los individuos.

Se trata de un ordenamiento paralelo con fundamento constitucional y legal –en adición a los principales tratados internacionales sobre la protección de los derechos humanos– que puede activarse solo en caso que sea verdaderamente necesario para la defensa del Estado y sus condiciones existenciales (territorio, población y poder institucionalizado), ya que si el ordenamiento jurídico ordinario no ha sido sobrecogido por la crisis, las autoridades deben valerse del mismo para atender los requerimientos de la sociedad.

Ese ordenamiento extraordinario, como toda norma jurídica, debe atender a los principio de proporcionalidad, racionalidad, igualdad y publicidad, no bastando en consecuencia que derive de una autoridad legítima para que sea válido.

Además, visto que afecta el reparto competencial previsto a nivel constitucional, la reserva legal y al pueblo soberano al momento de limitar sus derechos ya que tal restricción no devendrá de sus representantes sino del Jefe del Estado, el Derecho de excepción se caracteriza por su temporalidad, a diferencia del Derecho ordinario que tiene vocación de permanencia.

Todo estado de excepción que vulnera estos preceptos, lejos de propender a la defensa del orden constitucional, se constituye en un régimen que favorece la arbitrariedad y en el que sus autoridades, con especial mención al Ejecutivo Nacional, se apartan de la legalidad y dejan de obrar conforme con normas preexistentes, generales y precisas como lo exige el Estado de Derecho (La Roche 1988, 383), en lo que bien podría retrotraernos a la época del Absolutismo cuando el monarca dictaba y aplicaba la ley a conveniencia. No en vano, como expuso Schmitt (1968, 49), "[q]uien domine al estado de excepción, domina con ello al Estado, porque decide cuándo debe existir este estado y qué es lo que la situación de las cosas exige".

De ahí, que el Estado de Derecho disponga férreos límites a los estados de excepción a fin de garantizar los derechos fundamentales pues, si bien es cierto que "[l]a necesidad tiene sus propias leyes" (Leal 2003, 337), ello no equivale a que ante dicha necesidad los gobernantes dejan de estar sometidos al Derecho, pues el cumplimiento de este último siempre es obligatorio como una de las características que permite diferenciarlo de otros órdenes sociales como la moral o los convencionalismos (García Máynez 2002, 15-35).

Así lo dejó asentado también la Corte Primera de lo Contencioso Administrativo en fallo del 19-12-2002 con ponencia de Perkins Rocha Contreras (Ramos Fernández 2002, 135), donde sostuvo que "la suspensión de la garantía (...) implicaría una suspensión temporal de aplicación de la normativa específicamente señalada; provocada por el surgimiento de una legislación ejecutiva de emergencia que se superpone a la ordinaria durante la vigencia de la medida", pero:

> ...no puede considerarse de forma alguna sin caer en una contradicción jurídica de lo más infeliz, que la suspensión de una garantía constitucional, implica la suspensión de toda la legislación relacionada, puesto que ello conllevaría a un caos social aún mayor que el que se pretende corregir con el estado de excepción.

En tanto, la CorteIDH sostuvo en su Opinión Consultiva OC-8/87 del 30-01-1987 que hay situaciones excepcionales que hacen "lícito para el gobierno aplicar determinadas medidas restrictivas a los derechos y libertades que, en condiciones normales, están prohibidas o sometidas a requisitos más rigurosos", pero ello no comporta "la suspensión temporal del Estado de Derecho o (...) autorice a los gobernantes a apartar su conducta de la legalidad a la que en todo momento deben ceñirse" (CorteIDH 1987b, párr. 24)[208].

¿Qué ocurre si el Presidente de la República dicta entonces un estado de excepción que se aparta de los principios estudiados en este Capítulo y las aproximaciones doctrinales que hemos traído a colación a lo largo de esta investigación? La respuesta sería que dicha declaratoria no estaría amparada por el Derecho de excepción y consistiría, más bien, en un régimen *de facto* por el que una autoridad pasa a concentrar el poder en detrimento del Estado de Derecho y sus garantías de supremacía constitucional, reserva legal, responsabilidad y control jurisdiccional universal.

Esto ocurre, por ejemplo, cuando un estado de excepción es prorrogado sistemáticamente o sus disposiciones se siguen aplicando incluso luego de ser suspendido y a pesar de que el peligro inminente haya sido superado, por lo que el Ejecutivo había de regir su actuar con base en el Derecho ordinario y no convertir a la excepción en la nueva regla (Despouy 1999, 55-66).

Así, se trata de un planteamiento que no es meramente teórico al ser la historia latinoamericana y venezolana -tanto antes como después de la CRBV, según desarrollaremos en el Capítulo V de esta investigación- "rica en ejemplos, [de que]

---

208 La Corte agregó que "resulta también ilegal toda actuación de los poderes públicos que desborde aquellos límites que deben estar precisamente señalados en las disposiciones que decretan el estado de excepción, aún dentro de la situación de excepcionalidad jurídica vigente", lo que es extensivo a los actos particulares que se dicten con ocasión de la restricción de garantías, ya que estos "tampoco pueden apartarse de esos principios generales (...) como ocurriría si tales medidas violaran la legalidad excepcional de la emergencia, si se prolongaran más allá de sus límites temporales, si fueran manifiestamente irracionales, innecesarias o desproporcionadas, o si para adoptarlas se hubiere incurrido en desviación o abuso de poder" (CorteIDH 1987b, párrs. 38-39).

muchos estados de excepción no han sido otra cosa que una máscara aparentemente legal para disfrazar su verdadera naturaleza: el ser una auténtica dictadura represora de los derechos humanos" (Zovatto 1990, 56).

En este sentido, continua el autor:

> En estos casos, el régimen de emergencia pierde su verdadero sentido y naturaleza: defender al Estado de un peligro nacional, convirtiéndose por el contrario, en el recurso ilegítimo de un gobierno en contra de su propia sociedad. Se pretende mediante este mecanismo transformar una sociedad en la que no se tiene apoyo, postulando un nuevo orden social, en el que el gobierno aspira a contar con el mismo (Zovatto 1990, 56).

En breve: el Derecho de excepción tiene como finalidad proteger las instituciones del Estado Democrático de Derecho; no ser un mecanismo para abstraerse del mismo y dictar -otras- normas que le sean más convenientes a la fuerza política dominante para justificar su actuar contrario a Derecho, dotándolo de cierto halo de legalidad que le permita negar su responsabilidad posterior o excepcionarse de los mecanismos de control previstos por el legislador y el constituyente, pues hemos de tener presente que "ni la suspensión ni la restricción de derechos constitucionales impiden al Congreso [hoy Asamblea Nacional] el ejercicio de sus facultades de legislación y control" (Ayala Corao 1989, 28).

Así, durante la excepción el Estado queda sometido a una legalidad también excepcional que, aun cuando tiene principios y facultades que le son propias, no ignora la supremacía constitucional y el sistema de pesos y contrapesos, ni tampoco el deber del Estado de garantizar el núcleo esencial de los derechos fundamentales, la seguridad jurídica y la división e independencia de los poderes públicos.

De ahí, como vimos, que estas declaratorias no interrumpan el funcionamiento de los órganos del Poder Público (art. 339 de la CRBV) y toda persona tenga el derecho a ser amparada por los tribunales en el goce y ejercicio de los derechos y garantías constitucionales incluso luego de una declaratoria de estado de excepción (art. 27 *ejusdem*), conocida la facilidad con la que una vez se produce esta declaratoria las autoridades son más propensas a cometer abusos en contra de los mencionados derechos.

Es con motivo de lo anterior que cobran especial relevancia aproximaciones como las de Andueza (1980, 13) en cuanto a que, "[e]l derecho, y en especial el derecho constitucional, está sometido al cumplimiento de dos grandes valores sociales: la justicia y la seguridad", por lo que sin seguridad jurídica el ordenamiento –ordinario o de excepción– resulta infructífero, por no decir inútil.

En otras palabras, si las circunstancias excepcionales requieren de un Derecho también excepcional para que el Estado pueda brindar una respuesta que sea cónsona con su razón de ser y los fines para los cuales las personas lo crearon como entelequia, al ser este Derecho excepcional parte integrante del ordenamiento jurídico como un todo, el mismo estará sometido a las exigencias que derivan de la consagración del Estado como un –valga la cacofonía– Estado Democrático de Derecho, con especial mención a que debe ofrecer un grado tal de seguridad jurídica que permita tanto a las autoridades como a los individuos conocer cuáles son sus facultades y limitaciones o derechos y obligaciones.

Es aquí donde, estimamos, se produce una divergencia entre el Derecho de excepción y las emergencias económicas como tipología autónoma del estado de excepción prevista en el artículo 338 de la CRBV y "desarrollada" en los artículos 10 a 12 de la LOEE, dada la vaguedad que caracteriza a estas últimas y que facilita su instrumentalización por parte de la fuerza política dominante, no para defender el orden constitucional, sino instaurar uno que le resulte más conveniente.

Por este motivo, de seguida pasamos a resumir algunos motivos que, en nuestro criterio y según hemos ido comentando a lo largo de esta investigación, permiten sostener que existe una incompatibilidad de la emergencia económica con el Derecho de excepción, para luego hacer un pareo de cuáles medios que ofrece el ordenamiento jurídico podrían ser más efectivos y garantistas que las emergencias económicas.

1. La incompatibilidad de la emergencia económica con el Derecho de excepción

De acuerdo con la doctrina, las emergencias económicas "[s]e originan, o son la respuesta, ante: crisis económicas profundas que obedezcan a factores coyunturales. De tener causas estructurales, obviamente las medidas temporales serán inoperantes" (Leal 2003, 337).

Esta realidad atisba uno de los principales problemas que presenta la emergencia económica como categoría autónoma del estado de excepción, ya que cuando esta crisis tiene su origen en problemas que el Estado ha venido arrastrando de forma sistemática como consecuencia de una errada política económica-financiera o el incorrecto ejercicio de las atribuciones que le concede el ordenamiento jurídico, el deterioro de la economía nacional no devendría de un hecho excepcional o sobrevenido tal como lo exige el Derecho de excepción.

En tal sentido, admitir la activación de este Derecho en escenarios como los narrados equivaldría prácticamente a recompensar la inoperatividad o ineficiencia de las autoridades gubernamentales, dotándolos de nuevas y peligrosas competencias para que hagan lo que no lograron con el ordenamiento jurídico ordinario. Incluso cuando puede que tal inacción responda a su mala fe, justamente, para poder acudir al Derecho de excepción y así contar con una mayor cuota de poder frente al resto de los poderes constituidos y los individuos.

Por la otra parte, si se trata de una crisis que deviene de factores coyunturales, entendidos como la "[c]ombinación de factores y circunstancias que se presentan en un momento determinado" (Real Academia Española 2022c), la historia nos demuestra que estos hechos suelen poder enlazarse con la idea de catástrofes, calamidades públicas y conflictos internos o externos, en cuyo caso lo procedente sería declarar el estado de alarma o de conmoción según corresponda. Ambos dotados de una mayor objetividad que la emergencia económica, si bien tampoco de la precisión deseada como comentamos en el Capítulo III de este trabajo.

Muestra de lo aquí afirmado lo constituyen los antecedentes históricos de los estados de excepción desarrollados en los Capítulos I y II tanto en el mundo occidental como en Venezuela como caso de estudio, donde se apreció que producto de la Primera y la Segunda Guerra Mundial los Estados fueron dados a imponer ciertas restricciones en materia económica tales como la declaración de artículos de primera necesidad (alimentos, medicinas, combustible, entre otros) y su precio máximo de venta al mayor y al detal, así como la requisición y el racionamiento de alimentos.

A este ejemplo de implicaciones económicas de una conmoción exterior se agrega, de más reciente data, las medidas tomadas por algunos Estados con ocasión de la pandemia COVID-19 como supuesto que podríamos vincular con las catástrofes y calamidades públicas (estado de alarma) y que en Venezuela llevó al control de los arrendamientos y créditos, como tendremos oportunidad de mencionar en el Capítulo V de este trabajo.

En breve: al ser las circunstancias extraordinarias económicas una consecuencia y no la verdadera causa de la excepción, lo procedente es que las mismas fuesen atendidas por el resto de los medios que prevé el ordenamiento y no a través de una institución autónoma como lo es la emergencia económica, pues en estos casos también podría hablarse de emergencias civiles, políticas y de otros tipos vinculadas con el amplio abanico de derechos que prevé el texto constitucional, facilitándose en definitiva la invocación del Derecho de excepción en detrimento del orden común y las garantías que él prevé.

Estamos conscientes que lo aquí afirmado está influenciado por la experiencia venezolana vivida del año 2015 al año 2021, período en el cual el Ejecutivo Nacional se apartó del Derecho de excepción como medio para preservar los valores de una sociedad democrática y lo instrumentalizó para alcanzar objetivos partidistas, según desarrollaremos en el próximo Capítulo.

No obstante, estimamos que tal situación no es más que el ejemplo más reciente de la incompatibilidad aquí esgrimida, visto que antes de la entrada en vigencia de la CRBV ya en el país se constataban abusos del Derecho de excepción gracias a la restricción perenne de las libertades económicas durante la segunda mitad del siglo XX[209], lo que dio lugar a que la doctrina destacara que, con los decretos de suspensión de las garantías económicas durante la vigencia de la Constitución de 1961:

> ...el Poder Ejecutivo se estaría autoatribuyendo una facultad ilimitada para modificar toda la legislación económica de la República sin necesidad de autorización legislativa alguna, lo cual es tanto más absurdo en presencia de (...) la Constitución vigente que permite la "delegación" legislativa y hace innecesario acudir al expediente de los Decretos de Emergencia para formular reglas de derecho que prevalezcan sobre las leyes con base en supuestas o reales interpretaciones del interés colectivo por parte del Ejecutivo (Melich Orsini 1980, 53).

En tanto, fuera de nuestras fronteras la situación no suele ser muy diferente como atestiguó (Agamben 2005, 52) al exponer que, luego de pasados par de años desde la Primera Guerra Mundial, Inglaterra declaró múltiples emergencias económicas para garantizar la provisión de alimento, agua, combustible,

---

[209] Véase un ejemplo práctico en el fallo de la Corte Suprema de Justicia en Sala Plena del 12-11-1996 (Magistrado Ponente: Cecilia Sosa Gómez) según el cual "el decreto (...) contentivo de las Normas para Garantizar la Estabilidad del Sistema Financiero y Proteger a los Depositantes, fue dictado por el Presidente de la República con base en el decreto n° 241 (...) el cual suspendió en todo el territorio nacional la garantía prevista en el ordinal 1° del artículo 60 de la Constitución de la República (...). Por tanto, resulta claro que la normativa contenida en el Decreto n° 248, corresponde a la llamada legislación ejecutiva de emergencia, dictada por el Presidente de la República precisamente en atención a la mencionada suspensión de garantías. Tales normas no forman parte de la legislación ordinaria, son legislación de emergencia" que "suspende, temporalmente, la legislación ordinaria que se le oponga" (Ramos Fernández 1996, 132).

energía eléctrica, transporte y todo "aquello que es necesario para la vida" de su población, limitándose en consecuencia la libertad económica de esta última y favoreciéndose el intervencionismo y la planificación estatal en tiempos de paz, en los términos criticados por Hayek (2008).

Esta realidad nos lleva a recordar lo expuesto por la CorteIDH (1987b, párr. 20) en cuanto a que "la suspensión de garantías no puede desvincularse del 'ejercicio efectivo de la democracia representativa'" y tal suspensión –o restricción, en los términos más aceptados por la doctrina y la propia CorteIDH en la Opinión Consultiva citada– "carece de toda legitimidad cuando se utiliza para atentar contra el sistema democrático, que dispone límites infranqueables en cuanto a la vigencia constante de ciertos derechos esenciales de la persona".

Con base en este planteamiento, entonces, hemos de rechazar toda posibilidad de que el Derecho de excepción pueda ser instrumentalizado para dar paso a la desviación del poder o el desconocimiento del Estado de Derecho, siendo la emergencia económica prevista en el artículo 338 de la CRBV el medio más sencillo con el que actualmente cuenta el Presidente de la República para lograr ese desprendimiento de la democracia representativa y del sistema democrático.

Esto, bajo un aparente marco de legalidad –los ya estudiados artículos 338 de la CRBV y 10 a 12 de la LOEE– que, en realidad, se perfilan como un Caballo de Troya para la salvaguarda de nuestros derechos fundamentales, tal como se constatará al estudiar en el Capítulo V de este trabajo las declaratorias de emergencia económica en el país durante el período 2015-2021 y como estas, por ejemplo, vulneraron los derechos políticos de los venezolanos al diezmarse el carácter representativo de la Asamblea Nacional y asumir el Ejecutivo Nacional sus funciones.

Ahora, ¿Por qué es la emergencia económica un Caballo de Troya? La respuesta a esta interrogante nos retrotrae al Capítulo III de este trabajo cuando, al analizar el fundamento jurídico de este tipo de estado de excepción, constatamos que el constituyente se limitó a prever que "[p]odrá decretarse el estado de emergencia económica cuando se susciten circunstancias económicas extraordinarias que afecten gravemente la vida económica de la Nación. Su duración será de sesenta días prorrogables por un plazo igual" (art. 338 primer aparte), lo que luego reiteró el legislador en los artículos 10 a 12 de la LOEE que son del siguiente tenor:

> Artículo 10. El estado de emergencia económica podrá decretarse cuando se susciten circunstancias extraordinarias que afecten gravemente la vida económica de la Nación.
> Artículo 11. El decreto que declare el estado de emergencia económica dispondrá las medidas oportunas, destinadas a resolver satisfactoriamente la anormalidad o crisis e impedir la extensión de sus efectos.
> Artículo 12. El Presidente de la República, en Consejo de Ministros, podrá decretar el estado de emergencia económica en todo en parte del territorio nacional. Su duración será hasta sesenta días, prorrogable por un plazo igual, de conformidad con la Constitución de la República Bolivariana de Venezuela y la presente ley.

Estos artículos ofrecen más preguntas que respuestas sobre la emergencia económica ya que –como desarrollamos *supra*– no dejan en claro cuándo procede una declaratoria de este tipo ni las medidas que pueden adoptarse con base en la misma, siendo la ambigüedad legislativa mayor a la presentada en cuanto al estado de alarma y los estados de conmoción que brindan más luces al respecto, aunque también de forma insuficiente si consideramos que estamos haciendo referencia a un "recurso extremo del derecho" que, como tal "no puede estar ajen[o] a sus reglas y principios" (O'Donell 2004, 983).

Tal es así, que en los propios Diarios de Debate de la Constituyente de 1999 (Brewer-Carías 2000b, 845–46) se pueden encontrar intervenciones de diputados que alertaban sobre la necesidad de corregir la "forma tan amplia y tan vaga" en que se estaba consagrando –y terminó consagrándose sin mayores cambios– el Derecho de excepción en la CRBV, ya que "estamos en situaciones excepcionales, donde deben estar muy claramente expuestos los supuestos para su actualización" y:

> ...el decreto debería estar referido a materias que tengan relación directa y específica con la situación que hubiere determinado el estado de excepción y deberá ser proporcional a la gravedad de los hechos. Es decir, que tiene que haber una correspondencia entre las medidas que se adopten para la restricción de las garantías y las decisiones que se adopten, estando presente la proporcionalidad.

De este modo, a pesar de que uno de los principios fundamentales de la excepción es su interpretación en términos restrictivos como mecanismo para evitar que este poder sea ilimitado[210], disposiciones como las citadas más bien favorecen que esta interpretación sea extensiva o amplia, ya que queda a juicio del Presidente de la República determinar cuándo hay una emergencia de esta naturaleza, sin que el legislador o el constituyente le hayan provisto al menos de un listado de criterios que tal mandatario debe valorar a título enunciativo.

Esta indeterminación del ordenamiento jurídico venezolano obra en contra de la seguridad jurídica como uno de sus elementos constitutivos y tergiversa la finalidad del Derecho de excepción, que pasa de "la preservación del Estado de derecho y del principio de legalidad" (O'Donell 2004, 982), a la conservación de lo que el Ejecutivo estime pertinente de protección en un momento dado, bastándole para ello argumentar que la situación guarda relación con los derechos económicos -por ejemplo, la disposición de bienes y servicios de calidad prevista en el artículo 117 de la CRBV- o la "vida económica de la Nación", siendo una realidad que existe un sinfín de actividades que inciden en esta última y, por ende, podrían ser utilizados como títulos habilitantes para instaurar -y prorrogar indefinidamente- un régimen de excepción.

En este sentido, y sin dejar de lado que es cierto que las situaciones extraordinarias por su propia naturaleza se apartan de la posibilidad de su cercada previsión legislativa, somos del criterio que si, como bien plantea la doctrina, el Estado de De-

---

210 CorteIDH, sentencia del 27-11-2013 (caso: *J. v. Perú*. Excepciones preliminares, fondo, reparaciones y costas), serie C, n° 275, párr. 124.

recho "es un régimen en el que el Derecho regula minuciosa e imperativamente la vida y actividad del Estado, la sistematización y el funcionamiento de sus órganos y de sus relaciones con los derechos de las personas" (Araujo-Juárez 2017, 121), no puede esperarse menos del Derecho de excepción como parte integrante de este Estado ya que la parte (los estados de excepción y la emergencia económica) nunca pueden ir contra el todo (Estado de Derecho).

Lo anterior, en parte, para asegurar que los decretos de excepción no sean utilizados para establecer nuevas políticas públicas que el ordenamiento jurídico ordinario proscribe o al menos ralentiza, pues una vez más recordamos que el objeto de esta institución es restablecer el orden constitucional; no instaurar uno nuevo para lo cual existen otros medios que sí resultan idóneos como sería el caso de la reforma o enmienda constitucional.

Así las cosas, estimamos que la consagración actual de la emergencia económica en la CRBV resulta incompatible con el Derecho de excepción y abona a lo que la doctrina llamó la "paradoja de la Administración Pública Venezolana" (Meier 1981, 52), en el sentido que, cuando el gobierno:

> ...cuenta con normas precisas para cumplir sus fines en cualesquiera de los sectores de actividad que le corresponde desarrollar, entonces argumentando incapacidad técnica, deficiencia presupuestaria y falta de personal, no ejecuta las atribuciones que le han otorgado para controlar de manera racional y respetando los derechos de los particulares, las actividades contrarias al interés público y al orden público y social.

En cambio, continúa el autor, "esa incapacidad para administrar, pretende ser subsanada con prácticas destinadas a aparentar eficacia en el cumplimiento de las tareas públicas, mediante actos absolutamente irregulares".

Esto, porque si la circunstancia extraordinaria que se pretende atender con la declaratoria de emergencia económica responde a causas estructurales o sistemáticas, el actuar del Ejecutivo Nacional debería ceñirse a aplicar las normas que integran el ordenamiento jurídico ordinario y no –como la historia confirma y el tipo de estado de excepción estudiado facilita– argumentar que tales disposiciones le resultan insuficientes para hacer frente a la situación que aqueja al país, por lo que existe una "incapacidad para administrar" y se hace imperativo acudir al Derecho de excepción que, si bien como construcción teórica y normativa no se traducen en una violación del Estado de Derecho sino parte del mismo, en la práctica se ha transformado en "actos absolutamente irregulares" con el objetivo de "aparentar eficacia en el cumplimiento de las tareas públicas".

2. Dos mecanismos para solventar la contrariedad a Derecho presenciada

Los planteamientos efectuados en el curso de esta investigación nos llevan a afirmar que es imperativo que la CRBV –o en su defecto la LOEE– regule con precisión cómo opera el Estado en situaciones excepcionales, para así evitar que este pueda transgredir los derechos individuales. Al contrario de lo que estos textos hoy disponen, se debe favorecer el control, funcionamiento y responsabilidad del Poder Público ante circunstancias extraordinarias y que sobrepasan al Derecho ordinario.

Es esta línea de razonamiento la que nos hace abogar por la conveniencia de una reforma constitucional en la que, o bien se elimine a la emergencia económica como tipología autónoma de los estados de excepción con base en lo aquí expuesto, o al menos se proceda a su reformulación para dotarla de mayores –y mejores– límites y requisitos, que impidan o al menos obstaculicen su instrumentalización para fines que no se corresponden con la ya mencionada preservación del Estado de Derecho.

A tal efecto, en caso de optarse por esta segunda opción podría reflexionarse sobre la exigencia de que las emergencias económicas, según la CRBV o la LOEE:

i. Se fundamenten en índices financieros generalmente aceptados (producto interno bruto, inflación, reservas internacionales, entre otros) que hagan constar que, en efecto, existe una amenaza inusual a la vida económica del Estado.

Al respecto se recuerda lo expuesto por el foro en cuanto a que "la valoración de los hechos presuntamente justificantes de la suspensión [de garantías] no puede ser tal que contravengan el sentido común y el juicio lógico, ello sucede si la suspensión pretende formalizar en el Poder Ejecutivo, un cúmulo de facultades que ya posee bajo el régimen ordinario" (Gallardo 1996, 508).

Es decir, que si la motivación objetivamente brindada por el Ejecutivo Nacional y los índices comentados no revelan que el país se encuentra en una verdadera situación excepcional, entonces tal escenario debe atenderse de acuerdo con las atribuciones que el ordenamiento ordinario concede al primero no siendo lógico ni necesario activar el Derecho de excepción.

ii. Respondan a hechos sobrevenidos y no el mal manejo de la política financiera por parte del Estado como supuesto que puede dar lugar a su responsabilidad administrativa, política y penal de acuerdo con el ordenamiento jurídico vigente.

En tal sentido, solo circunstancias que puedan calificarse como efectivamente extraordinarias son las que podrán dar lugar a un estado de excepción por emergencia económica, siendo obligación del Estado implementar y aplicar una correcta política económica-financiera que le permita controlar los conatos de eventuales crisis en la materia y salvaguardar la seguridad del Estado y sus ciudadanos.

Nótese que, lejos de promover el intervencionismo estatal o la sobrerregulación de sectores de la economía nacional al ser harto conocidos los efectos nocivos de ambos (Sira Santana 2022a), lo que se propone es que la Administración cumpla las potestades de supervisión, dirección y sanción que el ordenamiento ordinario le debe acordar de modo racional a fin de detectar posibles anomalías que pudiesen tener repercusiones en la economía nacional y, de ser el caso, aplicar los correctivos necesarios para impedir la extensión de sus efectos.

iii. Únicamente puedan adoptarse, con ocasión de una declaratoria de emergencia económica, aquellas medidas que haya previsto lo más taxativamente posible el constituyente o el legislador, como vimos ocurrió en el pasado en Venezuela para los estados de excepción en general y en el Derecho comparado para sus diversos tipos.

   Esta reforma –que estimamos sería beneficiosa para todos los estados de excepción, respondiendo a las particularidades de cada tipología– traería como beneficio que las declaratorias de emergencia económica se ciñeran a la implementación de medidas económicas, reduciéndose en consecuencia que las mismas se instrumentalicen para perseguir fines de la más variada naturaleza y den lugar al vicio de desviación de poder.

   En este sentido, habría de evaluarse la conveniencia de autorizar al Ejecutivo Nacional para que, en casos de excepción, pudiera por ejemplo (i) tramitar créditos mediante un procedimiento abreviado ante la Asamblea Nacional o usar fondos públicos sujetos al control posterior de este órgano; (ii) exigir anticipadamente el pago de tributos siempre que los estudios arrojen que esta medida no avivará más bien la crisis financiera en el país; y (iii) restringir los derechos económicos a través de figuras como la requisición o el racionamiento de bienes.

En tanto, en caso de optarse por la primera de las opciones comentadas *supra* –esto es, la eliminación de la emergencia económica como tipología de los estados de excepción– consideramos que las circunstancias que hoy en día son canalizadas mediante de este mecanismo podrían tratarse a través de:

Primero, la ley formal entendida como el acto sancionado por la Asamblea Nacional como cuerpo legislador a tenor del artículo 202 de la CRBV –sea que se trate de una ley ordinaria, orgánica o de base– y no toda norma que integra al ordenamiento jurídico con independencia de quien la produzca, pues en este caso estaríamos haciendo referencia es a la ley en sentido amplio (Peña Solís 2021, I:188).

En este sentido, al contar la Asamblea Nacional con la competencia natural y monopólica pare regular de forma general, abstracta y suprema –dentro de los límites constitucionales– lo concerniente a los derechos, deberes y garantías constitucionales en adición al resto de materias que prevé el numeral 32 del artículo 156 en concordancia con el numeral 1 del artículo 187 *ejusdem*[211], es dicho órgano el llamado a determinar cómo estará conformado el ordenamiento jurídico nacional en representación del pueblo soberano.

Esta competencia resulta extensiva a la regulación de los derechos económicos, el sistema socioeconómico y las políticas macroeconómicas, financieras, monetarias y fiscales de la República, por lo que, en atención a las necesidades de la población y las circunstancias en las que se desenvuelva el país,

---

211 Alude el primero a la legislación "civil, mercantil, penal, penitenciaria, de procedimientos y de derecho internacional privado; la de elecciones; la de expropiación por causa de utilidad pública o social; la de crédito público; la de propiedad intelectual, artística e industrial; la del patrimonio cultural y arqueológico; la agraria; la de inmigración y poblamiento; la de pueblos indígenas y territorios ocupados por ellos; la del trabajo, previsión y seguridad sociales; la de sanidad animal y vegetal; la de notarías y registro público; la de bancos y la de seguros; la de loterías, hipódromos y apuestas en general; la de organización y funcionamiento de los órganos del Poder Público Nacional y demás órganos e instituciones nacionales del Estado; y la relativa a todas las materias de la competencia nacional", en tanto el segundo enlista dentro de las competencias de la Asamblea Nacional el "[l]egislar en las materias de la competencia nacional y sobre el funcionamiento de las distintas ramas del Poder Nacional".

bien podría proceder a su normación valiéndose para ello del procedimiento de formación de leyes previsto a nivel constitucional y desarrollado en el Reglamento Interior y de Debates de la Asamblea Nacional[212], donde se estipula a su vez que en casos de urgencia los lapsos previstos para la discusión de los proyectos de ley pueden abreviarse para dar una oportuna respuesta a la sociedad (art. 104 y siguientes).

En este orden de ideas, con base en lo anotado en esta investigación de que los motivos de las "emergencias económicas" que se han declarado en el país versaron en su mayoría sobre carencias sistemáticas y estructurales, estimamos que la ley formal es el medio más idóneo para su solución normativa ya que no solo permite una mayor participación ciudadana en la toma de las decisiones como lo exige el Estado Democrático de Derecho, sino que también da cabida a que la iniciativa legislativa provenga del resto del Poder Público, arribándose en consecuencia a disposiciones que deberían caracterizarse por su razonabilidad al devenir de los órganos y entes más vinculados con la materia a regular y, por ende, más cercanos a los problemas que ella presenta y los métodos para enfrentarlos.

Muestra del ejercicio de esta competencia en la materia económica o con implicaciones en la misma lo constituyen, por ejemplo, la Ley que crea Contribución Especial por Precios Extraordinarios y Precios exorbitantes en el Mercado Internacional de Hidrocarburos[213], la Ley Contra la Estafa Inmobiliaria y la Ley de Regulación y Control del Sistema de Ventas Programadas [214] y la Ley de Uso Racional y Eficiente de la Energía215, por lo que se constata que no es una atribución que resulte extraña al Poder Legislativo nacional, si bien este sea propenso a desprenderse de la misma a través de la figura de las leyes habilitantes (Arias Castillo 2012).

---

212 G.O. nº 42.068 del 12-02-2021.
213 G.O. nº 40.114 del 20-02-2013.
214 Ambas en G.O. nº 39.912 del 30-04-2012.
215 G.O. nº 39.823 del 19-12-2011.

Segundo, los decretos con rango, valor y fuerza de ley que constituyen un ejemplo de "colaboración entre el Parlamento y el Poder Ejecutivo" (Peña Solís 2021, I:250) como consecuencia de la habilitación o autorización para legislar que el primero concede al segundo a tenor del último aparte del artículo 203 de la CRBV[216] y el numeral 8 del artículo 236 *ejusdem*[217].

Se trata así de una materia cuyas particularidades rebasan nuestro objeto de estudio pero han sido profundamente estudiadas por la doctrina (Grau 2009; Peña Colmenares 2020b), concluyéndose que el régimen previsto en la CRBV comporta cambios sustanciales respecto a la Constitución de 1961 en la que estos decretos con fuerza de ley se limitaban a "medidas extraordinarias en materia económica o financiera", ya que hoy en día prácticamente cualquier materia puede ser objeto de delegación legislativa.

En todo caso, a nuestros efectos interesa es destacar que estos decretos con fuerza de ley son otro mecanismo con los que cuenta el Poder Público para regular la economía nacional y proteger –no desconocer, como se verifica en la práctica de los últimos años (González De La Vega 2013)– los derechos económicos de los individuos, sin que para ello sea necesaria la declaratoria de un estado de excepción por emergencia económica.

Nótese que este tema suele generar posiciones encontradas en el foro, ya que hay autores que consideran al estado de excepción por emergencia económica más garantista que las leyes habilitantes producto del control político y jurídico al que se encuentran sometidos los primeros y el carácter temporal de las medidas adoptadas (Herrera Orellana 2014b; P. Nikken

---

216 El aparte señala que "[s]on leyes habilitantes las sancionadas por la Asamblea Nacional por las tres quintas partes de sus integrantes, a fin de establecer las directrices, propósitos y el marco de las materias que se delegan al Presidente o Presidenta de la República, con rango y valor de ley. Las leyes de base deben fijar el plazo de su ejercicio".

217 El artículo dispone que "[s]on atribuciones y obligaciones del Presidente (...) de la República: 8. Dictar, previa autorización por una ley habilitante, decretos con fuerza de ley".

2000), en tanto otros estiman que la utilidad de la ley habilitante es que ella comporta un término medio entre la ley formal y el derecho de excepción para atender materias de reserva legal que no comportan una gravedad excepcional (Hernández G. 2013).

Al respecto, somos del criterio que las carencias sistemáticas y estructurales de la economía nacional pueden encontrar mejores respuestas en las habilitaciones legislativas que en las declaratorias de excepción por emergencia económica por tres motivos fundamentales:

i. La ley habilitante opera como un control previo del Parlamento a los decretos con fuerza de ley, en tanto el control político de los estados de excepción es necesariamente posterior, a lo que se agrega que el mismo ha sido desprovisto de efectos jurídicos por la TSJ/SC, por lo que en la práctica, al menos a la fecha, resulta inexistente. Esto, aunado a que el procedimiento de formación de la ley habilitante es más complejo que el del acuerdo que aprueba o no el decreto de emergencia económica, fomentándose la noción de los pesos y contrapesos respecto al actuar del Ejecutivo Nacional.

ii. La ley habilitante –si bien ello ha sido ignorado en la práctica (Peña Colmenares 2020b)– debe definir cuáles son las directrices, propósitos y el marco de las materias que se delega por un tiempo predeterminado, cercando así el actuar del Presidente de la República mientras que, como vimos, las declaratorias de emergencia económica no están sometidas prácticamente a ninguna limitación material a excepción de las que se derivan de aquellas garantías que no pueden ser restringidas durante la excepción.

iii. Aun cuando podría pensarse que los supuestos de procedencia de los estados de excepción –y por ende de la emergencia económica– son más limitados que los de la ley habilitante (Herrera Orellana 2015, 82), dada la vaguedad con la que los primeros fueron consagrados tanto en la CRBV como en la LOEE ellos pueden ser fácilmente instrumentalizados para promover políticas que interesen al mandatario de turno bastándole enlazar la misma con una circunstancia que estima como extraordinaria -aunque responda a factores sistemáticos- y que requiere de su atención, tal como se vio en el país desde el año 2015 según desarrollaremos en el Capítulo V de esta investigación. En otras palabras, ambos mecanismos procederían ante situaciones que no son necesariamente sobrevenidas o imprevistas y, de ahí, que se pierda la garantía que la emergencia económica ofrece sobre la ley habilitante.

Estos argumentos nos hacen ser de la opinión que, al menos de acuerdo con la consagración constitucional actual y sin obviar las contrariedades a Derecho constatadas al implementarse ambas instituciones, los decretos con fuerza de ley derivados de una ley habilitante son un medio más idóneo que las emergencias para atender los hechos que perjudiquen la vida económica de la nación y los derechos económicos de los particulares cuando estas derivan de factores estructurales[218].

---

[218] Téngase como ejemplo de estos decretos con fuerza de ley en el área económica, que a su vez denotan el abuso de la figura dentro de nuestras fronteras al ser cuatro de cada diez "leyes" en el país dictadas por la rama ejecutiva (Arias Castillo 2012): el Decreto con Rango, Valor y Fuerza de Ley de Regulación del Arrendamiento Inmobiliario para el uso Comercial (G.O. n° 40.418 del 23-05-2014); el Decreto con Rango, Valor y Fuerza de Ley Antimonopolio (G.O. n° 6.151 Extraordinario del 18-11-2014 con reimpresión en n° 40.549 del 26-11-2014); el Decreto con Rango, Valor y Fuerza de Ley de Inversiones Extranjeras; el Decreto con Rango, Valor y Fuerza de Ley Orgánica de Precios Justos; el Decreto con Rango, Valor y Fuerza de Ley de Instituciones del Sector Bancario (G.O. n° 6.154 Extraordinario del 19-11-2014 con reimpresión en n° 40.557 del 08-12-2014), de especial interés al contar con un capítulo dedicado a la "emergencia financiera" que ocurre "cuando el sector bancario nacional presente considerables problemas de pérdidas de capital, liquidez, solvencia e incumplimientos reiterados al presente Decreto con Rango, Valor y Fuerza de Ley, que afecten gravemente el normal funcionamiento del sistema de pagos, la estabilidad del sistema

En tanto, si estas emergencias derivan de hechos coyunturales o imprevistos, habríamos de acudir al tercer y último mecanismo que consideramos como una alternativa a la declaratoria de estados de excepción por emergencia económica como categoría autónoma. A saber: los estados de excepción por motivo de alarma o conmoción.

En este sentido, como señalamos en el Capítulo III de esta investigación, aun cuando el Derecho de excepción en general presente carencias en el ordenamiento jurídico venezolano que hacen recomendable su reforma para dotarlo de mayor precisión en pro de la mejor garantía de los derechos individuales, los estados de alarma y los estados de conmoción interior y exterior cuentan con un halo mayor claridad que las emergencias económicas.

Esto, debido a que ambos estados de excepción se refieren a supuestos que convergen más con los caracteres de sobrevenidos o imprevistos (catástrofes, calamidades, guerras, entre otros) en tanto las emergencias económicas pueden o no serlo, visto que también pueden responder a causas estructurales o la degeneración de la economía nacional como resultado de las erradas políticas macroeconómicas, financieras, monetarias y fiscales implementadas por el Estado, de buena o mala fe.

Así, conforme con lo dicho *supra*, si las circunstancias nocivas a la vida económica de la nación o los derechos económicos de los individuos son estructurales, los correctivos a implementar también debería serlo a través de leyes formales o decretos con rango con fuerza de ley producto de leyes habilitantes que permitan reformar o derogar las normas que no se ajustan a lo que requiere la población, o incluir aquellos aspectos que fueron dejados de lado en el pasado.

En tanto, si estas circunstancias son sobrevenidas, y siempre que la gravedad del caso así lo exija, no haría falta la decla-

---

financiero nacional y la seguridad económica del país"; y el Decreto con Rango, Valor y Fuerza de Ley de Mercado de Valores (G.O. n° 6.211 Extraordinario del 30-12-2015).

ratoria de un ambiguo estado de excepción por emergencia económica, ya que los efectos nocivos sobre la vida económica de la nación o los derechos económicos de los individuos no son la causa del problema sino los efectos de otro percance –es decir, la catástrofe o calamidad pública que origina el estado de alarma o los conflictos sociopolíticos que hacen lo propio con los estados de conmoción–, por lo que al atacar esta última podrán incluirse en el decreto respectivo todas aquellas medidas que auxiliarán al rescate de la economía nacional, como también se haría respecto a los correctivos que el Estado deba implementar para la salvaguarda de cualquier otro derecho previsto en la CRBV, independientemente de su naturaleza.

De ahí que estimemos a las declaratorias de estado de excepción por emergencia económica cono innecesarias en la actual conformación del Derecho Constitucional venezolano y aboguemos por su supresión o reforma, a fin de que la misma pierda la ambigüedad que hoy la caracteriza y sea más cónsona con los principios y postulados que profesa el Derecho de excepción, en los términos desarrollados en este trabajo y cuya violación, en el mundo de las realidades, podrá constatarse en el siguiente Capítulo al estudiarse cómo el Ejecutivo Nacional se aprovechó de la vaguedad de la emergencia económica para impulsar su programa de gobierno y disponer de cuantiosos fondos del Estado sin ningún tipo de control, porque la emergencia así lo requería.

III. RECAPITULACIÓN

Con base en lo narrado en las páginas anteriores, podemos llegar a las siguientes conclusiones en cuanto a los principios que rigen al Derecho de excepción y su vinculación con el Estado de Derecho:

Primero, los principios del Derecho de Excepción tienen especial relevancia en el constitucionalismo venezolano dada la ambigüedad que caracteriza a los estados de excepción –y a la emergencia económica– dentro de nuestras fronteras, como institución con la que cuenta el Presidente de la República para garantizar la supervivencia del Estado, sus instituciones y personas frente a los hechos que hacen insuficiente al ordenamiento jurídico ordinario.

Segundo, la consagración de estos principios deriva de las aproximaciones que al respecto han hecho la doctrina, las organizaciones internacionales defensoras de los derechos humanos y los propios ordenamientos jurídicos estatales, como respuesta a los abusos que la historia universal atestigua en la materia, sin que Venezuela sea la excepción tanto al momento de declarar como de gestionar la circunstancia extraordinaria.

Tercero, aunque estos principios pueden ser entendidos de diversas formas (inspiración, directrices, orientación, complementos, mandatos de optimización, normas con cierto grado de indeterminación, fundamento del ordenamiento jurídico que lo dota de operatividad...), hay cierta uniformidad en la noción de que los principios condicionan al sistema jurídico, con inclusión del Derecho de excepción. Con motivo de lo anterior, los mismos deben ser respetados tanto al momento de dictar como de aplicar las normas jurídicas, siendo en consecuencia útiles para la correcta interpretación de estos preceptos, resolver lagunas jurídicas, entre otros.

Cuarto, el Derecho de excepción consta de siete principios fundamentales, calificados por la doctrina como de fondo y de forma. Al primer grupo pertenecen los principios de necesidad, temporalidad, proporcionalidad, no discriminación y compatibilidad con otras obligaciones impuestas por el Derecho internacional; en tanto en el segundo grupo encontramos los principios de proclamación y de notificación.

Quinto, el principio de necesidad versa sobre que el Estado debe optar por aquellos medios que resulten más adecuados y generen la menor intervención posible en el ejercicio de sus funciones, ya que la libertad individual es la regla y su restricción la excepción. En este sentido, ante una circunstancia de hecho que amenaza la vida de la nación, él debe evaluar de acuerdo con criterios objetivos –y no políticos– cuál es la respuesta más eficiente e imprescindible para garantizar los derechos en juego sin lesionar otros, procediéndose a la activación del Derecho de excepción solo si el ordenamiento jurídico ordinario carece de respuestas.

Sexto, el principio de temporalidad se refiere al carácter transitorio o provisional del Derecho de excepción. De ahí que este –tanto en su declaratoria como por las medidas que se implementen con base en la primera– estará en vigor únicamente por el tiempo estrictamente necesario según lo demande la situación extraordinaria que se enfrenta, como consecuencial natural o implícita del régimen estudiado frente al Derecho ordinario que tiene vocación de permanencia. Negar lo anterior lleva a que la excepción pase a ser la nueva regla y, con ella, se vulneren sistemáticamente los derechos fundamentales dándose paso a una dictadura inconstitucional.

Séptimo, con base en este principio, somos del criterio que el artículo 6 de la LOEE está viciado de inconstitucionalidad ya que, al permitírsele al Ejecutivo Nacional ratificar las medidas que adoptó en el marco del Derecho de excepción para que estas sigan vigentes una vez cese el mismo, se estarían usurpando las competencias de la Asamblea Nacional que es la llamada a legislar en las materias de interés nacional y la que, en dado caso, podría hacer la ratificación a la que alude la LOEE. Asimismo resulta inconstitucional y violatorio del principio de temporalidad que, agotada la duración de un estado de excepción y su prórroga, el Presidente de la República opte por declarar múltiples y sucesivos estados de excepción visto que en estos casos la situación habría dejado de ser excepción y su regulación correspondería a la Asamblea Nacional.

Octavo, el principio de proporcionalidad alude al balance de costos y beneficios que debe realizar el Presidente de la República al momento de declarar un estado de excepción y precisar cuáles medidas podrán adoptarse con base en el mismo. Lo anterior, dada la prohibición de que el Poder Ejecutivo adopte cualquier medida para perseguir sus objetivos pues siempre debe optar por la que produzca un menor perjuicio. Así, debe el Estado evaluar o ponderar objetivamente aspectos como la extensión territorial, la naturaleza de la circunstancia excepcional, qué derechos se ven afectados, entre otros, correspondiéndole al mandatario nacional la carga de la prueba de la adecuación, idoneidad y coherencia de su decisión.

Décimo, el principio de no discriminación es una consecuencia que deriva de la dignidad de la persona humana y proscribe que con motivo de un estado de excepción se generen privilegios o gravámenes con motivo de la raza, color, sexo, idioma, religión, origen social y demás elementos de valor de las personas involucradas. En breve, durante el Derecho de excepción también aplica la máxima del Derecho ordinario de que ante una misma situación todos han de tener idénticos derechos e idénticas obligaciones.

Undécimo, el principio de compatibilidad de los estados de excepción con las obligaciones del Derecho internacional consiste en la armonización y complementariedad que debe existir entre estas declaratorias y los tratados o convenios internacionales en materia de derechos humanos, a fin de evitar que la urgencia sea instrumentalizada por los Estados para abstraerse de las obligaciones que les impones el ordenamiento jurídico interno y externo. En este sentido, el principio presta una protección adicional a los derechos fundamentales al prohibirse que, por ejemplo, los Estados con motivo de la excepción implementen medidas que son contrarias al Derecho internacional humanitario argumentando para ello la licitud de tal decisión de acuerdo con su Derecho interno.

Duodécimo, el principio de proclamación exige que, para que un Estado pueda valerse del Derecho de excepción, previamente debe haber declarado un estado de esta naturaleza a fin de evitar regímenes *de facto*. A tal efecto, el principio aboga por que estas declaraciones sean efectivamente publicadas en los medios oficiales del Estado pues, solo así, las personas podrán conocer en qué consiste la declaratoria, facilitándose a su vez el control de la misma.

Decimotercero, por último, el principio de notificación demanda que toda declaratoria de un estado de excepción sea comunicada tanto a la OEA como a la ONU, al ser estas las principales organizaciones internacionales que velan por los derechos humanos de las que Venezuela forma parte. Esta notificación debe aludir a aspectos como cuáles fueron los motivos que dieron lugar a la declaratoria, qué medidas se tomarán con base en ella y cuál será su duración, principalmente para que las organizaciones mencionadas puedan inspeccionar la legalidad del régimen de excepción, aunado a que los Estados parte puedan prestar el auxilio que sus nacionales en el territorio del Estado excepcionado requieran.

Decimocuarto, al ser el Derecho de excepción parte integrante del Estado de Derecho, las implicaciones de este último resultan extensivas al primero como mecanismo que ofrece a la autoridad la posibilidad de contar con un marco jurídico paralelo y ajustado a los sucesos imprevistos y graves que hagan insuficiente al ordenamiento ordinario. Esto, con el objetivo de evitar que producto de la emergencia los derechos fundamentales se vean perjudicados tanto por la inacción como por la sobreactividad de las autoridades como consecuencia del abuso o desviación del poder, siendo prudente recordar que el objeto del Derecho de excepción es restablecer el orden constitucional, y no instaurar uno nuevo para lo cual existen otros medios como la reforma o enmienda constitucional.

Decimoquinto, gracias a esa correlación entre el Estado de Derecho y el Derecho de excepción es posible sostener que este último pretende desfavorecer la arbitrariedad y promover que, ante circunstancias extraordinarias, las autoridades obren de acuerdo con normas preexistentes, generales y precisas que limitan su actuar. Esto, en el entendido que las leyes que exige la necesidad no equivalen a la negativa del Estado de Derecho ni las garantías de la supremacía constitucional, la responsabilidad y el control jurisdiccional universal, pudiendo restringirse la garantía de la reserva legal solo de acuerdo con los principios ya abordados.

Decimosexto, la relación comentada también tiene como consecuencia que el Derecho de excepción se fundamenta -como el Derecho en general- en los valores de la justicia y la seguridad, ya que la parte (Derecho de excepción) no puede ir en contra del todo (Estado de Derecho). Por este motivo, el régimen constitucional de la excepción debe contar con un grado suficiente de seguridad jurídica que permita conocer a las autoridades cuáles son sus facultades y limitaciones en el marco del Derecho de urgencia, y a los individuos hacer lo propio en cuanto a sus derechos y obligaciones.

Decimoséptimo, las emergencias económicas como tipología autónoma del Derecho de excepción no ofrece la seguridad jurídica a la que nos hemos referido *supra*, dada la vaguedad con la que las mismas fueron reguladas tanto en el artículo 338 de la CRBV como los artículos 10 a 12 de la LOEE, sin ofrecer luces de cuándo procede una declaratoria de este tipo ni las medidas que pueden adoptarse con base en ella. Esta situación, alertada por los propios miembros de la Asamblea Nacional Constituyente del año 1999 y que imposibilita que la emergencia económica pueda interpretarse de forma restrictiva como lo exige el Derecho de excepción, facilita su instrumentalización por parte de la fuerza política dominante para instaurar normas que le resultan más convenientes y que no necesariamente tienen por objeto defender el orden constitucional, como se ha visto históricamente es común que ocurra.

Decimoctavo, el carácter sumamente extensivo o amplio de la emergencia económica como tipología autónoma del estado de excepción se pone de manifiesto cuando se comprueba que, de acuerdo con el Derecho vigente, al Presidente de la República le basta argumentar que una situación cualquiera y que él estima como grave guarda relación con los derechos económicos –por ejemplo, la disposición de bienes y servicios de calidad prevista en el artículo 117 de la CRBV– o el concepto indeterminado de la "vida económica de la Nación", para activar el Derecho de excepción. Esto, con el agravante de que existe un sinfín de actividades de la sociedad que inciden directa o indirectamente en la economía, por lo que también aumentan exponencialmente los motivos que pueden dar pie a una declaratoria de este tipo.

Decimonoveno, al ser las emergencias económicas causadas por factores sistemáticos, somos del criterio que como el gravamen deriva de una errada política económica-financiera por parte del Ejecutivo Nacional o el incorrecto ejercicio de las atribuciones que le concede el ordenamiento jurídico, dicho deterioro no deviene de un hecho excepcional o sobrevenido, como lo exige el Derecho de excepción. En tal sentido, facultar al Presidente de la República para que declare la emergencia económica en estos casos, en la práctica, equivaldría a "premiar" su inacción o impericia, dotándolo de mayores competencias y poderes para incidir en la esfera de derechos y libertades de los individuos, que se encontrarían en riesgo de sufrir serias limitaciones a voluntad del primero.

Vigésimo, por otro lado si la causa de la emergencia no es sistemática sino coyuntural, estimamos que la historia universal brinda suficientes ejemplos de que estos gravámenes responden la mayoría de las veces a catástrofes o calamidades públicas (caso de la pandemia COVID-19) y conflictos internos o externos (caso de las Guerras Mundiales). En estos casos, lo procedente sería declarar el estado de alarma o de conmoción según corresponda, ya que los daños a la economía serían efecto y no causa de la excepción, teniéndose presente que estas declaratorias no pueden alterar el ejercicio efectivo de la democracia representativa ni atacar al sistema democrático o los derechos esenciales de las personas.

Vigesimoprimero, los planteamientos anteriores nos llevar a proponer la conveniencia de una reforma constitucional en la que, o bien se elimine a la emergencia económica como tipología autónoma de los estados de excepción, o al menos se proceda a su reformulación para dotarla de límites y requisitos cuantitativa y cualitativamente más garantistas, que en su defecto podrían ser incluidos en la LOEE.

Vigesimosegundo, de optarse por la inclusión de nuevos límites o requisitos, podría considerarse la necesidad de que (i) las emergencias económicas se fundamenten en índices financieros generalmente aceptados, (ii) respondan a hechos sobrevenidos y no el mal manejo de la política financiera por parte del Estado como supuesto que da lugar a su responsabilidad, y (iii) pueda implementarse solamente un listado de medidas taxativamente previstas por el constituyente o el legislador.

Vigesimotercero, en cambio, de optarse por la supresión de la emergencia económica como tipología autónoma de los estados de excepción, las circunstancias que afecten a los derechos económicos de los particulares o la vida económica de la nación habrían de canalizarse por (i) la ley formal o los decretos con fuerza de ley derivados de las leyes habilitantes (caso de los factores sistemáticos) o (ii) los estados de excepción por motivo de alarma o conmoción (caso de los factores coyunturales).

Vigesimocuarto, estas soluciones traerían como ventajas, a nuestro entender, una mejor protección de los derechos fundamentales frente a las ansias intervencionistas del Ejecutivo Nacional, ya que la intervención de la Asamblea Nacional como representante del pueblo soberano en los primeros casos favorecería la participación ciudadana en la toma de las decisiones como lo exige el Estado Democrático de Derecho y el control del Ejecutivo, al fungir la ley habilitante y la determinación de sus directrices, propósitos y el marco de las materias que se delega como un control previo y más complejo del actuar del Presidente de la República. En tanto, el caso de los factores coyunturales se beneficiaría del mayor grado de precisión que los otros tres estados de excepción ofrecen al compararlos con las emergencias económicas, reduciéndose en definitiva la posibilidad de que el Derecho de excepción pueda ser instrumentalizado para fines ajenos a la salvaguarda del orden constitucional.

CAPÍTULO V: LAS DECLARATORIAS DE EMERGENCIA ECONÓMICA DICTADAS DURANTE LA VIGENCIA DE LA CONSTITUCIÓN DE 1999 COMO CASO DE ESTUDIO

En los capítulos previos de esta investigación nos hemos enfocado en delinear los antecedentes históricos y constitucionales del Derecho de excepción, así como su incorporación en el ordenamiento jurídico venezolano y los principios rectores que lo guían como herramienta para preservar los fundamentos y valores del Estado de Derecho, incluso en circunstancias extraordinarias y de especial gravedad.

Estas reflexiones nos llevan a afirmar que, de los cuatro tipos de estados de excepción contemplados en la legislación venezolana, la emergencia económica es la que está más expuesta a posibles abusos por parte del Presidente de la República, dada a la ambigüedad con la que fue regulada tanto en la CRBV como en la LOEE, lo que facilita su manipulación para perseguir fines políticos adversos al interés general bajo el pretexto de proteger la economía nacional.

Esto ocurre, sobre todo, cuando tales objetivos podrían alcanzarse con las atribuciones conferidas por el Derecho ordinario al Ejecutivo, o en situaciones que difícilmente podrían calificarse como emergencias sobrevenidas –como sí lo serían una catástrofe natural o un conflicto bélico, que corresponden a los estados de alarma y de conmoción según vimos– y que responden a aspectos que de manera crónica y sistemática, intencionalmente o no, han sido desatendidos por las autoridades estatales.

Así, abogamos por la necesidad de someter a un exhaustivo análisis la categoría de la emergencia económica dentro del marco de los estados de excepción, con el fin de determinar si sería beneficioso suprimirla en una eventual reforma constitucional.

Esta postura se fundamenta en la historia del país en la materia, tanto antes como después de la promulgación de la CRBV. Además, consideramos que el ordenamiento jurídico ofrece otras alternativas para alcanzar los mismos objetivos, las cuales implican un menor riesgo para la protección de los derechos individuales.

En caso de no optarse por su eliminación, sugerimos al menos dotar a la emergencia económica de mayores límites, exigencias y requisitos que la regulen, con el fin de evitar su instrumentalización para fines políticos. Esto proporcionaría un marco más claro y estricto que serviría como salvaguarda contra posibles abusos al contemplarse, por ejemplo, que:

i. Los decretos de emergencia económica deben estar fundamentados en elementos técnico-financieros que demuestren la existencia efectiva de una situación de emergencia de esta naturaleza en el país. Así, no sería suficiente hacer referencia a eventos generales del panorama nacional.

ii. La emergencia económica, al ser un evento imprevisto, no debe surgir como consecuencia de la falta de implementación de políticas públicas de conformidad con el Derecho ordinario por parte de las autoridades competentes. Esto evitaría incentivar la inacción de los funcionarios que buscan obtener poderes extraordinarios para impulsar su agenda política, aprovechándose del progresivo deterioro de la economía nacional para ello.

iii. La CRBV debe especificar claramente cuáles son las medidas extraordinarias que pueden adoptarse en caso de emergencia económica, siguiendo el ejemplo de algunas de las Constituciones venezolanas anteriores que establecían disposiciones para los estados de excepción en general. Esto ayudaría a prevenir que esta situación excepcional sea invocada como una mera excusa para perseguir objetivos de otra índole, limitándose garantías que no se corresponden con el ámbito económico.

Estas recomendaciones no son el resultado de una simple reflexión teórica sobre el Derecho de excepción, sino que surgen de los defectos evidenciados durante los años 2015 a 2021, períodos en los cuales el país experimentó dos extensos regímenes de excepción por emergencia económica: el primero en la frontera colombo-venezolana entre 2015 y 2016 (1), y el segundo que abarcó a todo el territorio nacional desde 2016 hasta 2021 (2).

Estos eventos sirven de evidencia concreta de la necesidad de abordar las deficiencias en el marco normativo de los estados de excepción, especialmente en lo que respecta a la emergencia económica, y de implementar medidas que garanticen una aplicación más transparente y responsable de tales disposiciones. De este modo, en este Capítulo, que marca el cierre de nuestra investigación, nos referiremos a estos estados de excepción como casos de estudio.

Estimamos que su análisis resulta fundamental para comprender nuestro Derecho de excepción y las carencias que su implementación revela, y que nos recuerdan las advertencias de autores como Hayek (2008) y Madison (2003, 319) cuando el primero señaló los riesgos de normalizar el discurso de guerra como un método que fomenta el intervencionismo y la planificación estatal en tiempos de paz, mientras el segundo destacó la gran dificultad de controlar un gobierno, ya que, aunque se espera que actúe de buena fe y busque el bienestar social, en realidad, los seres humanos no son ángeles y a menudo responden a sus propios intereses y motivaciones. Ambas reflexiones son relevantes para entender los desafíos que enfrentamos en la aplicación de las emergencias económicas y el equilibrio entre la seguridad pública y la protección de los derechos individuales.

Cierto es que, en parte debido a estas advertencias, la CRBV establece que las emergencias económicas –como todo estado de excepción, según vimos en el Capítulo III– están sujetas a controles por parte de la Asamblea Nacional y de la TSJ/SC, a quienes respectivamente les corresponde evaluar política y jurídicamente las acciones del Presidente de la República al emitir un decreto de esta naturaleza.

Sin embargo, los casos que expondremos a continuación ponen de manifiesto que estos controles son insuficientes –en parte, por la implosión del Poder Público venezolano cuyas causas rebasan nuestro objeto de estudio, pero han sido ampliamente estudiadas por la doctrina (Brewer-Carías 2015b)–, por lo que resulta necesario reevaluar las emergencias económicas como uno de los tipos de estados de excepción que pueden ser decretados en el país y que están más expuestos a posibles abusos.

Esto nos permitirá evitar que situaciones como las narradas *infra* vuelvan a ocurrir, poniendo en riesgo los ya debilitados derechos fundamentales de los individuos, con especial énfasis en sus derechos económicos.

I. LA EMERGENCIA ECONÓMICA EN LA FRONTERA COLOMBO-VENEZOLANA (2015-2016)

El viernes 21-08-2015, el Presidente de la República anunció su decisión de "activar un estado de excepción constitucional" en los municipios fronterizos Bolívar, Ureña, Junín, Capacho Libertad [*rectius*: Capacho Nuevo] y Capacho Independencia [*rectius*: Capacho Viejo]" del estado Táchira, así como el municipio Rafael Urdaneta del mismo estado, al que también se refirió el decreto. El propósito declarado fue "restablecer el orden, la paz, la tranquilidad, la justicia y una frontera verdaderamente humana" y "faculta[r] ampliamente a las autoridades civiles, militares y policiales para restablecer con la Constitución el orden, la paz, la convivencia de la región venezolana fronteriza con Colombia" (Confirmado 2015).

Ello, dado que en estos municipios, según se desprende del Decreto n° 1.950 que fue leído por un vocero del gobierno en esa misma fecha (PSUV 2015) y se publicó en la Gaceta Oficial n° 6.194 Extraordinario del 21-08-2015, que circuló el lunes 24-

08-2015 a través del para entonces usuario en Twitter (hoy X) del Servicio Autónomo Imprenta Nacional y Gaceta Oficial (@OficialGaceta):

> ...se ha venido presentando de modo sistemático, inédito, sobrevenido y progresivo, una amenaza compleja al pleno goce y ejercicio de los derechos de los habitantes de la República, mediante la presencia de circunstancias delictivas y violentas vinculadas a fenómenos como el paramilitarismo, el narcotráfico y el contrabando de extracción, organizado a diversas escalas, entre otras conductas delictivas análogas.

Estos hechos, continuó el Decreto, pretendían "generar alteraciones del orden público, que rompen el equilibrio del derecho internacional, la convivencia pública cotidiana y la paz, afectando el acceso a bienes y servicios destinados al pueblo venezolano" y "han provocado (...) la violencia contra ciudadanos y funcionarios venezolanos en ejercicio de sus funciones públicas, llegando al límite que el día 19 de agosto del 2015 fueron atacados miembros de la Fuerza Armada Nacional Bolivariana, quienes cumplían [sus] funciones".

De este modo, el estado de excepción sucedió a la medida del cierre de la frontera por setenta y dos horas que el Presidente de la República había ordenado el 19-08-2015 "tras una emboscada que realizaron paramilitares a efectivos de la Fuerza Armada Nacional" (Telesur 2015), y que se hizo constar en la Resolución Conjunta del Ministerio del Poder Popular para Relaciones Interiores, Justicia y Paz y del Ministerio del Poder Popular para la Defensa del 20-08-2015.

Dicho acto ordenó al Comando Estratégico Operacional de la Fuerza Armada Nacional girar instrucciones a los comandos regionales "para restringir el desplazamiento fronterizo de personas (...) así como el paso de vehículos, por un lapso de setenta y dos (72) horas", y prohibió "en todos los Municipios Fronterizos del Estado Táchira la circulación de personas, vehículos de transporte de carga, de transporte de mercancías de cualquier rubro y de pasajeros, durante setenta y dos (72) horas" (arts. 1 y 2, respectivamente)[219].

Como se observa, una situación que parecía más relacionada con una conmoción interior que con una emergencia económica, y tenía como telón de fondo las elecciones parlamentarias del 06-12-2015 en las cuales el oficialismo resultaría perdedor, si bien la influencia de estas declaratorias de excepción en el proceso electoral rebasan el objeto de nuestra investigación (González Lobato 2015; Rojas Pérez 2015; Sira Santana 2015b, 74-75).

No obstante lo anterior, ello no impidió que en los días sucesivos el Presidente de la República dictara otros siete estados de excepción con base en la misma motivación para otros cuatro municipios del estado Táchira (Lobatera, Panamericano, García de Hevia y Ayacucho), diez municipios del estado Zulia (Indígena Bolivariano Guajira, Mara, Almirante Padilla, Machiques de Perijá, Rosario de Perijá, Jesús Enrique Lossada, la Cañada de Urdaneta, Catatumbo, Jesús María Semprún y Colón), tres municipios del estado Apure (Páez, Rómulo Gallegos y Pedro Camejo) y un municipio del estado Amazonas (Atures).

Son estas declaratorias de emergencia económica -todas con una duración de sesenta días y prorrogadas por el mismo lapso- las que estudiaremos a continuación, precisando lo concerniente a las circunstancias excepcionales que originaron las declaratorias, cuáles eran las medidas extraordinarias que los decretos implementaron y los controles que sobre los decretos ejerció tanto la Asamblea Nacional como la TSJ/SC. Todo con el objetivo de determinar la discrepancia que existió entre estas declaraciones y los principios y postulados doctrinales que rigen al Derecho de excepción, según tuvimos oportunidad de desarrollar en el Capítulo III de esta investigación.

---

219 G.O. n° 40.728 del 20-08-2015. Esta decisión fue prorrogada "hasta tanto el Ejecutivo Nacional decida levantar la medida", según consta en la Resolución Conjunta de los mismos ministerios en G.O. n° 40.734 del 28-08-2015.

1. Las circunstancias excepcionales que originaron las declaratorias

A pesar de que el Derecho de excepción en la frontera colombo-venezolana durante el período 2015-2016 se implementó a través de ocho decretos con sus respectivas prórrogas[220], estos actos tuvieron una estructura similar por lo que procederemos a su análisis de forma conjunta, precisando las particularidades de cada caso cuando resulte pertinente.

En este sentido, por lo que respecta a la motivación -es decir, las circunstancias de hecho y de Derecho que sirven de fundamento al acto- de los ocho decretos originales podemos apuntar que todos ellos invocaron los artículos 226, 236 (num.

---

[220] A saber: (i) Decreto n° 1.950 que declara el estado de excepción en los municipios Bolívar, Pedro María Ureña, Junín, Capacho Nuevo, Capacho Viejo y Rafael Urdaneta del estado Táchira, en G.O. n° 6.194 Extraordinario del 21-08-2015 y prorrogado por Decreto n° 2.054 en G.O. n° 40.769 del 19-10-2015; (ii) Decreto n° 1.969 que declara el estado de excepción en los municipios Lobatera, Panamericano, García de Hevia y Ayacucho del estado Táchira, en G.O. n° 40.735 del 31-08-2015 y prorrogado por Decreto n° 2.076 en G.O. n° 40.777 del 29-10-2015; (iii) Decreto n° 1.989 que declara el estado de excepción en los municipios Indígena Bolivariano Guajira, Mara y Almirante Padilla del estado Zulia, en G.O. n° 40.746 del 15-09-2015 y prorrogado por Decreto n° 2.089 en G.O. n° 40.782 del 05-11-2015; (iv) Decreto n° 2.013 que declara el estado de excepción en los municipios Machiques de Perijá, Rosario de Perijá, Jesús Enrique Lossada y la Cañada de Urdaneta del estado Zulia, en G.O. n° 40.746 del 15-09-2015 y prorrogado por Decreto n° 2.095 en G.O. n° 40.788 del 13-11-2015; (v) Decreto n° 2.014 que declara el estado de excepción en los municipios Catatumbo, Jesús María Semprún y Colón del Estado Zulia, en G.O. n° 40.746 del 15-09-2015 y prorrogado por Decreto n° 2.096 en G.O. n° 40.788 del 13-11-2015; (vi) Decreto n° 2.015 que declara el estado de excepción en el municipio Páez del estado Apure, en G.O. n° 40.746 del 15-09-2015 y prorrogado por Decreto n° 2.097 en G.O. n° 40.788 del 13-11-2015; (vii) Decreto n° 2.016 que declara el estado de excepción en los municipios Rómulo Gallegos y Pedro Camejo del estado Apure, en G.O. n° 40.746 del 15-09-2015 y prorrogado por Decreto n° 2.098 en G.O. n° 40.788 del 13-11-2015; y (viii) Decreto n° 2.071 que declara el estado de excepción en el municipio Atures del estado Amazonas, en G.O. n° 40.773 del 23-10-2015 y prorrogado por Decreto n° 2.157 en G.O. n° 6.206 Extraordinario del 23-12-2015.

7), 337, 338 y 339 de la CRBV que, como vimos *supra*, se refieren al Derecho de excepción, menos el artículo 226 que versa sobre el doble rol del Presidente de la República como Jefe de Estado y Jefe de Gobierno.

Asimismo, todos los decretos mencionaron los artículos 2 al 6, 10 y 23 de la LOEE –concernientes a la definición de los estados de excepción y de la emergencia económica; los principios de necesidad, proporcionalidad y temporalidad; la no interrupción del funcionamiento del Poder Público; y la posibilidad del Presidente de la República de ordenar la movilización de la Fuerza Armada Nacional– apreciándose que otros tantos artículos fueron traídos a colación solo en algunas oportunidades[221].

De este vasto fundamento jurídico hemos de destacar el artículo 10 de la LOEE, conforme con el cual, "[e]l estado de emergencia económica podrá decretarse cuando se susciten circunstancias extraordinarias que afecten gravemente la vida económica de la Nación".

Ello, porque a pesar de que en los ocho decretos se declaró únicamente el estado de excepción (género) sin precisar si se trataba de un estado de alarma, de emergencia económica o de conmoción interior o exterior (especie), el artículo mencionado y la duración de los decretos (sesenta días) permiten aseverar que se trató, en efecto, de un estado de excepción por emergencia económica, aun cuando parte de la doctrina sostenga que, al no haberse precisado la especie, los decretos son inconstitucionales ya que "la identificación (...) es fundamental para evaluar la constitucionalidad del decreto, pues la restricción y garantías que pueden dictarse con el mismo tiene que

---

221 A saber: (i) El artículo 8 (estado de alarma) fue invocado en el primer decreto del estado Táchira; (ii) El artículo 15 (facultades que podrá adoptar el Presidente de la República) se invocó en los dos decretos del estado Táchira y el primero del estado Zulia; (iii) El artículo 7 (garantías restringibles) se invocó en los tres decretos del estado Zulia, los dos de Apure y el único de Amazonas; y (iv) El artículo 17 (obligación de cooperar) se incluyó en los dos últimos decretos del estado Zulia y los decretos de Apure y Amazonas.

tener relación con las circunstancias que originan el estado de excepción" (Brewer-Carías 2015a, 26–27).

Al respecto, somos del criterio que la falta de identificación apuntada por el autor no vicia al decreto de excepción de inconstitucionalidad sí, de este acto, se desprenden suficientes elementos de convicción –sea por su motivación, duración, medidas implementadas, etc.– que permitan precisar su género, en atención al principio de necesidad ya estudiado.

Agotado el tema del fundamento de Derecho de las ocho emergencias económicas pasamos a reseñar cuál fue el fundamento de hecho dado por el Presidente de la República para declarar las excepciones objeto de estudio. Esta motivación puede sintetizarse del modo siguiente, valiéndonos de citas de los propios decretos:

i. Era un "deber irrenunciable e ineludible" del Estado "defender y asegurar la vida digna de sus ciudadanos" y "protegerles frente a amenazas, haciendo efectivo el orden constitucional", al garantizar –entre otros– "el acceso oportuno de la población a bienes y servicios básicos y de primera necesidad, así como el disfrute de sus derechos en un ambiente pleno de tranquilidad y estabilidad".

ii. En los veinticuatro municipios donde se declaró la excepción existía "una amenaza compleja al pleno goce y ejercicio de los derechos de los habitantes de la República", ya que "de modo sistemático, inédito, sobrevenido y progresivo" ocurrían hechos delictivos asociados al "paramilitarismo, el narcotráfico y el contrabando de extracción, organizado a diversas escalas", en adición a "atentados cometido[s] contra la moneda venezolana y contra los bienes adquiridos con divisas de nuestro pueblo, así como el tráfico ilícito de mercancías producidas o importadas por Venezuela, afectando gravemente la vida económica de la Nación".

iii. La actividad delictiva comentada tenía como objetivo "generar alteraciones del orden público, que rompen el equilibrio del derecho internacional, la convivencia pública cotidiana y la paz, afectando el acceso a bienes y servicios destinados al pueblo venezolano".

iv. Al encontrarnos ante "circunstancias objetivas" que constituían amenazas al orden constitucional, era necesaria "la adopción de medidas de restricción temporal de garantías (...) que refuercen la tutela de la seguridad ciudadana, la paz y estabilidad social, en relación con el acceso al disfrute de los bienes y servicios, y la protección contra atentados socioeconómicos".

En breve: la frontera colombo-venezolana era escenario de delitos que atentaban contra la economía nacional y, particularmente, contra el derecho de los individuos de acceder a bienes y servicios de calidad (art. 117 de la CRBV), por lo que el Estado debía implementar correctivos excepcionales para la protección de este derecho.

Surge aquí la primera interrogante sobre las emergencias económicas declaradas en la frontera durante el período 2015-2016: frente a circunstancias como las narradas en los decretos analizados, ¿requería el derecho de todas las personas a disponer de bienes y servicios de calidad de medidas de excepción para alcanzar su protección?

Somos del criterio que la respuesta a esta pregunta es negativa por dos motivos fundamentales:

En primer lugar, cuando el constituyente consagró en el artículo 117 el derecho en cuestión, precisó a su vez que:

> ...La ley establecerá los mecanismos necesarios para garantizar esos derechos, las normas de control de calidad y cantidad de bienes y servicios, los procedimientos de defensa del público consumidor, el resarcimiento de los daños ocasionados y las sanciones correspondientes por la violación de estos derechos.

Es decir que la obligación del Estado aludida en los ocho decretos de garantizar "el acceso oportuno de la población a bienes y servicios básicos y de primera necesidad" habría de satisfacerse –en primer término– mediante el Derecho ordinario, correspondiéndole al Poder Legislativo regular estos supuestos de hecho –como en efecto lo hizo– y al Poder Ejecutivo aplicar las normas sancionadas y promulgadas, pudiendo pensarse en la necesidad de un estado de excepción para lograr esta protección solo sí, de acuerdo con el artículo 337 de la CRBV, resultaban insuficientes las facultades de las cuales se disponía para hacer frente a una circunstancia excepcional y grave, no siendo esto lo ocurrido en el caso estudiado.

Así, basta una somera revisión del ordenamiento jurídico nacional para constatar que el Ejecutivo ya contaba con facultades suficientes para garantizar el acceso a bienes y servicios de calidad y atacar los flagelos mencionados en los decretos, siendo ejemplo de ello las disposiciones del Decreto con Rango, Valor y Fuerza de Ley Orgánica de Precios Justos[222], la Ley Orgánica de Drogas[223] y la Ley Orgánica contra la Delincuencia Organizada y Financiamiento al Terrorismo[224] en relación, respectivamente, con el contrabando de extracción (art. 64), el narcotráfico (art. 149) y el paramilitarismo (arts. 4 num. 9, y 37).

Por lo tanto, basándonos en el principio de necesidad que rige al Derecho de excepción, como se discutió en el Capítulo III de este trabajo, no se requería recurrir a la institución de los estados de excepción para garantizar el derecho de los individuos a acceder a bienes y servicios de calidad. Esta protección podía y debía otorgarse mediante los procedimientos establecidos en el ordenamiento jurídico ordinario que el Ejecutivo Nacional estaba llamado a aplicar por imperativo de la CRBV.

En segundo lugar, es importante recordar que el Derecho de excepción solo debe aplicarse en situaciones que afecten gravemente la seguridad nacional, institucional y ciudadana, según lo establece el artículo 337 de la CRBV.

---

222 G.O. n° 6.202 Extraordinario del 09-11-2015 con reimpresión en n° 40.787 del 12-11-2015.

223 G.O. n° 39.510 del 15-09-2010 con reimpresión en n° 39.535 del 21-10-2010 y n° 39.546 del 05-11-2010.

224 G.O. n° 39.912 del 30-04-2012.

Así, corresponde al Presidente de la República demostrar esta afectación, lo cual no se hizo de manera clara en las ocho declaratorias mencionadas al carecer ellas de criterios objetivos para determinar si los derechos previstos en el artículo 117 de la CRBV estaban siendo vulnerados y en qué medida.

Más bien, estas declaratorias hicieron referencia a circunstancias asociadas con una conmoción interior, como la "violencia contra ciudadanos y funcionarios venezolanos en ejercicio de sus funciones públicas", así como los delitos mencionados anteriormente, que ciertamente por vía de consecuencia podían incidir en los derechos económicos, pero también en los derechos civiles, políticos, sociales y demás.

Esto subraya la importancia de que los decretos de excepción estén debidamente motivados para comprender con certeza la naturaleza de la situación extraordinaria (en este caso, de índole económica) y cuáles son sus graves repercusiones (también económicas), en contravención de lo visto en los decretos fronterizos donde no se cumplió ninguno de estos extremos.

De hecho, la falta de esta motivación ha sido una preocupación persistente en Venezuela, como lo demuestra el análisis doctrinal previo a la CRBV que, al examinar las restricciones a las garantías económicas en el país, expuso que:

> ...en la motivación (...) se habla también de "desórdenes, actos de violencia y atentados contra las personas y las propiedades" así como a "reiteradas perturbaciones de la tranquilidad pública". En ninguna parte, en cambio, se alude a alguna circunstancia susceptible de tener influencia en la vida económica de la Nación, lo que hace incomprensible que en la parte dispositiva de ambos Decretos se haya incluido, al lado de la restricción de la garantía de la libertad y seguridad personales, de la inviolabilidad del hogar y de la correspondencia, de la libertad de expresión, etc. una no motivada res-

tricción de la garantía de la libertad de industria y comercio (Melich Orsini 1980, 51)[225].

Esta situación pone de manifiesto la facilidad con la que la emergencia económica puede ser -y es- manipulada por el Presidente de la República, a quien le basta con alegar circunstancias ordinarias que pueden o no tener algún impacto en la adquisición de bienes y servicios para justificar que este derecho está siendo vulnerado y hay necesidad de recurrir al Derecho de excepción para protegerlo.

Lo anterior, a pesar de que (i) puede no existir una correspondencia directa entre los hechos narrados y el derecho presuntamente protegido; y (ii) la economía venezolana -que carece de fortaleza- siempre está expuesta a elementos que generan inestabilidad económica, por lo que siempre encontraremos sucesos que pueden dar pie a la necesidad de protección y más aún en Estados intervencionistas como el nuestro.

A ello se suma que el derecho de toda persona a disponer de bienes y servicios de calidad puede ser visto no solo como un fin en sí mismo, sino también en relación con otros derechos que requieren mayor protección (derechos civiles, sociales, etc.) y facilitan la instrumentalización del primero (derecho económico). Es decir, el objetivo de este derecho no es simplemente que un individuo pueda -por ejemplo- comprar comida o acceder al agua potable, sino que pueda utilizar estos recursos para satisfacer sus necesidades básicas de alimentación, higiene y salud, lo que amplía significativamente los escenarios en los que los derechos económicos pueden verse afec-

---

225 Téngase presente, a su vez, lo apuntado por la doctrina en relación con la suspensión de la garantía de la libertad personal en el año 1994, al señalar que "[n]i la 'crisis del sistema financiero' ni la 'inestabilidad del mercado cambiario y la especulación' que esos decretos invocan justifican desde ningún punto de vista dicha suspensión, ya que el entero disfrute del derecho a la libertad personal ni siquiera dificulta -mucho menos impide- la superación de esas circunstancias"; siendo que "[l]a suspensión de garantías tiene que responder a sucesos actuales o inminentes, y no a vagas suposiciones" (Casal Hernández 1995, 28-29).

tados y, por lo tanto, justifican la activación del Derecho de excepción por parte del Estado.

En todo caso, a pesar de estos problemas sobre las circunstancias "excepcionales" que originaron las declaratorias de excepción, todas estas emergencias económicas fueron prorrogadas al término de su vigencia original de sesenta días[226].

Al respecto, se invocaron los mismos fundamentos jurídicos que se citaron al emitir los decretos originales, y, como fundamento fáctico, que "subsisten los motivos que originaron que se decretara el estado de excepción en los municipios".

2. Las medidas extraordinarias implementadas según las declaratorias

A pesar de que el cierre de la frontera con Colombia fue la medida que más caló en la opinión pública durante los meses que duró la emergencia económica analizada en este acápite (La Razón 2015) y dio lugar a múltiples Resoluciones Conjuntas del Ministerio del Poder Popular para Relaciones Interiores, Justicia y Paz y del Ministerio del Poder Popular para la Defensa por las que se restringió "el desplazamiento fronterizo de personas, tanto por vía terrestre, aérea y marítima, así como el

---

226 Nótese que, como sostuvimos en otra ocasión, en el caso del municipio Atures del estado Amazonas la prórroga se "dictó y publicó luego de transcurridos dos días de tal vencimiento (...), por lo que el decreto cesó sus efectos y, en consecuencia, no podía ser prorrogado. // Adicionalmente, colocamos el énfasis en la adopción y publicación de este último decreto dado que, aun cuando la gaceta en la que fue publicado tiene por fecha el 23-12-2015, todo parece indicar que se trata de un acto posdatado ya que la gaceta oficial contentiva del decreto –la n° 6.206 Extraordinario del 23-12-2015– no circuló sino hasta el 29-12-2016 (...). // Asimismo, y a diferencia de las prórrogas anteriores en las que la Sala Constitucional –al ejercer el control jurídico– se dio cuenta del decreto en la misma oportunidad de su publicación, en esta ocasión no fue sino hasta que el Presidente de la República remitió el decreto '[m]ediante oficio s/n° recibido por esta Sala en fecha 30 de diciembre de 2015' –curiosamente, el mismo día que circuló la gaceta oficial fechada como del 23 del mismo mes– en que ella pasó a conocer de la constitucionalidad de esta prórroga" (Sira Santana 2017a, 200-201).

paso de vehículos"[227], la garantía referida al derecho al libre tránsito no fue la única objeto de restricción durante esta emergencia económica.

En este sentido, ante las supuestas "circunstancias extraordinarias que afectan el orden socioeconómico y la paz social" a las que nos referimos *supra*, el Presidente de la República declaró el estado de excepción a fin de que:

> ...el Estado disponga de las medidas oportunas que permitan atender eficazmente la situación coyuntural, sistemática y sobrevenida, del contrabando de extracción de gran magnitud, organizado a diversas escalas, así como la violencia delictiva que le acompaña y delitos conexos, con el objeto de impedir la extensión o prolongación de sus efectos y garantizar a toda la población el pleno goce y ejercicio de los derechos afectados por estas acciones (artículo 1 de los decretos).

Para lograr este objetivo, a renglón seguido, el mandatario dictaminó que "quedan restringidas (...) las garantías de los derechos establecidos en los artículos 47, 48, 50, 53, 68 y 112 de la Constitución de la República" -es decir, la inviolabilidad del hogar y de los recintos privados, la inviolabilidad de las comunicaciones privadas, el libre tránsito, el derecho de reunión y de derecho de manifestación, y la libertad económica, en adición a un par de medidas adicionales- del modo que precisamos a continuación.

A. La inviolabilidad del hogar y de los recintos privados

De acuerdo con el encabezado del artículo 47 de la CRBV:

> El hogar doméstico y todo recinto privado de persona son inviolables. No podrán ser allanados, sino mediante orden

---

[227] En adición a las dos reseñadas al inicio de este Capítulo, ténganse presentes las publicadas en la G.O. n° 40.734 del 28-08-2015 con reimpresión en n° 40.735 del 31-08-2015 (municipios del estado Táchira); n° 40.740 del 07-09-2015 (del estado Zulia); n° 40.746 del 15-09-2015 (de los estados Zulia y Apure); y n° 40.774 del 26-10-2015 (del estado Amazonas) (Sira Santana 2017b, 449-66).

> judicial, para impedir la perpetración de un delito o para cumplir de acuerdo con la ley, las decisiones que dicten los tribunales, respetando siempre la dignidad del ser humano.

Este derecho está previsto, a su vez, en los artículos 17 del PIDCP y 11 de la CADH como una manifestación del derecho a la intimidad que no se limita a los domicilios o residencias al abarcar también el lugar donde las personas ejercen sus ocupaciones habituales (ONU 1988, párr. 5), y guarda relación con el derecho al debido proceso en el sentido que limita la actividad estatal al impedir que la evidencia obtenida de forma ilegal –por ejemplo, sin orden judicial– sea valorada en juicio (O'Donell 2004, 537–38).

En este sentido, tratándose de un derecho cuya garantía ambos tratados internacionales, la CRBV y la LOEE permiten restringir, sería –en principio– conforme con Derecho lo expuesto en el numeral 1 del artículo 2 de los decretos de excepción según los cuales las autoridades competentes podían llevar a cabo "sin necesidad de orden judicial previa" la "inspección y revisión" de cualquier recinto privado de personas jurídicas o naturales, con preponderancia de aquellos que tuviesen una naturaleza comercial pero incluyendo a su vez los lugares de habitación[228], con la finalidad de:

> ...determinar o investigar la perpetración de delitos o de graves ilícitos administrativos, contra las personas, su vida, integridad, libertad o patrimonio, así como delitos o ilicitudes relacionados con la afección de la paz, el orden público y Seguridad de la Nación, la fe pública, el orden socioeconómico, la identidad y orden migratorio y delitos conexos.

Lo anterior, respetando "la dignidad e integridad física, psíquica y moral de las personas así como el debido proceso" y la letra del último aparte del artículo 196 del Código Orgánico

---

228 El artículo aludió a "lugar de habitación, estadía o reunión de personas naturales, domicilio de personas jurídicas, establecimientos comerciales, o recintos privados abiertos o no al público, siempre que se llevan a cabo actividades económicas, financieras o comerciales de cualquier índole, formales o informales".

Procesal Penal[229] que prevé que "[l]os motivos que determinaron el allanamiento sin orden constarán, detalladamente en el acta".

De este modo, si bien el Derecho de excepción permitía la restricción de esta garantía en los términos que recoge el numeral citado, llama la atención la ausencia de correspondencia que existió entre los objetivos de la misma y los criterios técnicos que pueden asimilarse con una emergencia económica según expusimos en el Capítulo III de esta investigación (PIB, índice de inflación, etc.), ya que aun cuando se pretendió vincular la medida con inmuebles en los que se realizaran actividades económicas, financieras o comerciales para hacerla coincidir con el tipo de estado de excepción declarado, del mismo artículo se desprende que prácticamente todo recinto podía ser inspeccionado sin orden judicial, fuese comercial o no, pues lo que se pretendía era atacar flagelos criminales que iban mucho más allá de los derechos económicos de las personas (vida, integridad, libertad...) y de la economía nacional (paz, identidad, migración...).

Así, nos hallamos frente a un primer caso que permite constatar que la declaratoria de emergencia económica fue instrumentalizada en la frontera, no para salvaguardar la "vida económica de la Nación" como lo plantea el artículo 338 de la CRBV sino, más bien, impulsar "una inconstitucional e ilegal persecución masiva contra los extranjeros colombianos residentes en la zona fronteriza, con desprecio total a la legislación vigente, (...) en una forma como nunca se había visto en toda la historia de ambos países" (Brewer-Carías 2015a, 33).

Lo anterior, visto que con base en esta restricción se deportaron miles de colombianos por ser "inmigrantes ilegales" (Noticias RCN 2015) y demolieron múltiples inmuebles luego de ser allanados (BBC 2015a) sin que tal actividad guardase una relación directa con el derecho a disponer de bienes y servicios

---

229 G.O. nº 6.078 Extraordinario del 15-06-2012.

de calidad, para lo cual se arguyó el artículo 9 del primer decreto de excepción y 10 del resto según los cuales:

> Los órganos de seguridad ciudadana y policía administrativa, así como la Fuerza Armada Nacional Bolivariana, podrán desalojar las ocupaciones ilegales cuando se verifique que se encuentran en bienes públicos o bienes afectos al servicio público, ubicados en los municipios regulados por este Decreto.
> Estos procedimientos cumplirán con el debido proceso, y deberán contar con la supervisión de funcionarios del Ministerio Público y representantes de la Defensoría del Pueblo, conforme al ejercicio de sus respectivas competencias y con estricto respeto de los derechos humanos.

Así, se pasó del allanamiento de inmuebles a su destrucción, a la par de las "deportaciones [que] se estarían realizando de forma arbitraria, sin que se respetasen garantías de debido proceso migratorio, el principio de la unidad familiar, el interés superior del niño, el derecho a la integridad personal, ni el derecho a la propiedad de estas personas", ya que "[l]a forma en la que se están llevando a cabo estas deportaciones indica que a estas personas se les están violando múltiples derechos humanos y que están siendo expulsadas de forma colectiva, algo que es completamente contrario al derecho internacional" (OEA 2015). Al respecto, ténganse presente el numeral 9 del artículo 22 de la CADH según el cual "[e]s prohibida la expulsión colectiva de extranjeros".

En otras palabras, aun cuando la garantía del derecho a la inviolabilidad del hogar y de los recintos privados podía ser restringida, mal podía esta dar paso a la restricción de otras que fungen como límites a los estados de excepción según vimos *supra* –entre ellas: la protección de la familia; la integridad personal, física, psíquica y moral; y el debido proceso–, tal como como ocurrió en la frontera con Colombia al acordarse la deportación de centenares de personas sin atender al procedimiento administrativo previsto en la Ley de Extranjería y Migración[230] que proscribe la deportación inmediata, y en con-

[230] G.O. n° 37.944 del 24-05-2004. *Cfr.* Brewer-Carías (2005, 63-67).

diciones que atentaron contra la dignidad humana (BBC 2015b), sin que en ningún momento quedara claro cómo esta medida guardaba relación con la "vida económica de la Nación" como justificativo de la declaratoria del estado de excepción por emergencia económica.

Cierto es que, según el artículo 21 de la LOEE, "[e]l decreto que declare el estado de excepción suspende temporalmente, en las leyes vigentes, los artículos incompatibles con las medidas dictadas en dicho decreto", lo que podía entenderse como un mecanismo para que el Estado se abstrajera de lo previsto en la Ley de Extranjería y Migración e implementara esta política de deportación.

No obstante, esa suspensión del artículo 21 de la LOEE no puede obviar que de acuerdo con el artículo 7 de esa misma ley –y la CRBV, el PIDCP y la CADH– hay un universo de garantías que no pueden ser restringidas y, en caso de acordarse o ejecutarse una medida que contraríe lo dicho, los "artículos incompatibles" con la misma –como serían los artículos 38 a 51 de la Ley de Extranjería y Migración en el caso comentado, referidos al debido proceso para la deportación de individuos– permanecerían vigentes o no suspendidos, siendo sus disposiciones vinculantes para las autoridades venezolanas y su vulneración motivo de responsabilidad ya que, recordamos, "[l]a declaración de los estados de excepción no modifica el principio de su responsabilidad [del Presidente de la República], ni la del Vicepresidente Ejecutivo (...), ni la de los Ministros (...), de conformidad con esta Constitución y con la ley" (art. 232 único aparte).

B. La inviolabilidad de las comunicaciones privadas

De acuerdo con el artículo 48 de la CRBV:

> Se garantiza el secreto e inviolabilidad de las comunicaciones privadas en todas sus formas. No podrán ser interferidas sino por orden de un tribunal competente, con el cumplimiento de las disposiciones legales y preservándose el se-

creto de lo privado que no guarde relación con el correspondiente proceso.

Este derecho se prevé adicionalmente en los artículos 17 del PIDCP y 11 de la CADH como otra manifestación del derecho a la intimidad que prohíbe actividades como su vigilancia, intervención y grabación sin que medie orden judicial (ONU 1988, párr. 8) y, al igual que como vimos en el caso de la inviolabilidad del domicilio, se vincula con el debido proceso al evitar la recopilación y uso de evidencia obtenida de forma ilegal.

Se trata así de otro derecho cuya garantía ambos tratados internacionales, la CRBV y la LOEE permiten restringir, pero respecto al cual los decretos de excepción se limitaron a enunciar como una de las garantías que quedaba restringida al incorporar el artículo 48 constitucional en el encabezado del artículo 2 de los decretos de excepción como vimos al inicio de este Capítulo. De este modo, nos encontraríamos frente a una nueva violación del Derecho de excepción al vulnerarse la letra del artículo 339 de la CRBV que exige que el "Decreto que declare el estado de excepción (...) regulará el ejercicio del derecho cuya garantía se restringe".

Así, al no constar en los decretos tal regulación, el secreto e inviolabilidad de las comunicaciones privadas no podían ser válidamente restringidos en la práctica –inclusive si con ello se pretendía proteger el derecho de las personas a disponer de bienes y servicios de calidad– y cualquier medida que tomase el Ejecutivo en contra de los mismos era una vez más motivo de responsabilidad estatal.

Esta opinión es compartida por la doctrina (Brewer-Carías 2015a, 38), restando agregar únicamente que los decretos tampoco vincularon la medida con la emergencia económica, por lo que de su lectura no se aprecia con meridiana claridad que la restricción cumpla con los principios de necesidad y proporcionalidad del Derecho de excepción, abonando entonces a su contrariedad a Derecho y la desviación del poder de excepción.

C. El libre tránsito

De acuerdo con el encabezado del artículo 50 de la CRBV:

> Toda persona puede transitar libremente y por cualquier medio por el territorio nacional, cambiar de domicilio y residencia, ausentarse de la República y volver, trasladar sus bienes y pertenencias en el país, traer sus bienes al país o sacarlos, sin más limitaciones que las establecidas por la ley. En caso de concesión de vías, la ley establecerá los supuestos en los que debe garantizarse el uso de una vía alterna. Los venezolanos (...) pueden ingresar al país sin necesidad de autorización alguna.

Esta libertad –también llamada de circulación o de movimiento– se encuentra a su vez en el artículo 12 del PIDCP y 22 de la CADH que versan sobre los derechos de (i) toda persona que se halle legalmente en el territorio de un Estado de circular libremente por él, (ii) toda persona de salir libremente de cualquier país, y (iii) toda persona de ingresar a su país, al estimarse esta libertad como "una condición indispensable para el libre desarrollo de la persona" (ONU 1999, párr. 1), siendo que tal movilidad "no debe depender de ningún objetivo o motivo en particular de la persona que desea circular o permanecer en un lugar" (ONU 1999, párr. 5).

En este sentido, tratándose de una de las garantías que puede ser restringida según el Derecho de excepción, los decretos analizados incluyeron en el numeral 2 de su artículo 2 que:

> Con ocasión de la restricción del tránsito de mercancías y bienes (...), y a los solos fines de determinar la comisión de los delitos a los que alude el numeral anterior, las autoridades competentes podrán practicar requisas personales, de equipajes y vehículos, dentro del más estricto respeto a la integridad física, psíquica y moral de las personas, mediante el cumplimiento de los protocolos que garantizan de forma efectiva y eficaz dicho respeto.

Al respecto, hacemos eco de lo ya dicho en cuanto a la inviolabilidad del hogar y de los recintos privados visto que, si bien "la restricción del tránsito de mercancías y bienes" podría estimarse como una medida cónsona con la idea de un estado de excepción por emergencia económica a fin de evitar supuestos como el contrabando de extracción –en el supuesto de que este fuese de una gravedad tal que hiciera inoperativo al ordenamiento jurídico ordinario, idea que rechazamos– esta se vinculó con una multiplicidad de delitos que rebasan a la economía nacional como bien jurídico tutelado y, una vez más, hacen pensar que en realidad se pretendía atacar era un estado de conmoción interior en la frontera, instrumentalizándose y desnaturalizándose en definitiva la emergencia económica para tal fin por estimarse que tenía un menor costo político.

A ello se suma que, lejos de una restricción del libre tránsito en la frontera, operó fue una verdadera suspensión al imposibilitarse la circulación entre Colombia y Venezuela y, producto de tal imposibilidad, otros derechos –entre ellos, a la salud y la integridad física (Caracol Radio 2015)– resultaron restringidos por vía de consecuencia sin que los decretos de excepción incluyeran disposiciones al respecto, tratándose así de limitaciones que carecieron de fundamento jurídico y violaron una vez más el Derecho de excepción.

Esta suspensión se aprecia, a su vez, en las Resoluciones Conjuntas del Ministerio del Poder Popular para Relaciones Interiores, Justicia y Paz y del Ministerio del Poder Popular para la Defensa por medio de las cuales se prohibió –verbo usado en estos actos– "la circulación de personas, vehículos de transporte de carga, transporte de mercancías de cualquier rubro y de pasajeros, a partir de la entrada en vigencia de esta Resolución" en los Municipios Lobatera, García de Hevia, Ayacucho y Panamericano del Estado Táchira (art. 2)[231], aunque esta medida fue atenuada al reimprimirse la resolución por supuesto "error material", versando ahora la prohibición sobre:

> ...la circulación de personas, vehículos de transporte de carga, transporte de mercancías de cualquier rubro y de pasajeros, con destino a los pasos fronterizos restringidos conforme al artículo anterior, en los horarios que estableciere la

---

[231] G.O. n° 40.734 del 28-08-2015.

autoridad única de la zona, a partir de la entrada en vigencia de esta Resolución[232].

Lo anterior, siendo prudente mencionar que estos cierres fronterizos tampoco son una medida para la cual –en la práctica– era necesario que se declarara la excepción en la región pues, como mencionamos al inicio de este Capítulo, el antecedente inmediato a la declaratoria de excepción en la frontera fue la Resolución Conjunta del Ministerio del Poder Popular para Relaciones Interiores, Justicia y Paz y del Ministerio del Poder Popular para la Defensa del 20-08-2015 por medio de la cual se restringió el desplazamiento fronterizo de personas y el paso de vehículos por setenta y dos horas previas al decreto de emergencia económica, con fundamento en diversos artículos del Derecho ordinario de orden constitucional, legal y sublegal[233]; lo que dicho sea de paso suele ser una medida común en Venezuela, sobre todo en relación con procesos electorales[234].

---

232 G.O. n° 40.735 del 31-08-2015. Esta redacción se reiteró en las resoluciones conjuntas sobre los estados de excepción declarados en Zulia, Apure y Amazonas, según G.O. n° 40.740 del 07-09-2015, n° 40.746 del 15-09-2015 y n° 40.774 del 26-10-2015, respectivamente.

233 A saber: (i) CRBV: arts. 15, 156 (nums. 2, 70, 30 y 33), 237, 328; (ii) DRVF-LOAP: art. 77 nums. 1, 2, 19 y 27; (iii) Decreto con Rango, Valor y Fuerza de Ley Orgánica de Seguridad de la Nación: arts. 16, 18, 20 y 49; (iv) Reglamento Especial sobre Zonas de Seguridad Fronterizas, en G.O. n° 37.866 del 27-01-2004: art. 6; (v) Ley de Trasporte Terrestre; y (vi) Decreto n° 8.121, mediante el cual se establecen las competencias del Ministerio del Poder Popular para Transporte y Comunicaciones y del Ministerio del Poder Popular para Ciencia, Tecnología e Industrias Intermedias, en G.O. n° 39.644 del 29-03-2011: art. 3 nums. 2, 3 y 17. Nótese que ninguno de estos artículos hace alusión al cierre de fronteras, siendo lo más cercano el único aparte del artículo 6 del Reglamento Especial sobre Zonas de Seguridad Fronterizas cuando se refiere a la competencia de los Comandantes de los Teatros de Operaciones o de Guarnición para "controlar el desplazamiento de personas o de vehículos extranjeros que incumplan con la normativa vigente, con la finalidad de resguardar la inviolabilidad de las fronteras y prevenir actividades de personas que pudieren representar amenazas para la seguridad del país y el imperio de la ley".

234 *Cfr.* Resolución Conjunta de los Ministerios del Poder Popular para la Defensa y para Relaciones Interiores, Justicia y Paz, mediante la cual "se ordena al Comando Estratégico Operacional de la Fuerza Armada

En todo caso, de regreso a los decretos de estados de excepción hemos de apuntar que el numeral 3 del artículo 2 preveía que:

> Los Ministerios con competencia en las materia de relaciones interiores, justicia y paz, y defensa, mediante Resolución Conjunta, podrán establecer restricciones al tránsito de bienes y personas en los municipios afectados por la declaratoria a que se refiere el artículo 1° de este Decreto, así como el cumplimiento de cambio de domicilio o residencia, la salida de la República o el ingreso a ésta, el traslado de bienes y pertenencias en el país, su salida o entrada, sin más limitaciones que las establecidas en la ley.

Así, queda claro que el Presidente de la República delegó en sus ministros la posibilidad de restringir aún más el derecho al libre tránsito en lo que, sin lugar a dudas, constituyó un acto inconstitucional pues hemos de recordar que según los artículos 337 y 339 de la CRBV es dicho mandatario el único que puede decretar restricciones de esta naturaleza, sin que tal atribución pueda trasladarse a otros funcionarios públicos.

Tal es así que, incluso si ignoramos la inconstitucionalidad del artículo 16 de la LOEE según analizamos en el Capítulo III de este trabajo, la delegación realizada por el Presidente de la República en el numeral 3 del artículo 2 de los decretos de excepción tampoco podría fundamentarse en el mencionado artículo de la ley pues él versa es sobre la ejecución del decreto –es decir, su puesta en marcha– y no la regulación del ejercicio cuya garantía se restringe, que debe constar en el propio decreto que declare el estado de excepción y es el que tiene fuerza de ley. A ello se suma que según el numeral 1 del artículo 35 del DRVF-LOAP, no es posible delegar la adopción de actos con carácter normativo, como sería la Resolución Conjunta señala-

Nacional Bolivariana (CEOFANB), que gire instrucciones pertinentes a los Comandantes de las Regiones Estratégicas de Defensa Integral, para establecer estricto control del desplazamiento fronterizo de personas, tanto por vía terrestre, aérea y marítima, así como el paso de vehículos; (...)", en G.O. n° 41.540 del 06-12-2018.

da en el numeral 3 del artículo 2 de las emergencias económicas.

De ahí entonces que la restricción al libre tránsito en la frontera colombo-venezolana se haya apartado del Derecho de excepción y mal pueda estimarse como una medida válida para salvaguardar el derecho de las personas a disponer de bienes y servicios de calidad, como afirmaron los decretos.

D. El derecho de reunión y el derecho de manifestación

De acuerdo con el encabezado del artículo 53 de la CRBV, "[t]oda persona tiene el derecho de reunirse, pública o privadamente, sin permiso previo, con fines lícitos y sin armas. Las reuniones en lugares públicos se regirán por la ley". Los artículos 21 del PIDCP y 15 de la CADH reconocen, en tanto, el derecho de reunión pacífica y sir armas.

Se trata así de la posibilidad que tienen las personas de congregarse en un mismo sitio y en un mismo momento para desarrollar cualquier objetivo lícito que tengan en común, y que los decretos de excepción restringieron al prever que "[n]o se permitirán reuniones públicas que no hubieran sido previamente autorizadas por el funcionario en quien se delega la ejecución del presente Decreto" (art. 2 num. 4).

Nótese que dicho funcionario fue el gobernador del estado al que aludieran los decretos (arts. 17 del primero y 18 de los restantes), con la salvedad del decreto que declaró la excepción en el municipio Atures del estado Amazonas pues, en este último, la ejecución se delegó en la "autoridad única" que se designaría posteriormente (art. 18), visto que el gobernador de Amazonas era opositor al Gobierno Nacional y al estado de excepción (El Impulso 2015), en lo que sirve de indicio a la motivación más política que económica de estas medidas.

En todo caso, hemos de hacer dos comentarios sobre esta restricción:

El primero, es recordar la inconstitucionalidad del artículo 16 de la LOEE en cuanto a la posibilidad de delegar en los gobernadores la ejecución de los decretos de excepción, ya que la misma vulnera la distribución vertical del Poder Público y convierte a las autoridades estadales en simples mandatarios del Ejecutivo Nacional, desconociendo la forma federal y descentralizada del Estado venezolano a tenor del artículo 4 de la CRBV. De ahí que, como expuso la doctrina, "cualquier acto dictado por el mencionado Gobernador en ejecución del decreto es igualmente inconstitucional e ilegal" (Brewer-Carías 2015a, 40).

Y el segundo, es que se trata de una garantía que no solo poca o ninguna relación tenía con una emergencia económica como es la tipología del estado de excepción que se declaró, sino que tampoco se vinculaba con los hechos que supuestamente sirvieron de fundamento a esta declaratoria (paramilitarismo, narcotráfico y contrabando de extracción), por lo que se habrían vulnerado los principios de necesidad y proporcionalidad del Derecho de excepción. Ello constituye evidencia adicional de la instrumentalización de esta figura para, plantea la doctrina, evitar el proselitismo político en estos municipios ante las elecciones parlamentarias de 2015 (Hernández G. 2015, 131-34; Rojas Pérez 2015).

En tanto, por lo que se refiere al derecho a la protesta, este está previsto en el artículo 68 de la CRBV cuyo encabezado indica que "[l]os ciudadanos (...) tienen derecho a manifestar, pacíficamente y sin armas, sin otros requisitos que los que establezca la ley".

Este derecho, que se ve como una materialización de la libertad de expresión y del derecho de reunión (O'Donell 2004, 662), es un componente propio de la democracia y versa sobre la posibilidad de exteriorizar -principalmente, pero no exclusivamente- reclamos o protestas en ámbitos de la vida pública (Corzo Sosa 2014, 78-79), lo que a su vez puede verse desde la óptica de los derechos políticos y la libertad de participación ciudadana (ONU 1996).

En este sentido, se trata de otro derecho cuya garantía puede ser restringida de acuerdo con el PIDCP, la CADH, la

CRBV y la LOEE, siempre que tal restricción no atente contra un derecho protegido –como lo es la participación, el sufragio y el acceso a la función pública a tenor del numeral 13 del artículo 7 de la LOEE– pues, en este caso, coincidimos con el criterio de Iribarren (2016, 354–55) para quien el derecho de manifestación entraría dentro de los llamados derechos intangibles y no podría ser objeto de límite o restricción por vía del Derecho de excepción.

Hecha la precisión anterior, observamos que los decretos de excepción previeron en el numeral 5 de su artículo 2 que:

> El derecho a manifestar, pacíficamente y sin armas, sólo podrá ejercerse previa autorización del funcionario en quien se delega la ejecución del presente Decreto, emitida a solicitud de los manifestantes. Dicha solicitud deberá presentarse con una anticipación de 15 días a la fecha fijada para su convocatoria.

Al respecto, reiteramos los comentarios realizados en cuanto a la restricción de la garantía del derecho de reunión –sobre todo, en cuanto a la delegación apreciada– y que nos encontramos frente a un supuesto de desviación de poder al tratarse de una medida que, lejos de perfilarse como un mecanismo idóneo para solventar una emergencia económica y garantizar el derecho de las personas a disponer de bienes y servicios de calidad, buscaba era cercenar la participación política en estas localidades al exigir una autorización para poder ejercer el derecho a la protesta cuando, de acuerdo con el artículo 38 de la Ley de Partidos Políticos, Reuniones Públicas y Manifestaciones, basta notificar a la autoridad el itinerario y hora de la protesta con veinticuatro horas de anticipación, a pesar de los criterios en contra que ha sostenido inconstitucionalmente la TSJ/SC en el pasado y cuya crítica rebasa el objeto de esta investigación[235].

E. La libertad económica

De acuerdo con el artículo 112 de la CRBV:

---

[235] *Cfr.* TSJ/SC n° 276 del 24-04-2014 (caso: Gerardo Sánchez Chacón).

> Todas las personas pueden dedicarse libremente a la actividad económica de su preferencia, sin más limitaciones que las previstas en esta Constitución y las que establezcan las leyes, por razones de desarrollo humano, seguridad, sanidad, protección del ambiente u otras de interés social. El Estado promoverá la iniciativa privada, garantizando la creación y justa distribución de la riqueza, así como la producción de bienes y servicios que satisfagan las necesidades de la población, la libertad de trabajo, empresa, comercio, industria, sin perjuicio de su facultad para dictar medidas para planificar, racionalizar y regular la economía e impulsar el desarrollo integral del país.

Sobre la restricción de la garantía de este derecho, de modo similar a lo ocurrido con la libertad de tránsito y a pesar de ser la libertad económica el epicentro de la declaratoria por versar la misma sobre una emergencia de esta naturaleza, los decretos de excepción se limitaron a exponer en el numeral 6 de su artículo 2 que:

> El Ministerio del Poder Popular para el Comercio, conjuntamente con los Ministerios con competencia en las materias de alimentación, agricultura y tierras y salud, podrán establecer normas especiales para la disposición, traslado, comercialización, distribución, almacenamiento o producción de bienes esenciales o de primera necesidad, o regulaciones para su racionamiento; así como restringir o prohibir temporalmente el ejercicio de determinadas actividades comerciales.

En tanto, el artículo 4 del primer decreto de excepción precisó que "[e]l Ministerio del Poder Popular de Economía y Finanzas podrá establecer límites máximos de ingreso o egreso de moneda venezolana de curso legal en efectivo" y "restricciones a determinadas operaciones y transacciones comerciales o financieras, así como restringir dichas operaciones al uso de medios electrónicos debidamente autorizados en el país", lo que fue atenuado en los siete decretos siguientes del modo que se cita a continuación, dada la abierta inconstitucionalidad de la redacción original[236]:

> El Ministerio del Poder Popular con competencia en materia de economía y finanzas podrá efectuar las coordinaciones necesarias con el Banco Central de Venezuela a los fines de establecer límites máximos de ingreso o egreso de moneda venezolana de curso legal en efectivo, así como restricciones a determinadas operaciones y transacciones comerciales o financieras, restringir dichas operaciones al uso de medios electrónicos debidamente autorizados en el país.

De este modo, más allá de la "corregida" usurpación de las funciones del BCV, nos hallamos frente a una nueva violación del artículo 339 de la CRBV –tanto en el numeral 6 del artículo 2 como en el artículo 4– que sabemos exige que el decreto de excepción incluya cómo queda regulada la garantía restringida sin que dicha regulación pueda delegarla el Presidente de la República a otra autoridad –o a él mismo en una fecha posterior–, por lo que "cualquier acto administrativo que dicte un Ministro conforme a la inconstitucional previsión, estableciendo normas especiales (...), sería a su vez inconstitucional" (Brewer-Carías 2015a, 42).

No podemos sino llamar la atención que, hasta lo aquí dicho, el Derecho de excepción se invocó para restringir las garantías referidas a seis artículos de la CRBV –como se recordará: el 47, 48, 50, 53, 68 y 112, sobre la inviolabilidad del hogar y de los recintos privados, la inviolabilidad de las comunicaciones privadas, el libre tránsito, el derecho de reunión, el derecho de manifestación, y la libertad económica, respectivamente– sin que ninguna de esta restricciones, en los términos de los decretos, guardara una relación directa e inmediata con el objetivo que debe perseguir una declaratoria de una emergen-

---

236 Recuérdese que, según el artículo 318 de la CRBV, "[l]as competencias monetarias del Poder Nacional serán ejercidas de manera exclusiva y obligatoria por el Banco Central de Venezuela", quien goza de "autonomía para la formulación y el ejercicio de las políticas de su competencia", siendo el formular y ejecutar la política monetaria, participar en el diseño y ejecutar la política cambiaria y regular la moneda algunas de sus atribuciones.

cia económica como lo es la restauración de la vida –valga la reiteración– económica del Estado frente a un hecho extraordinario y grave que le afecta.

La afirmación anterior deriva del hecho que, cuando se revisan las declaratorias, se aprecia que hay garantías que no fueron reguladas de modo alguno en los decretos de excepción (inviolabilidad de las comunicaciones privadas) aludiéndose en ocasiones a que ello lo haría otra autoridad por delegación y en una ocasión posterior (libre tránsito, libertad económica).

En tanto, los casos que sí contaron con algún tipo de regulación carecieron de vínculos con un estado de excepción por emergencia económica, vulnerándose en consecuencia los principios de necesidad y proporcionalidad del Derecho de excepción y planteándose la interrogante de cuál era la verdadera necesidad que el Presidente de la República pretendía satisfacer con estos decretos, atisbándose el vicio de la desviación del poder al instrumentalizarse la de por sí ambigua emergencia económica.

F. Medidas adicionales

Dada la vaguedad con la que el Presidente de la República planteó la restricción de garantías según vimos *supra*, no es de extrañar que en los decretos de excepción se incluyera un artículo como el 3 según el cual:

> El Presidente de la República, mediante Decreto, podrá dictar otras medidas de orden social, económico o político que estime convenientes a las circunstancias, de conformidad con los artículos 337, 338 y 339 de la Constitución de la República Bolivariana de Venezuela, con la finalidad de restablecer la normalidad en el menor tiempo posible y superar la situación excepcional que motiva el presente Decreto.

Esta disposición reiteró lo ya visto en el artículo 15 de la LOEE y, en la práctica, convirtió a los decretos de excepción en una especie de ley habilitante "autoconcedida" para que el mandatario adoptara medidas a futuro, según como se desarrollaran los hechos, lo que si bien podría tener sentido dada la inestabilidad que suele caracterizar a las crisis, hemos de reiterar que ello encuentra como límite la exigencia de que sea en el propio decreto de excepción en el que se regulen las garantías que quedan restringidas, por lo que cualquier "otra medida" que dictara el Presidente de la República debía ser en ejecución del decreto original, so pena de que la misma estuviese viciada de inconstitucionalidad.

En todo caso, además de este *numerus apertus* de posible medidas, los decretos de excepción incluyeron algunas otras en concreto tales como:

i. El deber de colaboración del Poder Público –especialmente, de los órganos de seguridad ciudadana, la policía administrativa, la Fuerza Armada Nacional, el Ministerio Público y el Poder Judicial– (arts. 6 de todos los decretos, 10 del primer decreto y 11 de los restantes) y de los particulares (arts. 12 del primer decreto y 13 de los restantes) para la correcta implementación de los decretos, en lo que recuerda el artículo 17 de la LOEE comentado en el Capítulo III de esta investigación, al que remitimos al lector.

ii. La posibilidad de que el Servicio Administrativo de Identificación, Migración y Extranjería (SAIME) dictara "regulaciones especiales que permitan la eficiencia de los controles a implementar en el marco de los acuerdos bilaterales suscritos y ratificados con la República de Colombia", además de garantizar los controles migratorios (arts. 8 del primer decreto y 9 de los restantes), siendo esto último parte de su competencia ordinaria según la Ley de Extranjería y Migración, al igual que la primera si dicha "regulación especial" tenía rango sublegal vista la atribución de este servicio desconcentrado de "ejercer las competencias que el ordenamiento jurídico le atribuye al Ejecutivo Nacional en materia de identificación de personas, naturalización, nacionalidad, extranjería, migración y control de extranjeros" (art. 69 del Reglamento Orgánico del Ministerio del Poder Popular para Relaciones Interiores y Justicia[237]).

En tanto, de tratarse de una regulación especial de rango legal, no cabe duda que se trataba de otra disposición inconstitucional y que daba lugar a la usurpación de funciones del Parlamento a tenor del artículo 202 de la CRBV conforme con el cual "[l]a ley es el acto sancionado por la Asamblea Nacional como cuerpo legislador", incluso en casos de excepción.

iii. La orden a la Defensoría del Pueblo para que comisionara a defensores delegados, especiales y nacionales "para atender la situación excepcional objeto de regulación en este decreto, con el fin de que velen por el respeto de los derechos humanos de la población y ejerzan las acciones necesarias para su efectiva protección" (arts. 7 del primer decreto y 8 de los restantes).

Esto constituyó otra violación del principio de separación de poderes –ahora en su connotación horizontal– al Poder Ejecutivo girar instrucciones al Poder Ciudadano –particularmente, a la Defensoría del Pueblo– cuyos órganos gozan de autonomía funcional, financiera y administrativa a tenor del artículo 273 de la CRBV, materializándose así una nueva usurpación de funciones en criterio de la doctrina (Brewer-Carías 2015a, 44).

iv. La militarización de los municipios donde se declaró la emergencia económica –nuevamente, como medida que se acerca más a un estado de conmoción– designándose al Comandante de la Zona Operativa de Defensa Integral[238] respectivo como "responsable de las

---

237 G.O. n° 39.196 del 09-06-2009.

238 *Cfr*. Artículo 48 del Decreto con Rango, Valor y Fuerza de Ley Orgánica de la Fuerza Armada Nacional Bolivariana, en G.O. n° 6.156 Extraordinario del 18-11-2014 (vigente *ratione temporis*), según el cual: "La Zona Operativa de Defensa Integral, es una agrupación territorial de fuerzas

acciones de índole estratégico militar que con ocasión de este Decreto deban ejecutarse".

Este Comandante se encontraba al mando de "las acciones para garantizar la preservación de la paz, el control del orden público y la seguridad ciudadana", por lo que todos los órganos de seguridad ciudadana y de policía administrativa habían de seguir sus instrucciones (arts. 11 del primer decreto y 12 de los restantes).

v. La creación de una Autoridad Única de Área (arts. 13 del primer decreto y 14 de los restantes) que sería designada por decretos separados[239] en los que se especificó que esta autoridad (i) dependía directamente del Presidente de la República, (ii) no tenía configuración orgánica y (iii) su función era coordinar a las autoridades públicas del Ejecutivo Nacional y los distintos entes político-territoriales, dictando para ello lineamientos y directrices vinculantes que atestiguaban la posibilidad de un eventual conflicto entre estas autoridades y los Comandantes de la Zona Operativa de Defen-

---

y medios, en un espacio geográfico comprendido en una Región Estratégica de Defensa Integral, que puede coincidir con uno o varios estados donde se conducirán las operaciones para defensa integral y la misma estará a cargo de un o una Oficial y tendrá un Estado Mayor, así como, los elementos operativos y de apoyo necesarios para el cumplimiento de su misión. // El o la Comandante de la Zona Operativa de Defensa Integral, ejercerá el mando directo sobre todas las unidades asignadas a la Zona Operativa de Defensa Integral y demás órganos operativos y administrativos funcionales, que le sean asignados para el cumplimiento de su misión. // Será designado o designada por el Presidente o Presidenta de la República Bolivariana de Venezuela y Comandante en Jefe de la Fuerza Armada Nacional Bolivariana".

239 *Cfr.* Decreto n° 1.956 (municipios del estado Táchira) en G.O. n° 40.732 del 26-08-2015; Decreto n° 1.970 (del estado Táchira) en G.O. n° 40.736 del 01-09-2015; Decreto n° 1.992 (del estado Zulia) en G.O. n° 40.741 del 08-09-2015; Decretos n° 2.017 (del estado Zulia), n° 2.018 (del estado Zulia), n° 2.019 (del estado Apure) y n° 2.020 (del estado Apure) en G.O. n° 40.747 del 16-09-2015; y Decreto n° 2.072 (del estado Amazonas) en G.O. n° 40.773 del 23-10-2015.

sa Integral que, como se dijo, según los decretos de excepción estaban al mando de la respuesta estatal frente a la circunstancia extraordinaria.

vi. La suspensión del porte de armas "como parte de las medidas para garantizar la seguridad ciudadana y el resguardo de la integridad física de los ciudadanos (...) preservando la paz y el orden público" (art. 5), en lo que nos retrotrae a la idea de que más que una emergencia económica, el estado de excepción pretendía enfrentar una conmoción interior.

Nótese a su vez que esta suspensión suele adoptarse en el país incluso en situaciones de normalidad, lo que niega la necesidad de la adopción de un estado de excepción para su implementación[240].

vii. La implementación del "Registro Único para la Restitución de los Derechos Sociales y Económicos en la Frontera", creado luego de la entrada en vigencia del primer decreto de excepción (art. 7 del segundo al octavo decreto), cuya finalidad era "recabar y proporcionar información actualizada con respecto a la población, viviendas, establecimientos comerciales e indus-

---

240 *Cfr.* Resolución Conjunta de los Ministerios del Poder Popular para Relaciones Interiores y Justicia y para la Defensa, mediante la cual se suspende de manera temporal el porte de armas de fuego y armas blancas en todo el territorio de la República Bolivariana de Venezuela, como parte de las medidas para garantizar la seguridad ciudadana y el resguardo de la integridad física de las personas con motivo del Dispositivo Navidad Segura 2014, en el marco de la Gran Misión A Toda Vida Venezuela y dentro de las políticas del Plan Patria Segura, en G.O. nº 40.565 del 18-12-2014. Esta resolución conjunta invocó como parte de su fundamento jurídico el artículo 82 de la Ley para el Desarme y Control de Armas y Municiones, en G.O. nº 40.190 del 17-06-2013, cuyo único aparte prevé que "[e]l Ejecutivo Nacional, por razones de seguridad pública o de interés nacional, podrá declarar zonas geográficas especiales bajo restricción y prohibición de permisos de porte de armas de fuego, por el tiempo que considere conveniente", lo que atestigua que se trata de una medida que puede tomarse conforme con el Derecho ordinario y no requiere de una declaratoria de estado de excepción.

triales, infraestructura, servicios públicos, actividades económicas, y áreas agrícolas" de los municipios en los que se había declarado la emergencia económica, correspondiéndole al ministerio de planificación determinar cuáles serían los datos a requerirse[241].

Al respecto, interesa destacar que, de acuerdo con el artículo 5 del decreto de creación de este Registro, "las personas naturales y jurídicas deberán permitir, al personal debidamente acreditado, el acceso a los inmuebles y establecimientos en oportunidad de recabar la información requerida para el registro", lo que podría estimarse como una manifestación de la restricción de la inviolabilidad de los recintos privados comentada *supra* al preverse a su vez que la Fuerza Armada Nacional debía brindar apoyo logístico y de seguridad en el levantamiento de esta data (art. 7 *ejusdem*).

3. El control político y jurídico de las declaratorias

Tal como vimos en el Capítulo III de esta investigación, los decretos que declaran el estado de excepción deben ser remitidos tanto a la Asamblea Nacional como a la TSJ/SC para que estos cuerpos lleven a cabo su función de control (art. 339 de la CRBV).

En aplicación de esta disposición, los ocho decretos estudiados incluyeron dentro de su articulado que los mismos se harían llegar a los órganos mencionados, de la siguiente forma:

> El presente Decreto será remitido a la Asamblea Nacional, a los fines de su consideración y aprobación, dentro de los ocho (8) días siguientes a su publicación en la Gaceta Oficial de la República Bolivariana de Venezuela, de conformidad

---

241 *Cfr.* Decreto n° 1.959 en G.O. n° 40.734 del 28-08-2015. El Registro estaba conformado por la información proporcionada por los órganos y entes de la Administración Pública Nacional, Estadal y Municipal (incluyendo las oficinas de registro público, notarías y oficinas de catastro e ingeniería municipal) y las personas naturales y jurídicas.

> con el artículo 26 de la Ley Orgánica sobre Estados de Excepción (arts. 14 del primer decreto y 15 del resto).
> El presente Decreto será remitido a la Sala Constitucional del Tribunal Supremo de Justicia, a los fines de que se pronuncie sobre su constitucionalidad, dentro de los ocho (8) días siguientes a su publicación en la Gaceta Oficial de la República Bolivariana de Venezuela, de conformidad con el artículo 31 de la Ley Orgánica sobre Estados de Excepción (arts. 15 del primer decreto y 16 del resto).

Así se reiteró en los artículos 2 (Asamblea Nacional) y 3 (TSJ/SC) de las prórrogas.

En este sentido, comentamos a continuación algunas particularidades tanto del control político como del control jurídico en cuanto a los estados de excepción por emergencia económica declarados en la frontera colombo-venezolana durante el período 2015-2016.

Lo anterior, a fin de apreciar la facilidad con la que dicha emergencia como categoría de estado de excepción fue instrumentalizada en el país; lamentablemente con la anuencia de los órganos llamados a impedirlo y que hacen pensar que los controles actualmente previstos en la CRBV resultan insuficientes para la correcta garantía de los derechos individuales.

A. El control político

Los ocho decretos de excepción dictados por el Presidente de la República fueron aprobados por la Asamblea Nacional "en todas y cada una de sus partes", como se aprecia en los acuerdos publicados en la Gaceta Oficial[242], sin que dicho órgano motivara de forma alguna su decisión, limitándose a invocar "las atribuciones que le confiere la Constitución de la República (...) en los artículos 338 y 339, y en los artículos 26, 28 y 31 de la Ley Orgánica Sobre los Estados de Excepción, en concordancia con lo aprobado en sesión". Los acuerdos, por ende, no

---

242 G.O. n° 40.731 del 25-08-2015 (municipios del estado Táchira), n° 40.737 del 02-09-2015 (del estado Táchira), n° 40.741 del 08-09-2015 (del estado Zulia), n° 40.748 del 17-09-2015 (de los estados Zulia y Apure) y n° 40.776 del 28-09-2015 (del estado Amazonas).

se bastaron por sí mismos al remitir a lo aprobado en la sesión respectiva, sin que tales actas fuesen de conocimiento público o al menos de fácil acceso, atentándose contra la seguridad jurídica y la transparencia en el ejercicio del Poder Público.

Como sostuvimos en otra oportunidad a la que corresponden las citas de los siguientes párrafos (Sira Santana 2017a, 184–88), esta realidad hizo necesario consultar las notas de prensa publicadas por la Asamblea Nacional para conocerse qué fue lo aprobado en las sesiones a las que los acuerdos hacían referencia, constatándose que en las mismas se encuentran alusiones a que los parlamentarios estimaron la medida como "extraordinaria, acertada y de alta política" y que "el Poder Legislativo ratifica su soberanía nacional al respaldar estas medidas que buscan liberar al pueblo venezolano del paramilitarismo".

Lo anterior en cuanto al primer decreto de excepción, que fue aprobado por la Comisión Delegada al encontrarse la Asamblea Nacional de receso de acuerdo con el artículo 219 de la CRBV[243], aunque no consta que a la primera le haya sido imposible convocar a la Asamblea Nacional a una sesión extraordinaria como lo exige el artículo 29 de la LOEE, según comentamos *supra*, de lo que deriva que la doctrina estime que "la Comisión Delegada usurpó la competencia constitucional de la Asamblea Nacional, lo que de suyo deslegitima el control ejercido sobre el decreto de estado de excepción bajo examen" (Peña Colmenares 2016, 250).

Esta situación se reiteró en cuanto al segundo y tercer estado de excepción –aprobados el 02-09-2015 y el 09-09-2015, respectivamente– sobre los cuales los diputados de la Comisión Delegada apuntaron que eran "una medida para salva-

---

[243] El artículo reza: "El primer período de las sesiones ordinarias de la Asamblea Nacional comenzará, sin convocatoria previa, el cinco de enero de cada año o el día posterior más inmediato posible y durará hasta el quince de agosto. // El segundo período comenzará el quince de septiembre o el día posterior más inmediato posible y terminará el quince de diciembre". El acuerdo tiene fecha del 25-08-2015.

guardar la seguridad y la tranquilidad de las familias de estos municipios", "por instrucciones del presidente Nicolás Maduro, se debe administrar política y territorialmente esta región de excepción de manera eficiente con el objeto de garantizar el bienestar del pueblo de Venezuela" y "de ser necesario aprobaremos todos los Estados de Excepción que el presidente Nicolás Maduro presente, para garantizarle a los venezolanos la paz y la tranquilidad".

Los estados de excepción cuarto a séptimo, en tanto, fueron aprobados por la Asamblea Nacional el 17-09-2015 y los diputados expresaron que "[c]on esta medida nacionalista, profundamente humana del presidente Nicolás Maduro se va a resolver definitivamente esta situación" y se trataba de "una medida apegada a la defensa de los Derechos Humanos. Siempre velando porque no haya exceso, ni atropellos, con la Constitución en la mano, apegado a la ley".

Esta retahíla finalizó el 27-10-2015 con la aprobación por parte de la Asamblea Nacional del octavo estado de excepción, sobre el cual se dijo en la sesión respectiva que "[e]l paramilitarismo, el contrabando de extracción, el sicarito [sic], son prácticas comunes en esta zona, por tal razón, se justifica el Estado de Excepción ampliamente" y "la aprobación de esta política permitirá retomar el orden y la paz en esta zona".

En otras palabras, ni de los acuerdos publicados por el Legislativo en la Gaceta Oficial ni de las notas de prensa deriva que esta institución –cuya mayoría era oficialista– realizara un verdadero control político sobre las declaratorias de emergencia económica, pues el mismo se limitó a manifestar el apoyo a las medidas adoptadas por el Presidente de la República, sin que se hiciera un análisis de la situación en la frontera y si los decretos estudiados brindaban soluciones necesarias y proporcionales ante la misma, recordándose que de acuerdo con el foro le correspondía a la Asamblea Nacional "examinar los motivos de mérito y oportunidad, su necesidad, proporcionalidad e incluso la conveniencia de la medida" (Leal 2003, 350).

De este modo, visto que coincidimos con lo expuesto por la doctrina de que "resulta obligatorio para la Asamblea Nacional examinar la configuración de los referidos presupuestos fácticos, y después de un análisis, lo más próximo a la objetividad, adoptar la decisión que corresponda" (Peña Colmenares 2016, 224), somos de la opinión que la Comisión Delegada y la Asamblea Nacional no efectuaron un verdadero control político sobre los ocho decretos de excepción al evaluar su conveniencia y vinculación con los principios que rigen al Derecho de excepción, limitándose a manifestar su apoyo al compañero de partido y Presidente de la República.

Este hecho se agrava producto de la inmotivación de los acuerdos que, como bien alertó Peña Colmenares (2016, 251), "atenta contra la seguridad jurídica en un asunto de tanta relevancia (...) pues esta situación coloca en un virtual estado de indefensión a los interesados que quieren participar en el procedimiento de control de la constitucionalidad", ya que desconocen cuáles fueron los motivos que llevaron al Poder Legislativo a aprobar los decretos.

Para finalizar, no queda más que apuntar que los hechos aquí narrados se reiteraron en el caso del control político de la prórroga de las emergencias económicas con el agregado que en esta oportunidad solo constan en la Gaceta Oficial los acuerdos referidos a dos de los ocho decretos, ambos del estado Táchira[244].

En ambos casos, y como vimos ocurrió con los otros decretos, la Asamblea Nacional se limitó a invocar los conocidos artículos 338 y 339 de la CRBV y 26, 28 y 31 de la LOEE para, "en concordancia con lo aprobado en sesión ordinaria", aprobar la prórroga "en todas y cada una de sus partes", por lo que reiteramos lo ya comentado sobre los vicios en que incurrió el Poder Legislativo y la desnaturalización de esta atribución que pasó de un control político al mero respaldo proselitista.

---

[244] G.O. n° 40.776 del 28-10-2015 y n° 40.781 del 04-11-2015.

B. El control jurídico

La TSJ/SC declaró la constitucionalidad de los ocho decretos de excepción[245] y sus prórrogas[246] sin haber realizado un análisis sobre sus elementos de hecho (motivos que dieron lugar a la declaratoria) ni de Derecho (satisfacción de los principios del Derecho de excepción así como de las normas a las que hicimos referencia en el Capítulo III de esta investigación), ignorando en consecuencia su obligación de "controlar que el órgano [que declaró la excepción] sea competente y que se cumplieron las formalidades que establecen la CN [CRBV], la LOEE y el Pacto de San José y que [el decreto] no sea manifiestamente desproporcionado, irrazonable o innecesario ante la situación planteada" (Leal 2003, 352).

Así lo reitera Peña Colmenares (2016, 238) cuando apunta que este control no versa únicamente sobre aspectos formales del decreto –como verificar si "fue dictado por el Presidente de la República en Consejo de Ministros, (...) remitido a la Asamblea Nacional para su control, (...) contiene la enumeración de las garantías restringidas, y (...) figuran solamente las que son susceptibles de restricción"– sino también materiales producto de la atribución prevista en el artículo 339 constitucional y el principio de integridad de la CRBV.

En este sentido, la lectura de los fallos de la TSJ/SC identificados *supra* revela los siguientes aspectos de interés que –hemos de apuntar– respondieron a la forma de argumentos

---

245 TSJ/SC n° 1173 del 28-08-2015 (caso: Decreto n° 1.950), n° 1174 del 08-09-2015 (caso: Decreto n° 1.969), n° 1176 del 15-09-2015 (caso: Decreto n° 1.989), n° 1183 del 22-09-2015 (caso: Decreto n° 2.013), n° 1181 del 22-09-2015 (caso: Decreto n° 2.014), n° 1182 del 22-09-2015 (caso: Decreto n° 2.015), n° 1184 del 22-09-2015 (caso: Decreto n° 2.016) y n° 1353 del 04-11-2015 (caso: Decreto n° 2.071).

246 TSJ/SC n° 1351 del 30-10-2015 (caso: Decreto n° 2.054), n° 1369 del 12-11-2015 (caso: Decreto 2.076), n° 1465 del 20-11-2015 (caso: Decreto n° 2.089), n° 1547 del 27-11-2015 (caso: Decreto n° 2.095), n° 1545 del 27-11-2015 (caso: Decreto n° 2.096), n° 1546 del 27-11-2015 (caso: Decreto n° 2.097), n° 1548 del 27-11-2015 (caso: Decreto n° 2.098) y n° 2 del 08-01-2016 (caso: Decreto n° 2.157).

de autoridad dados por la Sala (Ezquiaga Ganuzas 2008, 425), pues luego del primer fallo ella se limitó a señalar que ya se había pronunciado sobre el tema en una decisión previa y se trataba de un "criterio mantenido por esta Sala Constitucional", apuntando la doctrina que "[s]e trata de fallos casi idénticos, al punto de que se transfieren a unas menciones que, en realidad, corresponden a otros; lo que por supuesto da muestra del descuido en su elaboración", aunque "[e]n ninguno de estos fallos, sin embargo, hubo un verdadero control, pues se limitaron a reproducir el texto de los decretos y a aseverar que se satisfacían las exigencias constitucionales" (Silva Aranguren 2015, 111).

Hecha esta precisión, destacamos entonces los siguientes puntos:

Primero, la TSJ/SC confirmó su competencia para conocer sobre la constitucionalidad de estos decretos, lo que no constituye un tema debatido de acuerdo con los artículos de la CRBV, la LOEE y la Ley Orgánica del Tribunal Supremo de Justicia ya traídos a colación en este estudio.

Segundo, solo en uno de los siete expedientes en los que los terceros interesados presentaron escritos argumentando la inconstitucionalidad de las declaratorias de emergencia económica la Sala se pronunció al respecto, y lo hizo negando su valor sin ningún tipo de motivación, apuntando simplemente que "[e]l escrito no aporta elementos de convicción que sirvan de fundamento a los exiguos alegatos formulados en el mismo; circunstancia que incide negativamente en la admisibilidad del mismo".

En los casos restantes, la TSJ/SC mencionó que ella consideraría "oportunamente" sobre la procedencia o no de estos escritos pero, llegado el momento, solo dijo que tales documentos estaban dirigidos a cuestionar la constitucionalidad de las medidas de excepción sobre razonamientos que la Sala ya había considerado para decretos anteriores y, al compartir todos los decretos las mismas circunstancias fácticas, había de arribarse a la misma conclusión de que los escritos presentados por los terceros que pretendían salvaguardar el orden constitucional no eran relevantes para decidir los casos.

Tercero, en cuanto a su obligación de verificar materialmente los hechos invocados como parte de la motivación de los decretos de excepción para atestiguar el cumplimiento del principio de necesidad estudiado en el Capítulo III de este trabajo, la TSJ/SC, con base en la teoría de los hechos notorios, trajo a colación diferentes notas publicadas por medios de comunicación en las que se hacía referencia a situaciones como el contrabando de medicinas y gasolina o la detención en el territorio venezolano de miembros del grupo guerrillero FARC para certificar que -al menos según la prensa nacional- en la frontera colombo-venezolana se presentaban "circunstancias delictivas y violentas", como exponían los decretos.

A pesar de lo anterior, no hubo alusión alguna a indicadores macroeconómicos que permitiesen justificar la declaratoria de una emergencia económica ni, tampoco, quedó constatado el carácter sobrevenido ni inminente de los hechos reseñados por la prensa[247], al punto que la doctrina apunta que en realidad se trataba de problemas "sistemáticos y crónicos, y que, a pesar de ser un hecho público comunicacional, el jefe del Ejecutivo no había implementado medidas eficaces para enfrentarlo" (Peña Colmenares 2016, 266).

Cuarto, conocido que la mera existencia de hechos delictivos no se configura como una causal de estados de excepción, correspondía a la TSJ/SC compaginar las declaraciones de emergencia económica con los principios de necesidad, proporcionalidad y temporalidad. Ello nunca ocurrió.

---

[247] Téngase presente que algunas de estas notas de prensa se publicaron con bastante anterioridad a los decretos de excepción, lo que demuestra que en realidad no se trataba de hechos sobrevenidos. A modo de ejemplo, el decreto de excepción del municipio Atures del estado Amazonas se publicó en Gaceta Oficial el 23-10-2015, pero los hechos a los que aludió la TSJ/SC en su fallo n° 1184/2015 ocurrieron durante el año 2014.

La Sala se limitó a describir el contenido de los decretos y afirmar –en los fallos ya identificados en este acápite– que "una vez analizado el contenido del Decreto" se daba por constitucional, reiterándose este planteamiento respecto a los decretos posteriores "con la salvedad de que en esta ocasión el Ejecutivo Nacional consideró necesario extenderlo" a los municipios a los que hiciera referencia el decreto controlado, y al ser "las mismas circunstancias (...) en las mismas condiciones" que llevaban "a que se tomaran medidas de igual magnitud para restituir el orden público en esas poblaciones", las razones que justificaban la constitucionalidad de la declaratoria anterior eran "igualmente válidas y se dan por reproducidas".

Así, nada dijo sobre los principios enunciados más allá de un par de afirmaciones teóricas y genéricas sobre su importancia, pero que no se vincularon con los decretos analizados para demostrar que estos cumplían con el Derecho de excepción pues, luego de sostener la TSJ/SC que "ha de ponderarse (...) las medidas decretadas respecto de la ratio o las situaciones de hecho acontecidas, vinculadas a la criminalidad organizada", expresó, sin más, "el respaldo orgánico de este cuerpo sentenciador" a las medidas "en reconocimiento por su pertinencia, proporcionalidad y adecuación", acercándose más a un control político que jurídico, como coincide la doctrina (Silva Aranguren 2015, 116).

En resumen, la TSJ/SC estimó como "necesarias, adecuadas y proporcionales" ocho emergencias económicas, bastándole para ello parafrasear lo dicho por el Presidente de la República en los decretos. Esto llevo a que el foro alertara sobre la "meridiana falta de autonomía, independencia, absoluta sumisión y subordinación al régimen [de la TSJ/SC], ello verificable mediante fallos que no constituyen más que instrumentos de ejercicio del poder para el desmantelamiento del propio Estado de derecho" (Hung Cavalieri 2016, 373).

Quinto y último, la TSJ/SC tampoco controló si los decretos de excepción regulaban el ejercicio del derecho cuya garantía se restringía a tenor del artículo 339 de la CRBV, ya que solo efectuó consideraciones teóricas de que las medidas debían ser razonables y justificar la "injerencia del Estado en el ámbito de los derechos y garantías constitucionales de sus ciudadanos", sin comentar por ejemplo cómo ello ocurría en el caso de las mencionadas restricciones a las garantías del derecho de manifestación y reunión como mecanismo para poner fin al contrabando de extracción, el narcotráfico y el paramilitarismo en la frontera.

En breve, la TSJ/SC "no entró a examinar ni constatar que existiera conexidad interna, es decir, la relación de causalidad entre los referidos hechos y las medidas adoptadas" (Peña Colmenares 2016, 263), ni que estas últimas fuesen cónsonas con los principios estudiados.

En este orden de ideas, la Sala solo dijo que en los decretos no se había limitado "de ninguna forma o intensidad, expresa ni tácita" garantías que el Derecho de excepción proscribían, ignorando que el control jurídico iba más allá de esa verificación al deber también comprobar que los decretos regularan el ejercicio del derecho cuya garantía se restringe, lo que claramente no ocurría en los decretos estudiados donde se enunciaron restricciones carentes de todo tipo de regulación (inviolabilidad de las comunicaciones) o se delegaron de forma inconstitucional en otras autoridades (libre tránsito y libertad económica).

Esta situación se reiteró en cuanto a las prórrogas de los decretos según los fallos identificados al inicio de este acápite, en los que la Sala determinó su competencia, parafraseó los decretos, hizo referencias teóricas a los principios de necesidad y proporcionalidad y, finalmente, adujo que:

> ...se aprecia claramente que la prórroga de la medida declarativa del estado de excepción, obedece a que subsisten los motivos que la originaron, presentando de modo sistemático, inédito, sobrevenido y progresivo, un impedimento continuado al pleno goce y ejercicio de los derechos de los habitantes de la República.

De este modo, continuó la TSJ/SC, las prórrogas atendían "de forma prioritaria aspectos de seguridad ciudadana, económicos, y de seguridad y de defensa integral de la Nación, y de su territorio" y cada decreto resultaba:

> ...proporcional, pertinente, útil y necesario para el ejercicio y desarrollo integral del derecho constitucional a la protección por parte del Estado, especialmente, los derechos al acceso a bienes y servicios de calidad, a la salud, así como los derechos a la vida, a la integridad personal, a la libertad, entre otros tantos necesarios para garantizar los valores fundamentales de integridad territorial, soberanía, autodeterminación nacional, igualdad, justicia y paz social, necesarios para la construcción de una sociedad justa y amante de la paz, y para la promoción de la prosperidad y bienestar del pueblo, conforme a lo previsto en el artículo 3 Constitucional.
>
> De allí que se estime ajustado al orden constitucional y por ende procedente, que el Ejecutivo Nacional, constatadas las circunstancias suscitadas y que se mantienen en la región fronteriza (...), emplee las herramientas que la Constitución de la República Bolivariana de Venezuela ha dispuesto, en cumplimiento -tal como lo manifiesta el Decreto- del deber irrenunciable e ineludible del Estado Venezolano de defender y asegurar la vida digna de su ciudadanos y ciudadanas, protegerles frente a las amenazas, haciendo efectivo el orden constitucional, el restablecimiento de la paz social que garantice el acceso oportuno de la población a bienes y servicios básicos y alimentos de primera necesidad, así como el disfrute de sus derechos en un ambiente pleno de tranquilidad y estabilidad.

Como vemos, nuevas afirmaciones que pecaron de generales y que no se vincularon de modo preciso con los decretos de excepción, las circunstancias alegadas y las medidas implementadas, considerándose suficiente lo dicho por el Presidente de la República de que, incluso luego de sesenta días con poderes extraordinarios, subsistían en las mismas condiciones los motivos que habían ocasionado la declaratoria original y ello hacía procedente tanto la declaratoria de constitucionalidad de los ocho decretos de prórroga como de los ocho acuerdos de la Asamblea Nacional que versaban sobre las mismas, a pesar de que como dijimos antes solo dos de estos acuerdos constan en la Gaceta Oficial, por lo que pareciera ser que como parte de su (des)control jurídico, la TSJ/SC declaró la constitucionalidad de actos inexistentes.

No creemos que sean necesarios más argumentos para destacar la poca valía que la práctica concede entonces a estos mecanismos de control de los estados de excepción, y que, como dijimos *supra*, hacen recomendable estudiar la necesidad de objetivar aún más el Derecho de excepción a nivel constitucional para impedir el abuso de instituciones como la emergencia económica.

II. LA EMERGENCIA ECONÓMICA EN TODO EL TERRITORIO NACIONAL (2016-2021)

El 15-01-2016, cuando el Presidente de la República presentó su memoria y cuenta a la Asamblea Nacional, entregó a la Directiva de esta última el Decreto n° 2.184, por medio del cual declaró la emergencia económica en todo el territorio nacional por un lapso de sesenta días.

Este decreto fue prorrogado en marzo de ese mismo año por otros sesenta días, y, dada la intención del Ejecutivo Nacional de que sus disposiciones se mantuviesen en el tiempo porque en su criterio subsistían las circunstancias que lo motivaron, al ser solo posible una prórroga, el Presidente de la República optó por declarar un nuevo estado de excepción en mayo de 2016 que se prorrogó en el mes de julio de ese mismo año, en ambos casos por sesenta días.

Ello ocurrió en otras catorce ocasiones extendiéndose el Derecho de excepción en el país –claramente, de forma inconstitucional– hasta abril del año 2021, dictándose en total dieciséis emergencias económicas con sus respectivas prórrogas y que enlistamos de seguida:

i. Decreto n° 2.184, publicado en la G.O. n° 6.214 Extraordinario del 14-01-2016 y prorrogado por Decreto n° 2.270 en la G.O. n° 6.219 Extraordinario del 11-03-2016.

ii. Decreto n° 2.323, publicado en la G.O. n° 6.227 Extraordinario del 13-05-2016 y prorrogado por Decreto n° 2.371 en la G.O. n° 40.942 del 12-07-2016.

iii. Decreto n° 2.452, publicado en la G.O. n° 6.256 Extraordinario del 13-09-2016 y prorrogado por Decreto n° 2.548 en la G.O. n° 6.272 Extraordinario del 13-11-2016.

iv. Decreto n° 2.667, publicado en la G.O. n° 41.074 del 13-01-2017 y prorrogado por Decreto n° 2.742 en la G.O. n° 41.112 del 13-03-2017.

v. Decreto n° 2.849, publicado en la G.O. n° 6.298 Extraordinario del 13-05-2017 y prorrogado por Decreto n° 2.987 en la G.O. n° 41.192 del 13-07-2017.

vi. Decreto n° 3.074, publicado en la G.O. n° 41.233 del 11-09-2017 (con reimpresión en n° 41.237 del 15-09-2017) y prorrogado por Decreto n° 3.157 en la G.O. n° 41.276 del 10-11-2017.

vii. Decreto n° 3.239, publicado en la G.O. n° 6.356 Extraordinario del 09-01-2018 y prorrogado por Decreto n° 3.308 en la G.O. n° 41.357 del 09-03-2018.

viii. Decreto n° 3.413, publicado en la G.O. n° 41.394 del 10-05-2018 y prorrogado por Decreto n° 3.503 en la G.O. n° 41.435 del 09-07-2018.

ix. Decreto n° 3.610, publicado en la G.O. n° 41.478 del 10-09-2018 (con reimpresión en n° 41.484 del 18-09-2018 y n° 41.485 del 19-09-2018) y prorrogado por Decreto n° 3.655 en la G.O. n° 41.521 del 09-11-2018.

x. Decreto n° 3.736, publicado en la G.O. n° 6.424 Extraordinario del 11-01-2019 y prorrogado por Decreto n° 3.779 en la G.O. n° 6.433 Extraordinario del 12-03-2019.

xi. Decreto n° 3.844, publicado en la G.O. n° 6.456 Extraordinario del 10-05-2019 y prorrogado por Decreto n° 3.906 en la G.O. n° 6.464 Extraordinario del 09-07-2019.

xii. Decreto n° 3.980, publicado en la G.O. n° 6.478 Extraordinario del 07-09-2019 y prorrogado por Decreto n° 4.019 en la G.O. n° 6.487 Extraordinario del 06-11-2019.

xiii. Decreto n° 4.090, publicado en la G.O. n° 6.501 Extraordinario del 05-01-2020 y prorrogado por Decreto n° 4.145 en la G.O. n° 6.515 Extraordinario del 05-03-2020.

xiv. Decreto n° 4.194, publicado en la G.O. n° 6.534 Extraordinario del 04-05-2020 y prorrogado por Decreto n° 4.242 en la G.O. n° 6.551 Extraordinario del 02-07-2020.

xv. Decreto n° 4.275, publicado en la G.O. n° 6.568 Extraordinario del 30-08-2020 y prorrogado por Decreto n° 4.358 en la G.O. n° 6.587 Extraordinario del 28-10-2020.

xvi. Decreto n° 4.396, publicado en la G.O. n° 6.606 Extraordinario del 26-12-2020 y prorrogado por Decreto n° 4.440 en la G.O. n° 6.615 Extraordinario del 23-02-2021.

En este sentido, aunque estos decretos tienen características que los diferencian entre sí, a continuación realizaremos algunos comentarios generales sobre su contenido, destacando, cuando sea procedente, sus particularidades.

Al efecto, como lo hicimos para la emergencia económica en la frontera colombo-venezolana, precisaremos a continuación lo referido a las circunstancias excepcionales que originaron las declaratorias, cuáles eran las medidas extraordinarias que los decretos implementaron, y los controles que sobre los decretos ejerció tanto la Asamblea Nacional como la TSJ/SC.

Nuestro objetivo es demostrar, una vez más, la disconformidad que existió entre estas declaraciones y los principios y postulados doctrinales que rigen al Derecho de excepción, según estudiamos en el Capítulo III de esta investigación[248].

[248] Advertimos al lector que, visto que el tema rebasa nuestro objeto de estudio, en esta ocasión no nos pronunciaremos sobre las interrogantes que plantea la elección de la Presidencia de la República para el período 2019-2024, convocada ilegítimamente por la "Asamblea Nacional Constituyente" con el aval del Consejo Nacional Electoral y que, por

1. Las circunstancias excepcionales que originaron las declaratorias

Los dieciséis decretos por medio de los cuales se declaró la emergencia económica en todo el territorio nacional invocaron como fundamento jurídico los artículos 226, 236 (num. 7), 337, 338 y 339 de la CRBV, y los artículos 2 al 7, 10, 17 y 23 de la LOEE, del mismo modo que se vio respecto a la excepción en la frontera colombo-venezolana.

En tanto, por lo que respecta a las razones de hecho, los motivos brindados por el Presidente de la República pueden resumirse del modo siguiente, apuntándose que a partir del noveno decreto (n° 3.610, de septiembre de 2018) los decretos no experimentaron ninguna variación en cuanto a su motivación, mientras que en los ocho anteriores sí se produjeron algunos cambios aunque la idea fue siempre la misma.

Así, tomando como base lo que expusimos en otra ocasión (Sira Santana 2017a, 211-13), el Presidente de la República hizo referencia a que:

Luego de la muerte del Presidente de la República anterior (hecho que se dio a conocer a inicios de 2013, tres años antes de que se declarara la excepción por lo que difícilmente podría estimarse como algo sobrevenido a estas fechas), sectores nacionales e internacionales atacaron la economía nacional para desestabilizar las instituciones del Estado (Decretos n° 2.184 y 2.323).

Ejemplos de estos ataques son -entre otros- la sustracción del cono monetario que generó escasez de efectivo y la

---

una parte, culminó en un proceso en el que se proclamó a Nicolás Maduro como Presidente de la República (y quien dictó los estados de excepción sobre los que versan estas líneas) y por la otra derivó en que el Presidente de la Asamblea Nacional asumiera como "encargado" la Presidencia de la República, con el reconocimiento de parte de la comunidad internacional. En este sentido, los comentarios que aquí efectuamos se harán desde el punto de vista del Derecho de excepción, abstrayéndonos de esta usurpación de poder apuntada por la doctrina (Brewer-Carías y García Soto 2017).

circulación de "noticias falsas sobre la capacidad o disposición de pago de la República" (Decretos n° 2.667, 2.849, 3.074, 3.239 y 3.413), motivo por el cual el Ejecutivo Nacional tomó medidas "para incorporarse a la nueva modalidad monetaria, que en el mundo se viene desarrollando a través de un sistema financiero virtual" (Decretos n° 3.239 y 3.413), ya que "persiste el asedio instaurado contra la economía venezolana, no solo mediante la extracción, alteración y uso fraudulento del signo monetario nacional, sino a través del sistema bancario" (Decretos n° 3.610, 3.736, 3.844, 3.980, 4.090, 4.194, 4.275 y 4.396).

Esta situación dificultó a los venezolanos "el ejercicio de su derecho a disponer y acceder libremente a bienes y servicios esenciales, en detrimento de sus derechos constitucionales a la salud y a la alimentación" (Decreto n° 2.184), al constatarse prácticas como "el acaparamiento, el boicot, la usura, el desabastecimiento y la inflación inducida" (Decreto n° 2.323) –sumado a la caída de los precios del petróleo (Decretos n° 3.610, 3.736, 3.844, 3.980, 4.090, 4.194, 4.275 y 4.396)– tal como fue reconocido "por los Poderes Públicos, quienes han unido esfuerzos y diferentes acciones para contrarrestar sus efectos", con la salvedad de la Asamblea Nacional que, "por encontrarse (...) en Desacato y en flagrante violación del Orden Público Constitucional", la TSJ/SC declaró la "Invalidez, Inexistencia e Ineficacia Jurídica, de todos [sus] actos y actuaciones" (Decreto n° 2.452).

Aunado a lo anterior, los ataques comentados también afectaron la estabilidad económica y seguridad de la Nación, sus ciudadanos e instituciones, visto que sectores políticos nacionales –entre ellos, "la mayoría circunstancial de diputados a la Asamblea Nacional"– llamaron a desconocer a las autoridades y decisiones del Poder Público nacional y abogaron por la intervención extranjera, lo que tuvo un "impacto directo sobre la situación económica del país" (Decretos n° 2.667, 2.849, 3.074, 3.239 y 3.413), aunado a que los cuerpos de seguridad del Estado detectaron grupos criminales armados y paramilitares en el territorio de la República, cuya finalidad era "generar en Venezuela problemas de orden público que causen malestar en el pueblo venezolano, vulneren la Seguridad Nacional y justifiquen una intervención de poderes extranjeros contra el país" (Decreto n° 2.323).

En el mismo orden de ideas se tiene que el Presidente de los Estados Unidos de América prorrogó la Orden Ejecutiva 13.692 (Revanales 2015) y dictó una nueva orden ejecutiva "imponiendo un bloqueo económico y financiero contra el Pueblo (...) a través de ilícitas e ilegítimas sanciones" que –según los decretos– "busca menoscabar el funcionamiento y la gestión de Petróleos de Venezuela, S.A. (...), afectando severamente al pueblo venezolano y su principal fuente de ingresos" (Decretos n° 3.074, 3.239 y 3.413); a lo que se agregó que este mandatario "ha prohibido todas las transacciones, provisión de financiamiento y negociaciones respecto a la criptomoneda venezolana, en una clara acción injerencista, que pretende agudizar la crisis con el objeto de incrementar el riesgo país, en detrimento de la economía nacional y del Pueblo" (Decretos n° 3.610, 3.736, 3.844, 3.980, 4.090, 4.194, 4.275 y 4.396).

No conforme con ello, también existía una "crisis climática" provocada por el fenómeno "El Niño", que limitó el abastecimiento interno de alimentos y afectó al sistema nacional de producción de energía eléctrica (Decreto n° 2.323).

Todas estas situaciones impedían el cumplimiento de los objetivos trazados en el Plan de la Patria y requerían de medidas urgentes y de carácter extraordinario que "garanticen al Pueblo venezolano la sostenibilidad de la economía, hasta restablecer satisfactoriamente tal anormalidad e impedir la extensión de sus efectos" (Decreto n° 2.184), a fin de "evitar la ruptura del equilibrio económico financiero" (Decreto n° 2.323), al "implementar mecanismos alternos de producción, distribución y abastecimiento de alimentos, bienes y servicios indispensables para la vida digna y el bienestar del pueblo" (Decreto n° 2.452), siendo tales medidas de gran magnitud e impacto en la economía nacional y de carácter estructural, sin afectar los derechos reivindicados por la Revolución.

De este modo, el estado de excepción era un accionar "ineludible, proporcional, pertinente y necesario" para "la recuperación económica del País y la construcción de un nuevo modelo económico sustentable, productivo, independiente y diversificado", caracterizado, entre otros, por la unión cívico militar y la labor de los Comité Locales de Abastecimiento y Producción (Decreto n° 2.452).

Lo anterior, debido a que a pesar de los múltiples logros alcanzados con los estados de excepción anteriores –entre ellos, "medidas como la reconversión monetaria, el anclaje de la moneda nacional al Petro y el Plan de Ahorro en Oro, en el marco del Programa de Recuperación Económica, Crecimiento y Prosperidad" (Decretos n° 3.610, 3.736, 3.844, 3.980, 4.090, 4.194, 4.275 y 4.396)– había "arreciado el ataque de ciertos sectores de la economía nacional con vista en la toma del control político del país (...) con el fin de concentrar (...) la riqueza producida por la Nación, que solo pertenece al Pueblo" (Decreto n° 2.452).

Por ende, siendo "deber irrenunciable del Estado venezolano defender y asegurar la vida digna de sus ciudadanos" y hacer "efectivo el orden constitucional, el restablecimiento de la paz social que garantice el acceso oportuno de la población a los bienes y servicios básicos y de primera necesidad" y "el disfrute de sus derechos en un ambiente pleno de tranquilidad y estabilidad", además del "deber del Gobierno Nacional [de] aportar todo esfuerzo a su alcance para la recuperación económica del País y el impulso del modelo económico productivo, sustentable e independiente", resultaba "imperioso dictar medidas especiales, excepcionales y temporales para impulsar de manera efectiva la producción, distribución y comercialización de los bienes y servicios estratégicos para la satisfacción de las necesidades del Pueblo" (Decretos n° 2.667, 2.849, 3.074, 3.239 y 3.413), siendo los estados de excepción "el mecanismo Constitucional y legal que permite al Ejecutivo Nacional, de manera excepcional y efectiva, proteger al pueblo venezolano de las acciones y amenazas internas y externas desestabilizadoras de la economía y el orden social del País" (Decretos n° 3.610, 3.736, 3.844, 3.980, 4.090, 4.194, 4.275 y 4.396).

Así, como se observa en las consideraciones parafraseadas y citadas *supra*, los dieciséis decretos versaron sobre la necesidad de defender la economía nacional y lo que el Ejecutivo Nacional ha calificado por vía de discurso como una "guerra económica", en adición a situaciones naturales y contrarias al orden público que, como desarrollamos en el Capítulo III de esta investigación, se compaginaban más con un estado de alarma o de conmoción interior o exterior, respectivamente.

No obstante lo anterior, aun cuando algunos de los hechos narrados por este mandatario calzarían dentro de los motivos que pueden originar una emergencia económica dada la vaguedad con la que tanto el constituyente como el legislador regularon la misma, no hemos de olvidar que el Derecho de excepción exige que las circunstancias que vive el país deben ser de tal gravedad que hagan insuficiente al ordenamiento jurídico ordinario, requiriéndose pasar a uno de urgencia.

Ello, al igual que como vimos en el caso de la frontera colombo-venezolana y cuyas reflexiones sobre este aspecto damos acá por reproducidas, no ocurrió.

En cambio, el Presidente de la República se limitó a mencionar hechos aislados y de la más variada naturaleza (social, económica, política, natural...), algunos de ellos ocurridos con bastante antelación a los decretos de excepción, sin demostrar por qué el Derecho ordinario resultaba insuficiente para hacerles frente y era necesario acudir a la emergencia económica, así como tampoco las implicaciones que estos hechos tenían en los indicadores macroeconómicos para evidenciar su vinculación con la vida económica de la Nación, a tenor del artículo 338 de la CRBV.

De este modo, al no apreciarse en los considerandos de los decretos las razones fehacientes por los cuales Venezuela se encontraba -según el mandatario nacional- ante circunstancias objetivas que afectaban gravemente a la seguridad de la Nación, de sus instituciones y ciudadanos, respecto a las cuales resultaban insuficientes las facultades de las cuales disponía el Ejecutivo para hacerles frente, somos del criterio que no se satisficieron las exigencias del principio de necesidad que rige al Derecho de excepción y estos decretos estaban viciados de nulidad.

A pesar de lo anterior, esa contrariedad a Derecho no impidió que el país se subsumiera en un régimen de excepción de enero de 2016 a abril de 2021 motivado, en parte, a la ya comentada facilidad con la que la emergencia económica puede ser manipulada por la fuerza política dominante, valiéndose esta de la siempre volátil economía venezolana, la ambigüedad de las disposiciones que regulan a esta emergencia en el país y la instrumentalización de los derechos económicos para la salvaguarda de un abanico mucho más amplio de derechos fundamentales que operan como patente de corso en pro del intervencionismo estatal (salud, alimentación, vivienda...).

En todo caso, al igual que como se vio cuando estudiamos las emergencias económicas fronterizas, estos dieciséis decretos fueron prorrogados al término de su vigencia original de sesenta días por otros sesenta días[249] "a fin de que el Poder Ejecutivo pueda seguir brindando protección a los venezolanos (...) contra la guerra económica" (artículo 1), invocando al efecto los mismos fundamentos jurídicos que se citaron al emitir los decretos originales y, como fundamento fáctico, que subsistían los motivos que originaron que se decretara el estado de excepción, contraviniendo abiertamente el principio de temporalidad que rige al Derecho de excepción en los términos expuestos en el Capítulo IV de este trabajo.

Al respecto, resulta de interés que los primeros decretos de prórrogas contaron con cierta motivación adicional, destacándose por ejemplo que la TSJ/SC había declarado la consti-

---

[249] Nótese que como en el caso del municipio Atures del estado Amazonas, en más de una ocasión la prórroga se dio luego de cesada la duración del decreto original, siendo ejemplo de ello los Decretos n° 2.548, 2.987 y 3.655 referidos a las emergencias económicas declaradas por los Decretos n° 2.452, 2.849 y 3.610, respectivamente.

tucionalidad del decreto original (Decreto n° 2.270), "se requiere adoptar nuevas medidas y profundizar las que se encuentran en ejecución, de manera tal que el impacto en la economía nacional sea de gran magnitud" (Decreto n° 2.371), o había que "potenciar el desempeño de la Gran Misión Abastecimiento Soberano (...), para garantizar en la época decembrina y principios del próximo año el acceso oportuno de la población a los rubros estratégicos y tradicionales en esta temporada" (Decreto n° 2.548), en tanto los decretos posteriores se limitaron a destacar que persistían las circunstancias extraordinarias y, por ende, se requería "adoptar nuevas medidas y profundizar las que se encuentran en ejecución" (Decretos n° 2.742, 2.987, 3.157, 3.308, 3.503, 3.655, 3.779, 3.906, 4.019, 4.145, 4.242, 4.358 y 4.440).

En breve, según el discurso oficial, la economía nacional había mejorado gracias a la implementación del Derecho de excepción, y ello hacia imperativo que este siguiera vigente, incluso si (i) ello contrariaba el principio de temporalidad que rige nuestro objeto de estudio, y (ii) los motivos que habían originado la emergencia económica habían sido utilizados por el Ejecutivo Nacional desde al menos el año 2013 bajo el apelativo de la "guerra económica"[250], por lo que no nos hallábamos frente a una situación excepcional sino un hecho sobre el cual ya se había legislado y al Ejecutivo le correspondía era aplicar tal normativa[251].

---

[250] *Cfr.* Exposición de motivos del Decreto con Rango, Valor y Fuerza de Ley del Centro Nacional de Comercio Exterior y de la Corporación Venezolana de Comercio Exterior, en G.O. n° 6.116 Extraordinario del 29-11-2013.

[251] *Cfr.* Decreto con Rango, Valor y Fuerza de Ley del Régimen Cambiario y sus Ilícitos, Decreto con Rango, Valor y Fuerza de Ley de Impuesto Sobre la Renta y Decreto con Rango, Valor y Fuerza de Ley de la Actividad Aseguradora, al todos ellos hacer referencia a la guerra mencionada en su exposición de motivos. Publicados en G.O. n° 6.210 Extraordinario del 30-12-2015, n° 6.210 Extraordinario del 30-12-2015 y n° 6.211 Extraordinario del 30-12-2015 con reimpresión en n° 6.220 Extraordinario del 15-03-2016, respectivamente.

Ante esta realidad, no podemos sino virar nuestra mirada al acontecer político nacional en el que, producto de las elecciones del 06-12-2015, el Poder Ejecutivo perdió el respaldo de la Asamblea Nacional y, al no contar con la mayoría necesaria para ser provisto de una nueva ley habilitante que le permitiera seguir dictando decretos con rango, valor y fuerza de ley o la anuencia del Parlamento para que este sancionara las leyes que el primero le requiriera, estimó que la vía del Derecho de excepción era la más idónea para seguir limitando los derechos de los ciudadanos en favor de su plan político, desconociendo a su vez a los parlamentarios que esos mismos ciudadanos escogieron para esa labor y otras tantas como el control presupuestario del Estado según retomaremos más adelante, provocándose de hecho la disolución de hecho de la Asamblea Nacional como consecuencia de la declaratoria de emergencia económica.

2. Las medidas extraordinarias implementadas según las declaratorias

Dados los hechos narrados en el acápite precedente, el Presidente de la República declaró dieciséis emergencias económicas consecutivas:

> ...a fin de que el Ejecutivo Nacional adopte las medidas urgentes, efectivas, excepcionales y necesarias, para asegurar a la población el disfrute pleno de sus derechos, preservar el orden interno, el acceso oportuno a bienes, servicios, alimentos, medicinas y otros productos esenciales para la vida (artículo 1, a partir del tercer estado de excepción).

Nótese, no obstante, que en los primeros dos decretos de excepción esta declaratoria era menos general, pues en el artículo 1 del primero se aludió a que:

> ...el Ejecutivo disponga de la atribución para adoptar las medidas oportunas que permitan atender eficazmente la situación excepcional, extraordinaria y coyuntural por la cual atraviesa la economía venezolana y que permita asegurar a la población el disfrute pleno de sus derechos y el libre acceso a bienes y servicios fundamentales e igualmente, mitigar los efectos de la inflación inducida, de la especulación, del valor

ficticio de la divisa, el sabotaje a los sistemas de distribución de bienes y servicios, así como también contrarrestar las consecuencias de la guerra de los precios petroleros, que ha logrado germinar al calor de la volátil situación geopolítica internacional actual, generando una grave crisis económica.

En tanto, en el artículo 1 del segundo estado de excepción se dijo que la finalidad era:

> ...que el Ejecutivo Nacional adopte las medidas oportunas excepcionales y extraordinarias, para asegurar a la población el disfrute pleno de sus derechos, preservar el orden interno, el acceso oportuno a bienes y servicios fundamentales, e igualmente disminuir los efectos de las circunstancias de orden natural que han afectado la generación eléctrica, el acceso a los alimentos y otros productos esenciales para la vida.

De este modo, se aprecia en las citas que el Presidente de la República fue propenso a acrecentar la vaguedad de sus declaratorias al suprimir los objetivos específicos de la misma (mitigar la inflación, la especulación, etc.) por fórmulas más generales como lo son el "asegurar a la población el disfrute pleno de sus derechos" y "preservar el orden interno".

Lo anterior, estimamos, con la finalidad de valerse de la indeterminación de estos conceptos para poder invocar la emergencia económica y las facultades que esta concedían con mayor frecuencia, sin tener que indicar cómo dicho actuar se relacionaba con verdaderos aspectos de la economía nacional en lo que demuestra, una vez más, la facilidad con la que las declaratorias de emergencia económica pueden ser instrumentalizadas por la fuerza política dominante dada su vinculación –por ejemplo– con cualquier producto o servicio que se estime como esencial para la vida y cuyo acceso el Estado debe garantizar.

A esta situación, de por sí preocupante, hemos de agregar que a diferencia de lo visto en la frontera colombo-venezolana los decretos de excepción en todo el territorio nacional no aludieron expresamente a la restricción de garantías, sino que se asemejaron más a una ley habilitante por medio de la cual el

Presidente de la República se autofacultó para dictar cuantiosas medidas a futuro y que se enunciaron en el artículo 2 de los decretos, según veremos a continuación.

Esto, si bien como también ocurrió en el caso fronterizo se incluyó un artículo –el número 3– conforme con el cual el Presidente de la República podía dictar:

> ...otras medidas de orden social, económico o político que estime convenientes a las circunstancias, de conformidad con los artículos 337, 338 y 339 de la Constitución de la República Bolivariana de Venezuela, con la finalidad de resolver la situación extraordinaria y excepcional que constituye el objeto de este Decreto e impedir la extensión de sus efectos[252].

Hechas las precisiones anteriores, pasamos de seguida a comentar cuáles fueron las "medidas extraordinarias" que introdujeron los decretos de excepción y cómo se implementaron las mismas, sin ánimos de exhaustividad por exceder dicho análisis nuestro objetivos.

A tal efecto, basaremos parte de este estudio en un trabajo anterior nuestro (Sira Santana 2017a, 217–44) y agruparemos las dieciséis declaraciones según la similitud de sus disposiciones y el tiempo durante el cual estuvieron vigentes de acuerdo con la fuerza política dominante, teniéndose como resultado los siguientes períodos: de enero a mayo de 2016, de mayo a septiembre de 2016, de septiembre de 2016 a enero de 2017, de enero a septiembre de 2017, de septiembre de 2017 a septiembre de 2018, y de septiembre de 2018 a abril de 2021.

---

[252] Nótese que en la primera declaratoria de emergencia económica este artículo contaba con un aparte único según el cual "[a] todo evento, las medidas que adopte el Ejecutivo Nacional en atención a la emergencia económica que regula este Decreto, estarán orientadas a proteger y garantizar los derechos y el buen vivir de las familias, de los niños, niñas, adolescentes y de los adultos mayores", pero fue eliminado a partir de la segunda declaratoria.

A. De enero a mayo de 2016

El artículo 2 del Decreto n° 2.184 incluyó once numerales conforme con los cuales el Presidente de la República quedaba facultado, en el marco de la emergencia económica, para:

i. Disponer de los remanentes del presupuesto del año 2015 para las misiones, la agricultura, la industria y el abastecimiento de bienes de primera necesidad (num. 1) y asignar recursos extraordinarios a proyectos previstos o no en la ley de presupuesto (num. 2).

ii. Implementar medidas para reducir la evasión y elusión fiscal (num. 3).

iii. Dispensar del régimen de contrataciones públicas para compras de urgencia (num. 4).

iv. Facilitar la importación y nacionalización de productos, eximiendo trámites y procedimientos (num. 5) y agilizando el tránsito de mercancía en puertos y aeropuertos (num. 6), siempre que se cumplieran las normas sanitarias. Asimismo, podía relevar los trámites cambiarios establecidos por el CENCOEX y el BCV (num. 7).

v. Requerir a las empresas del sector público y privado que incrementen sus niveles de producción y el abastecimiento de determinados insumos (num. 8).

vi. Asegurar el acceso oportuno a los bienes y servicios de primera necesidad, pudiendo requerirle a propietarios o poseedores sus medios de transporte, canales de distribución, centros de acopio, beneficiadoras, mataderos y demás establecimientos, bienes muebles y mercancías (num. 9).

vii. Estimular la inversión extranjera y las exportaciones de rubros no tradicionales (num. 10).

viii. Desarrollar el sistema de misiones, incorporando a los pequeños y medianos productores comunales, privados, estatales o mixtos (num. 11).

En otras palabras, se trató de una serie de competencias que el Ejecutivo Nacional ya podía asumir de acuerdo con el ordenamiento jurídico ordinario, viéndose por ejemplo que en materia presupuestaria la CRBV dispone que es atribución del Presidente de la República "[d]ecretar créditos adicionales al Presupuesto, previa autorización de la Asamblea Nacional o de la Comisión Delegada" (art. 236 num. 13).

¿Por qué incorporar en un estado de excepción una medida que ya podía ejercerse sin acudir a este Derecho? La respuesta no es otra que la intención del mandatario nacional de abstraerse del control del Parlamento ante su nueva configuración política que desde enero del año 2016 le resultaba adversa, bajo la retórica de que este no aprobaría los créditos que el primero solicitara.

En todo caso, respecto al resto de atribuciones acordadas en el decreto podemos arribar a la misma conclusión de que el Derecho ordinario dotaba al Ejecutivo Nacional de medios suficientes para atender las circunstancias que motivaron el decreto y, por ende, no era necesario acudir al Derecho de excepción.

Al efecto, basta la consulta del Decreto con Rango, Valor y Fuerza de Ley de Contrataciones Públicas, el Decreto con Rango, Valor y Fuerza de Ley Orgánica de Aduanas[253], el Decreto con Rango, Valor y Fuerza de Ley de Simplificación de Trámites Administrativos[254], el Decreto con Rango, Valor y Fuerza de Ley del Servicio Nacional Integrado de Administración Aduanera y Tributaria[255], el Decreto con Rango, Valor y Fuerza de Ley de Inversiones Extranjeras[256], el Decreto con Rango, Valor y Fuerza de Ley Orgánica de Misiones, Grandes Misiones y Micro-Misiones[257], y la Ley de Simplificación de Trámites para las Ex-

---

253 G.O. n° 6.135 Extraordinario del 19-11-2014.

254 G.O. n° 6.149 Extraordinario del 18-11-2014 con reimpresión en n° 40.549 del 26-11-2014.

255 G.O. n° 6.211 Extraordinario del 30-12-2015.

256 G.O. n° 6.152 Extraordinario del 18-11-2014.

257 G.O. n° 6.154 Extraordinario del 19-11-2014.

portaciones e Importaciones Realizadas por las Empresas del Estado[258], para ver que el legislador ordinario previó por ejemplo la posibilidad de (i) acudir excepcionalmente a la contratación directa ante emergencias comprobadas y que pueden paralizar la actividad del contratante, (ii) simplificar los trámites ante la Administración Pública en general, (iii) dictar y ejecutar políticas que reduzcan la evasión fiscal, y (iv) promover los programas socioeconómicos de las misiones, cooperativas y demás figuras similares.

Así, mayor interés revestían los numerales 8 y 9 del artículo 2 del Decreto n° 2.184 ya que, a pesar de no decirlo de forma expresa, los mismos comportaban una restricción a la garantía de la libertad económica (art. 112 de la CRBV) al poder el Estado requerir que las empresas incrementasen sus niveles de producción o abastecieran determinados insumos, además de permitir la requisición sus bienes.

No obstante, se trata de aspectos que por el alto grado de intervencionismo estatal que se vive en el país (Herrera Orellana 2014a) tampoco resultaban extrañas a nuestro Derecho ordinario como puede comprobarse al consultar algunas de las resoluciones publicadas en la Gaceta Oficial por el Poder Ejecutivo antes de la declaratoria de emergencia económica[259], en adición a normas como el Decreto con Rango, Valor y Fuerza de Ley Orgánica de Seguridad y Soberanía Agroalimentaria[260] y el Decreto con Rango, Valor y Fuerza de Ley Orgánica de Precios Justos que prevén la posibilidad de que se requisen bienes de los particulares durante la fiscalización de las diferentes etapas de los procesos agrícolas o que se ocupe temporalmen-

---

258 G.O. n° 5.933 Extraordinario del 21-10-2009.

259 *Cfr.* Resolución n° 003-15 del Ministerio del Poder Popular del Despacho de la Presidencia y Seguimiento de la Gestión de Gobierno y Tercera Vicepresidencia Sectorial del Consejo de Ministros para la Seguridad y Soberanía Alimentaria, mediante la cual se fija en todo el territorio nacional el precio único de venta al público (PMVP), del rubro Harina de Maíz Precocida, de maíz blanco y maíz amarillo, por un monto de Bs. 19, en G.O. n° 6.170 Extraordinario del 04-02-2015.

260 G.O. n° 5.889 Extraordinario del 30-07-2008.

te (requisición *de facto*) cualquier bien de quienes ejercen el comercio.

Por último, como ocurrió en la frontera colombo-venezolana, el decreto señaló que el ministerio con competencia en materia bancaria podía coordinar con el BCV para "establecer límites máximos de ingreso o egreso de moneda venezolana de curso legal en efectivo, así como restricciones a determinadas operaciones y transacciones comerciales o financieras" (art. 4), y que el resto del Poder Público y los órganos de seguridad estaban obligados a colaborar con el cumplimiento del decreto (art. 5), respecto a lo cual reiteramos los comentarios ya efectuados *supra*.

Con base en el Decreto n° 2.184 el Presidente de la República dictó otros veinticuatro que en su motivación aludieron a la emergencia económica.

De todos ellos interesa destacar que dicho mandatario acordó siete créditos por medio de los cuales concedió recursos al Distrito Capital, el Territorio Insular Francisco de Miranda, el Ministerio Público y la Administración Pública Nacional por más de USD 400.000.000, sin contar para ello con la autorización de la Asamblea Nacional, con la supuesta intención de "garantizar al pueblo venezolano el direccionamiento preferente de los recursos económicos disponibles" e "impedir que se generen daños a la economía del país", según se desprende de la motivación de estos decretos.

Somos del criterio que esta situación devela cuál era la verdadera finalidad de la emergencia económica declarada por el Presidente de la República. Lejos de favorecerse el acceso a bienes y servicios de calidad y mejorar la economía nacional, el Ejecutivo buscaba era abstraerse del control parlamentario en materia presupuestaria, respecto a lo cual el foro apunta que aceptar tal situación "equivaldría a subordinar el presupuesto público entero a la libre discrecionalidad del Ejecutivo que, precisamente por tal subordinación, es muy probable que se vuelque en un libertinaje a discreción", incluso en casos de excepción pues este "no se entiende jamás como una venia para desconocer el principio de especificidad presupuestaria" (Henríquez Maionica 2006, 444).

Muestra de este uso de la emergencia económica como una herramienta más para diezmar las facultades de la Asamblea Nacional –sobre todo, en cuanto a su control sobre el Poder Ejecutivo– lo constituye que, sin ningún tipo de fundamento y valiéndose del *numerus apertus* del artículo 3 de los decretos estudiados en este acápite, por medio del Decreto n° 2.309[261] el mandatario nacional "restringió" y "difirió" –verbos usados en el acto– las mociones de censura que acordara el Parlamento contra los ministros o el Vicepresidente Ejecutivo, en las cuales solicitaran su remoción, "hasta tanto cesen los efectos del Decreto de Emergencia Económica", porque esa decisión parlamentaria desestabilizada al país y atentaba contra la autonomía del Poder Ejecutivo, en un claro desconocimiento de la función de control político que el constituyente le acordó a la Asamblea Nacional y el hecho que, de acuerdo con el artículo 339 de la CRBV, la declaratoria del estado de excepción no interrumpe el funcionamiento del Poder Público.

Los otros dieciséis decretos basados en el estado de excepción, en tanto, versaron sobre la jornada laboral, la organización administrativa, las misiones, los tributos, el huso horario y las industrias, correspondiéndose con medidas que o no respondían al sentido y alcance de un estado de excepción –caso del huso horario[262]– o podían dictarse con base en el ordena-

---

[261] G.O. n° 6.225 Extraordinario del 02-05-2016.

[262] Decreto n° 2.301, en G.O. n° 6.224 Extraordinario del 18-04-2016. El decreto "reformó" el Decreto con Rango Valor y Fuerza de Ley de Metrología (G.O n° 38.819 del 27-11-2007) y, dada su vocación de permanencia, precisó en su artículo 4 que "[d]e conformidad con lo dispuesto en el artículo 6° de la Ley Orgánica sobre Estados de Excepción, la medida (...), será ratificada en Consejo de Ministros, a los efectos de la permanencia de su vigencia y eficacia, una vez culminado el plazo establecido en el Decreto n° 2.184". Al respecto, reiteramos los comentarios hechos sobre el artículo 6 de la LOEE en el Capítulo III de esta investigación y nuestro rechazo a que el Presidente de la República, por vía de estado de excepción, pueda derogar parte del ordena-

miento jurídico ordinario, como por ejemplo: (i) el DRVF-LOAP en cuanto a la creación de comisiones presidenciales y empresas del Estado[263]; (ii) la CRBV respecto a la atribución del Presidente de la República para reglamentar leyes, como lo hizo al dictar el Reglamento Parcial del Decreto con Rango, Valor y Fuerza de Ley Orgánica de Misiones, Grandes Misiones y Micro Misiones, sobre el Fondo Nacional de Misiones "en el marco de la emergencia económica"[264]; y (iii) el Decreto con Rango Valor y Fuerza de Ley de Impuesto Sobre la Renta para acordar la exoneración de este impuesto[265].

Lo anterior, aunado a que supuestos como la reducción de la jornada laboral tanto para el sector público como privado a fin de promover el ahorro energético se fundamentaron en hechos naturales (fenómeno de "El Niño") que corresponden más a un estado de alarma que de emergencia económica, y produjeron además la afectación inconstitucional de los derechos a la educación, el trabajo y el acceso a la justicia[266].

De ahí que sostengamos que estos dieciséis decretos no tuvieron otra finalidad que ocultar el verdadero objetivo de la

miento jurídico de forma permanente, abstrayéndose del principio de temporalidad que ha de regir al Derecho de excepción.

263 Decreto n° 2.265 mediante el cual se crea la Comisión Presidencial de Desarrollo Ecosocialista y Salvaguarda de los Derechos de los Pueblos Indígenas en la Actividad Minera (G.O. n° 40.864 del 08-03-2016 con reimpresión en n° 40.866 del 10-03-2016); y Decreto n° 2.271 mediante el cual se autoriza la creación de una empresa del Estado bajo la forma de sociedad anónima, denominada Banco de Insumos para la Pequeña y Mediana Industria, S.A. (G.O. n° 40.866 del 10-03-2016).

264 G.O. n° 40.872 del 18-03-2016.

265 Decreto n° 2.266 mediante el cual se exonera del pago del Impuesto Sobre la Renta el enriquecimiento neto anual de fuente territorial obtenido por las personas naturales residentes en el país, hasta por un monto en bolívares equivalente a tres mil unidades tributarias, en G.O. n° 40.864 del 08-03-2016 con reimpresión en n° 40.865 del 09-03-2016.

266 *Cfr.* Decretos n° 2.276, 2.294, 2.300, 2.303 y 2.319, en G.O. n° 40.868 del 14-03-2016, n° 40.880 del 06-04-2016, n° 6.223 Extraordinario del 14-04-2016, n° 40.890 del 26-04-2016 y n° 40.902 del 12-05-2016, respectivamente.

excepción –a saber: suprimir de forma progresiva los poderes de la Asamblea Nacional– y justificar ante la población, por vía de discurso, que la declaratoria de excepción era necesaria porque solo así podían tomarse medidas como las exoneraciones de impuestos o la reglamentación de programas sociales.

B. De mayo a septiembre de 2016

El artículo 2 del Decreto n° 2.323 incluyó dieciocho numerales conforme con los cuales el Presidente de la República quedaba facultado, en el marco de la emergencia económica, para:

En materia económica:

i. Asegurar el apoyo del sector privado en la producción, comercialización y distribución de bienes, combatiendo el acaparamiento, la usura, el boicot, la alteración de precios y el contrabando de extracción (num. 1).

ii. Suministrar lo necesario para el desarrollo agrícola y ganadero (num. 2).

iii. Garantizar "incluso mediante la intervención de la Fuerza Armada Nacional Bolivariana y los órganos de seguridad ciudadana, con la participación de los Comités Locales de Abastecimiento y Distribución (CLAP) (...) la correcta distribución y comercialización de alimentos y productos de primera necesidad" (num. 3), teniendo dichos comités, junto al Poder Popular, "funciones de vigilancia y organización (...) para mantener el orden público y garantizar la seguridad y soberanía en el país" (num. 9).

iv. Aprobar erogaciones con cargo al Tesoro Nacional que no estén previstas en la ley de presupuesto (num. 4), suscribir contratos de interés público sin requerir la autorización de la Asamblea Nacional (num. 5) y suspender temporalmente la ejecución de sanciones políticas (num. 7).

v. Determinar cuáles productos son de primera necesidad y establecer políticas para su producción, distribución y comercialización, con inclusión de la asignación directa de divisas (nums. 6 y 8).

vi. Autorizar a los ministros para que dicten medidas adicionales que garanticen la venta de productos regulados sin acaparamiento o reventa (num. 10).

vii. Celebrar contratos a nivel nacional o internacional para la adquisición de bienes que permitan garantizar de modo expedito los servicios básicos, la salud y la alimentación en el territorio nacional (num. 11).

En materia energética:

i. Contrarrestar los efectos de "El Niño" mediante el ajuste de la jornada laboral y otras medidas similares (num. 12).

ii. Requerir asesoría técnica a nivel nacional e internacional para recuperar el Sistema Eléctrico Nacional y los ecosistemas involucrados en él (nums. 12 y 13).

iii. Restablecer y recuperar las fuentes de energía eléctrica (num. 14), protegiendo para ello las zonas boscosas (num. 15).

En materia de seguridad:

i. Ejecutar planes especiales de seguridad pública en pro del orden público y la restitución de la paz (num. 16), así como de política exterior en defensa de la soberanía nacional (num. 17).

i. Instruir al ministerio con competencia en materia de relaciones exteriores para que audite e inspeccione los convenios firmados por nacionales con organismos extranjeros para ejecutar proyectos en el país y suspender los financiamientos si se presumen fines políticos (num. 18).

Por último, se reiteró que los ministerios con competencia en la materia podían coordinar con el BCV "a los fines de establecer límites máximos de ingreso o egreso de moneda venezolana de curso legal en efectivo, así como restricciones a determinadas operaciones y transacciones comerciales o financieras" (art. 4) y que el Poder Público debía actuar de forma coordinada (art. 6), correspondiéndole al Poder Judicial y el Ministerio Público "realizar las actividades propias de su competencia a fin de garantizar la aplicación estricta de la Constitución y la ley" (art. 7), a la par que se hizo referencia a la posibilidad de suspender el porte de armas (art. 5).

En este sentido, de las disposiciones citadas se aprecia que, una vez más, el decreto de excepción tuvo por objeto diezmar el control que según la CRBV corresponde a la Asamblea Nacional sobre el Ejecutivo Nacional, al poder ahora este último, en adición a las medidas previstas en el Decreto n° 2.184: (i) celebrar contratos de interés nacional sin contar con la autorización del cuerpo Legislador, en desconocimiento del artículo 150 constitucional[267], y (ii) decidir si obedecía o no los votos de censura acordados por el Parlamento, vulnerado el numeral 10 del artículo 187 de la CRBV[268] e interrumpiendo en consecuencia el ejercicio del Poder Público, por lo que el Decreto incurrió en el vicio de desviación de poder.

Lo anterior, aunado a una serie de medidas que podían implementarse con base en el Derecho ordinario de acuerdo –por ejemplo– con la Ley Orgánica del Sistema y Servicio Eléctrico,

---

[267] Reza el artículo: "La celebración de los contratos de interés público nacional requerirá la aprobación de la Asamblea Nacional en los casos que determine la ley. // No podrá celebrarse contrato alguno de interés público municipal, estadal o nacional, o con Estados o entidades oficiales extranjeras o con sociedades no domiciliadas en Venezuela, ni traspasarse a ellos sin la aprobación de la Asamblea Nacional. // La ley podrá exigir en los contratos de interés público determinadas condiciones de nacionalidad, domicilio o de otro orden, o requerir especiales garantías".

[268] Prevé el artículo, como atribución de la Asamblea Nacional, "[d]ar voto de censura al Vicepresidente Ejecutivo (...) y a los Ministros (...). La moción de censura sólo podrá ser discutida dos días después de presentada a la Asamblea, la cual podrá decidir, por las tres quintas partes de los diputados (...), que el voto de censura implica la destitución del Vicepresidente Ejecutivo (...) o del Ministro".

la Ley de Bosques[269], el Decreto con Rango, Valor y Fuerza de Ley Orgánica del Trabajo, los Trabajadores y las Trabajadoras[270], el Decreto con Rango, Valor y Fuerza de Ley del Sistema Nacional Integral Agroalimentario[271], el Decreto con Rango, Valor y Fuerza de Ley de Atención al Sector Agrario[272] y la Ley de Defensa de la Soberanía Política y Autodeterminación Nacional[273].

Así, como sostuvimos en otra ocasión (Sira Santana 2017a, 233-34):

> ...el estado de excepción, más que ser un mecanismo para atender a la crisis económica, se presentó como una oportunidad para que el Ejecutivo se abstrajera del Poder Legislativo -ahora de mayoría opositora- y, no conforme con ello, ante el clima de inconformidad existente en el país, poder dictar y ejecutar "planes especiales de seguridad pública" que garantizaran "el sostenimiento del orden público ante acciones desestabilizadoras que pretendan irrumpir en la vida interna del país o en las relaciones internacionales de éste y que permitan avances contundentes en la restitución de la paz de la ciudadanía, la seguridad personal y el control de la fuerza pública sobre la conducta delictiva". Facultad que, al ser leída junto a la motivación del decreto en la que se hace referencia a una "actitud hostil y desestabilizadora de ciertos sectores privados de la economía y de políticos opuestos a la gestión de Gobierno", podía ser considerada como el título habilitante para criminalizar la oposición, restringiendo de modo indirecto las garantías de los derechos de manifestación y la libertad de expresión.

Es decir, que la emergencia económica había sido instrumentalizada una vez más para, con la excusa de salvaguardar la vigencia de la CRBV y los derechos económicos, ignorar las atribuciones del resto Poder Público y los derechos y garantías de los particulares a través de medidas autoconcedidas por el

---

269 G.O. n° 40.222 del 06-08-2013.

270 G.O. n° 6.076 Extraordinario del 07-05-2012.

271 G.O. n° 6.150 Extraordinario del 18-11-2014.

272 G.O. n° 40.440 del 25-06-2014.

273 G.O. n° 6.013 Extraordinario del 23-12-2010.

Ejecutivo que no respondían a los principios de necesidad y proporcionalidad del Derecho de excepción, a la par que se restringían garantías que no eran propiamente identificadas en el decreto –como es el caso del derecho de asociación al inmiscuirse en el financiamiento de organizaciones privadas– y dotaba tanto a la Fuerza Armada Nacional como a individuos ajenos a la infraestructura estatal de una competencia tan relevante como lo es la seguridad ciudadana de carácter civil en contravención del artículo 332 de la CRBV.

En todo caso, treinta decretos del Presidente de la República invocaron esta emergencia económica dentro de su fundamentación, reiterándose lo visto con el Decreto anterior de que la mayoría de actos –para ser exactos, veinte– versó sobre créditos para el Gobierno del Distrito Capital, el Territorio Insular Francisco de Miranda y la Administración Pública Nacional por un monto que en su conjunto sobrepasó los USD 2.000.000.000 y no contó con la autorización de la Asamblea Nacional, como exige el artículo 314 de la CRBV.

Los otros diez decretos, en tanto, se refirieron a supuestos regulados por el Derecho ordinario como lo eran (i) la creación de autoridades únicas de área[274] que se corresponden con la facultad prevista en el DRVF-LOAP; (ii) la creación de misiones[275] que había de regirse por la ley especial mencionada *supra*, (iii) la reducción de la jornada laboral[276] y el aumento del salario mínimo y del bono de alimentación[277], de acuerdo con el Decreto con Rango, Valor y Fuerza de Ley Orgánica del Trabajo, los Trabajadores y las Trabajadoras y el Decreto con Rango, Valor y Fuerza de Ley del Cestaticket Socialista para los Traba-

---

274 Decreto n° 2.382 mediante el cual se crean las Autoridades Únicas del Sistema Portuario, en G.O. n° 6.242 Extraordinario del 22-07-2016.

275 Decreto n° 2.367 mediante el cual se crea la Gran Misión Abastecimiento Soberano, en G.O. n° 40.941 del 11-07-2016 con reimpresión en n° 40.949 del 21-07-2016.

276 Decretos n° 2.337, 2.352 y 2.360, en G.O. n° 40.913 del 27-05-2016, n° 40.923 del 10-06-2016 y n° 40.932 del 23-06-2016, respectivamente.

277 Decretos n° 2.429 y 2.430, en G.O. n° 40.965 del 12-08-2016 y n° 40.965 del 12-08-2016, respectivamente.

jadores y Trabajadoras[278]; y (iv) la prohibición del uso, tenencia, almacenamiento y transporte del mercurio como método de obtención o tratamiento del oro y cualquier otro mineral en todas las etapas de la actividad minera[279], lo que podía haberse implementando con base en la Ley Orgánica del Ambiente, la Ley de Aguas[280] y el Decreto con Rango, Valor y Fuerza de Ley Orgánica que Reserva al Estado las Actividades de Exploración y Explotación del Oro y Demás Minerales Estratégicos[281].

En breve, decretos todos que no responden al Derecho de excepción y demuestran la instrumentalización de esta institución por parte del Ejecutivo Nacional para dictar actos que no proceden siquiera cuando existe una verdadera circunstancia extraordinaria –a saber, la supresión de las funciones de la Asamblea Nacional y la interrupción del Poder Público– recubiertos de otros tantos que responden al Derecho ordinario pero por vía discursiva se "excepcionalizaron" para obtener el apoyo de la población, como es el caso del aumento del salario mínimo.

C. De septiembre de 2016 a enero de 2017

El artículo 2 del Decreto n° 2.452 incluyó dieciocho numerales conforme con los cuales el Presidente de la República quedaba facultado, en el marco de la emergencia económica, para tomar diversas medidas, en adición a que podrían "ser restringidas las garantías para el ejercicio de los derechos consagrados en la Constitución de la República". Este fue el primer decreto a nivel nacional con una disposición de este tipo, si bien la misma no satisfizo las exigencias del artículo 339 de la CRBV en cuanto a que el decreto de excepción debe regular el ejercicio del derecho cuya garantía se restringe, no bastando su mera mención. Dicho esto, se tiene que el Decreto previó las siguientes atribuciones:

---

278 G.O. n° 40.773 del 23-10-2015.

279 Decreto n° 2.412, en G.O. n° 40.960 del 05-08-2016.

280 G.O. n° 38.595 del 02-01-2007.

281 G.O. n° 6.210 Extraordinario del 30-12-2015.

En relación directa con la Asamblea Nacional:

i. Dictar la normativa presupuestaria, "si por situaciones de hecho o impedimentos jurídicos resultare imposible tramitar el Presupuesto 2017 oportunamente, con el objeto de evitar daños irreparables al Patrimonio Público, a los venezolanos (...), así como garantizar el adecuado funcionamiento de los órganos y entes públicos" (num. 4).

ii. Autorizar erogaciones con cargo al Tesoro Nacional y otras fuentes de financiamiento que no estén previstas en la Ley de Presupuesto (num. 11), pudiendo aprobar y suscribir contratos de interés público "sin sometimiento a autorizaciones o aprobaciones de otros Poderes Públicos" (num. 12).

iii. Suspender temporalmente la "ejecución de sanciones de carácter político contra las máximas autoridades del Poder Público y otros altos funcionarios" si estas obstaculizaban "la continuidad de la implementación de medidas económicas para la urgente reactivación de la economía nacional, el abastecimiento de bienes y servicios esenciales para el pueblo venezolano" o vulneraban la seguridad nacional (num. 15).

Otras medidas:

i. Regular la materia prima, producción, almacenamiento, comercialización y distribución de bienes estratégicos –tales como alimentos, fármacos, de higiene y aseo (nums. 1, 2 y 8)– estableciendo rubros prioritarios para la asignación directa de divisas (num. 13) y la posibilidad de contratar mediante mecanismos expeditos (num. 16).

ii. Controlar los precios e inspeccionar y fiscalizar los ilícitos contra el acceso a los bienes y servicios (nums. 3 y 6), pudiendo implementar registros para los agentes económicos (num. 5).

iii. Normar el financiamiento por parte de la banca pública y privada de programas sociales; particularmente, la Gran Misión Abastecimiento Soberano (num. 7).

iv. Promover la agricultura urbana (num. 10), la cooperación entre los entes públicos y privados y el Poder Popular para la distribución de alimentos y fármacos (num. 9) y el normal desenvolvimiento del Sistema Eléctrico Nacional (num. 14).

v. Dictar medidas y planes "de seguridad pública que garanticen el sostenimiento del orden público ante acciones de desestabilización del orden económico y la normal satisfacción de las necesidades básicas del pueblo" (num. 17).

vi. Adoptar "medidas especiales en el orden de la política exterior de la República que garanticen el absoluto ejercicio de la soberanía nacional e impidan la injerencia extranjera en los asuntos internos del estado venezolano" (num. 18).

Una vez más nos hallamos ante medidas que podían adoptarse de acuerdo con el Derecho ordinario –por ejemplo, los numerales 1, 2, 3, 5 y 6– o que no se compaginaban con el Derecho de excepción –numeral 15– y que atestiguan el interés del Ejecutivo Nacional de desconocer los resultados de las elecciones parlamentarias del año 2015 y disolver *de facto* a la Asamblea Nacional, valiéndose de la emergencia económica como justificativo al ser su principal interés el disponer de los fondos públicos del Estado sin requerir el aval del Parlamento.

Lo anterior al punto de que, como vimos, el Presidente de la República se concedió la facultad de dictar la Ley de Presupuesto para el Ejercicio Fiscal 2017 –facultad que anotamos llegó a ejercer[282]– en contra de lo previsto en los artículos 187

---

282 *Cfr.* Decreto n° 2.482 mediante el cual se dicta el Presupuesto para el Ejercicio Económico Financiero 2017 y Decreto n° 2.483 mediante el cual se dicta el Endeudamiento para el Ejercicio Económico Financiero

(num. 6) y 313 de la CRBV y el hecho que, si incluso por verdaderos motivos de excepción la Asamblea Nacional no aprobaba el presupuesto presentado por el Ejecutivo, lo que procedería era la reconducción del del año pasado[283].

De este modo, reiteramos, una emergencia económica que tenía por objeto "asegurar el acceso a los bienes y servicios" a tener del artículo 112 de la CRBV, se tradujo en un medio para desconocer plenamente al Poder Legislativo, la voluntad del soberano y el propio texto constitucional que el Ejecutivo Nacional dijo garantizar, tal como se constata al revisar que de los cuarenta y seis decretos que aludieron a esta emergencia económica en su motivación de septiembre de 2016 a enero de 2017, veintiséis consistieron en la asignación de recursos por parte del Presidente de la República a la Administración Pública Nacional, el Gobierno del Distrito Capital, el Territorio Insular Francisco de Miranda y el Consejo Federal de Gobierno, que en conjunto rebasaron los USD 8.000.000.000 y estuvieron exentos del control parlamentario previsto en la CRBV.

La mayoría de los veinte decretos restantes versaron, en tanto, sobre cuestiones que bien podían dictarse con base en el Derecho ordinario, tales como (i) la creación de comisiones presidenciales[284] o empresas del Estado[285] que respondían al

---

2017, en G.O. n° 6.263 Extraordinario del 14-10-2016 y n° 6.264 Extraordinario del 14-10-2016, respectivamente.

283 Rezan los artículos: "Artículo 187. Corresponde a la Asamblea Nacional: 6. Discutir y aprobar el presupuesto nacional y todo proyecto de ley concerniente al régimen tributario y al crédito público"; "Artículo 313. La administración económica y financiera del Estado se regirá por un presupuesto aprobado anualmente por ley. El Ejecutivo Nacional presentará a la Asamblea Nacional, en la oportunidad que señale la ley orgánica, el proyecto de Ley de Presupuesto. Si el Poder Ejecutivo, por cualquier causa, no hubiese presentado a la Asamblea Nacional el proyecto de ley de presupuesto dentro del plazo establecido legalmente, o el mismo fuera rechazado por éste, seguirá vigente el presupuesto del ejercicio fiscal en curso (...)".

284 Decreto n° 2.551, mediante el cual se crea el Órgano Superior de la Misión Transporte, en G.O. n° 41.033 del 17-11-2016.

285 Decreto n° 2.554, mediante el cual se autoriza la constitución de un conglomerado de empresas públicas productoras de medicamentos,

DRVF-LOAP; (ii) disminuciones del gravamen del IVA para incentivar los pagos por medios electrónicos[286], que podían adoptarse con base en el Decreto con Rango, Valor y Fuerza de Ley que Establece el Impuesto al Valor Agregado[287], (iii) el aumento del salario mínimo nacional y la base de cálculo para el pago del Cestaticket Socialista[288], y (iv) las condiciones para el desarrollo de la producción porcina de bajo impacto ambiental[289], que podían adoptarse gracias a la Ley Orgánica del Ambiente.

Por otro lado, especial interés merece el Decreto n° 2.496 mediante el cual se declara afectos al desarrollo de la agricultura urbana diferentes espacios públicos[290] y el Decreto n° 2.535 que creó los Consejos Productivos de Trabajadores[291], ya que el primero incluyó dentro de los bienes afectados a terrenos estadales y municipales vulnerando el derecho de propiedad de estos entes políticos-territoriales sin que se les prestasen las garantías que ofrece el mecanismo de requisición previsto en los artículos 24 y 25 de la LOEE, en tanto el segundo vulneró el derecho a la libertad de asociación y la libertad de empresa sin que el decreto de excepción hubiese regulado tal restricción, por lo que la misma estaba viciada de inconstitucionalidad.

Finalmente, con base en este declaratoria de emergencia económica el Presidente de la República ordenó que el billete de cien bolívares saliera de circulación para "garantizar y defender la estabilidad económica, evitar su vulnerabilidad y velar

---

productos biológicos e insumos médico quirúrgicos, en la Corporación de Servicios del Estado Venezolana de Servicios Tecnológicos para Equipos de Salud, S.A. (VENSALUD, S.A.), en G.O n° 41.032 del 16-11-2016.

286 Decreto n° 2.602, en G.O. n° 41.052 del 14-12-2016.

287 G.O. n° 6.152 Extraordinario del 18-11-2014.

288 Decretos n° 2.660 y n° 2.505, en G.O. n° 41.070 del 09-01-2017 y n° 6.269 Extraordinario del 28-10-2016, respectivamente.

289 Decreto n° 2.533, en G.O. n° 41.025 del 07-11-2016.

290 G.O. n° 41.014 del 21-10-2016.

291 G.O. n° 41.026 del 09-11-2016.

por la estabilidad monetaria y de precio, que asegure el bienestar Social", lo que se hizo de una forma bastante improvisada como lo atestiguan las múltiples prórrogas para que esta medida entrara en vigencia[292], y en violación del texto constitucional conforme con el cual "[l]as competencias monetarias del Poder Nacional serán ejercidas de manera exclusiva y obligatoria por el Banco Central de Venezuela" (art. 318 encabezado) y lo ya dicho de que la declaratoria de excepción no interrumpe el funcionamiento del Poder Público.

D. De enero a septiembre de 2017

Este período estuvo regulado por dos decretos –a saber, los n° 2.667 y 2.849– que al igual que el Decreto n° 2.452 hicieron referencia a que podrían ser restringidas las garantías para el ejercicio de los derechos consagrados en la Constitución y, adicionalmente, aumentó el número de facultades extraordinarias del Presidente de la República pasando de dieciocho a veintitrés numerales en el artículo 2.

Dicho esto, se tiene que los decretos previeron las siguientes atribuciones con cambios menores de redacción, constatándose a su vez que el Decreto n° 2.849 incluyó un nuevo numeral 7[293] por lo que, a partir de él, la numeración varío en un dígito. A modo de ejemplo: la facultad del Presidente de la República de aprobar el presupuesto del BCV prevista en el numeral 10 del Decreto n° 2.667 la encontramos, en el Decreto n° 2.849, en el numeral 11. Y así sucesivamente[294].

En relación directa con la Asamblea Nacional:

---

292 Decretos n° 2.589 y n° 2.610, en G.O. n° 6.275 Extraordinario del 11-12-2016 y n° 6.278 Extraordinario del 17-12-2016, respectivamente.

293 Referido a "[c]onformar estructuras organizativas que garanticen a nuestro pueblo y al sector productivo público y privado el expedito y justo acceso al sistema cambiario que impulsa el Estado venezolano y dictar regulaciones contundentes, transitorias y excepcionales que impidan las campañas de desestabilización y distorsión a la economía, impulsadas por factores nacionales y foráneos a través del sistema de tecnología de la informática y el ciberespacio".

294 A los efectos del listado que sigue, las referencias de los numerales se corresponden con el Decreto n° 2.667.

i. Disponer de los remanentes del presupuesto de 2016, autorizar erogaciones con cargo al Tesoro Nacional y otras fuentes que no estuviesen previstas en el presupuesto anual, aprobar el redireccionamiento de recursos, celebrar operaciones de financiamiento, y aprobar y suscribir contratos de interés público "sin sometimiento a autorizaciones o aprobaciones de otros Poderes Públicos" (nums. 2, 3, 20, 8 y 6, respectivamente).

ii. Aprobar el presupuesto del BCV y facultar a la Administración Tributaria para que reajuste la Unidad Tributaria, sin necesidad de acudir al Parlamento si este se encuentra "inhabilitado legal o judicialmente" (nums. 10 y 12, respectivamente).

iii. Suspender la ejecución de sanciones políticas cuando "puedan obstaculizar la continuidad de la implementación de medidas económicas para la urgente reactivación de la economía nacional, el abastecimiento de bienes y servicios esenciales para el pueblo venezolano, o vulnerar la seguridad de la nación".

Otras medidas:

i. Regular la producción y distribución de rubros estratégicos (num. 1) y la asignación de divisas para su adquisición (num. 19), pudiendo autorizar la comercialización y distribución de bienes y servicios en la frontera (num. 5), crear estructuras organizativas y simplificar los procedimientos para el acceso a estos bienes (nums. 7 y 11), previa determinación de su precio justo (num. 14) y posterior supervisión (nums. 13 y 16).

i. Dictar medidas "que permitan a la autoridad monetaria nacional" garantizar la circulación de efectivo (num. 4) y a la banca –pública y privada– el financiamiento de la Gran Misión Abastecimiento Soberano (num. 15).

iii. Implementar "planes especiales de seguridad pública" (num. 9).

iv. Promover la participación popular en la distribución de alimentos y fármacos (num. 17) y la agricultura urbana (num. 18).

v. Ejecutar medidas para "la procura nacional e internacional" necesaria para garantizar el servicio eléctrico, de salud, alimentación y otros servicios públicos esenciales "mediante la aplicación excepcional de mecanismos expeditos de selección de contratistas y su ulterior contratación" (nums. 21 y 23).

Esto además de las ya clásicas medidas de que (i) el ministerio competente coordinara con el BCV lo conducente para "establecer límites máximos de ingreso o egreso de moneda venezolana de curso legal en efectivo, (...) restricciones a determinadas operaciones y transacciones comerciales o financieras, con el objeto de fomentar el uso de medios electrónicos debidamente autorizados en el país" (art. 4), (ii) las autoridades competentes debían "coordinar y ejecutar las medidas que se adopten para garantizar la soberanía y defensa nacional" (art. 5), y (iii) correspondía al "Poder Judicial y al Ministerio Público realizar las actividades propias de su competencia" (art. 6).

Al respecto, reiteramos los comentarios efectuados en los apartes anteriores por tratarse, nuevamente, de medidas que podían adoptarse con base en el ordenamiento jurídico ordinario o que tenían por objeto diezmar las funciones de control del Poder Legislativo sobre el Poder Ejecutivo Nacional, distorsionando así la verdadera razón de ser de un estado de excepción, al sumarse a lo ya visto la exclusión de la Asamblea Nacional del procedimiento para aumentar la Unidad Tributaria en contravención del numeral 15 del artículo 131 del Decreto con Rango, Valor y Fuerza de Ley del Código Orgánico Tributario[295].

---

[295] G.O. n° 6.152 Extraordinario del 18-11-2014 (vigente *ratione temporis*). Según la norma citada, la Administración Tributaria era competente para "[r]eajustar la unidad tributaria (U.T.) dentro de los quince (15) primeros días del mes de febrero de cada año, previa opinión favorable de la Comisión Permanente de Finanzas de la Asamblea Nacional, so-

Así tenemos que durante el lapso previsto en el Decreto n° 2.667 el Presidente de la República dictó treinta y nueve decretos que aludieron a la emergencia económica, y durante el Decreto n° 2.849 se sumaron otros sesenta y dos decretos.

De este total de 101 decretos, 72 de ellos versaron sobre la autorización para distribuir recursos adicionales con cargo a los presupuestos del Consejo Federal de Gobierno, la Administración Pública Nacional, el Gobierno del Distrito Capital y el Territorio Insular Francisco de Miranda por la suma de más de USD 3.000.000.000, vista, según se desprende de la motivación de estos decretos, la necesidad de hacer "erogaciones no previstas en el Presupuesto Anual, con cargo al Tesoro Nacional, que permitan enfrentar la situación excepcional hasta alcanzar el restablecimiento del orden financiero de la Nación", dada la obligación del Ejecutivo de "impedir que se generen daños a la economía del país" y "garantizar (...) el direccionamiento preferente de los recursos económicos disponibles, para los proyectos sociales y (...) el mejoramiento de su calidad de vida".

Al respecto reiteramos los comentarios formulados en relación con los créditos acordados con los decretos anteriores y la instrumentalización del Derecho de excepción para disponer de los recursos del Estado sin ningún tipo de control parlamentario; suprimiéndose este control político de otros actos como lo fue (i) la designación del Presidente del BCV[296] sin que en el comité de evaluación de sus méritos y credenciales participara la Asamblea Nacional a tenor de lo previsto en el artículo 17 del Decreto con Rango, Valor y Fuerza de Ley Orgánica del

---

bre la base de la variación producida en el índice Nacional de Precios al Consumidor fijado por la autoridad competente, del año inmediatamente anterior. La opinión de la Comisión Permanente de Finanzas de la Asamblea Nacional deberá ser emitida dentro de los quince (15) días continuos siguientes de solicitada".

296 Decreto n° 2.693, mediante el cual se nombra al ciudadano José Ricardo Sanguino Cárdenas como Presidente del Banco Central de Venezuela, en G.O. n° 41.080 del 23-01-2017.

Banco Central de Venezuela[297] e, inclusive, (ii) el otorgamiento de los Honores del Panteón Nacional a Fabricio Ojeda y Argimiro Enrique de La Santísima Trinidad Gabaldón Márquez[298] como competencia que corresponde a la Asamblea Nacional a tenor del numeral 15 del artículo 187 de la CRBV. Bien podríamos preguntarnos cómo acordar estos honores ayudó a solventar la situación de emergencia económica y garantizar el acceso a bienes y servicios de calidad que, como se recordará, era el objetivo del régimen de excepción implementado. La respuesta, obviamente, es que no ayudó en lo absoluto.

A este despropósito se suman otras tantas medidas ya amparadas por el ordenamiento jurídico ordinario, como por ejemplo: (i) la designación de funcionarios públicos[299] y los cambios de adscripción de empresas del Estado[300] regulados en el DRVF-LOAP; (ii) la reversión de infraestructuras aeronáuticas al Poder Ejecutivo Nacional[301] como competencia previs-

---

[297] G.O. n° 6.211 Extraordinario del 30-12-2015. Conforme con este artículo, "[e]l Presidente o Presidenta de la República deberá conformar el comité de evaluación de méritos y credenciales, encargado de verificar y evaluar las credenciales y los requisitos de idoneidad de los candidatos y candidatas al directorio. Dicho Comité estará integrado por dos representantes electos por la Asamblea Nacional, dos representantes designados por el Presidente de la República, y un o una representante designado por el Consejo de Vicepresidentes del Consejo de Ministros".

[298] Decretos n° 2.675 y 2.980, en G.O. n° 41.076 del 17-01-2017 y n° 41.188 del 07-07-2017, respectivamente.

[299] *Cfr.* Decreto n° 2.791, mediante el cual se nombra a Miguel Pérez Abad Presidente del "Centro Nacional Productivo de Innovación Tecnológica para la Sustitución de las Importaciones", en G.O. n° 6.293 Extraordinario del 29-03-2017.

[300] *Cfr.* Decreto n° 2.713, mediante el cual se varía la adscripción de las Empresas del Estado que en él se indican de la Corporación Venezolana de Alimentos, S.A. a la Corporación de Desarrollo Agrícola, S.A., en G.O. n° 41.086 del 31-01-2017.

[301] *Cfr.* Decreto n° 2.914, mediante el cual se declara la reversión inmediata al Poder Ejecutivo Nacional, por órgano del Ministerio del Poder Popular para el Transporte, de la administración, así como de la infraestructura por razones de interés general del Aeropuerto de Santa Elena de Uairén, ubicado en el estado Bolívar, y las competencias para

tas en la Ley de Aeronáutica Civil[302]; (iii) la exoneración del impuesto sobre la renta[303] con base en el Decreto con Rango, Valor y Fuerza de Ley del Código Orgánico Tributario; (iv) el aumento del salario mínimo y del bono de alimentación[304] según lo previsto en el Decreto con Rango, Valor y Fuerza de Ley Orgánica del Trabajo, los Trabajadores y las Trabajadoras y el Decreto con Rango, Valor y Fuerza de Ley del Cestaticket Socialista para los Trabajadores y Trabajadoras; y (v) el establecimiento de carteras de crédito en materia de vivienda principal[305] como supuesto previsto en el Decreto con Rango, Valor y Fuerza de Ley del Régimen Prestacional de Vivienda y Hábitat[306].

Finalmente, destacamos que durante la "vigencia" de los Decretos n° 2.667 y 2.849 se prorrogó nuevamente el lapso para la salida de circulación del billete de Bs. 100[307], respecto a lo cual recordamos que esta medida vulneró el principio de no interrupción del funcionamiento del Poder Público en un esta-

---

su conservación, administración y aprovechamiento, en G.O. n° 41.171 del 13-06-2017.

302 G.O n° 39.140 del 17-03-2009.

303 *Cfr.* Decreto n° 2.680, mediante el cual se exonera del pago del impuesto sobre la renta, el enriquecimiento neto anual de fuente territorial obtenido por las personas naturales residentes en el país, hasta por un monto en bolívares equivalente a 6.000 unidades tributarias, en G.O. n° 41.077 del 18-01-2017.

304 Decretos n° 2.832, 2.833, 2.966 y 2.967, en G.O. n° 6.296 Extraordinario del 02-05-2017, n° 6.296 Extraordinario del 02-05-2017, n° 6.313 Extraordinario del 02-07-2017 y n° 6.313 Extraordinario del 02-07-2017, respectivamente.

305 Decreto n° 2.721, mediante el cual se establece la cartera de crédito bruta anual, que con carácter obligatorio deben colocar con recursos propios las instituciones del sector bancario, se destinará un 20 % a la concesión de créditos hipotecarios para la construcción, adquisición y autoconstrucción, mejoras y ampliación de vivienda principal, en G.O. n° 41.095 del 14-02-2017.

306 G.O. n° 39.945 del 15-06-2012.

307 Decretos n° 2.671, 2.722, 2.756, 2.819, 2.875 y 2.756, en G.O. n° 41.075 del 16-01-2017, n° 41.098 del 17-02-2017, n° 41.116 del 17-03-2017, n° 41.116 del 17-03-2017, n° 41.154 del 19-05-2017 y n° 41.196 del 19-07-2017, respectivamente.

do de excepción y las competencias que la CRBV acuerda al BCV, aunado a la propia seguridad jurídica ya que esta falta de planificación produjo que la población desconociera si podía seguir utilizando estos billetes o no para efectuar sus operaciones comerciales, acrecentándose la inestabilidad económica que el Ejecutivo pretendía resolver.

E. De septiembre de 2017 a septiembre de 2018

Los Decretos n° 3.074, 3.239 y 3.413, al igual que sus predecesores inmediatos, reiteraron que el Presidente de la República podía restringir las garantías, además de lo ya dicho sobre la coordinación con el BCV para establecer políticas monetarias, la ejecución de medidas en beneficio de la soberanía nacional y las competencias del Poder Judicial y el Ministerio Público.

Por que respecta al listado de facultades del artículo 2, se tiene que el Decreto n° 3.074 -con 24 numerales- suprimió la mención al aumento de la Unidad Tributaria e incorporó par de numerales referidos a la materia presupuestaria. Específicamente, en cuanto a la posibilidad de dictar la legislación presupuestaria y de endeudamiento para el ejercicio económico financiero 2018 (nums. 2 y 11), tratándose ambos de numerales que se habían incluido en el Decreto n° 2.452 que rigió para el mismo período de septiembre de 2016 a enero de 2017.

Por su parte, los Decretos n° 3.239 y 3.413 -cada uno, con 25 numerales en su artículo 2- suprimieron estos numerales -ya que no eran necesarios al haber el Presidente de la República dictado el presupuesto y el endeudamiento para el ejercicio económico financiero- y, reincorporaron el "[f]acultar a la Administración Tributaria para reajustar la Unidad Tributaria (U.T.), con base a los análisis técnicos que correspondan, cuando el órgano competente que autorice se encuentre inhabilitado legal o judicialmente para hacerlo" (num. 2).

Asimismo, agregaron un numeral -que ahora sería el 6- sobre la posibilidad de dictar medidas que permitiesen la incorporación al sistema económico nacional de "criptoactivos a partir de instrumentos que generen seguridad sobre la base del aprovechamiento nacional de las materias primas, recursos minerales e hidrocarburos de la República y su aplicación productiva", a fin de continuar impulsando la figura del Petro en el país (Carmona Borjas 2020).

El resto de las numerales del artículo 2 de estos decretos reiteraron las facultades previstas en los decretos de excepción del acápite anterior, y estimamos inoficioso reiterar.

De este modo, durante el lapso previsto en el Decreto n° 3.074 el Presidente de la República dictó cincuenta y un decretos que aludieron a la emergencia económica, en tanto durante el lapso de los Decretos n° 3.239 y 3.413 se dictaron otros sesenta y cuatro decretos para cada uno, para un total de 179.

Como podrá esperar el lector, la gran mayoría de estos decretos –a saber, 115– versaron una vez más sobre autorizaciones para la distribución de recursos adicionales con cargo a presupuestos de la "Asamblea Nacional Constituyente", el Consejo Federal de Gobierno, la Administración Pública Nacional, el Consejo Nacional Electoral, el Gobierno del Distrito Capital y el Territorio Insular Francisco de Miranda, por una suma que en su conjunto sobrepasó los USD 17.000.000.000, sin que la Asamblea Nacional pudiese intervenir en esta decisión.

Sobre estos decretos, reiteramos los comentarios que ya hemos efectuado sobre el desapoderamiento de la Asamblea Nacional, por parte del Ejecutivo Nacional, al este último emplear el estado de excepción para ignorar los controles previstos por el Constituyente en materia presupuestaria bajo la excusa de que "en el marco del Decreto (...) se requiere hacer erogaciones no previstas en el Presupuesto Anual, con cargo al Tesoro Nacional, que permitan enfrentar la situación excepcional hasta alcanzar el restablecimiento del orden financiero Nacional"; siendo ejemplo de esto también los aumentos de la unidad tributaria sin la participación del Parlamento en los términos comentados *supra*[308].

---

[308] Decretos n° 3.300, 3.393 y 3.481, en G.O. n° 41.351 del 01-03-2018, n° 41.387 del 30-04-2018 y n° 6.383 Extraordinario del 20-06-2018, respectivamente.

No conforme con ello, nótese que por el Decreto n° 3.324 el Presidente de la República dictó un "régimen especial para la adquisición de bienes y servicios esenciales para la protección del pueblo venezolano, por parte de los Órganos y Entes del Sector Público"[309], apartándose de la normativa vigente en materia de contrataciones públicas y que tuvo por objetivo facilitar la consulta de precios y la contratación directa para la compra de productos destinados a los CLAP, obras de infraestructura y adquisición de bienes relacionadas con servicios públicos domiciliarios, de salud y educación, entre otros, reiterándose una vez la figura de la emergencia económica como un mecanismo del Ejecutivo para abstraerse del control y la rendición de cuentas, propios de un Estado de Derecho.

El resto de los decretos versó, primero, sobre competencias ya previstas en el ordenamiento jurídico ordinario, entre las que hallamos: (i) la creación de servicios desconcentrados sin personalidad jurídica[310] o misiones[311], (ii) rebajas de la alícuota impositiva del impuesto al valor agregado y exoneraciones del pago del impuesto sobre la renta[312], y (iii) el aumento del salario mínimo y del bono de alimentación[313], todo de

---

309 G.O. n° 41.362 del 16-03-2018.

310 Decreto n° 3.077, mediante el cual se crea el "Fondo Nacional para la Consolidación y Expansión de los Comités Locales de Abastecimiento y Producción (FONCLAP)", en G.O. n° 41.234 del 12-09-2017; y Decreto n° 3.196, mediante el cual se autoriza la creación de la Superintendencia de los Criptoactivos y actividades conexas venezolana, en G.O. n° 6.346 Extraordinario del 08-12-2017.

311 Decreto n° 3.485, mediante el cual se crea la Gran Misión Chamba Juvenil, en G.O. n° 41.429 del 28-06-2018.

312 Decreto n° 3.085, mediante el cual se establece una rebaja a la alícuota impositiva general de impuesto al valor agregado (IVA) aplicable a las operaciones pagadas a través de medios electrónicos, en G.O. n° 41.239 del 19-09-2017; y Decreto n° 3.185, mediante el cual se exonera del pago del impuesto sobre la renta, el enriquecimiento neto anual de fuente territorial obtenido por las personas naturales residentes en el país, hasta por un monto en bolívares equivalente a 32.000 unidades tributarias, en G.O. n° 41.293 del 05-12-2017.

313 Decretos n° 3.138, 3.232, 3.233, 3.301, 3.392, 3.478, 3.601 y 3.602, en G.O. n° 41.269 del 01-11-2017, n° 6.354 Extraordinario del 31-12-2017, n° 6.354 Extraordinario del 31-12-2017, n° 41.351 del 01-03-2018, n° 41.387

acuerdo con la legislación ya traída a colación para períodos anteriores, además de otros supuestos como (iv) la posibilidad de renovar el pasaporte por dos años adicionales[314] siendo la vigencia de este documento un tema regulado por vía reglamentaria según el Decreto con Rango, Valor y Fuerza de Ley de Reforma de la Ley Orgánica de Identificación[315], por lo que era otra materia respecto a la cual no se requería una declaración de emergencia para su materialización ya que bien podía el Presidente de la República reformar el reglamento en cuestión con base en la atribución que le confiere el numeral 10 del artículo 236 de la CRBV.

Y segundo, sobre aspectos que no incumbían a la Presidencia de la República pues recordamos que "[l]as competencias monetarias del Poder Nacional serán ejercidas de manera exclusiva y obligatoria por el Banco Central de Venezuela" (art. 318 encabezado), lo que se vulneró al prorrogarse nuevamente la salida de circulación de los billetes de cien bolívares[316] y posteriormente dictarse una "reconversión monetaria" conforme con la cual a partir del 04-06-2018 se eliminaron tres ceros al bolívar, identificándose al nuevo bolívar como "soberano" (Bs.S, o VES, en el sistema ISO 4217)[317].

Lo anterior, para "garantizar de manera efectiva una economía capaz de mantener la cohesión social y la estabilidad política, esenciales para la vida e impedir que continúen los ataques contra la Patria" según se desprende del decreto de la

---

del 30-04-2018, n° 6.383 Extraordinario del 20-06-2018, n° 6.403 Extraordinario del 31-08-2018 y n° 6.403 Extraordinario del 31-08-2018, respectivamente.

314 Decreto n° 3.097, en G.O. n° 6.333 Extraordinario del 08-10-2017.

315 G.O. n° 6.155 Extraordinario del 19-11-2014.

316 Decretos n° 3.086, 3.169, 3.249, 3.328 y 3.430, en G.O. n° 41.240 del 20-09-2017, n° 41.282 del 20-11-2017, n° 41.323 del 18-01-2018, n° 41.364 del 20-03-2018 y n° 41.399 del 17-05-2018, respectivamente.

317 Decreto n° 3.332, en G.O. n° 41.366 del 22-03-2018. La medida fue postergada según Decretos n° 3.445 y 3.548, en G.O. n° 6.379 Extraordinario del 01-06-2018 y n° 41.446 del 25-07-2018, respectivamente.

reconversión, retomándose la noción de la supremacía del estado de conmoción interior sobre el de emergencia económica.

F. De septiembre de 2018 a abril de 2021

Como ocurrió con los estados de excepción anteriores, los Decretos n° 3.610, 3.736, 3.844, 3.980, 4.090, 4.194, 4.275 y 4.396 previeron que a fin de evitar "los perniciosos efectos de la guerra económica dirigida contra el pueblo venezolano, y con fundamento en la declaratoria de estado de excepción (...) podrán ser restringidas las garantías para el ejercicio de los derechos consagrados en la Constitución de la República", cuando se tratara de "alguna de las medidas excepcionales" previstas en el artículo 2 de los decretos.

Dicho artículo, mediante treinta y seis numerales en los Decretos n° 3.610, 3.736 y treinta y cinco numerales a partir del 3.844, reiteraba las facultades a las que ya hicimos referencia en páginas anteriores agregándose como nuevos supuestos, en relación con el resto del Poder Público[318]:

i. Dictar las normas que "sin sometimiento alguno a otro Poder Público, autoricen los límites máximos de recursos y egresos de la República (...), de los entes descentralizados funcionalmente y de los entes político territoriales con regímenes presupuestarios especiales" (num. 20).

ii. Autorizar a la Oficina Nacional del Tesoro para que "capte recursos fiscales y parafiscales asignados a organismos que administren o detenten el control de los mismos, garantizando su afectación a los fines previstos en las respectivas normas especiales" (num. 5), aunado a que el "redireccionamiento de recursos disponibles en Fondos Especiales" también operaba sobre el "producto de la gestión de los institutos públicos, ser-

[318] Los numerales responden a los Decretos n° 3.610 y 3.736, constatándose a partir del Decreto n° 3.844 un cambio en la enumeración desde el numeral 22, que era el numeral 23 de su predecesor. Lo anterior, dado que se suprimió lo relativo a la aprobación del presupuesto del BCV.

vicios desconcentrados y demás organismos que administren o detenten el control" (num. 31).

iii. Aplicar "mecanismos financieros para fortalecer la capacidad de pago, ahorro y fortaleza financiera de la autoridad monetaria nacional" (num. 7).

A estos casos se sumaron otros tanto que se traducen en manifestaciones típicas de la actividad administrativa de fomento como eran las exoneraciones tributarias para la importación de materia prima (num. 8), los incentivos a la producción nacional (num. 9) y la creación de subsidios para los sectores sociales vulnerables (num. 10); en adición a supuestos que respondieron a la implementación de políticas por parte del Ejecutivo Nacional y que tampoco podían considerarse como excepcionales, como fue el caso del registro de quienes reciben subsidios (num. 11) o realizan operaciones con criptoactivos (num. 13).

Finalmente, el artículo 2 incluyó un par de numerales bastante vagos referidos al adoptar medidas excepcionales "dirigidas a proteger los derechos humanos del pueblo Venezolano (...), así como las garantías de soberanía, independencia, seguridad e integridad de la República" (num. 35) y medidas especiales "en el orden de la política exterior de la República Bolivariana de Venezuela, en respuesta a medidas injerencistas de otros Estados en contra de funcionarios venezolanos" (num. 36) que, prácticamente, servían de fundamento a cualquier decisión que se tuviese a bien adoptar.

De este modo, el Presidente de la República dictó el siguiente número de decretos "basados en la excepción" durante el lapso previsto en cada declaratoria de emergencia económica: (i) Decreto n° 3.610: 47 decretos; (ii) Decreto n° 3.736: 18 decretos; (iii) Decreto n° 3.844: 19 decretos; (iv) Decreto n° 3.980: 6 decretos; (v) Decreto n° 4.090: 11 decretos; (vi) Decreto n° 4.194: 10 decretos; (vii) Decreto n° 4.275: 8 decretos; y (viii) Decreto n° 4.396: 22 decretos.

De este total de 128 decretos, 116 consistieron en complementos a las leyes especiales de endeudamiento dictadas por el

Ejecutivo ya que la Asamblea Nacional seguía en "desacato" y créditos con cargo a presupuestos del Consejo Federal de Gobierno, la Administración Pública Nacional, el Gobierno del Distrito Capital y el Territorio Insular Francisco de Miranda, por una suma que en su conjunto sobrepasó los USD 10.000.000.000, sin que la Asamblea Nacional interviniera en esta decisión.

Lo anterior, incluso cuando luego de los comicios del 06-12-2020 el oficialismo volvió a obtener la mayoría parlamentaria (Brewer-Carías 2021) y decayó el argumento del desacato, en lo que denota el interés del Ejecutivo Nacional de continuar abstrayéndose de los procedimientos parlamentarios en pro de la independencia y autonomía en la toma de sus decisiones en contravención con los principios que inspiran al Estado Democrático de Derecho y, entre ellos, la legalidad y la división y control del Poder Público.

En todo caso, el resto de estos decretos, como las veces anteriores, versó sobre competencias que ya formaban parte del ordenamiento jurídico ordinario, como por ejemplo: (i) la creación de misiones[319], empresas del Estado[320] y comisiones presidenciales[321], (ii) la declaratoria de días no laborables y la reducción de la jornada laboral[322], (iii) el aumento del salario mínimo y el bono de alimentación[323], (iv) la declaración de cier-

---

319 Decreto n° 3.745, mediante el cual se crea la Gran Misión Venezuela Bella, en G.O. n° 41.570 del 23-01-2019.

320 Decreto n° 4.196, mediante el cual se autoriza la creación de una empresa del Estado, bajo la forma de sociedad anónima, que se denominará PDV-PUERTOS, S.A., en G.O. n° 41.876 del 11-05-2020.

321 Decreto n° 4.131, mediante el cual se declara la emergencia energética de la industria de hidrocarburos y se crea la comisión presidencial, con carácter temporal, denominada "Comisión Presidencial para la Defensa, Reestructuración y Reorganización de la Industria Petrolera Nacional Alí Rodríguez Araque", en G.O. n° 41.825 del 19-02-2020, prorrogado según G.O. n° 41.946 del 19-08-2020.

322 Decretos n° 3.818, 3.822 y 3.837, en G.O. n° 41.614 del 10-04-2019, n° 6.448 Extraordinario del 13-04-2019 y n° 41.623 del 30-04-2019, respectivamente.

323 Decretos n° 3.832, 3.998, 4.093 y 4.193, en G.O. n° 6.452 Extraordinario del 25-04-2019, n° 6.484 Extraordinario del 11-10-2019, n° 6.502 Extra-

tos desechos y chatarra como material estratégico[324] como medida que bien podía tomarse basada en la Ley de Gestión Integral de la Basura[325], o (v) disposiciones que podrían verse desde la óptica del control de tutela al poder el órgano de adscripción coordinar la función administrativa, "para el seguimiento de la implementación de las políticas públicas y de encauzar la actividad dentro del derrotero que exigen las metas y los objetivos del poder ejecutivo" (Araujo-Juárez 2024b, 364-81)[326].

Finalmente estimamos prudente destacar que durante el período abordado en este acápite se dio la particularidad de que, en paralelo a la emergencia económica, se dictó otro estado de excepción –por alarma– con motivo de la COVID-19 (Sira Santana 2020d).

El estudio de esta figura rebasa nuestro objetivo pues hemos decidido centrarnos en las emergencias económicas. No obstante, lo traemos a colación porque con base en este estado de alarma el Presidente de la República dictó un par de decre-

---

ordinario del 09-01-2020 y n° 6.532 Extraordinario del 27-04-2020, respectivamente.

324 Decreto n° 4.445, mediante el cual se declaran de carácter estratégico para el desarrollo de la economía nacional los desechos y residuos metálicos, ferrosos, de aluminio, cobre, hierro, bronce, acero, níquel u otro tipo de metal, la chatarra naval, aeronáutica, eléctrica y electrónica, en cualquier condición, así como los residuos sólidos no metálicos, fibra óptica y fibra secundaria, producto del reciclaje de papel y cartón, en cualquier condición, que a efectos de este Decreto se denominarán en su conjunto "material estratégico susceptible de reciclaje", en G.O. n° 6.617 Extraordinario del 24-02-2021 con reimpresión en n° 42.092 del 22-03-2021.

325 G.O. n° 6.017 Extraordinario del 30-12-2010.

326 *Cfr.* Decreto n° 4.102, mediante el cual se establece un régimen especial y transitorio para la gestión operativa y administrativa de la industria nacional del hierro, acero y aluminio, en G.O. n° 41.805 del 22-01-2020; y Decreto n° 4.278, mediante el cual se establecen mecanismos excepcionales para la optimización y seguimiento de los ingresos que perciban los servicios desconcentrados o servicios autónomos y entes descentralizados funcionalmente de la República con o sin fines empresariales, en G.O. n° 41.956 del 02-09-2020 con reimpresión en n° 42.004 del 10-11-2020.

tos que tuvieron una clara naturaleza económica, independientemente que se tratara de competencias ya previstas en el ordenamiento jurídico ordinario –caso de la inamovilidad laboral[327]– o consistieran en restricciones de garantías que no habían sido especificadas en la declaratoria del estado de excepción y por ende estaban viciadas de nulidad por inconstitucionalidad, tal como lo fue la suspensión del pago de créditos[328] y de cánones de arrendamientos[329], con la particularidad que esta última medida se volvió a adoptar un año después pero ahora con base en el estado de excepción por emergencia económica y no el estado de alarma por la COVID-19[330].

Esta situación permite reiterar lo dicho en el Capítulo IV de esta investigación en cuanto a la inconveniencia de contar con un estado de excepción por emergencia económica dentro de nuestro Derecho Constitucional dada la facilidad con la que este puede ser instrumentalizado por la fuerza política dominante para alcanzar sus objetivos que no necesariamente se corresponden con el interés general, visto que ante sucesos verdaderamente excepcionales que tengan repercusiones económicas –como fue el caso de la pandemia COVID-19– bien podría dictarse un estado de alarma como ocurrió en este caso o de conmoción cuyos supuestos de hecho son más objetivos y se facilita su control.

En resumen, las medidas que se implementaron con base en la emergencia económica en todo el territorio nacional pueden clasificarse en tres grupos: (i) aquellas a través de las cuales el Presidente de la República se abstrajo del control político que por disposición de la CRBV ejerce la Asamblea Nacional, siendo esto lo que ocurrió en la mayoría de las veces; (ii) aquellas a través de las cuales el Presidente de la República se facultó para tomar decisiones que ya formaban parte de su competencia ordinaria, de conformidad con el ordenamiento

---

327 Decreto n° 4.167, en G.O. 6.520 Extraordinario del 23-03-2020.
328 Decreto n° 4.168, en G.O. 6.521 Extraordinario del 23-03-2020.
329 Decreto n° 4.169, en G.O. 6.522 Extraordinario del 23-03-2020.
330 Decreto n° 4.577, en G.O. 42.101 del 07-04-2021.

jurídico vigente, por lo que vulneraron el principio de necesidad ya estudiado; y (iii) aquellas a través de las cuales el Presidente de la República se facultó para tomar decisiones que no son cónsonas con los principios del Derecho de excepción –ni, vale decir, el Estado de Derecho–, por lo que las mismas no eran procedentes ni siquiera en caso de verdadera emergencia.

3. El control político y jurídico de las declaratorias

De acuerdo con el encabezado del artículo 339 de la CRBV, el Presidente de la República estipuló en los Decretos n° 2.184 y 2.323 que las declaratorias de emergencia económica se remitirían "a la Asamblea Nacional, a los fines de su consideración y aprobación" y "a la Sala Constitucional del Tribunal Supremo de Justicia, a los fines de que se pronuncie sobre su constitucionalidad", dentro de los ocho días siguientes a sus publicaciones en Gaceta Oficial.

Los términos de esta remisión variaron en el Decreto n° 2.452 al no hacerse alusión a la consideración y la aprobación de la Asamblea Nacional aunque se dijo que el decreto se enviaría a este cuerpo "de conformidad con lo establecido en la Constitución de la República", y a partir del Decreto n° 2.667 se obvió cualquier mención a la Asamblea Nacional, previéndose solo que el decreto sería enviado "a la Sala Constitucional del Tribunal Supremo de Justicia, a los fines de que se pronuncie sobre su constitucionalidad".

Esta omisión tenía en realidad poco valor jurídico dado que la competencia del Poder Legislativo Nacional para controlar y aprobar el decreto viene deriva de la CRBV y la LOEE como expusimos en el Capítulo III de esta investigación, independientemente de lo que dijese –o dejara de decir– el decreto.

No obstante, la misma resulta de valor como prueba adicional del desconocimiento de las funciones del Poder Legislativo por parte del Poder Ejecutivo durante la emergencia económica declarada a nivel nacional, en los términos ya reseñados, y que se aprecia a su vez cuando revisamos cómo operó tanto el control político como el control jurídico de estas declaraciones.

A. El control político

La Asamblea Nacional –recordamos, para el momento de mayoría opositora al Ejecutivo Nacional[331]– no aprobó las declaratorias de excepción, aunque estos acuerdos no llegaron a ser publicados en la Gaceta Oficial dada la negativa del Servicio Autónomo Imprenta Nacional y Gaceta Oficial de cumplir sus obligaciones para con el Poder Legislativo, como parte del choque de poderes vivido en el país luego de las elecciones parlamentarias de 2015.

En este sentido, el Decreto n° 2.184 (primera emergencia económica) fue improbada por Acuerdo del 22-01-2016 con base en un informe presentado por una Comisión Especial designada para el examen del estado de excepción, que concluyó que esta decisión del Ejecutivo Nacional "parte de un diagnóstico insatisfactorio de las causas de la crisis económica, omitiendo aspectos claves que requieren atención urgente", "no define la Emergencia Económica de modo que sea posible evaluar los efectos de las políticas a implementar", "pretende otorgar al Poder Ejecutivo atribuciones exclusivas en el manejo de la crisis, sin delimitar su área de actuación" y "no asegura la estabilidad monetaria" (Asamblea Nacional 2016c).

Esta decisión se acompañó con un listado leyes y normas vigentes que permitían al Ejecutivo adoptar las medidas enumeradas en el Decreto N° 2184, coincidiendo en su mayoría con las normas que indicamos en el acápite respectivo.

La negativa del Decreto n° 2.323 (segunda emergencia económica) se fundamentó en que el decreto declaró "un esta-

---

[331] La única excepción a lo aquí dicho sería el Decreto n° 4.440 por el que se prorrogó el último estado de excepción, ya que para ese entonces había tomado posesión una nueva legislatura electa en diciembre de 2020, de mayoría oficialista. No obstante, nótese que la aprobación de esta prórroga por parte de la Asamblea Nacional tampoco constó en la Gaceta Oficial.

do de excepción genérico, que bajo la denominación de emergencia económica comprende la materia política y otras relacionadas con el orden público (...), con lo cual podrían ser afectados, indebidamente, derechos de carácter civil o político" (Asamblea Nacional 2016a).

Lo anterior, aunado a que este acto "vulnera varios derechos humanos o establece los fundamentos para su violación, mediante normas indeterminadas y habilitaciones genéricas" y "algunas de las medidas contempladas en el decreto pertenecen al ámbito de la legalidad ordinaria y otras son disposiciones desmesuradas que se adoptan ante la negligencia o complicidad del Presidente de la República frente a los problemas económicos".

En cuanto al Decreto n° 2.452 (tercera emergencia económica), la Asamblea Nacional basó su rechazo en el principio de necesidad y temporalidad del Derecho de excepción y que durante los decretos anteriores "se ha quebrantado gravemente la seguridad jurídica y el Estado de Derecho, (...) promovido la corrupción ante la supresión de restricciones legales en el campo de la contratación pública y (...) desnaturalizado el régimen jurídico de los estados de excepción", aunado a que se habían "acentuado los problemas económicos y sociales (...) porque la declaración del estado de emergencia económica ha sido utilizada para desconocer las atribuciones constitucionales de la Asamblea Nacional y generar mayor concentración de poder en la Presidencia de la República" (Asamblea Nacional 2016b).

Esta argumentación se reiteró en el Acuerdo de la Asamblea Nacional sobre el Decreto n° 2.667 (cuarta emergencia económica) que, adicionalmente, citó algunos indicadores económicos -tomados durante la vigencia de los estados de excepción anteriores- para demostrar la inefectividad de esta medida (Asamblea Nacional 2017a)[332].

---

332 El Acuerdo se refirió a la contracción del Producto Interno Bruto (PIB) superior al 12 %, el aumento de la inflación en un 500 % y la pérdida de

Estas ideas se repitieron a su vez en cuanto al Decreto n° 2.849 (quinta emergencia económica) sobre el cual la Asamblea Nacional apuntó que "el decreto se dicta en buena medida para reducir las atribuciones constitucionales de la Asamblea Nacional, (...) con lo cual se está usando el estado de excepción para derribar la Constitución no para garantizarla" y que "el estado de excepción no suspende la Constitución ni el Estado de Derecho, ni puede justificar la vulneración de derechos humanos, y tampoco puede cercenar atribuciones constitucionales de otros poderes del Estado" (Asamblea Nacional 2017c).

Así se expuso también en el Acuerdo sobre el Decreto n° 3.074 (sexta emergencia económica), donde el Parlamento incluyó entre los motivos de su negativa que los estados de excepción habían acrecentado "la inflación galopante y la caída del poder de compra de los salarios" y el gobierno nacional había contraído nuevas deudas públicas internas y externas para financiar el déficit fiscal por él generado, a lo que se sumó el desconocimiento de la legalidad presupuestaria y las condiciones constitucionales para el endeudamiento público (Asamblea Nacional 2017b).

En cuanto al Decreto n° 3.239 (séptima emergencia económica) la motivación de la negativa agregó que la inflación ahora alcanzaba el 2.000 % (Asamblea Nacional 2018b).

Finalmente encontramos el acuerdo en relación con el Decreto n° 3.610 (novena emergencia económica)[333] que también

---

más de USD 5.500 millones de reservas internacionales a cargo del Banco Central de Venezuela.

[333] Nótese que en relación con el octavo estado de excepción nacional -esto es, el Decreto n° 3.413- no se encontró acuerdo ni nota de prensa alguna en el sitio web de la Asamblea Nacional, aun cuando asumimos que también fue rechazado. En tanto, los decretos de excepción dictados a partir del año 2019 -a saber: los Decretos n° 3.736, 3.844, 3.980, 4.090, 4.194, 4.275 y 4.396- al haberse dado en el marco de lo que el foro y el Poder Legislativo han denominado la usurpación del poder por parte de la fuerza política dominante ante la ausencia de elecciones presidenciales auténticas, los decretos fueron ignorados por la Asamblea Nacional al considerarlos írritos por devenir de una persona manifiestamente incompetente para dictarlos.

fue desaprobado y se insistió "en que la solución a la crisis humanitaria reside en un cambio democrático y en la instauración de un sistema de economía social de mercado", reiterándose que "todos los decretos emanados del Poder Ejecutivo Nacional, a través de los cuales se pretenda declarar estado de Emergencia Económica, carecen de validez y deben ser considerados nulos" (Asamblea Nacional 2018a), planteamientos que presumimos coinciden con los acuerdos por medio de los cuales se rechazaron las prórrogas y respecto a los cuales solo se conoció el contenido de algunos de ellos por notas de prensa (Noticias RCR 2016).

Así las cosas, de acuerdo con lo dicho en el Capítulo III de esta investigación, al haber improbado la Asamblea Nacional los decretos de estados de excepción, sus efectos habían de decaer.

No obstante, como también dijimos *supra*, la TSJ/SC por fallo n° 7/2016 desproveyó a estos acuerdos de cualquier efecto y decidió que el control político sobre los decretos de estados de excepción "no afecta la legitimidad, validez, vigencia y eficacia jurídica de los mismos", por lo que estos seguían vigentes, reiterándose este criterio cada vez que la Sala ejerció su control jurídico sobre las declaratorias de emergencia comentadas, en parte como consecuencia de la "teoría del desacato" que la TSJ/SC y el Poder Ejecutivo defendían en contra de la Asamblea Nacional para desconocerla como parte integrante del Poder Público Nacional (Sira Santana 2016a).

De este modo, y al contrario de lo visto en la frontera colombo-venezolana según reseñamos ya en esta investigación, de los Acuerdos de la Asamblea Nacional se desprende que este cuerpo hizo un análisis sobre la situación que aquejaba al país y si las medidas adoptadas por el Presidente de la República cumplían con los principios de necesidad, proporcionalidad y temporalidad, decantándose por la negativa al ser los decretos, más bien, causa de inestabilidad económica e inseguridad jurídica.

A pesar de lo anterior, como vimos, estos acuerdos carecieron de efectos. No podía ser de otra forma, porque el objetivo de la emergencia económica nunca fue coadyuvar a la recuperación de la economía nacional sino desconocer a la Asamblea Nacional, lo que llevaba consigo desproveer de efectos a todas sus decisiones –y entre ellas, estos Acuerdos– a pesar de que se fundamentaran en criterios objetivos como lo eran los índices de inflación, el producto interno bruto, las reservas internacionales y las disposiciones del Derecho ordinario, pues como sostuvimos en otra ocasión:

> ...de (i) la motivación de los Decretos (...) –las condiciones determinadas– y (ii) la finalidad que estos Decretos dijeron perseguir en su objeto y que se desprende de las medidas que implementaron –el propósito determinado–, la intención de estos Decretos no parecía ser otra que proyectar la disolución de hecho de la Asamblea Nacional, invocándose el estado de excepción como un título habilitante que permitiría al resto del Poder Público desconocer todas y cada una de las decisiones del Parlamento, así como actuar sin la intervención de este último a pesar de que ello fuese exigido por el ordenamiento jurídico ordinario (Sira Santana 2019a, 1605).

De este desconocimiento se hizo parte la TSJ/SC, como veremos a continuación.

B. El control jurídico

Como ocurrió en el caso de los estados de excepción fronterizos, la TSJ/SC declaró la constitucionalidad de los decretos originales y sus prórrogas[334], si bien algunos de estos fallos no

---

[334] TSJ/SC n° 4 del 20-01-2016 (caso: Decreto n° 2.184) y n° 184 del 17-03-2016 (prórroga); n° 411 del 19-05-2016 (caso: Decreto n° 2.323) y n° 615 del 19-07-2016 (prórroga); n° 810 del 21-09-2016 (caso: Decreto n° 2.452) y n° 952 del 21-11-2016 (prórroga); n° 4 del 19-01-2017 (caso: Decreto n° 2.667) y n° 113 del 20-03-2017 (prórroga); n° 364 del 24-05-2017 (caso: Decreto n° 2.849) y n° 547 del 25-07-2017 (prórroga); n° 727 del 25-09-2017 (caso: Decreto n° 3.074) y n° 959 del 22-11-2017 (prórroga); n° 39 del 17-01-2018 (caso: Decreto n° 3.239) y n° 284 del 20-03-2018 (prórroga); n° 381 del 23-05-2018 (caso: Decreto n° 3.413) y n° 483 del 25-07-2018 (prórroga); n° 638 del 20-09-2018 (caso: Decreto n°

se encuentran disponibles para su consulta en el sitio web del Poder Judicial[335].

Estas decisiones, como se vio también en el caso fronterizo, apuntaron que los decretos se habían dictado en cumplimiento de la CRBV, la LOEE y "demás normativas aplicables, preservando los Derechos Humanos y en protección del Texto Fundamental, el Estado, sus instituciones y el pueblo", sin que la Sala realizara un verdadero análisis de forma y de fondo de los decretos.

En cambio, ella se limitó una vez más a parafrasear el contenido de las declaratorias para concluir que "[l]os acápites intitulados como 'considerando' (...) expresan las condiciones fácticas que han sido observadas por el Ejecutivo Nacional para ejercitar las competencias antes reseñadas" –sin que la TSJ/SC determinara su veracidad o relación con el Derecho de excepción– y "el artículo 2 (...) contiene los aspectos en el marco de los cuales el Ejecutivo Nacional podrá dictar las medidas que considere necesarias", sin que tampoco se vincularan estas medidas con los principios de necesidad y proporcionalidad.

Lo anterior, en adición a un cúmulo de citas doctrinales, normativas y jurisprudenciales que no se enlazaron con los casos en concreto, y afirmaciones de que el Presidente de la República había difundido el contenido del Decreto directamente a las comunidades organizadas y que los motivos de la emergencia eran hechos públicos comunicacionales, por lo que en su criterio "se verifican los extremos de necesidad, idonei-

---

3.610) y n° 805 del 22-11-2018 (prórroga); n° 5 del 25-01-2019 (caso: Decreto n° 3.736) y n° 73 del 28-03-2019 (prórroga); n° 128 del 23-05-2019 (caso: Decreto n° 3.844) y n° 234 del 18-07-2019 (prórroga); n° 325 del 23-09-2019 (caso: Decreto n° 3.980) y n° 370 del 22-11-2019 (prórroga); n° 2 del 14-01-2020 (caso: Decreto n° 4.090) y n° 56 del 19-03-2020 (prórroga); n° 60 del 15-05-2020 (caso: Decreto n° 4.194) y n° 80 del 13-07-2020 (prórroga); n° 132 del 11-09-2020 (caso: Decreto n° 4.275) y n° 158 del 10-11-2020 (prórroga); y n° 1 del 08-01-2021 (caso: Decreto n° 4.396) y n° 18 del 09-03-2021 (prórroga).

[335] A saber: TSJ/SC n° 483 del 25-07-2018, n° 2 del 14-01-2020, n° 60 del 15-05-2020, n° 132 del 11-09-2020 y n° 158 del 10-11-2020.

dad y proporcionalidad de las medidas de excepción decretadas".

Nada dijo la TSJ/SC sobre (i) la ambigüedad de los decretos en cuanto a las garantías que se restringían; (ii) si las situaciones traídas a colación eran de una gravedad tal que hicieran imperativo acudir al Derecho de excepción; (iii) si el ordenamiento jurídico ordinario resultaba insuficiente; o (iv) si las medidas eran realmente idóneas para atacar los problemas que aquejaban al país cuando el mandatario, a pesar de tener poderes excepcionales, seguía declarando estados de excepción al caducar su duración porque el país continuaba en crisis.

Incluso más preocupante, nada dijo la TSJ/SC sobre la distorsión de la emergencia económica y su extensión por más de los ciento veinte días que previó el constituyente –a saber: sesenta días del decreto original y sesenta de su única prórroga– al dictarse múltiples estados de excepción sucesivos en abierta contravención del principio de temporalidad que exige que el régimen de excepción tenga una duración limitada, sin que sus medidas puedan extenderse de forma indefinida, pues ello históricamente ha servido de base para que se vulneren derechos fundamentales de forma sistemática y bajo un aparente halo de legalidad, como ocurrió en el país desde el año 2016.

Esta situación nos hace recordar lo dicho por Melich Orsini (1980, 52) para quien las violaciones a la libertad económica producto de la restricción de las garantías durante la Constitución de 1961 ocurrieron, en parte, gracias a "la inexistencia en Venezuela de una jurisdicción seria y responsable que vele efectivamente por la salvaguarda de los derechos constitucionales de los ciudadanos".

Asimismo, resulta de interés lo sostenido por la CorteIDH según la cual, como relatamos en otra ocasión (Sira Santana 2019c, 657–58), al negarse la posibilidad de controlar judicialmente (i) el decreto que declara la restricción de garantías en sentido general y abstracto o (ii) los actos derivados de este decreto por medio de los cuales se pretenden individualizar y concretizar sus disposiciones, el Estado incurre en responsabilidad internacional. Incluso si la restricción de garantías operaba sobre una del listado permitido por la CADH por ende era lícita[336], no siendo tampoco suficiente la existencia formal de estos medios de control como ocurre con el artículo 339 de la CRBV y desarrolla la LOEE, ya que estos medios deben generar verdaderos resultados y no ser ilusorios[337].

Estos criterios que resultan fácilmente trasladable al actuar de la TSJ/SC en lo que respecta al control jurídico que le correspondía realizar sobre las declaratorias de emergencia económica a nivel nacional para, justamente, "la salvaguarda de los derechos constitucionales de los ciudadanos", y que en la práctica se tradujo en una mera proclama en respaldo al actuar del Presidente de la República y una oportunidad más para desconocer al Poder Legislativo Nacional como consecuencia de los resultados de las elecciones parlamentarias del año 2015. De ahí que la Sala haya avalado con suma facilidad la instru-

---

336 CorteIDH, sentencias del 19-01-1995 (caso: Neira Alegría y otros v. Perú. Fondo), serie C, n° 20, párrs. 77 a 84; y del 20-11-2014 (caso: Espinoza Gonzáles v. Perú. Excepciones preliminares, fondo, reparaciones y costas), serie C, n° 289, párrs. 116 a 137.

337 *Cfr.* CorteIDH, sentencia del 22-09-2006 (caso: Goiburú y otros v. Paraguay. Fondo, reparaciones y costas), serie C, n° 153, párr. 112, donde afirmó que "[a]unque no consta que hayan sido intentadas acciones de habeas corpus o de otra índole a favor de las víctimas al momento de su detención ilegal o secuestro y posterior desaparición, ha sido verificada la falta de efectividad de ese tipo de acciones (...). Como una situación de hecho, en ese entonces no existía en Paraguay un recurso efectivo para amparar la ilegalidad o arbitrariedad de las detenciones, pues una de las características de la dictadura gobernante era la vigencia de un 'permanente estado de sitio', renovado cada noventa días por el Poder Ejecutivo (...). Los tribunales de justicia normalmente se negaban a recibir y tramitar recursos de habeas corpus en relación con medidas decretadas por el Poder Ejecutivo bajo dicho estado de sitio, medida que no funcionó como un instrumento para afrontar situaciones excepcionales, sino como una herramienta al servicio de una dictadura. Es decir, la falta de investigación de los hechos constituía parte de la práctica sistemática de violaciones a los derechos humanos y contribuía a la impunidad de los responsables, por lo que la protección judicial debida a las víctimas y sus familiares resultó ilusoria desde su detención hasta el final de la dictadura".

mentalización de las declaratorias de estados de excepción por emergencia económica para fines opuestos a los perseguidos por el Derecho de excepción.

Este hecho, al igual que lo narrado durante las emergencias económicas fronterizas, nos invita a reflexionar sobre las carencias del control jurídico y de la justicia constitucional (Sira Santana 2021), especialmente en lo que respecta a la salvaguarda de los derechos fundamentales en situaciones de urgencia, sean estas reales o ficticias. De igual modo, subraya la necesidad de concebir a los estados de excepción, y por ende las emergencias económicas, dentro de sus justos límites.

Solo así, situaciones como las aquí analizadas podrán convertirse en un mal recuerdo y no un manual de lo que puede volver a ocurrir.

III. RECAPITULACIÓN

Con base en lo narrado en las páginas anteriores, podemos llegar a las siguientes conclusiones sobre la implementación de la emergencia económica en Venezuela luego de la entrada en vigencia de la CRBV, sirviendo el estudio de estos casos como muestra de la facilidad con la que este tipo de estado de excepción puede ser instrumentalizado por la fuerza política dominante y se hace recomendable su revisión:

Primero, Venezuela ha estado subsumida en dos extensos regímenes de excepción por emergencia económica que invocaron como su fundamento jurídico a la CRBV y la LOEE. Ambos casos evidencias las deficiencias normativas del Derecho de excepción nacional y la necesidad de que se adopten correctivos para la mejor salvaguarda de los derechos fundamentales frente a las ansias intervencionistas de los gobernantes y la insuficiencias que se aprecian en el sistema de pesos y contrapesos de los poderes constituidos.

Segundo, la emergencia económica en la frontera colombo-venezolana tuvo lugar durante el período 2015-2016 como una respuesta a diferentes hechos delictivos que atentaban contra la paz y el orden público en la región, que tenían a su vez incidencia en el derecho de las personas a disponer de bienes y servicios de calidad (art. 117 de la CRBV). Entre estos hechos el Presidente de la República aludió al paramilitarismo, el narcotráfico y el contrabando de extracción, como supuestos que podrían hacer pensar más en un estado de conmoción interior que en una emergencia económica.

Tercero, esta emergencia tuvo lugar en veinticuatro municipios de los estados Táchira, Zulia, Apure y Amazonas y se formalizó a través de ocho decretos con vigencia de sesenta días –todos prorrogados por el mismo período– que no calificaron al estado de excepción como una emergencia económica, si bien a tal conclusión puede arribarse del fundamento jurídico citado.

Cuarto, los hechos invocados por el Presidente de la República como justificativo de la declaratoria del estado de emergencia económica hacen ver que se trataba de situaciones ya reguladas por el ordenamiento jurídico ordinario sin que constara que este había sido sobrepasado por la gravedad de la circunstancias o resultaba insuficiente. A ello se suma que conforme con la letra del artículo 117 de la CRBV, la protección del derecho de las personas a disponer de bienes y servicios de calidad debe darse primordialmente es a través de la ley, correspondiéndole al Ejecutivo es su aplicación. De ahí que, con base en el principio de necesidad, puede afirmarse que no se requería una declaratoria de emergencia económica para garantizar el derecho de los individuos a acceder a bienes y servicios de calidad pues esta protección podía y debía otorgarse mediante los procedimientos establecidos en el ordenamiento jurídico ordinario.

Quinto, fiel a la tradición del Derecho de excepción en Venezuela, las emergencias económicas fronterizas no contaron con una motivación adecuada que, fundamentándose en hechos y datos objetivos, atestiguara por qué esa región del país se hallaba en una situación extraordinaria y que excedía la inestabilidad económica que suele caracterizar a los países en vías de desarrollo. En cambio, los decretos se limitaron a argumentos vagos y la alusión a hechos que si bien podían tener por vía de consecuencia incidencia en los derechos económicos, lo mismo podría decirse sobre los derechos civiles, políticos, sociales y demás, favoreciéndose que el Ejecutivo en definitiva tomase medidas que iban más allá del mencionado derecho de las personas a disponer de bienes y servicios de calidad.

Sexto, como parte de las medidas extraordinarias que los decretos implementaron se tiene que la más comentada por la sociedad venezolana fue el cierre de la frontera con Colombia, aun cuando los decretos previeron que quedaban restringidas las garantías de los derechos referidos a la inviolabilidad del hogar y de los recintos privados, la inviolabilidad de las comunicaciones privadas, el libre tránsito, el derecho de reunión, el derecho de manifestación, y la libertad económica. Lo anterior, aunado a la posibilidad del Presidente de la República de dictar cualquier medida que él estimara pertinente, convirtiéndose así el decreto de excepción en una "ley habilitante" que facultaba a dicho mandatario para regular los derechos fundamentales a futuro.

Séptimo, todas estas garantías eran restringibles de acuerdo con el Derecho de excepción. No obstante, la forma en la que los decretos las incorporaron distó de las exigencias de dicho Derecho al tratarse de restricciones que no guardaban relación con el objeto de la emergencia económica de salvaguardar la "vida económica de la Nación". Mas bien, tendieron a la militarización de los municipios, la discriminación de grupos vulnerables y la violación por vía de consecuencias de garantías y derechos que no podían restringirse en el marco de la excepción. Entre ellos: la protección de la familia; la integridad personal, física, psíquica y moral; el debido proceso; y, muy especialmente, los derechos políticos, ya que con la restricción de los derechos de reunión y de manifestación, la participación ciudadana de cara a las elecciones parlamentarias de diciembre de 2015 se vio afectada.

Octavo, a la contrariedad a Derecho comentada *supra* se agrega que un aspecto que se reiteró a lo largo de los decretos es que los mismos hicieron caso omiso de dos obligaciones prevista en el artículo 339 de la CRBV. A saber: (i) que los decretos deben regular el ejercicio del derecho cuya garantía se restringe, siendo el caso que se constató la existencia de "restricciones" que consistieron en la mera mención del artículo constitucional que prevé el derecho –inviolabilidad de las comunicaciones privadas– o que se delegaron al resto del Poder Ejecutivo, como ocurrió con la libertad de tránsito y económica; y (ii) que los decretos no interrumpen el funcionamiento ordinario de los órganos del Poder Público, observándose que los decretos desconocieron parte de las competencias que la CRBV otorgó al BCV y la Defensoría del Pueblo.

Noveno, en lo que respecta al control político de los estados de excepción fronterizos podemos anotar que todos estos decretos fueron aprobados por el Parlamento –en ese entonces, de mayoría oficialista– sin que tales acuerdos contaran con algún tipo de motivación de la decisión. A pesar de lo anterior, al consultar notas de prensa sobre los debates parlamentarios se constata que no hubo una valoración objetiva por parte de los diputados de las circunstancias extraordinarias y las medidas asumidas, ya que estos se limitaron a vociferar su apoyo al gobierno nacional sin evaluar el cumplimiento de los principios en la materia, por lo que estimamos que no hubo un verdadero control político sobre la emergencia económica.

Décimo, finalmente en cuanto al estado de excepción declarado durante el período 2015-2016 en la frontera venezolana con Colombia, hemos de destacar que el control jurídico también fue trivial visto que la TSJ/SC no evaluó los aspectos formales y materiales de los decretos. En cambio, ella se limitó al parafraseo de los decretos, citar algunas notas de prensa sobre lo que ocurría en los estados fronterizos, y argüir que como los decretos anteriores versaban sobre los mismos hechos, contenían las mismas medidas y habían sido declarados constitucionales, lo mismo procedía en cuanto al resto, por lo que la Sala respaldaba al Ejecutivo en su decisión. Esto, sin que en ningún momento los fallos analizaran si los decretos eran cónsonos con los principios de necesidad, proporcionalidad y temporalidad, ni el resto del Derecho de excepción, demostrándose la insuficiencia de estos controles en los términos constitucionales actuales para lograr la correcta salvaguarda de los derechos fundamentales.

Undécimo, de paso a la emergencia económica declarada en todo el territorio nacional durante el período 2016-2021 hemos de comenzar por indicar que ella tuvo lugar gracias a dieciséis decretos de excepción -cada uno con su respectiva prórroga- que dictó el Presidente de la República de forma sucesiva y en clara contravención del principio de temporalidad.

Duodécimo, estos decretos compartieron el fundamento jurídico visto en la frontera y, en lo que respecta a los motivos de hecho, incluyeron menciones a supuestos que hacen pensar una vez más en estados de conmoción o de alarma, tales como: la muerte del Presidente de la República anterior, la escasez de efectivo dada su sustracción por enemigos de la fuerza política dominante, la dificultad de las personas de acceder a bienes y servicios de calidad, el desabastecimiento y el acaparamiento, la inflación inducida, el desacato de la Asamblea Nacional, la existencia de grupos criminales y paramilitares en el territorio de la República, el bloqueo económico impuesto por los Estados Unidos de América, el fenómeno "El Niño", las fallas del sistema de energía eléctrica, y el riesgo de ruptura del equilibrio económico-financiero.

Decimotercero, este estado de excepción se planteó como una oportunidad para la recuperación económica del país y la construcción de un "nuevo modelo" que se caracterizaría por la unión cívico-militar, denotándose a simple vista que el objetivo de estas declaraciones no se compaginaba del todo con los objetivos que persigue el Derecho de excepción como mecanismo para lograr la vuelta ordenada al orden constitucional, y no su transformación.

Decimocuarto, al igual que lo visto en los decretos fronterizos, en el caso de la emergencia económica nacional el Presidente de la República falló en su obligación de demostrar que las circunstancias eran excepcionales y de gravedad según los indicadores macroeconómicos generalmente aceptados, y hacían insuficiente al ordenamiento jurídico ordinario, trayéndose a colación únicamente como hechos aislados de naturaleza diversa. Algunos de ellos, ocurridos con bastante anterioridad a la supuesta situación sobrevenida y que habían dado pie a que ya fuesen regulados por vía del Derecho ordinario.

Decimoquinto, esta realidad demuestra una vez más la facilidad con la cual las declaratorias de excepción por emergencia económica pueden ser instrumentalizadas por la fuerza política dominante en perjuicio de los derechos fundamentales, constituyéndose en consecuencia en un medio que no resulta idóneo para garantizar estos últimos sino que, más bien, permite acentuar el intervencionismo estatal en perjuicio de las libertades individuales y desconocer al resto de los poderes constituidos, con especial mención al Poder Legislativo cuando este resulta contrario al plan de gobierno, aunque también se tomaron medidas que vulneraron el reparto competencial del BCV y del Poder Público Estadal y Municipal.

Decimosexto, muestra de la afirmación anterior lo constituye, a su vez, que las declaratorias de emergencia económica a nivel nacional fueron ganando vaguedad con el paso del tiempo implementándose con frecuencia fórmulas más generales e indeterminadas que facilitaban al Presidente de la República tomar un mayor número de decisiones bajo el manto de la excepción, tuviesen o no vinculación con la protección de la vida económica de la Nación, tal como lo fue –solo por nombrar un caso– el cambio del huso horario.

Decimoséptimo, los decretos no precisaron cuáles garantías quedaban restringidas con motivo de la declaratoria sino que, en una especie de "ley habilitante" autoconcedida, el mandatario nacional enlistó a título enunciativo una serie de facultades que podía ejercer con motivo de la excepción. Estas medidas abarcaron temas presupuestarios, tributarios, de contrataciones públicas, importaciones, producción, simplificación de trámites, control de precios, seguridad ciudadana, entre otras, que en su gran mayoría él ya podía asumir por ser temas regulados por el Derecho ordinario, como se constata al ver cuáles fueron algunas de las medidas dictados con base en estos decretos y entre las que destacamos los aumentos del salario mínimo, exoneraciones de impuestos y la creación de órganos y entes públicos. En tanto el resto –sobre todo por lo que respecta al ámbito presupuestario– no fueron más que un ardid para abstraerse del control parlamentario que prevé la CRBV, dada la nueva conformación política de la Asamblea Nacional que le resultaba adversa.

Decimoctavo, con base en estas declaratorias de emergencia económica el Presidente de la República dictó 508 decretos, siendo que 356 (71 %) de ellos versaron sobre materia de presupuesto público (créditos por más de USD 40.400.000.000, "leyes" de presupuesto y de endeudamiento, etc.) que no contaron con el aval de la Asamblea Nacional, vulnerándose así el principio de legalidad presupuestaria propio de un Estado Democrático de Derecho. Asimismo, se desconocieron las funciones del Parlamento en cuanto al voto de censura de ministros, la designación del Presidente del BCV, la determinación de la Unidad Tributaria e, incluso, el otorgamiento de los honores del Panteón Nacional.

Decimonoveno, en breve, la emergencia económica a nivel nacional dio lugar a que el Presidente de la República dictara (i) actos por los que se abstrajo del control político que por disposición de la CRBV ejerce la Asamblea Nacional, o (ii) actos que ya formaban parte de su competencia ordinaria de conformidad con el ordenamiento jurídico vigente, constatándose a su vez (iii) otras tantas decisiones que no eran cónsonas con los principios del Derecho de excepción ni del Estado de Derecho, por lo que las mismas no eran procedentes ni siquiera en caso de verdadera emergencia.

Vigésimo, producto del cambio de fuerzas políticas en la Asamblea Nacional en enero del año 2016 y a diferencia de lo visto con los estados de excepción fronterizos, este cuerpo hizo un verdadero control político de las declaratorias de emergencia económica y rechazó las mismas al vulnerar los decretos los principios del Derecho de excepción, derechos fundamentales y el principio de separación de poderes, aunado a que las declaratorias previas no habían favorecido la disminución de la crisis de acuerdo con diferentes indicadores macroeconómicos. A pesar de ello, los decretos siguieron "vigentes" dado que la TSJ/SC desproveyó a estos acuerdos de fuerza jurídica pues, en su criterio, ellos no afectaban la legitimidad, validez, vigencia y eficacia de las declaratorias estudiadas.

Vigesimoprimero, finalmente, gracias a la sincronía existente entre el Poder Ejecutivo Nacional y el Poder Judicial, la TSJ/SC declaró la constitucionalidad de todas las emergencias económicas a nivel nacional sin evaluar los requisitos formales ni materiales de estos decretos, reiterándose los vicios vistos en el caso de la frontera. Esta situación nos hace recordar lo advertido por la doctrina de que la falta de un Poder Judicial responsable es uno de los principales motivos por los cuales el Derecho de excepción se presta a abusos y, de ahí, que una vez más se estime pertinente la revisión de la consagración constitucional de la emergencia económica como tipología de los estados de excepción en el país a fin de evitar la instrumentalización de esta institución en el futuro y, de este modo, brindar mayores garantías a nuestros derechos fundamentales.

CONCLUSIONES Y RECOMENDACIONES

1. El Derecho de excepción es una consecuencia lógica de que las sociedades sometan su actuar a normas jurídicas ya que -históricamente- estas últimas han sido pensadas para tiempos de paz o de normalidad, y no para enfrentar circunstancias extraordinarias. Estas situaciones, como lo son las catástrofes naturales o sociopolíticas, requieren de poderes y medidas también extraordinarias so pena de que las condiciones existenciales del Estado (territorio, población y poder) peligren por la inactividad o sobreactividad de sus autoridades.
2. Dado que el Derecho de excepción forma parte integrante del Estado de Derecho y no es una negativa del mismo, las declaratorias de excepción están sujetas a límites y controles que derivan (i) de la voluntad del constituyente y del legislador, y (ii) del propio concepto del Estado de Derecho, que tiene dentro de su objeto eliminar la arbitrariedad y los abusos de poder. Inclusive, ante circunstancias extraordinarias.
3. Al retrotraer nuestra mirada hacia los antecedentes del Derecho de excepción, apreciamos con que el devenir de esta institución ha estado influenciado por los sucesos históricos que hicieron imperativa su invocación, así como los constantes excesos de las autoridades en el marco de las emergencias declaradas.
4. El origen del Derecho de excepción se halla en la dictadura del Derecho Romano. Esta institución no era entendida no el sentido despectivo de régimen autocrático que se le reconoce hoy en día, sino como un poder ilimitado y temporal que cedían los Cónsules y el Senado a un tercero frente a hechos graves -por lo general, de carácter bélico- que

requerían una respuesta inmediata y que no podían ceñirse a los procedimientos ordinarios.

5. A pesar del sentido temporal que tenía la dictadura, la práctica constata que la misma se prestó a abusos, entre los que destaca el caso del cónsul y luego dictador Sila. Por este motivo, el Derecho Romano optó por deshacerse de esta institución y dio paso al *senatus consultum ultimum* que tenía la misma finalidad que la dictadura, pero se diferenciaba en que el Senado podía evaluar las acciones realizadas por el cónsul, al que el primero había dotado de poderes excepcionales. De esta forma se reforzó en la antigüedad la idea de los límites y el control del poder de excepción.

6. Adentrados en la Edad Media se observa que el Derecho de excepción continuó su presencia en las sociedades occidentales. Este Derecho operaba como una suspensión parcial del ordenamiento jurídico ordinario ante circunstancias de gravedad (principio de necesidad, que en la época seguía vinculándose con conflictos armados) y por un tiempo determinado (principio de temporalidad), que hacían imperativo que la autoridad contara con facultades especiales para asegurar la paz.

7. Estos principios, no obstante, colisionaron con la realidad de que las facultades concedidas a la autoridad en el marco de la excepción no eran precisas, al punto que constituye un debate doctrinal si sus restricciones provenían del Derecho positivo, natural o divino. Esta disputa favoreció a que el régimen de excepción, una vez más, se instrumentalizara para la detentación vitalicia del poder y la persecución de la disidencia.

8. Una vez alcanzada la Edad Moderna, el Derecho de excepción pasó a considerarse -prácticamente- el nuevo Derecho ordinario dadas las múltiples luchas sociales y políticas que caracterizaron al Antiguo Régimen. Durante esta época se afirmó que quien dominara la excepción dominaba también al Estado, ya que tenía un control absoluto sobre

su ordenamiento jurídico y las competencias de sus autoridades, bien fuese para ejercerlas directamente o por medio de delegados.

9. La situación narrada *supra*, contraria a la seguridad jurídica y los derechos individuales, mejoró gracias al advenimiento del constitucionalismo clásico que fijó en las Constituciones de los Estados Unidos de América (1787) y de Francia (1799) las primeras limitaciones constitucionales del Derecho de excepción. Estos textos previeron algunas de las medidas que podían adoptarse con base en estas circunstancias (por ejemplo, el convocar a la milicia o suspender el *habeas corpus* en el caso de la Constitución norteamericana), así como cuáles eran los hechos que permitían invocar la excepción (la rebelión armada o desórdenes que amenazaran la seguridad del Estado, según la Constitución francesa). No obstante, se criticó que el Derecho de excepción permaneció bajo un velo de indeterminación que no eliminaba del todo la posibilidad de los abusos de autoridad.

10. Por último, la Edad Contemporánea presenta una serie de momentos históricos de interés que van desde la Constitución de Cádiz de 1812 hasta la reciente pandemia de la COVID-19, pasando por las dos guerras mundiales y los atentados terroristas del 11-09-2001. Estos hechos demuestran que el Derecho de excepción se encuentra arraigado en el pensamiento jurídico-político de las sociedades occidentales como una institución que permite aumentar las facultades del Poder Ejecutivo en pro de la seguridad del Estado. En tal sentido, se permite a dicho Poder que adopte medidas como la detención preventiva de malhechores, la regulación de la economía de guerra, la sanción de los traidores, y la limitación de la libre circulación de personas, reiterándose constantemente –a nivel normativo– que estas disposiciones tienen una vigencia temporal limitada por el gravamen que las mismas representan para los derechos fundamentales.

11. Como punto final de los antecedentes históricos, a pesar de lo dicho en el párrafo que antecede la realidad política muestra que, tal como viene ocurriendo desde Roma, la temporalidad del Derecho de excepción sigue siendo uno de sus principios más vilipendiados. Una muestra significativa de lo aquí expuesto lo constituye (i) el caso del Tercer Reich, que operó como un estado de excepción por doce años, y (ii) la legislación antiterrorista, como ejemplo de medidas adoptadas en el marco de la excepción que ahora son incorporadas al Derecho ordinario. Esta situación nos recuerda la advertencia de Hayek sobre el peligro que lleva consigo para las libertades individuales el normalizar los tiempos de guerra y el Derecho de excepción, ya que se difuminan los mencionados principios de necesidad y temporalidad y fortalece el rol del Poder Ejecutivo, quien no solo determina qué debe entenderse por el interés general de acuerdo con sus planes de gobierno, sino que cuenta con un poder prácticamente absoluto para materializarlo en contra de quienes se opongan y se consideren guerreados con la autoridad de turno.

12. De paso a lo que ocurrió dentro de nuestras fronteras, la Constitución Federal para los Estados de Venezuela de 1811, la primera de nuestra historia como Estado independiente, admitió la posibilidad de que el Poder Legislativo regional se abstrajera del texto constitucional. Esto era posible cuando dicho texto era sobrepasado por circunstancias extraordinarias, tales como las guerras independentistas y el terremoto de 1812. Adicionalmente, se dotaba al Ejecutivo Nacional de facultades extraordinarias para enfrentar estos sucesos.

13. Son justamente los avatares de las guerras sobre los que gira el Derecho de excepción en el primer período del constitucionalismo venezolano (1811-1864), al acudirse con frecuencia a la figura de la dictadura comisoria y las leyes marciales para garantizar la seguridad y defensa del naciente Estado.

14. Este abuso y la desviación del poder en situaciones de emergencia llevó a que las Constituciones venezolanas fuesen más propensas a la limitación del Derecho de excepción. A tal efecto, se reguló el supuesto de la conmoción interior a mano armada y la invasión extranjera como casos que permitían suspender el imperio de la Constitución de 1819 en concordancia con los principios de necesidad, proporcionalidad y temporalidad del Derecho de excepción, contándose en todo caso con cierta participación del Legislativo Nacional a los fines de control.

15. Muestra de estos límites es que las Constituciones también comenzaron a enlistar cuáles eran las medidas específicas que podía adoptar el Poder Ejecutivo Nacional en casos de excepción. Así, la primera de ellas fue el llamado arresto inmediato y preventivo en la Constitución de 1821. No obstante, la historia muestra que esta normativa fue rápidamente relativizada por el Congreso al concederle a Bolívar facultades extraordinarias que fomentaron la inestabilidad institucional y culminaron en dicho mandatario declarándose como dictador al margen de la Constitución y los límites que ella preveía.

16. Gracias a estas nuevas arbitrariedades, la Constitución de 1830 reguló todavía más al Derecho de excepción venezolano. En tal sentido, el texto incluyó un listado taxativo de medidas a aplicar previa aprobación del Congreso, lo que se reiteró con cambios menores en las dos Constituciones siguientes (1857 y 1858). Estas medidas fueron invocadas en más de una ocasión dado el clima de inestabilidad política que se vivía el país.

17. Con la llegada del período del Estado federal (1864-1901), el Derecho de excepción aumentó los poderes extraordinarios del Presidente de la República, en algunas ocasiones con control del Congreso o Consejos, y en otras sin él. De igual modo, según fuese el supuesto de hecho que motivaba esta declaratoria (sublevación armada contra las instituciones políticas que se ha dado la Nación o guerra extranjera), eran las medidas que podían adoptarse de acuer-

do con las Constituciones de 1864 y 1874. Al respecto, destaca que en 1864 es cuando se incluyó de forma primigenia y expresa la posibilidad de que se suspendan garantías con motivo de la excepción, constatándose una ampliación de tales supuestos en la Constitución de 1881 que se reiteró sin cambios de interés en los años 1891 y 1893.

18. El tercer período de nuestra historia constitucional (1901-1947) engloba buena parte de las Constituciones que han estado vigentes en el país. Estos textos continuaron con la tendencia de incrementar los poderes extraordinarios del Presidente de la República al permitirse, en 1901, que la suspensión de derechos no ocurriese solo en la guerra externa sino también en casos de conflictos internos. A ello se sumó (i) el vaivén del control que sobre tales decretos correspondía al Congreso, y (ii) las tendencias centralistas desde la Constitución de 1904 que se profundizaron con la dictadura de Gómez y sus Constituciones de 1909, 1914, 1922 y 1925, dedicándose en esta última un artículo separado al tema de la suspensión de garantías con ciertas limitaciones de forma y fondo -en el papel, porque la práctica dictatorial reflejaba otra realidad- cuyas disposiciones se repitieron en las Constituciones de 1928, 1929 y 1931.

19. Con la Constitución de 1936 el Derecho de excepción venezolano pasó a estar conformado por (i) el caso de las guerras -civil o internacional, con un extenso catálogo de medidas a adoptar- y (ii) las epidemias o cualquier otra calamidad pública o circunstancia que lo exigiera, que daba lugar a la suspensión o restricción de garantías. De ahí que se diga que esta Constitución fue de corte autoritario al ampliar genéricamente el Derecho de excepción a pesar de que se exigió -entre otros- que el decreto fuese motivado y que no podía impedir las funciones del resto del Poder Público, brindando algunas salvaguardas institucionales. Es con base en esta Constitución que se dictaron varias suspensiones de garantías económicas producto de la Segunda Guerra Mundial y sus implicaciones en el abastecimiento de bienes y servicios en el país.

20. El régimen anterior no experimentó cambios en la Constitución de 1945 y fue reforzado en la de 1947 al incluirse nuevos controles y límites, siendo ejemplo de ello la restitución del control por parte del Poder Legislativo dejado de lado en 1864. En esta Constitución el Derecho de excepción quedó conformado por la restricción o suspensión de garantías, las medidas extraordinarias, la detención preventiva y el estado de emergencia. Ello se mantuvo hasta la Constitución de 1953 cuando, en un cambio radical propio del régimen dictatorial de la época, el Derecho de excepción quedó limitado a un único artículo que avalaba que el Presidente de la República restringiera o suspendiera las garantías en caso de considerar que había una emergencia nacional o internacional, nuevamente sin control del Poder Legislativo.

21. Con el regreso de la democracia y la Constitución de 1961, la vaguedad del Derecho de excepción de 1953 –al que se sumaba la disposición transitoria tercera de dicho texto que facultaba al Presidente de la República para regular cualquier derecho con motivo de la seguridad nacional, lo que equivalía a vivir en un régimen de excepción permanente– fue superada al retornarse a un régimen similar al de 1947. En tan sentido, se previó la posibilidad de que el Presidente de la República decretara el estado de emergencia (sin que el texto determinase qué medidas podían tomarse en este caso), la restricción o suspensión de garantías y la detención preventiva.

22. En resumen, el Derecho de excepción en Venezuela evolucionó al pasar de ser considerado únicamente para supuestos de conflictos armados a otras circunstancias tales como epidemias, calamidades o condiciones socioeconómicas de gravedad. Adicionalmente, si bien la posibilidad de acordar estas medidas siempre ha sido del Presidente de la República, la intervención de otros organismos ha variado distinguiéndose entre la independencia absoluta del mandatario nacional (Constitución de 1864, 1901, 1904, 1914, 1922, 1925, 1928, 1929, 1931, 1936, 1945 y 1953) y la necesaria

valoración por parte del Congreso (Constitución de 1819, 1821, 1830, 1857, 1858, 1874, 1947 y 1961) u otras figuras (Constitución de 1881, 1891, 1893 y 1909).

23. Por último, en relación con las medidas que podrían adoptarse en virtud de la excepción, también los cambios fueron constantes alternándose entre una autorización general (Constitución de 1819, 1821, 1953 y 1961) y correctivos de una u otra forma tasados (Constitución de 1830, 1857, 1858, 1864, 1874, 1881, 1891, 1893, 1901, 1904, 1909, 1914, 1922, 1925, 1928, 1929, 1931, 1936, 1945 y 1947), exigiéndose además, en algunas ocasiones, que el decreto contara con ciertos requisitos mínimos (Constitución de 1936, 1945, 1947 y 1961).

24. En cuanto al Derecho vigente, la CRBV regula los estados de excepción en el Capítulo II de su Título VIII. Este mecanismo tiene por objeto garantizar la vigencia de este texto frente a las circunstancias de hecho anormales –sean de orden social, económico, político, natural o ecológico– que hacen insuficiente al Derecho ordinario y exigen la adopción de correctivos jurídicos, urgentes y temporales para hacerles frente, vista la amenaza existente –o al menos inminente– contra el Estado y la sociedad.

25. A pesar del fallido intento de reforma constitucional del año 2007 con el que –entre otros– se pretendía desproveer al Derecho de excepción de algunas de las limitaciones que previó el constituyente de 1999, la Constitución vigente ofrece respuestas a las interrogantes de (i) quién puede declarar un estado de excepción y (ii) por cuánto tiempo, (iii) qué garantías pueden restringirse en un estado de excepción y, con menor precisión, (iv) cuándo puede declararse un estado de excepción. Nada se dice en cuanto a los efectos de esta declaratoria y las medidas que pueden adoptarse, si bien queda claro que con la excepción aumentan las facultades del Poder Ejecutivo Nacional y se tiende a una mayor concentración en favor de este último.

26. El estado de excepción se configura como un mecanismo previsto en la CRBV para la protección del orden constitu-

cional que, frente a una circunstancia fáctica determinada que por su gravedad hace insuficiente al ordenamiento jurídico ordinario, faculta al Presidente de la República para dictar, en Consejo de Ministros, los actos que sean estrictamente necesarios para lograr una respuesta oportuna que ponga fin a la crisis o, al menos, la haga manejable. A tal efecto, este mandatario puede restringir determinadas garantías debiendo su actuar, en todo momento, respetar los principios que rigen al régimen de excepción y estar fundamentado en una emergencia cierta.

27. Las declaratorias de estados de excepción corresponden al Poder Ejecutivo Nacional, estándole vedado a los alcaldes y gobernadores adoptar medidas de este tipo en sus jurisdicciones. No obstante lo anterior, los gobiernos locales y estadales pueden declarar alarmas y emergencias fundamentadas en el Decreto con Fuerza de Ley del Sistema Nacional de Protección Civil y Administración de Desastres. Asimismo, nada obsta al Presidente de la República para que, comprobada una circunstancia excepcional en un municipio o estado determinado, declare la excepción únicamente en esa localidad visto que los estados de excepción no tienen necesariamente una connotación nacional.

28. El estudio de conceptos como la "seguridad de la Nación" o de las instituciones del Estado como supuesto de hecho que puede dar pie a una declaratoria de excepción debe darse desde una concepción sociopolítica. Esto, dado que el individuo –y no la autoridad– es el centro de la vida política y, por ende, el sujeto cuya integridad debe ser garantizada por el Estado ante riesgos de carácter geográficos, humanos, políticos, entre otros, incluso en casos de alarma, emergencia o conmoción.

29. Aun cuando no todo estado de excepción conlleva a la restricción de garantías –entendidas como los mecanismos que permiten hacer efectivos a los derechos– esta suele ser la medida clásica de las declaratorias estudiadas al Presidente de la República dictar un acto con fuerza de ley (a saber: el decreto de excepción) que afecta la reserva legal y

la intangibilidad de los derechos fundamentales. Ello, siempre que se trate de una garantía vinculada con los derechos que tanto la CRBV como la LOEE y los tratados internacionales en la materia permite restringir y que, en conjunto, plantean unos dieciocho casos en los que tal restricción no es posible, aunado al uso de conceptos jurídicos indeterminados por parte del constituyente como lo fueron los "derechos humanos intangibles".

30. Al leer de forma concurrente los textos mencionados en el párrafo anterior encontramos que las garantías referidas al amparo constitucional; debido proceso; derecho al nombre; derechos del niño; igualdad ante la ley; información; integridad personal, física, psíquica y moral; legalidad e irretroactividad de las leyes; libertad de pensamiento, conciencia y religión; libertad personal; nacionalidad; no ser sometido a esclavitud o servidumbre; participación, sufragio y acceso a la función pública; personalidad jurídica; prohibición de prisión por obligación contractual; prohibición de desaparición forzada; protección de la familia; responsabilidad del Estado; y vida, no pueden ser restringidas con ocasión de un estado de excepción, siendo cualquier actuación del Ejecutivo Nacional en contra de las mismas adversa al Derecho de excepción y, por lo tanto, contraría al Estado de Derecho cuyas instituciones y principios no pierden vigencia durante un estado de excepción.

31. La CRBV prevé cuatro tipos de estados de excepción: estado de alarma, de emergencia económica, de conmoción interior y de conmoción exterior. Estas modalidades no se caracterizan por su precisión respecto a los motivos que pueden originarlas ni las medidas a adoptar, encontrándose más clara su duración máxima que puede ser de treinta (alarma), sesenta (emergencia) o noventa (conmociones) días más una única prórroga que tiene el mismo límite temporal.

32. Lo anterior responde, quizás, al hecho que se trata de un artículo que no fue sancionado formalmente por la Asamblea Nacional Constituyente, tal como plantea la doctrina.

En todo caso, somos del criterio que esta vaguedad atenta contra el carácter excepcional de la figura objeto de estudio y facilita los abusos de autoridad con base en interpretaciones viciadas a conveniencia de la fuerza política dominante. Esta situación se agrava considerablemente en el caso de la emergencia económica al haber solo una ambigua alusión a las "circunstancias económicas extraordinarias que afecten gravemente la vida económica de la Nación".

33. Ante el silencio de la CRBV y de la LOEE, somos de la opinión que los estados de alarma tienen un carácter residual que abarca las circunstancias extraordinarias que no dan pie a un estado de emergencia económica o a un estado de conmoción interior o exterior –en la medida en que el hecho no pueda ser controlado con los mecanismos de seguridad ciudadana, protección civil y administración de desastres ordinarios–, en tanto las conmociones se refieren a sucesos como las rebeliones, insurrecciones, guerras civiles, e invasiones o agresiones internacionales.

34. La emergencia económica, en tanto, debe entenderse bajo una visión *pro homine* –y no pro autoridad– de alcance macroeconómico que, gracias a una interpretación sistemática de la CRBV y en especial de su Título VI, podría referirse a situaciones como el alto índice de desempleo, la contracción de la economía nacional, la disminución del nivel de vida de la población, y la escasez de alimentos de una magnitud tal que amanece con subvertir el orden de la sociedad. Estas emergencias, en todo caso, están condicionadas por elementos técnicos de la Economía que permitan determinar a ciencia cierta si existe recesión, inflación, déficit fiscal, devaluación de la moneda, falta de liquidez o demás circunstancias similares que hagan recomendable la restricciones de garantías referidas –por ejemplo– a la propiedad o la libertad contractual y de empresa, o el empleo de fondos públicos.

35. La CRBV plantea una serie de controles sobre las declaratorias de los estados de excepción que van desde la deter-

minación de su contenido mínimo (específicamente, que se regule el ejercicio del derecho cuya garantía se restringe sin que puedan luego adoptarse medidas que afecten a otras garantías salvo que se dicte un nuevo estado de excepción) hasta la necesidad de respetar las exigencias del Derecho internacional público con especial mención a los principios y limitaciones que prevén el PIDCP y la CADH (entre ellos: la necesidad, proporcionalidad, temporalidad, proclamación, igualdad y compatibilidad). A ello se agrega lo concerniente a la prórroga y revocatoria de la declaratoria, donde la Asamblea Nacional juega un papel determinante.

36. Entre estos controles hallamos como los más relevantes al control político que corresponde a la Asamblea Nacional sobre el decreto, y al control jurídico por parte de la TSJ/SC que incluye a Venezuela entre los únicos países de la región, junto con Colombia y Ecuador, con un control dual sobre el Derecho de excepción. En este sentido, el control político está dotado de cierto halo de subjetividad y apunta a la legitimidad de la declaratoria, mientras que el control jurídico tiende a la objetividad y la legalidad del decreto revisado, tanto en sus aspectos formales como materiales, de hecho y de Derecho.

37. En adición a las previsiones constitucionales sobre los estados de excepción, en Venezuela existe una ley dedicada en exclusiva a este tema. Nos referimos a la LOEE del año 2001, que no constituye un tema exento de crítica pues para un sector de la doctrina la existencia de la ley contraría la idea de la excepcionalidad, si bien otros países de la región -entre ellos, Colombia y Ecuador- también cuentan con leyes en la materia.

38. Esta ley se caracteriza por reiterar en gran medida lo ya dicho por el constituyente, repitiéndose en consecuencia la vaguedad vista, por ejemplo, en cuanto a los supuestos que puedan dar pie a uno u otro estado de excepción y las medidas a adoptarse en cada supuesto -si bien se enlistan algunas de modo general o enunciativo- lo que acrecienta

la posibilidad de que el Presidente de la República abuse de su poder en el marco de la excepción pues, prácticamente, se depende de su buena voluntad a la hora de decidir cómo limitar las garantías de los particulares. Lo anterior, a pesar de que nuestra historia constitucional atestigua la necesidad de fijar claras cotas al Derecho de excepción y así también lo ha previsto parte del Derecho latinoamericano consultado.

39. Entre los pocos aportes al Derecho de excepción de la LOEE podemos mencionar (i) el haberse enunciado de modo expreso los principios que rigen a los estados de excepción; (ii) que estos responden a situaciones objetivas; (iii) que el decreto de declaratoria tiene rango y fuerza de ley y entra en vigencia incluso antes de su publicación en la Gaceta Oficial, lo que también ha dado lugar a debates en la doctrina, si bien lo estimamos como una medida correcta; y (iv) que el Presidente de la República puede delegar la ejecución del decreto en autoridades estadales y municipales, lo que junto con el sector mayoritario de la doctrina consideramos incorrecto a pesar de que la TSJ/SC haya declarado la constitucionalidad de esa facultad.

40. Buena parte del articulado de la LOEE versa sobre los ya comentados control político y jurídico sobre los decretos de excepción. Al respecto, la ley precisa con ciertas carencias su *iter procesal* y efectos, que en todo caso han mutado y sido desnaturalizados gracias a interpretaciones partidistas por parte de la TSJ/SC con las que se pretendió favorecer la adopción del Derecho de excepción por parte de la fuerza política dominante en desmedro del control que intentó realizar el Poder Legislativo Nacional, en su momento opositor al gobierno de turno.

41. Por último, en adición a la LOEE es posible encontrar al menos doce leyes y decretos-leyes que aluden a los estados de excepción en el ordenamiento jurídico venezolano y que abordan temas como las competencias de la Defensoría del Pueblo, las obligaciones excepcionales de los ope-

radores de servicios de telecomunicaciones y de los titulares de instalaciones de autogeneración de energía eléctrica, el régimen del servicio militar, y las contrataciones públicas. Además, se hallan otras tantas leyes y decretos-leyes que se refieren a tipologías concretas de estados de excepción como es el por ejemplo el caso del Decreto con Rango y Fuerza de Ley sobre Promoción de la Inversión Privada Bajo el Régimen de Concesiones al prever a la conmoción interior como una causal de suspensión temporal de las concesiones.

42. Por lo que respecta a los principios del Derecho de Excepción, estos tienen especial relevancia en el constitucionalismo venezolano dada la ambigüedad que caracteriza a los estados de excepción –y a la emergencia económica– dentro de nuestras fronteras, como institución con la que cuenta el Presidente de la República para garantizar la supervivencia del Estado, sus instituciones y personas frente a los hechos que hacen insuficiente al ordenamiento jurídico ordinario.

43. La consagración de estos principios deriva de las aproximaciones que al respecto han hecho la doctrina, las organizaciones internacionales defensoras de los derechos humanos y los propios ordenamientos jurídicos estatales, como respuesta a los abusos que la historia universal atestigua en la materia, sin que Venezuela sea la excepción tanto al momento de declarar como de gestionar la circunstancia extraordinaria.

44. Aunque estos principios pueden ser entendidos de diversas formas (inspiración, directrices, orientación, complementos, mandatos de optimización, normas con cierto grado de indeterminación, fundamento del ordenamiento jurídico que lo dota de operatividad...), hay cierta uniformidad en la noción de que los principios condicionan al sistema jurídico, con inclusión del Derecho de excepción. Con motivo de lo anterior, los mismos deben ser respetados tanto al momento de dictar como de aplicar las normas jurídicas, siendo en consecuencia útiles para la co-

rrecta interpretación de estos preceptos, resolver lagunas jurídicas, entre otros.

45. El Derecho de excepción consta de siete principios fundamentales, calificados por la doctrina como de fondo y de forma. Al primer grupo pertenecen los principios de necesidad, temporalidad, proporcionalidad, no discriminación y compatibilidad con otras obligaciones impuestas por el Derecho internacional; en tanto en el segundo grupo encontramos los principios de proclamación y de notificación.

46. El principio de necesidad versa sobre que el Estado debe optar por aquellos medios que resulten más adecuados y generen la menor intervención posible en el ejercicio de sus funciones, ya que la libertad individual es la regla y su restricción la excepción. En este sentido, ante una circunstancia de hecho que amenaza la vida de la nación, él debe evaluar de acuerdo con criterios objetivos –y no políticos– cuál es la respuesta más eficiente e imprescindible para garantizar los derechos en juego sin lesionar otros, procediéndose a la activación del Derecho de excepción solo si el ordenamiento jurídico ordinario carece de respuestas.

47. El principio de temporalidad se refiere al carácter transitorio o provisional del Derecho de excepción. De ahí que este –tanto en su declaratoria como por las medidas que se implementen con base en la primera– estará en vigor únicamente por el tiempo estrictamente necesario según lo demande la situación extraordinaria que se enfrenta, como consecuencial natural o implícita del régimen estudiado frente al Derecho ordinario que tiene vocación de permanencia. Negar lo anterior lleva a que la excepción pase a ser la nueva regla y, con ella, se vulneren sistemáticamente los derechos fundamentales dándose paso a una dictadura inconstitucional.

48. Con base en este principio, somos del criterio que el artículo 6 de la LOEE está viciado de inconstitucionalidad ya

que, al permitírsele al Ejecutivo Nacional ratificar las medidas que adoptó en el marco del Derecho de excepción para que estas sigan vigentes una vez cese el mismo, se estarían usurpando las competencias de la Asamblea Nacional que es la llamada a legislar en las materias de interés nacional y la que, en dado caso, podría hacer la ratificación a la que alude la LOEE. Asimismo resulta inconstitucional y violatorio del principio de temporalidad que, agotada la duración de un estado de excepción y su prórroga, el Presidente de la República opte por declarar múltiples y sucesivos estados de excepción visto que en estos casos la situación habría dejado de ser excepción y su regulación correspondería a la Asamblea Nacional.

49. El principio de proporcionalidad alude al balance de costos y beneficios que debe realizar el Presidente de la República al momento de declarar un estado de excepción y precisar cuáles medidas podrán adoptarse con base en el mismo. Lo anterior, dada la prohibición de que el Poder Ejecutivo adopte cualquier medida para perseguir sus objetivos pues siempre debe optar por la que produzca un menor perjuicio. Así, debe el Estado evaluar o ponderar objetivamente aspectos como la extensión territorial, la naturaleza de la circunstancia excepcional, qué derechos se ven afectados, entre otros, correspondiéndole al mandatario nacional la carga de la prueba de la adecuación, idoneidad y coherencia de su decisión.

50. El principio de no discriminación es una consecuencia que deriva de la dignidad de la persona humana y proscribe que con motivo de un estado de excepción se generen privilegios o gravámenes con motivo de la raza, color, sexo, idioma, religión, origen social y demás elementos de valor de las personas involucradas. En breve, durante el Derecho de excepción también aplica la máxima del Derecho ordinario de que ante una misma situación todos han de tener idénticos derechos e idénticas obligaciones.

51. El principio de compatibilidad de los estados de excepción con las obligaciones del Derecho internacional consiste en

la armonización y complementariedad que debe existir entre estas declaratorias y los tratados o convenios internacionales en materia de derechos humanos, a fin de evitar que la urgencia sea instrumentalizada por los Estados para abstraerse de las obligaciones que les impones el ordenamiento jurídico interno y externo. En este sentido, el principio presta una protección adicional a los derechos fundamentales al prohibirse que, por ejemplo, los Estados con motivo de la excepción implementen medidas que son contrarias al Derecho internacional humanitario argumentando para ello la licitud de tal decisión de acuerdo con su Derecho interno.

52. El principio de proclamación exige que, para que un Estado pueda valerse del Derecho de excepción, previamente debe haber declarado un estado de esta naturaleza a fin de evitar regímenes *de facto*. A tal efecto, el principio aboga por que estas declaraciones sean efectivamente publicadas en los medios oficiales del Estado pues, solo así, las personas podrán conocer en qué consiste la declaratoria, facilitándose a su vez el control de la misma.

53. Por último, el principio de notificación demanda que toda declaratoria de un estado de excepción sea comunicada tanto a la OEA como a la ONU, al ser estas las principales organizaciones internacionales que velan por los derechos humanos de las que Venezuela forma parte. Esta notificación debe aludir a aspectos como cuáles fueron los motivos que dieron lugar a la declaratoria, qué medidas se tomarán con base en ella y cuál será su duración, principalmente para que las organizaciones mencionadas puedan inspeccionar la legalidad del régimen de excepción, aunado a que los Estados parte puedan prestar el auxilio que sus nacionales en el territorio del Estado excepcionado requieran.

54. Al ser el Derecho de excepción parte integrante del Estado de Derecho, las implicaciones de este último resultan extensivas al primero como mecanismo que ofrece a la autoridad la posibilidad de contar con un marco jurídico para-

lelo y ajustado a los sucesos imprevistos y graves que hagan insuficiente al ordenamiento ordinario. Esto, con el objetivo de evitar que producto de la emergencia los derechos fundamentales se vean perjudicados tanto por la inacción como por la sobreactividad de las autoridades como consecuencia del abuso o desviación del poder, siendo prudente recordar que el objeto del Derecho de excepción es restablecer el orden constitucional, y no instaurar uno nuevo para lo cual existen otros medios como la reforma o enmienda constitucional.

55. Gracias a esa correlación entre el Estado de Derecho y el Derecho de excepción es posible sostener que este último pretende desfavorecer la arbitrariedad y promover que, ante circunstancias extraordinarias, las autoridades obren de acuerdo con normas preexistentes, generales y precisas que limitan su actuar. Esto, en el entendido que las leyes que exige la necesidad no equivalen a la negativa del Estado de Derecho ni las garantías de la supremacía constitucional, la responsabilidad y el control jurisdiccional universal, pudiendo restringirse la garantía de la reserva legal solo de acuerdo con los principios ya abordados.

56. La relación comentada también tiene como consecuencia que el Derecho de excepción se fundamenta –como el Derecho en general– en los valores de la justicia y la seguridad, ya que la parte (Derecho de excepción) no puede ir en contra del todo (Estado de Derecho). Por este motivo, el régimen constitucional de la excepción debe contar con un grado suficiente de seguridad jurídica que permita conocer a las autoridades cuáles son sus facultades y limitaciones en el marco del Derecho de urgencia, y a los individuos hacer lo propio en cuanto a sus derechos y obligaciones.

57. Las emergencias económicas como tipología autónoma del Derecho de excepción no ofrece la seguridad jurídica a la que nos hemos referido *supra*, dada la vaguedad con la que las mismas fueron reguladas tanto en el artículo 338 de la CRBV como los artículos 10 a 12 de la LOEE, sin ofrecer lu-

ces de cuándo procede una declaratoria de este tipo ni las medidas que pueden adoptarse con base en ella. Esta situación, alertada por los propios miembros de la Asamblea Nacional Constituyente del año 1999 y que imposibilita que la emergencia económica pueda interpretarse de forma restrictiva como lo exige el Derecho de excepción, facilita su instrumentalización por parte de la fuerza política dominante para instaurar normas que le resultan más convenientes y que no necesariamente tienen por objeto defender el orden constitucional, como se ha visto históricamente es común que ocurra.

58. El carácter sumamente extensivo o amplio de la emergencia económica como tipología autónoma del estado de excepción se pone de manifiesto cuando se comprueba que, de acuerdo con el Derecho vigente, al Presidente de la República le basta argumentar que una situación cualquiera y que él estima como grave guarda relación con los derechos económicos –por ejemplo, la disposición de bienes y servicios de calidad prevista en el artículo 117 de la CRBV– o el concepto indeterminado de la "vida económica de la Nación", para activar el Derecho de excepción. Esto, con el agravante de que existe un sinfín de actividades de la sociedad que inciden directa o indirectamente en la economía, por lo que también aumentan exponencialmente los motivos que pueden dar pie a una declaratoria de este tipo.

59. Al ser las emergencias económicas causadas por factores sistemáticos, somos del criterio que como el gravamen deriva de una errada política económica-financiera por parte del Ejecutivo Nacional o el incorrecto ejercicio de las atribuciones que le concede el ordenamiento jurídico, dicho deterioro no deviene de un hecho excepcional o sobrevenido, como lo exige el Derecho de excepción. En tal sentido, facultar al Presidente de la República para que declare la emergencia económica en estos casos, en la práctica, equivaldría a "premiar" su inacción o impericia, dotándolo de mayores competencias y poderes para incidir en la es-

fera de derechos y libertades de los individuos, que se encontrarían en riesgo de sufrir serias limitaciones a voluntad del primero.

60. Por otro lado si la causa de la emergencia no es sistemática sino coyuntural, estimamos que la historia universal brinda suficientes ejemplos de que estos gravámenes responden la mayoría de las veces a catástrofes o calamidades públicas (caso de la pandemia COVID-19) y conflictos internos o externos (caso de las Guerras Mundiales). En estos casos, lo procedente sería declarar el estado de alarma o de conmoción según corresponda, ya que los daños a la economía serían efecto y no causa de la excepción, teniéndose presente que estas declaratorias no pueden alterar el ejercicio efectivo de la democracia representativa ni atacar al sistema democrático o los derechos esenciales de las personas.

61. Los planteamientos anteriores nos llevar a proponer la conveniencia de una reforma constitucional en la que, o bien se elimine a la emergencia económica como tipología autónoma de los estados de excepción, o al menos se proceda a su reformulación para dotarla de límites y requisitos cuantitativa y cualitativamente más garantistas, que en su defecto podrían ser incluidos en la LOEE.

62. De optarse por la inclusión de nuevos límites o requisitos, podría considerarse la necesidad de que (i) las emergencias económicas se fundamenten en índices financieros generalmente aceptados, (ii) respondan a hechos sobrevenidos y no el mal manejo de la política financiera por parte del Estado como supuesto que da lugar a su responsabilidad, y (iii) pueda implementarse solamente un listado de medidas taxativamente previstas por el constituyente o el legislador.

63. En cambio, de optarse por la supresión de la emergencia económica como tipología autónoma de los estados de excepción, las circunstancias que afecten a los derechos económicos de los particulares o la vida económica de la

nación habrían de canalizarse por (i) la ley formal o los decretos con fuerza de ley derivados de las leyes habilitantes (caso de los factores sistemáticos) o (ii) los estados de excepción por motivo de alarma o conmoción (caso de los factores coyunturales).

64. Estas soluciones traerían como ventajas, a nuestro entender, una mejor protección de los derechos fundamentales frente a las ansias intervencionistas del Ejecutivo Nacional, ya que la intervención de la Asamblea Nacional como representante del pueblo soberano en los primeros casos favorecería la participación ciudadana en la toma de las decisiones como lo exige el Estado Democrático de Derecho y el control del Ejecutivo, al fungir la ley habilitante y la determinación de sus directrices, propósitos y el marco de las materias que se delega como un control previo y más complejo del actuar del Presidente de la República. En tanto, el caso de los factores coyunturales se beneficiaría del mayor grado de precisión que los otros tres estados de excepción ofrecen al compararlos con las emergencias económicas, reduciéndose en definitiva la posibilidad de que el Derecho de excepción pueda ser instrumentalizado para fines ajenos a la salvaguarda del orden constitucional.

65. Venezuela ha estado subsumida en dos extensos regímenes de excepción por emergencia económica que invocaron como su fundamento jurídico a la CRBV y la LOEE. Ambos casos evidencias las deficiencias normativas del Derecho de excepción nacional y la necesidad de que se adopten correctivos para la mejor salvaguarda de los derechos fundamentales frente a las ansias intervencionistas de los gobernantes y la insuficiencias que se aprecian en el sistema de pesos y contrapesos de los poderes constituidos.

66. La emergencia económica en la frontera colombo-venezolana tuvo lugar durante el período 2015-2016 como una respuesta a diferentes hechos delictivos que atentaban contra la paz y el orden público en la región, que tenían a su vez incidencia en el derecho de las personas a disponer

de bienes y servicios de calidad (art. 117 de la CRBV). Entre estos hechos el Presidente de la República aludió al paramilitarismo, el narcotráfico y el contrabando de extracción, como supuestos que podrían hacer pensar más en un estado de conmoción interior que en una emergencia económica.

67. Esta emergencia tuvo lugar en veinticuatro municipios de los estados Táchira, Zulia, Apure y Amazonas y se formalizó a través de ocho decretos con vigencia de sesenta días –todos prorrogados por el mismo período– que no calificaron al estado de excepción como una emergencia económica, si bien a tal conclusión puede arribarse del fundamento jurídico citado.

68. Los hechos invocados por el Presidente de la República como justificativo de la declaratoria del estado de emergencia económica hacen ver que se trataba de situaciones ya reguladas por el ordenamiento jurídico ordinario sin que constara que este había sido sobrepasado por la gravedad de la circunstancias o resultaba insuficiente. A ello se suma que conforme con la letra del artículo 117 de la CRBV, la protección del derecho de las personas a disponer de bienes y servicios de calidad debe darse primordialmente es a través de la ley, correspondiéndole al Ejecutivo es su aplicación. De ahí que, con base en el principio de necesidad, puede afirmarse que no se requería una declaratoria de emergencia económica para garantizar el derecho de los individuos a acceder a bienes y servicios de calidad pues esta protección podía y debía otorgarse mediante los procedimientos establecidos en el ordenamiento jurídico ordinario.

69. Fiel a la tradición del Derecho de excepción en Venezuela, las emergencias económicas fronterizas no contaron con una motivación adecuada que, fundamentándose en hechos y datos objetivos, atestiguara por qué esa región del país se hallaba en una situación extraordinaria y que excedía la inestabilidad económica que suele caracterizar a los países en vías de desarrollo. En cambio, los decretos se li-

mitaron a argumentos vagos y la alusión a hechos que si bien podían tener por vía de consecuencia incidencia en los derechos económicos, lo mismo podría decirse sobre los derechos civiles, políticos, sociales y demás, favoreciéndose que el Ejecutivo en definitiva tomase medidas que iban más allá del mencionado derecho de las personas a disponer de bienes y servicios de calidad.

70. Como parte de las medidas extraordinarias que los decretos implementaron se tiene que la más comentada por la sociedad venezolana fue el cierre de la frontera con Colombia, aun cuando los decretos previeron que quedaban restringidas las garantías de los derechos referidos a la inviolabilidad del hogar y de los recintos privados, la inviolabilidad de las comunicaciones privadas, el libre tránsito, el derecho de reunión, el derecho de manifestación, y la libertad económica. Lo anterior, aunado a la posibilidad del Presidente de la República de dictar cualquier medida que él estimara pertinente, convirtiéndose así el decreto de excepción en una "ley habilitante" que facultaba a dicho mandatario para regular los derechos fundamentales a futuro.

71. Todas estas garantías eran restringibles de acuerdo con el Derecho de excepción. No obstante, la forma en la que los decretos las incorporaron distó de las exigencias de dicho Derecho al tratarse de restricciones que no guardaban relación con el objeto de la emergencia económica de salvaguardar la "vida económica de la Nación". Mas bien, tendieron a la militarización de los municipios, la discriminación de grupos vulnerables y la violación por vía de consecuencias de garantías y derechos que no podían restringirse en el marco de la excepción. Entre ellos: la protección de la familia; la integridad personal, física, psíquica y moral; el debido proceso; y, muy especialmente, los derechos políticos, ya que con la restricción de los derechos de reunión y de manifestación, la participación ciudadana de cara a las elecciones parlamentarias de diciembre de 2015 se vio afectada.

72. A la contrariedad a Derecho comentada *supra* se agrega que un aspecto que se reiteró a lo largo de los decretos es que los mismos hicieron caso omiso de dos obligaciones prevista en el artículo 339 de la CRBV. A saber: (i) que los decretos deben regular el ejercicio del derecho cuya garantía se restringe, siendo el caso que se constató la existencia de "restricciones" que consistieron en la mera mención del artículo constitucional que prevé el derecho -inviolabilidad de las comunicaciones privadas- o que se delegaron al resto del Poder Ejecutivo, como ocurrió con la libertad de tránsito y económica; y (ii) que los decretos no interrumpen el funcionamiento ordinario de los órganos del Poder Público, observándose que los decretos desconocieron parte de las competencias que la CRBV otorgó al BCV y la Defensoría del Pueblo.

73. En lo que respecta al control político de los estados de excepción fronterizos podemos anotar que todos estos decretos fueron aprobados por el Parlamento -en ese entonces, de mayoría oficialista- sin que tales acuerdos contaran con algún tipo de motivación de la decisión. A pesar de lo anterior, al consultar notas de prensa sobre los debates parlamentarios se constata que no hubo una valoración objetiva por parte de los diputados de las circunstancias extraordinarias y las medidas asumidas, ya que estos se limitaron a vociferar su apoyo al gobierno nacional sin evaluar el cumplimiento de los principios en la materia, por lo que estimamos que no hubo un verdadero control político sobre la emergencia económica.

74. Finalmente en cuanto al estado de excepción declarado durante el período 2015-2016 en la frontera venezolana con Colombia, hemos de destacar que el control jurídico también fue trivial visto que la TSJ/SC no evaluó los aspectos formales y materiales de los decretos. En cambio, ella se limitó al parafraseo de los decretos, citar algunas notas de prensa sobre lo que ocurría en los estados fronterizos, y argüir que como los decretos anteriores versaban sobre los mismos hechos, contenían las mismas medidas y

habían sido declarados constitucionales, lo mismo procedía en cuanto al resto, por lo que la Sala respaldaba al Ejecutivo en su decisión. Esto, sin que en ningún momento los fallos analizaran si los decretos eran cónsonos con los principios de necesidad, proporcionalidad y temporalidad, ni el resto del Derecho de excepción, demostrándose la insuficiencia de estos controles en los términos constitucionales actuales para lograr la correcta salvaguarda de los derechos fundamentales.

75. De paso a la emergencia económica declarada en todo el territorio nacional durante el período 2016-2021 hemos de comenzar por indicar que ella tuvo lugar gracias a dieciséis decretos de excepción –cada uno con su respectiva prórroga– que dictó el Presidente de la República de forma sucesiva y en clara contravención del principio de temporalidad.

76. Estos decretos compartieron el fundamento jurídico visto en la frontera y, en lo que respecta a los motivos de hecho, incluyeron menciones a supuestos que hacen pensar una vez más en estados de conmoción o de alarma, tales como: la muerte del Presidente de la República anterior, la escasez de efectivo dada su sustracción por enemigos de la fuerza política dominante, la dificultad de las personas de acceder a bienes y servicios de calidad, el desabastecimiento y el acaparamiento, la inflación inducida, el desacato de la Asamblea Nacional, la existencia de grupos criminales y paramilitares en el territorio de la República, el bloqueo económico impuesto por los Estados Unidos de América, el fenómeno "El Niño", las fallas del sistema de energía eléctrica, y el riesgo de ruptura del equilibrio económico-financiero.

77. Este estado de excepción se planteó como una oportunidad para la recuperación económica del país y la construcción de un "nuevo modelo" que se caracterizaría por la unión cívico-militar, denotándose a simple vista que el objetivo de estas declaraciones no se compaginaba del todo con los objetivos que persigue el Derecho de excepción

como mecanismo para lograr la vuelta ordenada al orden constitucional, y no su transformación.

78. Al igual que lo visto en los decretos fronterizos, en el caso de la emergencia económica nacional el Presidente de la República falló en su obligación de demostrar que las circunstancias eran excepcionales y de gravedad según los indicadores macroeconómicos generalmente aceptados, y hacían insuficiente al ordenamiento jurídico ordinario, trayéndose a colación únicamente como hechos aislados de naturaleza diversa. Algunos de ellos, ocurridos con bastante anterioridad a la supuesta situación sobrevenida y que habían dado pie a que ya fuesen regulados por vía del Derecho ordinario.

79. Esta realidad demuestra una vez más la facilidad con la cual las declaratorias de excepción por emergencia económica pueden ser instrumentalizadas por la fuerza política dominante en perjuicio de los derechos fundamentales, constituyéndose en consecuencia en un medio que no resulta idóneo para garantizar estos últimos sino que, más bien, permite acentuar el intervencionismo estatal en perjuicio de las libertades individuales y desconocer al resto de los poderes constituidos, con especial mención al Poder Legislativo cuando este resulta contrario al plan de gobierno, aunque también se tomaron medidas que vulneraron el reparto competencial del BCV y del Poder Público Estadal y Municipal.

80. Muestra de la afirmación anterior lo constituye, a su vez, que las declaratorias de emergencia económica a nivel nacional fueron ganando vaguedad con el paso del tiempo implementándose con frecuencia fórmulas más generales e indeterminadas que facilitaban al Presidente de la República tomar un mayor número de decisiones bajo el manto de la excepción, tuviesen o no vinculación con la protección de la vida económica de la Nación, tal como lo fue –solo por nombrar un caso– el cambio del huso horario.

81. Adicionalmente, los decretos no precisaron cuáles garantías quedaban restringidas con motivo de la declaratoria sino que, en una especie de "ley habilitante" autoconcedida, el mandatario nacional enlistó a título enunciativo una serie de facultades que podía ejercer con motivo de la excepción. Estas medidas abarcaron temas presupuestarios, tributarios, de contrataciones públicas, importaciones, producción, simplificación de trámites, control de precios, seguridad ciudadana, entre otras, que en su gran mayoría él ya podía asumir por ser temas regulados por el Derecho ordinario, como se constata al ver cuáles fueron algunas de las medidas dictados con base en estos decretos y entre las que destacamos los aumentos del salario mínimo, exoneraciones de impuestos y la creación de órganos y entes públicos. En tanto el resto –sobre todo por lo que respecta al ámbito presupuestario– no fueron más que un ardid para abstraerse del control parlamentario que prevé la CRBV, dada la nueva conformación política de la Asamblea Nacional que le resultaba adversa.

82. Con base en estas declaratorias de emergencia económica el Presidente de la República dictó 508 decretos, siendo que 356 (71 %) de ellos versaron sobre materia de presupuesto público (créditos por más de USD 40.400.000.000, "leyes" de presupuesto y de endeudamiento, etc.) que no contaron con el aval de la Asamblea Nacional, vulnerándose así el principio de legalidad presupuestaria propio de un Estado Democrático de Derecho. Asimismo, se desconocieron las funciones del Parlamento en cuanto al voto de censura de ministros, la designación del Presidente del BCV, la determinación de la Unidad Tributaria e, incluso, el otorgamiento de los honores del Panteón Nacional.

83. En breve, la emergencia económica a nivel nacional dio lugar a que el Presidente de la República dictara (i) actos por los que se abstrajo del control político que por disposición de la CRBV ejerce la Asamblea Nacional, o (ii) actos que ya formaban parte de su competencia ordinaria de conformidad con el ordenamiento jurídico vigente, consta-

tándose a su vez (iii) otras tantas decisiones que no eran cónsonas con los principios del Derecho de excepción ni del Estado de Derecho, por lo que las mismas no eran procedentes ni siquiera en caso de verdadera emergencia.

84. Producto del cambio de fuerzas políticas en la Asamblea Nacional en enero del año 2016 y a diferencia de lo visto con los estados de excepción fronterizos, este cuerpo hizo un verdadero control político de las declaratorias de emergencia económica y rechazó las mismas al vulnerar los decretos los principios del Derecho de excepción, derechos fundamentales y el principio de separación de poderes, aunado a que las declaratorias previas no habían favorecido la disminución de la crisis de acuerdo con diferentes indicadores macroeconómicos. A pesar de ello, los decretos siguieron "vigentes" dado que la TSJ/SC desproveyó a estos acuerdos de fuerza jurídica pues, en su criterio, ellos no afectaban la legitimidad, validez, vigencia y eficacia de las declaratorias estudiadas.

85. Finalmente, gracias a la sincronía existente entre el Poder Ejecutivo Nacional y el Poder Judicial, la TSJ/SC declaró la constitucionalidad de todas las emergencias económicas a nivel nacional sin evaluar los requisitos formales ni materiales de estos decretos, reiterándose los vicios vistos en el caso de la frontera. Esta situación nos hace recordar lo advertido por la doctrina de que la falta de un Poder Judicial responsable es uno de los principales motivos por los cuales el Derecho de excepción se presta a abusos y, de ahí, que una vez más se estime pertinente la revisión de la consagración constitucional de la emergencia económica como tipología de los estados de excepción en el país a fin de evitar la instrumentalización de esta institución en el futuro y, de este modo, brindar mayores garantías a nuestros derechos fundamentales sin tener que depender únicamente de la buena voluntad del Poder Ejecutivo, la Asamblea Nacional y la TSJ/SC.

BIBLIOGRAFÍA

ACIENPOL, ed. 1982. *Recopilación de leyes y decretos de Venezuela*. Vol. III. Caracas: ACIENPOL.

Agamben, Giorgio. 2005. *Estado de excepción*. Traducido por Flavia Costa y Ivana Costa. Buenos Aires: Adriana Hidalgo Editora.

Aguiar, Asdrúbal. 1999. "Revisión crítica de la Constitución de 1999". *Revista de Derecho Constitucional*, núm. 1, 7–34.

Alcibiades, Julia. 2005. "Enmiendas a la Constitución de 1961". En *Procesos constituyentes y reformas constitucionales en la historia de Venezuela: 1811-1999*, II:733–64. Caracas: UCV.

Alexy, Robert. 2003. *Tres escritos sobre los derechos fundamentales y la teoría de los principios*. Traducido por Carlos Bernal Pulido. Kindle. Bogotá: Universidad Externado de Colombia.

Alfonzo Paradisi, Juan Domingo. 1992. "Los actos de gobierno". *Revista de Derecho Público*, núm. 52, 5–23.

—. 2016. "Estado actual del sistema económico socialista contrario a la Constitución Económica vigente de 1999 (limitaciones desde abril de 2013)". *Revista Electrónica de Derecho Administrativo Venezolano*, núm. 10, 145–231.

—. 2020. "Régimen general del estado de excepción: La modalidad del estado de alarma con ocasión del COVID-19 y la causa extraña no imputable". En *Estudios jurídicos sobre la pandemia del COVID-19*, 185–220. Caracas: ACIENPOL.

Alonso de Antonio, José Antonio, y Ángel Luís Alonso de Antonio. 2000. *Derecho Parlamentario*. Barcelona: J.M. Bosch Editor.

Álvarez, Tulio. 2001. "Los estados de excepción y el derecho de necesidad". *Revista de la Facultad de Ciencias Jurídicas y Políticas de la Universidad Central de Venezuela*, núm. 120, 15–36.

Andueza, José Guillermo. 1980. "Los cambios constitucionales en América Latina". *Revista de Derecho Público*, núm. 1, 5–24.

—. 1982. "Las potestades del Presidente de la República en materia de política exterior". *Revista de Derecho Público*, núm. 10, 5–24.

—. 1986. "Los poderes militares del Presidente de la República". *Revista de Derecho Público*, núm. 28, 5–24.

Antela Garrido, Ricardo. 2008. "La idea de los derechos fundamentales en la Constitución venezolana de 1999". *Revista de Derecho Público*, núm. 116, 39–50.

Aragón Reyes, Manuel. 1988. "El control parlamentario como control político". En *Estudios en homenaje al doctor Héctor Fix-Zamudio en sus treinta años como investigador de las ciencias jurídicas*, I:3–35. México D.F.: UNAM.

Araujo-Juárez, José. 2017. *Derecho Administrativo Constitucional*. Caracas: CIDEP y EJV.

—. 2024a. *Tratado de Derecho administrativo general y comparado, 1 Fundamentos. Fuentes de Derecho*. Caracas: CIDEP.

—. 2024b. *Tratado de Derecho administrativo general y comparado, 2 Administración Pública*. Caracas: CIDEP.

—. 2024c. *Tratado de Derecho administrativo general y comparado, 3 Acto administrativo*. Caracas: CIDEP.

Arias Castillo, Tomás. 2012. "Las cuatro delegaciones legislativas hechas al Presidente de la República". *Revista de Derecho Público*, núm. 130, 394–99.

Arismendi, Alfredo. 2007. "Utopía constitucional". *Revista de Derecho Público*, núm. 112, 29–32.

—. 2008. *Derecho Constitucional*. 2° reimp. Vol. II. Caracas: UCV.

Asamblea Nacional. 2016a. "Acuerdo sobre el decreto de estado de excepción y de emergencia económica". el 17 de mayo de 2016. https://www.asambleanacionalvenezuela.org/actos/detalle/acuerdo-sobre-el-decreto-de-estado-de-excepciony-de-emergencia-economica-169.

—. 2016b. "Acuerdo sobre el decreto de estado de excepción y de emergencia económica, dictado por el Presidente de la República Bolivariana de Venezuela". el 20 de septiembre de 2016. https://www.asambleanacionalvenezuela.org/actos/detalle/acuerdo-sobre-el-decreto-de-estado-de-excepciony-de-emergencia-economica-dictado-por-el-presidentede-la-republica-bolivariana-de-venezuela-205.

—. 2016c. "Informe de la Comisión Especial que examinó el Decreto N° 2.184, publicado en la Gaceta Oficial 6.214, en el cual se declara el Estado de Emergencia Económica en todo el Territorio Nacional". el 22 de enero de 2016. http://www.asambleanacional.gob.ve/uploads/documentos/doc_556423d4157caf948d30763228e4219ee6a07771.pdf.

—. 2017a. "Acuerdo de desaprobación del decreto de estado de excepción y de emergencia económica". el 17 de enero de 2017. https://www.asambleanacionalvenezuela.org/actos/detalle/acu

erdo-de-desaprobacion-del-decreto-de-estado-de-excepcion-y-de-emergencia-economica-29.

—. 2017b. "Acuerdo de rechazo y desaprobación de un nuevo decreto de estado de excepción y de emergencia económica". el 19 de septiembre de 2017. https://www.asambleanacionalvenezuela.org/actos/detalle/acuerdo-de-rechazo-y-desaprobacion-de-un-nuevo-decreto-de-estado-de-excepcion-y-de-emergencia-economica-89.

—. 2017c. "Acuerdo sobre el decreto de estado de excepción y de emergencia económica". el 17 de mayo de 2017. https://www.asambleanacionalvenezuela.org/actos/detalle/acuerdo-sobre-el-decreto-de-estado-de-excepciony-de-emergencia-economica-169.

—. 2018a. "Acuerdo de rechazo y desaprobación de un nuevo decreto de estado de excepción y de emergencia económica". el 16 de enero de 2018. https://docplayer.es/72452073-La-asamblea-nacional-de-la-republica-bolivariana-de-venezuela-como-vocera-del-pueblo-libre-soberano-y-democratico.html.

—. 2018b. "Acuerdo en desaprobación del supuesto Decreto n° 3.610, a través del cual se pretende declarar estado emergencia económica". el 18 de septiembre de 2018. https://www.asambleanacionalvenezuela.org/actos/detalle/acuerdo-en-desaprobacion-del-supuesto-decreto-n-3610-a-traves-del-cual-se-pretende-declarar-estado-emergencia-economica-publicado-en-gaceta-oficial-n41478-de-fecha-10-de-septiembre-de-2018-297.

Avellaneda, Eloisa. 1999. *El control parlamentario sobre el Gobierno y la Administración Pública*. Caracas: UCV.

Ávila, Keymer. 2015. "Seguridad ciudadana y seguridad nacional. La lucha por el control de las manifestaciones y del orden público en Venezuela". En *Libro homenaje a la Academia de Ciencias Políticas y Sociales en el centenario de su fundación* 1915-2015, I:491–526. Caracas: ACIENPOL.

Ayala Corao, Carlos. 1986. "Doctrina y bases constitucionales de la seguridad y defensa en el Estado venezolano". *Revista de Derecho Público*, núm. 28, 25–34.

—. 1989. "La inseguridad jurídica ocasionada por las regulaciones militares a las garantías constitucionales suspendidas". *Revista de Derecho Público*, núm. 37, 37–31.

—. 2012. "Inconstitucionalidad de la denuncia de la Convención Americana sobre Derechos Humanos por Venezuela". *Revista Estudios Constitucionales* 10 (2): 643–82.

Badell Madrid, Rafael. 2020a. "El principio de separación de poderes". En *Principios fundamentales del Derecho Público. Desafíos actuales. Libro conmemorativo de los 20 años de la publicación de la Constitución de* 1999, 183–207. Caracas: EJVI.

—. 2020b. "Una mirada al Derecho administrativo en Venezuela a la llegada del COVID-19". En *Estudios jurídicos sobre la pandemia del* COVID-19, 327–58. Caracas: ACIENPOL.

Balasso Tejera, Caterina. 2020. "La autopsia de un decreto. Sobre el contraste existente entre el decreto por el cual se declaró el estado de alarma con ocasión del coronavirus, el marco regulatorio aplicable y la situación vivida en Venezuela desde mediados de marzo de 2020". En , 123–83. Caracas: ACIENPOL.

BBC. 2015a. "'D', la marca que condena al derrumbe las casas de los colombianos deportados de Venezuela", el 26 de agosto de 2015. https://www.bbc.com/mundo/noticias/2015/08/150825_venezuela_conflcto_frontera_dp.

—. 2015b. "El dramático éxodo de los colombianos que abandonan Venezuela con todas sus pertenencias a cuestas", el 26 de agosto de 2015. https://www.bbc.com/mundo/noticias/2015/08/150826_colombia_venezuela_frontera_exodo_colombianos_rio_vj_nc.

—. 2020. "Coronavirus | 'No es una creación de laboratorio': cómo un grupo de científicos logró demostrar el origen natural del virus que causa COVID-19", el 6 de abril de 2020. https://www.bbc.com/mundo/noticias-52140543.

Bello Rengifo, Carlos Simón. 2015. "La Constitución económica venezolana". En *Libro homenaje a la Academia de Ciencias Políticas y Sociales en el centenario de su fundación* 1915-2015, I:287–319. Caracas: ACIENPOL.

Bercovici, Gilberto. 2020. "Carl Schmitt y el estado de emergencia económico". *Historia Constitucional*, núm. 21, 533–54.

Bermúdez, José Rafael. 2007. "Propuesta de Reforma de la Constitución de la República Bolivariana de Venezuela emitida por la Asamblea Nacional el 2 de noviembre de 2007. Comparación literal Constitución-Reforma". *Revista de Derecho Público*, núm. 112, 357–420.

Bernal Pulido, Carlos. 2005. *El principio de proporcionalidad y los derechos fundamentales*. Madrid: CEPC.

Bogdandy, Armin von, Jesús María Casal Hernández, y Mariela Morales Antoniazzi. 2021. *La resistencia del Estado democrático de Derecho en América Latina frente a la pandemia de COVID-19. Un enfoque desde el ius commune*. Caracas: CIDEP y MPI.

Bonner, Robert J. 1922. "Emergency Government in Rome and Athens". *The Classical Journal* 18 (3): 144–52.

Brewer-Carías, Allan R. 1985a. "El derecho de amparo y la acción de amparo". *Revista de Derecho Público*, núm. 22, 51–61.

—. 1985b. *Las Constituciones de Venezuela*. San Cristóbal - Madrid: CEC, IEAL y UCAT.

—. 1986. "Comentarios sobe la doctrina del acto de gobierno, del acto político, del acto de Estado y de las cuestiones políticas como motivo de inmunidad jurisdiccional de los Estados en sus tribunales nacionales". *Revista de Derecho Público*, núm. 26, 65–68.

—. 1988. "Consecuencias jurídicas del restablecimiento de las garantías económicas". *Revista de Derecho Público*, núm. 35, 69–73.

—. 1989. "Consideraciones sobre la suspensión o restricción de las garantías constitucionales". *Revista de Derecho Público*, núm. 37, 5-25.

—, ed. 2000a. "Diario de Debates de la Asamblea Nacional Constituyente de 1999, Vol. II". https://t.ly/K722z.

—, ed. 2000b. "Diario de Debates de la Asamblea Nacional Constituyente de 1999, Vol. III". https://rb.gy/agscha.

—. 2003. "El régimen constitucional de los estados de excepción". En *Defensa de la Constitución. Libro en reconocimiento al Dr. German Bidart Campos*, 1137–49. Buenos Aires: Ediar.

—. 2005. *Régimen legal de nacionalidad, ciudadanía y extranjería*. Caracas: EJV.

—. 2006a. "Quis Custodiet Ipsos Custodes: de la interpretación constitucional a la inconstitucionalidad de la interpretación". *Revista de Derecho Público*, núm. 105, 7–27.

—. 2006b. "Régimen y alcance de la actuación judicial de oficio en materia de justicia constitucional en Venezuela". *Revista Estudios Constitucionales* 4 (2): 221–50.

—. 2007. "Las potestades normativas del Presidente de la República: los actos ejecutivos de orden normativo". En *Tendencias Actuales del Derecho Constitucional. Homenaje a Jesús María Casal Montbrun*, I:507–39. Caracas: UCAB.

—. 2012a. "El derecho ciudadano a la participación popular, y la inconstitucionalidad generalizada de los Decretos-Leyes 2010-2012, por su carácter inconsulto". *Revista de Derecho Público*, núm. 130, 85–88.

—. 2012b. "El principio de la formación del derecho por grados en la distinción entre el acto de gobierno y el acto administrativo, y el principio de la universalidad del control judicial de los actos estatales". *Revista de Derecho Público*, núm. 131, 7-30.

—. 2013a. "El Estado, la República y la Nación. Precisión sobre las personas jurídicas estatales en la Constitución de 1999 y sobre el error en el que incurrió la Sala Constitucional al confundir la 'Nación' con la 'República'". *Revista de Derecho Público*, núm. 134, 205-16.

—. 2013b. *Historia constitucional de Venezuela*. Colección Tratado de Derecho Constitucional, I. Caracas: EJV.

—. 2014a. *La Constitución de 1999: Estado democrático y social de Derecho*. Colección Tratado de Derecho Constitucional, VII. Caracas: EJV.

—. 2014b. "Las funciones del Estado, la función administrativa, y las actividades estatales". En *La función administrativa y las funciones del Estado. Cuatro amigos, cuatro visiones sobre el Derecho administrativo en América Latina*, 185-248. Caracas: EJV.

—. 2015a. "La masacre de la Constitución y la aniquilación de las garantías de los derechos fundamentales". *Revista de Derecho Público*, núm. 143-144, 17-50.

—. 2015b. *La ruina de la democracia*. Caracas: EJV.

—. 2016a. *Dictadura judicial y perversión del Estado de derecho. La Sala Constitucional y la destrucción de la democracia en Venezuela*. 2° ed. New York: EJVI.

—. 2016b. "El control político de la Asamblea Nacional respecto de los decretos de excepción y su desconocimiento judicial y ejecutivo con ocasión de la emergencia económica decretada en enero de 2016". En *VI Congreso Internacional de Derecho Procesal Constitucional y IV de Derecho Administrativo. Homenaje al Profesor Carlos Manuel Ayala Corao*, 291-336. Caracas: FUNEDA y UMA.

—. 2017. *Constituciones iberoamericanas. Venezuela*. México D.F.: UNAM.

—. 2019. *Angostura, 1819. La reconstitución y la desaparición del Estado de Venezuela con motivo del bicentenario del Congreso y de la Constitución de Angostura* (1819-2019). Caracas: ACIENPOL y EJV.

—. 2020. "El decreto del estado de alarma en Venezuela con ocasión de la pandemia del coronavirus: Inconstitucional, mal concebido, mal redactado, fraudulento y bien inefectivo". En *Derecho Público en tiempos de pandemia. Reflexiones jurídicas sobre la COVID-19*, 153-90. Caracas: AVEDA y CIDEP.

—. 2021. "Hechos políticos que fundamentan la decisión de la Asamblea Nacional electa en diciembre de 2015, de decretar su continuidad constitucional a partir del 5 de enero de 2021". *Revista de Derecho Público*, núm. 165-166, 411-27.

—. 2022. "El último golpe al Estado de Derecho: Una ley constitucional antibloqueo para rematar y repartir los despojos de economía estatizada, en un marco de secretísmo y de inseguridad jurídica". *Revista de Derecho Público*, núm. 169–170, 235–52.

Brewer-Carías, Allan R., y Carlos García Soto, eds. 2017. *Estudios sobre la Asamblea Nacional Constituyente y su inconstitucional convocatoria en 2017*. Caracas: ACIENPOL y EJV.

—, eds. 2020. *Estudios jurídicos sobre la pandemia del COVID-19*. Caracas: ACIENPOL y EJV.

Bustos Cervantes, Cándida. 2009. "Leyes de emergencia económica en México y América Latina". Congreso de la Unión. https://www.diputados.gob.mx/sedia/sia/spe/SPE-ISS-09-09.pdf.

Caldwell, Bruce. 2008. "Introducción". En *Camino de servidumbre. Textos y documentos. Edición definitiva*, de Friedrich Hayek, traducido por Carlo A. Caranci Friedrich, 17–60. Madrid: Unión Editorial.

Canónico Sarabia, Alejandro. 2011. "La regulación del sistema eléctrico en Venezuela con especial referencia a la emergencia eléctrica". *Revista de Derecho Público*, núm. 128, 57–70.

Canova González, Antonio, Giuseppe Graterol Stefanelli, y Luis Alfonso Herrera Orellana. 2014. *Individuos o masas. ¿En qué tipo de sociedad quieres vivir?* 1° reimpresión. Caracas: Editorial Galipán.

Capua, J.V. 1977. "The Early History of Martial Law in England from the Fourteenth Century to the Petition of Right". *The Cambridge Law Journal* 36 (1): 152–73. https://doi.org/10.1017/s0008197300014409.

Caracol Radio. 2015. "Colombia adopta nuevas disposiciones para el paso de medicamentos hacia Venezuela", el 19 de noviembre de 2015. https://caracol.com.co/emisora/2015/11/19/cucuta/1447949198_738984.html.

Carbonell, Miguel. 2004. *Los derechos fundamentales en México*. México D.F.: UNAM.

—, ed. 2008. *El principio de proporcionalidad y la protección de los derechos fundamentales*. México D.F.: Comisión Nacional de los Derechos Humanos.

Carmona Borjas, Juan Cristóbal. 2020. "Consideraciones jurídicas sobre el Petro". *Anuario de la Asociación Venezolana de Derecho Administrativo*, núm. 1, 17–40.

Carrasco Durán, Manuel, y Javier Pérez Royo. 2018. *Curso de Derecho Constitucional*. 16° ed. Madrid: Marcial Pons.

Carretero Pérez, Adolfo, y Adolfo Carretero Sánchez. 1995. *Derecho administrativo sancionador*. 2° ed. Madrid: Editoriales Reunidas.

Carrillo Artiles, Carlos Luis. 2001. "La composición del Poder Público en la Constitución de la República Bolivariana de Venezuela". En *Libro homenaje a Enrique Tejera Paris. Temas sobre la Constitución de 1999*, 53–74. Caracas: Centro de Investigaciones Jurídicas.

Casal Hernández, Jesús María. 1993. *Dictadura constitucional y libertades públicas*. Caracas: EJV.

—. 1995. "Efectos y límites sustanciales de la suspensión o restricción de garantías constitucionales". *Revista de la Facultad de Ciencias Jurídicas y Políticas de la Universidad Central de Venezuela*, núm. 96, 15–37.

—. 1999. "Los estados de excepción en la Constitución de 1999". *Revista de Derecho Constitucional*, núm. 1, 45–54.

—. 2007. "Los estados de excepción en la Reforma Constitucional". *Revista de Derecho Público*, núm. 112, 325–29.

—. 2008. *Los derechos humanos y su protección. Estudios sobre derechos humanos y derechos fundamentales*. 2° ed. Caracas: UCAB.

—. 2011. "¿De la Constitución nominal a la Constitución fachada? Reflexiones a partir de la evolución constitucional venezolana". *Anuario de Derecho Constitucional Latinoamericano*, núm. 17, 361–82.

—. 2019. *Apuntes para una historia del Derecho Constitucional de Venezuela*. Caracas: CIDEP y EJV.

—. 2020a. "Estado de excepción sin Estado de derecho". En *Estudios jurídicos sobre la pandemia del* COVID-19, 25–54. Caracas: ACIENPOL.

—. 2020b. *Los derechos fundamentales y sus restricciones. Constitucionalismo comparado y jurisprudencia interamericana*. Bogotá: Editorial Temis y KAS.

Centro de Derechos Humanos de la Universidad Metropolitana. 2020. "Consideraciones sobre los estados de excepción: Especial énfasis en Venezuela, Colombia, México, España y Suiza". 2020. https://www.unimet.edu.ve/wp-content/uploads/2020/12/Edos-de-Excepci%C3%B3n.pdf.

CNE. 2007. "Referendo de la Reforma Constitucional". el 2 de diciembre de 2007. http://www.cne.gob.ve/divulgacion_referendo_reforma/.

Comisión de Derechos Humanos de las Naciones Unidas. 1984. "Principios de Siracusa sobre la limitación y derogación de disposiciones del Pacto Internacional de Derechos Civiles y Políticos". https://www.refworld.org.es/docid/4933d0be2.html.

Comisión Permanente de Defensa y Seguridad de la Asamblea Nacional. 2001. "Informe sobre la devolución de la Ley Orgánica sobre Estados de Excepción, por parte del ciudadano Presidente de la República, con las modificaciones correspondientes, a los efectos de su aprobación en sesión plenaria".

Confirmado. 2015. "Activan estado de excepción en los municipios fronterizos del Táchira", el 21 de agosto de 2015. https://confirmado.com.ve/activan-estado-de-excepcion-en-los-municipios-fronterizos-del-tachira-video/.

Congreso de los Diputados. s/f-a. "Constitución de 1812". https://www.congreso.es/es/cem/const1812.

—. s/f-b. "Constitución Política de la Monarquía Española". https://www.congreso.es/docu/constituciones/1812/P-0004-00002.pdf.

Congress. s/f. "USA Patriot Act". https://www.congress.gov/107/plaws/publ56/PLAW-107publ56.htm.

Corte de Casación. 1899. *Memoria de la Corte de Casación de los Estados Unidos de Venezuela*. Caracas: Imprenta Nacional.

—. 1911. *Memoria de la Corte de Casación de los Estados Unidos de Venezuela*. Vol. II. Caracas: Tipografía Americana.

Corte Federal y de Casación. 1941. *Memoria de la Corte Federal y de Casación de los Estados Unidos de Venezuela*. Vol. I. Caracas: Imprenta Nacional.

—. 1952. *Gaceta Forense*. Caracas: Corte Federal y de Casación.

Corte Suprema de Justicia. 1948. *Memoria de la Corte Suprema de Justicia de los Estados Unidos de Venezuela*. Caracas: Tipografía Vargas.

CorteIDH. 1987a. "Opinión consultiva OC-3/83 del 08-09-1983 . Restricciones a la pena de muerte (arts. 4.2 y 4.4 Convención Americana sobre Derechos Humanos)". https://www.corteidh.or.cr/docs/opiniones/seriea_03_esp.pdf.

—. 1987b. "Opinión Consultiva OC-8/87. El habeas corpus bajo suspensión de garantías (arts. 27.2, 25.1 y 7.6 Convención Americana sobre Derechos Humanos)".

Corzo Sosa, Edgar. 2014. "Derecho humano de manifestación pública: Limitaciones y regulación". En *Temas actuales del Derecho. El Derecho ante la globalización*, 77-92. México D.F.: UNAM.

Crazut, Ramón. 1994. "La suspensión de garantías constitucionales como medio para instrumentar la política de intervención del Estado en la actividad económica (1939-1991)". *Revista de la Facultad de Ciencias Jurídicas y Políticas de la Universidad Central de Venezuela*, núm. 92, 305–21.

Cruz Villalón, Pedro. 1980. *El estado de sitio y la Constitución. La constitucionalización de la protección extraordinaria del Estado (1789-1878)*. Madrid: CEC.

Delfino de Palacios, Maruja. 1996. "El derecho de excepción en América Latina". *Revista de la Facultad de Ciencias Jurídicas y Políticas de la Universidad Central de Venezuela*, núm. 33, 78–98.

Delgado, Francisco. 2005a. "La Constitución de 1857: 'Por esta vez'". En *Procesos constituyentes y reformas constitucionales en la historia de Venezuela: 1811-1999*, I:155–77. Caracas: UCV.

—. 2005b. "Procesos constituyentes y reformas constitucionales durante el régimen gomecista". En *Procesos constituyentes y reformas constitucionales en la historia de Venezuela: 1811-1999*, II:493–538. Caracas: UCV.

—. 2008. *La idea de Derecho en la Constitución de 1999*. Caracas: UCV.

—. 2012. *La reconstrucción del Derecho venezolano*. Caracas: Editorial Galipán.

—. 2017. *Chavismo y Derecho*. Caracas: Editorial Galipán.

Despouy, Leandro. 1999. *Los derechos humanos y los estados de excepción*. México D.F.: UNAM.

Echeverri Duque, Sebastián. 2014. "Los estados de excepción en Colombia, un estudio de caso". *Revista CES Derecho* 5 (1): 6–17.

El Impulso. 2015. "Gobernador de Amazonas: Estado de excepción va a incrementar el poderío de los militares", el 24 de septiembre de 2015. https://www.elimpulso.com/2015/09/24/gobernador-de-amazonas-estado-de-excepcion-va-a-incrementar-el-poderio-de-los-militares/.

El País. 2010. "Chávez se hace con el poder absoluto", el 26 de diciembre de 2010. https://elpais.com/diario/2010/12/26/internacional/1293318001_850215.html.

Elias, José Sebastián. 2013. "Leyes de emergencia económica y control judicial de constitucionalidad: Radiografía de una relación difícil". *Revista de Teoría del Derecho de la Universidad de Palermo*, núm. 1, 115–56.

Escovar León, Elisa. 2005. "Asamblea Nacional Constituyente de 1953". En *Procesos constituyentes y reformas constitucionales en la historia de Venezuela: 1811-1999*, II:623–82. Caracas: UCV.

Escovar León, Ramón. 2002. "Los hechos notorios, las máximas de experiencia y las reglas de la sana crítica". En *Estudios de Derecho*

Procesal Civil. Libro homenaje a Humberto Cuenca, 325–60. Caracas: TSJ.

Escovar Salom, Ramón. 1972. *Evolución política de Venezuela*. Caracas: Monte Ávila Editores.

Escudero León, Margarita. 2005. *El control judicial de constitucionalidad sobre las ramas legislativa y ejecutiva del Poder Público*. Caracas: UCV.

—. 2007. "La concentración de poderes en el Presidente de la República de acuerdo con la propuesta de Reforma Constitucional sancionada por la Asamblea Nacional el 2 de noviembre de 2007". *Revista de Derecho Público*, núm. 112, 151–55.

—. 2014. "Los decretos-leyes y los reglamentos como fuente de la legalidad administrativa". En *Libro homenaje a las instituciones fundamentales del Derecho Administrativo y la jurisprudencia venezolana del profesor Allan R. Brewer-Carías en el cincuenta aniversario de su publicación* 1964-2014, 75–91. Caracas: EJV.

Espinoza Rausseo, Alexander. 2017. "Efecto irradiante del derecho de reunión en el derecho de policía (Primera parte)". *Revista Electrónica de Investigación y Asesoría Jurídica*, núm. 8, 307–52.

Ezquiaga Ganuzas, Francisco. 2008. *La argumentación en la justicia constitucional*. Medellín: Biblioteca Jurídica Dikél.

Faúndez Ledesma, Héctor. 1996. "La Convención Americana sobre Derechos Humanos y el régimen jurídico de los estados de emergencia". *Revista de la Facultad de Ciencias Jurídicas y Políticas de la Universidad Central de Venezuela*, núm. 101, 27–72.

Fernández, Gerardo. 2007. "Aspectos esenciales de la modificación constitucional propuesta por el Presidente de la República. La modificación constitucional como un fraude a la democracia". *Revista de Derecho Público*, núm. 112, 21–25.

Fernández Segado, Francisco. 1978. "El estado de excepción en el Derecho Constitucional español. Ed. Revista de Derecho Privado. Madrid, 1978 (J.L. Hernández Conesa)". *Revista de Documentación Administrativa*, núm. 179, 463–82.

Fernández Toro, Julio César. 2018. *Fundamentos de la organización del Estado democrático en Iberoamérica*. Caracas: CENLAE y CIDEP.

Fernández y Castrejón, ed. 1905. *Maquiavelo comentado por Napoleón I (Bonaparte)*. México D.F.: Tipografía Popular.

Fix-Zamudio, Héctor. 2004. "Los estados de excepción y la defensa de la Constitución". *Boletín Mexicano de Derecho Comparado*, núm. 111, 801–60. https://doi.org/10.22201/iij.24484873e.2004.111.3805.

Gallardo, Alexander. 1996. "Algunas consideraciones en torno a los decretos números 241 del 27 de junio de 1994 y 285 del 22 de julio de 1994, mediante los cuales se suspendieron las garantías en todo el territorio nacional". *Revista de Derecho Público*, núm. 67–68, 501–13.

García Belaunde, Domingo. 1988. "Suspensión de garantías ¿o de derechos? Un debate en torno al régimen de excepción peruano". En *Estudios en homenaje al doctor Héctor Fix-Zamudio en sus treinta años como investigador de las ciencias jurídicas*, I:275–88. México D.F.: UNAM.

García de Enterría, Eduardo. 2016. "La lucha contra las inmunidades del Poder en el Derecho Administrativo (poderes discrecionales, poderes de gobierno, poderes normativos)". *Revista Electrónica de Derecho Administrativo Venezolano*, núm. 8, 25–89.

García Máynez, Eduardo. 2002. *Introducción al estudio del Derecho*. 50° ed. México D.F.: Editorial Porrúa.

García Soto, Carlos. 2015. "Notas sobre el ámbito y requisitos del estado de excepción". *Revista de Derecho Público*, núm. 143–144, 9–12.

—. 2020. "El decreto de estado de alarma y su 'ejecución' por el Estado venezolano". En *Derecho Público en tiempos de pandemia. Reflexiones jurídicas sobre la* COVID-19, 113–50. Caracas: AVEDA y CIDEP.

García-Pelayo, Manuel. 1968. "Sobre las razones históricas de la razón de Estado". En *Del mito y de la razón en el pensamiento político*, 245–317. Madrid: Revista de Occidente.

—. 2005. *Derecho Constitucional comparado*. Caracas: Fundación Manuel García-Pelayo.

—. 2009. "Sociedad". En *Obras completas*, 2° ed., III:2535–51. Madrid: CEPC.

Garrido Rovira, Juan. 2005. "La legitimación de Venezuela (el Congreso Constituyente de 1811)". En *Procesos constituyentes y reformas constitucionales en la historia de Venezuela:* 1811-1999, I:13–74. Caracas: UCV.

Georgetown University. s/f. "Political Database of the Americas". http://pdba.georgetown.edu.

German History in Documents and Images. s/f. "Decree of the Reich President for the Protection of the People and State ('Reichstag Fire Decree') (February 28, 1933)". https://ghdi.ghi-dc.org/sub_document.cfm?document_id=2325.

Geyer A., Arlette M. 2007. "Los estados de excepción: ¿Competencia municipal?" *Erga Omnes*, núm. 3, 193–212.

Gil Fortoul, José. 1930a. *Historia constitucional de Venezuela*. 2° ed. Vol. I. Caracas: Parra León Hermanos y Editorial Sur América.

—. 1930b. *Historia constitucional de Venezuela*. 2° ed. Vol. II. Caracas: Parra León Hermanos y Editorial Sur América.

—. 1954. *Historia constitucional de Venezuela*. 4° ed. Vol. III. Caracas: Ministerio de Educación.

Goig Martínez, Juan Manuel. 2014. "Defensa política de la Constitución. Emergencia, excepcionalidad y democracia". *Revista Cuestiones Jurídicas* 8 (2): 11–39.

González Camacho, Herviz Geralda. 2005. "El proceso constituyente del Congreso Admirable, Bogotá 1830". En *Procesos constituyentes y reformas constitucionales en la historia de Venezuela: 1811-1999*, I:107–29. Caracas: UCV.

González Carvajal, Jorge Isaac, y Silvia Zorzetto. 2015. "Razonabilidad, abuso del derecho y argumentación jurídica". En *Libro homenaje a la Academia de Ciencias Políticas y Sociales en el centenario de su fundación* 1915-2015, V:3527–61. Caracas: ACIENPOL.

González De La Vega, Vicente E. 2013. "La libertad económica como derecho fundamental en la Constitución venezolana de 1999. Sus límites y su relación con otros derechos fundamentales". *Revista de Derecho Público*, núm. 134, 33–49.

González Lobato, Eglée. 2015. "Decretos de estados de excepción y su impacto en las parlamentarias del 6D-2015". *Revista de Derecho Público*, núm. 143–144, 135–47.

Grau, María Amparo. 2009. *Separación de poderes y leyes presidenciales en Venezuela*. Caracas: Badell & Grau Editores.

—. 2019. *La inconstitucional actividad empresarial del Estado en Venezuela*. Caracas: ACIENPOL y EJV.

Grisanti Luciani, Héctor. 1993. "La suspensión y restricción de las garantías constitucionales". *Boletín de la Academia de Ciencias Políticas y Sociales* 69 (126): 85–103.

Guerrero, Carolina. 2005. "Los constituyentes de la Unión Colombiana: Una creación limitada y menguada". En *Procesos constituyentes y reformas constitucionales en la historia de Venezuela: 1811-1999*, I:75–106. Caracas: UCV.

Hamed, Manal A. 2020. "An Overview on COVID-19: Reality and Expectation". *Bulletin of the National Research Centre*, núm. 44. https://doi.org/10.1186/s42269-020-00341-9.

Hamilton, Alexander, James Madison, y John Jay. 2003. *The Federalist Papers*. New York: Signet Classics.

Haro García, José Vicente. 2008. "Los recientes intentos de reforma constitucional o de cómo se está tratando de establecer una dictadura socialista con apariencia de legalidad (A propósito del proyecto de reforma constitucional de 2007 y los 26 decretos leyes del 31 de julio de 2008 que tratan de imponerla)". *Revista de Derecho Público*, núm. 115, 63–77.

Hayek, Friedrich. 2008. *Camino de servidumbre. Textos y documentos. Edición definitiva*. Traducido por José Vergara Doncel. Madrid: Unión Editorial.

Henríquez Maionica, Giancarlo. 2006. "Introducción al sistema presupuestario en la Ley Orgánica de la Administración Financiera del Sector Público y en su Reglamento nº 1". En *El Derecho Público a los 100 números de la Revista de Derecho Público* 1980-2005. Caracas: EJV.

Hernández Bretón, Eugenio. 2000. "Nacionalidad, ciudadanía y extranjería en la Constitución de 1999". *Revista de Derecho Público*, núm. 81.

Hernández Bretón, Eugenio, y Eduardo Machado Iturbe. 1988. "El control judicial de la constitucionalidad de los decretos restrictivos de garantías constitucionales, con especial referencia al régimen de restricción de la garantías establecida en el artículo 96 de la Constitución". *Revista de la Facultad de Ciencias Jurídicas y Políticas de la Universidad Central de Venezuela*, núm. 70, 331–58.

Hernández G., José Ignacio. 2008. *Reflexiones sobre la Constitución y el modelo socioeconómico en Venezuela. A propósito del proceso de reforma constitucional*. Caracas: FUNEDA.

—. 2013. "La Ley Habilitante 2013: Un atentado a los principios republicanos". *Revista de Derecho Público*, núm. 136, 142–47.

—. 2015. "Integridad electoral y estado de excepción en Venezuela". *Revista de Derecho Público*, núm. 143–144.

—. 2019. "La usurpación de la Presidencia de la República a partir del 10 de enero de 2019: Consecuencias en el Derecho Constitucional y en el Derecho Internacional". *Revista de Derecho Público*, núm. 157-158, 281-92.

Hernández-Mendible, Víctor Rafael. 1995. "La suspensión de garantías y la acción de amparo constitucional". *Revista de la Facultad de Ciencias Jurídicas y Políticas de la Universidad Central de Venezuela*, núm. 95, 59–85.

Hernández-Mendible, Víctor Rafael, y Sandra Patricia Orjuela Córdoba. 2016. *Energía eléctrica. Regulación de fuentes convencionales, renovables y sostenibles*. Caracas: EJV y UMA.

Herrera Orellana, Luis Alfonso. 2008. "El 'recurso' de interpretación de la Constitución: Reflexiones críticas desde la argumentación jurídica y la teoría del discurso". *Revista de Derecho Público*, núm. 113, 7–29.

—. 2014a. "Derecho Administrativo y libertad: O de por qué el Derecho Administrativo Venezolano no ha respetado ni promovido la libertad". *Revista Electrónica de Derecho Administrativo Venezolano*, núm. 2, 71–94.

—. 2014b. "¿Es necesaria la figura de la ley habilitante en el ordenamiento jurídico venezolano?" *Revista de Derecho Público*, núm. 140, 41–50.

—. 2015. "¿Estado de excepción o ley habilitante?" *Revista de Derecho Público*, núm. 143–144, 79–86.

Hung Cavalieri, Roberto. 2016. "Los estados de excepción y de emergencia a la venezolana. Delegación legislativa y emergencia. Vulneración de derechos humanos y la desconstitucionalización del Estado". En *VI Congreso Internacional de Derecho Procesal Constitucional y IV de Derecho Administrativo. Homenaje al Profesor Carlos Manuel Ayala Corao*, 357–83. Caracas: FUNEDA y UMA.

Iglesias, Juan. 2004. *Derecho Romano*. 15° ed. Barcelona: Editorial Ariel.

Imprenta Nacional, ed. 1903a. *Recopilación de leyes y decretos de Venezuela*. Vol. XXII. Caracas: Imprenta Nacional.

—, ed. 1903b. *Recopilación de leyes y decretos de Venezuela*. Vol. XXIII. Caracas: Imprenta Nacional.

—, ed. 1904a. *Recopilación de leyes y decretos de Venezuela*. Vol. XXIV. Caracas: Imprenta Nacional.

—, ed. 1904b. *Recopilación de leyes y decretos de Venezuela*. Vol. XXV. Caracas: Imprenta Nacional.

—, ed. 1905. *Recopilación de leyes y decretos de Venezuela*. Vol. XXVII.2. Caracas: Imprenta Nacional.

—, ed. 1913. *Recopilación de leyes y decretos de Venezuela*. Vol. XXXI. Caracas: Imprenta Nacional.

—, ed. 1914. *Recopilación de leyes y decretos de Venezuela*. Vol. XXXVI. Caracas: Imprenta Nacional.

Instituto Internacional para la Democracia y Asistencia Electoral. 2020. "Panorama global del impacto del COVID-19 en las elecciones". el 23 de marzo de 2020. https://www.idea.int/es/news-media/multimedia-reports/panorama-global-del-impacto-del-covid-19-en-las-elecciones.

Iribarren, Henrique. 2016. "Estado de excepción y derecho a manifestar". En *VI Congreso Internacional de Derecho Procesal Constitucio-*

nal y IV de Derecho Administrativo. Homenaje al Profesor Carlos Manuel Ayala Corao, 337–55. Caracas: FUNEDA y UMA.

Jakobs, Günther. 2003. “Derecho penal del ciudadano y Derecho penal del enemigo”. En *Derecho penal del enemigo*, traducido por Manuel Cancio Meliá, 19–56. Madrid: Civitas.

Jiménez Monsalve, Ingrid. 2005. “Asamblea Nacional Constituyente 1946-1947. Logros y fracasos de un programa democrático”. En *Procesos constituyentes y reformas constitucionales en la historia de Venezuela*: 1811-1999, II:587–621. Caracas: UCV.

Kancev González, Andrea Juliet. 2014. “La libre formación de precios como parte del contenido del derecho constitucional a la libertad económica en el ordenamiento jurídico venezolano y sus limitaciones”. Caracas: UCV. http://saber.ucv.ve/bitstream/10872/14744/1/T026800015094-0-andreakancev_finalpublicacion-000.pdf.

Kelsen, Hans. 2009. *Teoría pura del Derecho*. Traducido por Roberto J. Vernengo. 16° ed. México D.F.: Editorial Porrúa.

La Razón. 2015. “No abriré la frontera hasta lograr un acuerdo garantizado con Colombia, dice Maduro”, el 9 de septiembre de 2015. https://larazon.co/mundo/no-abrire-la-frontera-hasta-lograr-un-acuerdo-garantizado-con-colombia-dice-maduro/.

La Roche, Humberto. 1988. “El Estado de Derecho en Venezuela”. En *Estudios en homenaje al doctor Héctor Fix-Zamudio en sus treinta años como investigador de las ciencias jurídicas*, I:383–402. México D.F.: UNAM.

Landáez Arcaya, Elda, y Nelly Landáez Arcaya. 2006. “La seguridad y el sistema de defensa integral de la Nación”. *Revista de la Facultad de Ciencias Jurídicas y Políticas de la Universidad de Carabobo*, núm. 2, 51–67.

Lares Martínez, Eloy. 1984. “Extensión y límites de las facultades extraordinarias”. *Revista de Derecho Público*, núm. 20, 48–52.

Lárez Fermín, Rafael. 2019. “Apuntes sobre derechos fundamentales y sus instrumentos de protección”. *Revista Electrónica de Derecho Administrativo Venezolano*, núm. 17–19, 359–400.

Leal, Salvador. 2003. “Los estados de excepción en la Constitución”. *Revista de Derecho del Tribunal Supremo de Justicia*, núm. 8, 335–56.

Leza Betz, Daniel. 2000. “La organización y funcionamiento de la Administración Pública Nacional y las nuevas competencias normativas del Presidente de la República previstas en la Constitución de 1999. Al traste con la reserva legal formal ordinaria en el Derecho

Constitucional venezolano". *Revista de Derecho Público*, núm. 82, 19–55.

Loewenstein, Karl. 1979. *Teoría de la Constitución*. Traducido por Alfredo Gallego Anabitarte. 2°. Barcelona: Editorial Ariel.

Long, Marceau, Prosper Weil, Guy Braibant, Pierre Devolvé, y Bruno Genevois. 2019. *Las grandes sentencias de la jurisprudencia administrativa*. Traducido por Katy Balan Somlo. 2°. Madrid: BOE.

Lopera Mesa, Gloria Patricia. 2008. "Principio de proporcionalidad y control constitucional de las leyes penales". En *El principio de proporcionalidad y la protección de los derechos fundamentales*, 173–207. México D.F.: Comisión Nacional de los Derechos Humanos.

Lorente, Luis. 1997. "La emergencia económica: Una medida inconclusa". *Cuadernos de economía* 16 (26): 83–93.

Loreto González, Irene. 2010. *Algunos aspectos de la historia constitucional venezolana*. Caracas: ACIENPOL.

Lovera De-Sola, Irmaisabel. 1998. "Arrendamiento y arbitraje. La nueva ley de arrendamientos inmobiliarios y la ley de arbitraje comercial". *Revista de Derecho Público*, núm. 73–76, 11–16.

Maquiavelo, Nicolás. 1971. "El Príncipe". En *Obras políticas*, traducido por Luis Navarro, 303–59. La Habana: Instituto Cubano del Libro.

Meier, Henrique. 1981. "El principio de la legalidad administrativa y la administración pública". *Revista de Derecho Público*, núm. 5.

Meléndez Padilla, Florentín. 1997. "Los derechos fundamentales en los estados de excepción según el Derecho internacional de los derechos humanos". Universidad Complutense de Madrid. https://hdl.handle.net/20.500.14352/61496.

Melich Orsini, José. 1980. "Comentarios sobre la inconstitucionalidad de las medidas restrictivas de la libertad económica dispuestas por la Administración Pública venezolana en ejercicio de un decreto de emergencia de pretendidos efectos ilimitados en el tiempo". *Revista de Derecho Público*, núm. 1, 51–54.

Mendieta-González, David, y Mary Luz Tobón-Tobón. 2017. "Los estados de excepción en el régimen constitucional colombiano". *Revista Opinión Jurídica* 16 (31): 67–88. https://doi.org/10.22395/ojum.v16n31a3.

Moles Caubet, Antonio. 1972. "Implicaciones del principio de legalidad". *Archivo de Derecho Público y Ciencias de la Administración*, núm. 2, 137–73.

—. 1991. "La personalidad jurídica del Estado". *Revista de la Facultad de Ciencias Jurídicas y Políticas de la Universidad Central de Venezuela*, núm. 81, 11–50.

Morales Manzur, Jorge. 1993. "Estados de excepción y derechos humanos". *Revista Capítulo Criminológico*, núm. 21, 73–91.

Moreso, José Juan. 2008. "Alexy y la aritmética de la ponderación". En *El principio de proporcionalidad y la protección de los derechos fundamentales*, 63–75. México D.F.: Comisión Nacional de los Derechos Humanos.

Naranjo Mesa, Vladimiro. 2003. *Teoría constitucional e instituciones políticas*. 9° ed. Bogotá: Editorial Temis.

National Archives. 2022. "La Constitución de los Estados Unidos de América 1787". 2022. https://www.archives.gov/espanol/constitucion#:~:text=Los%20Estados%20Unidos%20garantizar%C3%A1n%20a,posible%20reunir%20a%20la%20legislatura).

Negretto, Gabriel. 2001. "El constitucionalismo puesto a prueba: Decretos legislativos y emergencia económica en América Latina". *Isonomía*, núm. 14, 79–106.

Nikken, Claudia. 2002. "Aproximación crítica a la regulación de los estados de excepción en Venezuela". *Revista Ius et Praxis* 8 (1): 171–98.

—. 2003. "Sobre la invalidez de una Constitución". En *Derecho Público a comienzos del siglo XXI. Estudios en homenaje al profesor Allan R. Brewer Carías*, I:205–18. Madrid: Civitas e IDP-UCV.

—. 2007. "La soberanía popular y el trámite de la Reforma Constitucional promovida por iniciativa presidencial el 15 de agosto de 2007". *Revista de Derecho Público*, núm. 112, 51–57.

—. 2020. "Vida, libertad y COVID-19: ¿Un dilema constitucional?" En *Estudios jurídicos sobre la pandemia del COVID-19*, 285–304. Caracas: ACIENPOL.

Nikken, Pedro. 1996. "La progresividad de la protección de los derechos humanos". *Boletín de la Academia de Ciencias Políticas y Sociales* 78 (133): 65–82.

—. 2000. "Constitución venezolana de 1999: La habilitación para dictar decretos ejecutivos con fuerza de ley restrictivos de los derechos humanos y su contradicción con el derecho internacional". *Revista de Derecho Público*, núm. 83, 5–19.

Nino, Carlos Santiago. 1989. *Consideraciones sobre la dogmática jurídica*. México D.F.: UNAM.

Nogueira Alcalá, Humberto. 2006. *Justicia y tribunales constitucionales en América del Sur*. Caracas: EJV.

Noticias RCN. 2015. "Preocupación en la ONU por presuntos abusos en la deportación de colombianos", el 28 de agosto de 2015. https://www.noticiasrcn.com/colombia/preocupacion-en-la-onu-por-presuntos-abusos-en-la-deportacion-de-colombianos-254882.

Noticias RCR. 2016. "Asamblea Nacional venezolana desaprueba prórroga de decreto de emergencia económica", el 15 de noviembre de 2016. https://www.noticiasrcn.com/internacional/asamblea-nacional-venezolana-desaprueba-prorroga-de-decreto-de-emergencia-economica-289815.

Núñez, Linda. 2005. "La reforma constitucional de 1945". En *Procesos constituyentes y reformas constitucionales en la historia de Venezuela*: 1811-1999, II:563–85. Caracas: UCV.

Núñez Machado, Ana Cristina. 2007. "La eliminación del derecho a la información del artículo 337 de la Constitución: violación del 'principio de progresividad' de los derechos humanos". *Revista de Derecho Público*, núm. 112, 331–35.

Ochoa Jiménez, María. 2014. "La protección de los derechos humanos en Venezuela frente a la denuncia de la Convención Americana sobre Derechos Humanos". *Revista Latinoamericana de Derechos Humanos* 25 (1): 195–211.

O'Donell, Daniel. 2004. *Derecho internacional de los derechos humanos.* Bogotá: Oficina en Colombia del Alto Comisionado de las Naciones Unidas para los Derechos Humanos.

OEA. 2015. "CIDH expresa preocupación sobre deportaciones arbitrarias de colombianos desde Venezuela", el 28 de agosto de 2015. https://www.oas.org/es/cidh/prensa/comunicados/2015/100.asp

Office of the Law Revision Counsel. s/f. "50 USC 1621: Declaration of National Emergency by President; Publication in Federal Register; Effect on Other Laws; Superseding Legislation". https://uscode.house.gov/view.xhtml?req=(title:50%20section:1621%20edition:prelim).

OMS. 2020a. "Alocución de apertura del Director General de la OMS en la rueda de prensa sobre la COVID-19 celebrada el 11 de marzo de 2020". el 11 de mayo de 2020. https://www.who.int/es/director-general/speeches/detail/who-director-general-s-opening-remarks-at-the-media-briefing-on-covid-19---11-march-2020.

—. 2020b. "Cepa variante del SARS-CoV-2 asociada a visones - Dinamarca - China". el 5 de enero de 2020. https://www.who.int/es/emergencies/disease-outbreak-news/item/2020-DON229.

—. 2020c. "COVID-19 - Republic of Korea". el 21 de enero de 2020. https://www.who.int/emergencies/disease-outbreak-news/item/2020-DON238.

—. 2020d. "Disease Outbreak News - Japan". el 17 de enero de 2020. https://www.who.int/emergencies/disease-outbreak-news/item/2020-DON237.

—. 2020e. "Novel Coronavirus – Thailand (ex-China)". el 14 de enero de 2020. https://www.who.int/emergencies/disease-outbreak-news/item/2020-DON234.

—. 2020f. "Recomendaciones sobre el uso de mascarillas en el contexto de la COVID-19". el 6 de abril de 2020. https://apps.who.int/iris/bitstream/handle/10665/331789/WHO-2019-nCoV-IPC_Masks-2020.3-spa.pdf.

—. 2022. "Brote de enfermedad por coronavirus (COVID-19): orientaciones para el público". el 10 de mayo de 2022. https://www.who.int/es/emergencies/diseases/novel-coronavirus-2019/advice-for-public.

—. s/f. "Preguntas y respuestas sobre la enfermedad por coronavirus (COVID-19)". https://www.who.int/es/emergencies/diseases/novel-coronavirus-2019/advice-for-public/q-a-coronaviruses.

ONU. 1988. "Observación general n° 16. Derecho a la intimidad (artículo 17)". https://conf-dts1.unog.ch/1%20SPA/Tradutek/Derechos_hum_Base/CCPR/00_2_obs_grales_Cte%20DerHum%20%5BCCPR%5D.html#GEN16.

—. 1996. "Observación general n° 25. La participación en los asuntos públicos y el derecho de voto (artículo 25)". https://conf-dts1.unog.ch/1%20SPA/Tradutek/Derechos_hum_Base/CCPR/00_2_obs_grales_Cte%20DerHum%20%5BCCPR%5D.html#GEN25.

—. 1999. "Observación general n° 27. Libertad de circulación (artículo 12)". https://conf-dts1.unog.ch/1%20SPA/Tradutek/Derechos_hum_Base/CCPR/00_2_obs_grales_Cte%20DerHum%20%5BCCPR%5D.html#GEN27.

—. 2001. "Observación general n° 29. Estados de emergencia (artículo 4)". https://conf-dts1.unog.ch/1%20SPA/Tradutek/Derechos_hum_Base/CCPR/00_2_obs_grales_Cte%20DerHum%20%5BCCPR%5D.html#GEN29.

—. s/f. "Carta de las Naciones Unidas". https://www.un.org/es/about-us/un-charter/full-text.

OPS. 2023. "Se acaba la emergencia por la pandemia, pero la COVID-19 continúa". el 6 de mayo de 2023. https://www.paho.org/es/noticias/6-5-2023-se-acaba-emergencia-por-pandemia-pero-covid-19-continua.

Orlando, Freddy. 2007. "Una propuesta de 'Reforma' Constitucional que es una verdadera aberración". *Revista de Derecho Público*, núm. 112, 27–28.

Osorio Bohórquez, Leonardo Favio. 2017. "Entre la política y la economía. El rol del Estado en la conducción económica en Venezuela". *Frónesis* 24 (3): 387–416.

Pacheco Amistesarove, Antonio J. 2005a. "El proceso constituyente y la Constitución de 1874". En *Procesos constituyentes y reformas constitucionales en la historia de Venezuela*: 1811-1999, I:265–315. Caracas: UCV.

—. 2005b. "El proceso constituyente y la Constitución de 1904". En *Procesos constituyentes y reformas constitucionales en la historia de Venezuela*: 1811-1999, II:451–91. Caracas: UCV.

Parejo Alfonso, Luciano. 2020. "Los valores superiores en la Constitución española". En *Principios fundamentales del Derecho Público. Desafíos actuales. Libro conmemorativo de los 20 años de la publicación de la Constitución de* 1999, 61–76. Caracas: EJVI.

Peña B., Angello J. 2021. "La Constitución de emergencia y el COVID-19 en Venezuela". *Derecho y Sociedad*, núm. 17, 289–309.

Peña Colmenares, Nélida. 2014. "Los estados de excepción en el ordenamiento jurídico venezolano". UCV. http://saber.ucv.ve/bitstream/10872/18730/1/TRABAJO%20ESTADOS%20DE%20EXCEPCION%202015.pdf.

—. 2015. "Excursus histórico sobre los estados de excepción en Venezuela". *Revista Venezolana de Legislación y Jurisprudencia*, núm. 5, 415–40.

—. 2016. "Los controles sobre los decretos declaratorios de los estados de excepción (a propósito de los decretos dictados en agosto y septiembre de 2015)". *Revista Venezolana de Legislación y Jurisprudencia*, núm. 7, 219–72.

—. 2020a. *La delegación legislativa en el ordenamiento jurídico venezolano*. Caracas: CIDEP y FUNEDA.

—. 2020b. *La delegación legislativa en el ordenamiento jurídico venezolano*. Caracas: CIDEP y FUNEDA.

Peña Solís, José. 2021. *Manual de Derecho administrativo*. Vol. I. Caracas: CIDEP.

Peraza Celis, Arturo. 2005. "Proceso constituyente de 1858". En *Procesos constituyentes y reformas constitucionales en la historia de Venezuela*: 1811-1999, I:179–223. Caracas: UCV.

Pérez Luciani, Gonzalo. 1980. "La actividad normativa de la Administración". *Revista de Derecho Público*, núm. 1, 19–44.

—. 2009. *El principio de legalidad*. Caracas: ACIENPOL.

Pernía-Reyes, Mauricio Rafael. 2015. "De los actos sublegales dictados con ocasión de la declaratoria de estados de excepción en Venezuela en el año 2015". *Revista de Derecho Público*, núm. 143–144, 103–8.

Planchart Manrique, Gustavo. 1985. "Proceso de formación de la Constitución Venezolana del 23-01-1961". *Revista de Derecho Público*, 5–27.

Portillo, Alfredo. 2009. "Un esquema de relación entre la geopolítica y la seguridad nacional". *Revista Venezolana de Ciencia Política*, núm. 36, 161–70.

PSUV. 2015. "Estado de excepción: Estas son las garantías restringidas para restaurar la paz en Táchira (+Artículos)", el 23 de agosto de 2015. http://www.psuv.org.ve/temas/noticias/estado-excepcion-tareck-aissami-nicolas-maduro/.

Questiaux, Nicole. 1982. "Question of the human rights of persons subjected to any form of detention or imprisonment. Study of the implications for human rights of recent developments concerning situations known as states of siege or emergency". https://digitallibrary.un.org/record/36782?ln=en.

Quispe Correa, Alfredo. 2007. "Las emergencias económicas". *Revista Cultura*, núm. 21, 487–99.

Rachadell, Manuel. 2005. "El proceso político en la formación y vigencia de la Constitución de 1961". En *Procesos constituyentes y reformas constitucionales en la historia de Venezuela*: 1811-1999, II:683–732. Caracas: UCV.

—. 2015. *Evolución del Estado venezolano 1958-2015: De la conciliación de intereses al populismo autoritario*. Caracas: EJV y FUNEDA.

Ramelli Arteaga, Alejandro. 2003. "Control de constitucionalidad y conmoción interior". *Revista Derecho del Estado*, núm. 15, 57–74.

Ramos Fernández, Mary. 1983. "Jurisprudencia administrativa y constitucional (Corte Suprema de Justicia y Corte Primera de lo Contencioso Administrativo): Segundo trimestre de 1993". *Revista de Derecho Público*, núm. 14, 151–209.

—. 1986. "Jurisprudencia administrativa y constitucional (Corte Suprema de Justicia y Corte Primera de lo Contencioso Administrativo): Primer trimestre de 1986". *Revista de Derecho Público*, núm. 25, 79–164.

—. 1987. "Jurisprudencia administrativa y constitucional (Corte Suprema de Justicia y Corte Primera de lo Contencioso Administrativo): Segundo trimestre de 1987". *Revista de Derecho Público*, núm. 30, 107–81.

—. 1994. "Jurisprudencia administrativa y constitucional (Corte Suprema de Justicia y Corte Primera de lo Contencioso Administrativo): Primer semestre de 1994". *Revista de Derecho Público*, núm. 57–58, 175–442.

—. 1996. "Jurisprudencia administrativa y constitucional (Corte Suprema de Justicia y Corte Primera de lo Contencioso Administrativo): Segundo trimestre de 1996". *Revista de Derecho Público*, núm. 67–68, 125–439.

—. 2002. "Jurisprudencia administrativa y constitucional (Tribunal Supremo de Justicia y Corte Primera de lo Contencioso Administrativo): Año 2002". *Revista de Derecho Público*, núm. 89–92, 79–404.

Real Academia Española. 2022a. "Calamidad". Diccionario de la Lengua Española. 2022. https://dle.rae.es/calamidad.

—. 2022b. "Catástrofe". Diccionario de la Lengua Española. 2022. https://dle.rae.es/cat%C3%A1strofe.

—. 2022c. "Coyuntura". Diccionario de la Lengua Española. 2022. https://dle.rae.es/coyuntura.

—. 2022d. "Extraordinario". Diccionario de la Lengua Española. 2022. https://dle.rae.es/extraordinario.

—. 2022e. "Grave". Diccionario de la Lengua Española. 2022. https://dle.rae.es/grave.

—. 2022f. "Inflación". Diccionario de la Lengua Española. 2022. https://dle.rae.es/inflaci%C3%B3n.

—. 2022g. "Necesidad". Diccionario de la Lengua Española. 2022. https://dle.rae.es/necesidad.

—. 2022h. "Previsibilidad". Diccionario de la Lengua Española. 2022. https://dle.rae.es/previsibilidad.

—. 2022i. "Previsible". Diccionario de la Lengua Española. 2022. https://dle.rae.es/previsible.

—. 2022j. "Proporcionalidad". Diccionario de la Lengua Española. 2022. https://dle.rae.es/corrupci%C3%B3n.

—. 2022k. "Sociedad". Diccionario de la Lengua Española. 2022. https://dle.rae.es/sociedad?m=form.

—. 2022l. "Temporalidad". Diccionario de la Lengua Española. 2022. https://dle.rae.es/temporalidad.

Revanales, Gerson. 2015. "Comentarios sobre la Orden Ejecutiva 13.692 del Presidente de los Estados Unidos de América de fecha 8 de marzo de 2015, sobre sanciones a funcionarios venezolanos: un expediente en defensa de la democracia". *Revista de Derecho Público*, núm. 141, 137–52.

Rivas, Elide. 2005. "El proceso constituyente y la Constitución de 1881: Un federalismo a la Suiza". En *Procesos constituyentes y reformas constitucionales en la historia de Venezuela*: 1811-1999, I:317–39. Caracas: UCV.

Rodríguez García, Armando. 2020. "Potestades municipales y estados de excepción. A propósito de la práctica del 'dibujo libre' en tiempos de estado de alarma en Venezuela". En *Derecho Público en tiempos de pandemia. Reflexiones jurídicas sobre la* COVID-19, 191–216. Caracas: AVEDA y CIDEP.

Rodríguez-Arana, Jaime. 2020. "El principio de seguridad jurídica y la técnica normativa". En *Principios fundamentales del Derecho Público. Desafíos actuales. Libro conmemorativo de los 20 años de la publicación de la Constitución de* 1999, 143–66. Caracas: EJVI.

Rojas Aravena, Francisco, ed. 2012. *Seguridad humana: Nuevos enfoques*. San José: FLACSO.

Rojas Pérez, Manuel. 2015. "Suspensión de garantías, cierre de frontera y desviación de poder". *Revista de Derecho Público*, núm. 143-144, 13–16.

Romero Zapata, Manuel Alejandro. 2021. "La problemática jurídica del delito de terrorismo en el marco normativo venezolano y su transgresión al principio de legalidad". *Revista Derecho y Sociedad*, núm. 17, 413–50.

Rondón de Sansó, Hildegard. 1992. *Los estados de excepción en el Derecho venezolano*. Caracas: EJV.

—. 1998. "Derechos y libertades públicas y restricción o suspensión de garantías constitucionales". *Revista de Derecho Administrativo*, núm. 2, 179–204.

—. 2004. *Cuatro temas álgidos de la Constitución venezolana*. Caracas: Editorial Ex Libris.

—. 2006. "Competencias de la Sala Constitucional en la Ley Orgánica del Tribunal Supremo de Justicia". En *El Derecho Público a los 100 números de la Revista de Derecho Público* 1980-2005. Caracas: EJV.

—. 2016. "Los estados de excepción en el Derecho venezolano". *Revista Venezolana de Legislación y Jurisprudencia*, núm. 7, 273–334.

—. 2021. "Cuatro temas álgidos de la Constitución venezolana de 1999". En *Libro homenaje al Dr. Luis Cova Arria*, II:1035–67. Caracas: ACIENPOL.

Rosenkrantz, Carlos. 2019. "Emergencias constitucionales en Argentina: Los romanos (no los jueces) tienen la solución". En *Fundamentos y desafíos de la teoría constitucional contemporánea*, 239–77. México D.F.: UNAM.

Ruggeri Parra, Pablo. 1941. *La supremacía de la Constitución y su defensa*. Caracas: Tipografía Venezuela.

—. 1949. *Historia política y constitucional de Venezuela*. Vol. II. Caracas: UCV.

—. 1953. *Derecho Constitucional venezolano. Estudio histórico-jurídico*. 2° ed. Barcelona: Seix y Barral Hnos.

Sánchez Falcón, Enrique J. 2005a. "El congreso constituyente venezolano de 1830". En *Procesos constituyentes y reformas constitucionales en la historia de Venezuela: 1811-1999*, I:131–54. Caracas: UCV.

—. 2005b. "La reforma constitucional de 1936". En *Procesos constituyentes y reformas constitucionales en la historia de Venezuela: 1811-1999*, II:539–62. Caracas: UCV.

Sánchez Viamonte, Carlos. 1986. "Garantías constitucionales". En *Enciclopedia Jurídica Omeba*. Vol. XIII. Buenos Aires: Driskill.

Santamaría Pastor, Juan Alfonso. 2000. *Principios de Derecho administrativo*. 3° ed. Vol. I. Madrid: Editorial Centro de Estudios Ramón Areces, S.A.

Santayana, George. 1920. *The Life of Reason or the Phases of Human Progress*. New York: Charles Scribner's Sons.

Scheiber, Jane L., y Benjamin Jones. 2009. "Hawaii's Kibei under Martial Law: A Hidden Chapter in the History of World War II Internments". *Western Legal History* 22 (1–2): 1–102.

Schmitt, Carl. 1968. *La dictadura. Desde los comienzos del pensamiento moderno de la soberanía hasta la lucha de clases proletaria. Traducido por José Díaz García*. Traducido por José Díaz García. Madrid: Revista de Occidente.

Silva Aranguren, Antonio. 2015. "El Tribunal Supremo de Justicia y los decretos de estado de excepción de 2015: Ningún control y numerosos excesos". *Revista de Derecho Público*, núm. 143–144, 109–18.

Silva Bocaney, José Gregorio. 2019. "Los principios sustantivos del Derecho administrativo sancionador". En *Derecho administrativo sancionador*, 51–98. Caracas: CERECO y CIDEP.

Sira Santana, Gabriel. 2014. "La impopularidad de la acción popular de inconstitucionalidad en la jurisprudencia de la Sala Constitucional del Tribunal Supremo de Justicia". *Revista de Derecho Público*, núm. 139, 145–61.

—. 2015a. "La obligación de consulta pública de normas: Ni tan obligatoria ni tan pública". *Revista de Derecho Público*, núm. 142, 206–13.

—. 2015b. "La restricción de garantías y el estado de excepción en la frontera colombo-venezolana". *Revista de Derecho Público*, núm. 143–144, 51–77.

—. 2016a. "La Asamblea Nacional según el Tribunal Supremo de Justicia, luego de las elecciones parlamentarias del año 2015". *Revista de Derecho Público*, núm. 145–146, 267–84.

—. 2016b. "Potestades de la Administración contrarias al Derecho de Propiedad, 'en defensa' de la vivienda". *Revista Electrónica de Derecho Administrativo Venezolano*, núm. 10, 41–67.

—. 2017a. *El estado de excepción a partir de la Constitución de 1999*. Caracas: CIDEP y EJV.

—. 2017b. *El estado de excepción fronterizo y la Gaceta Oficial. Recopilación de los actos publicados en la Gaceta Oficial que guardan relación con los ocho estados de excepción decretados en la frontera colombovenezolana durante el año* 2015. Caracas: CIDEP.

—. 2019a. "El propósito de los estados de excepción en Venezuela (enero 2016 - julio 2018)". En *Libro homenaje al profesor Eugenio Hernández-Bretón*, II:1585–1614. Caracas: ACIENPOL.

—. 2019b. "Introducción al estudio del Estado". *Revista de Derecho Público*, núm. 157–158, 124–54.

—. 2019c. "La restricción de garantías según la Corte Interamericana de Derechos Humanos". *Revista Electrónica de Derecho Administrativo Venezolano*, núm. 17–19, 633–58.

—. 2020a. "El tratamiento de datos personales y las COVID-19 apps como caso de estudio". En *Derecho público en tiempos de pandemia. Reflexiones jurídicas sobre la* COVID-19, 259–325. Caracas: AVEDA y CIDEP.

—. 2020b. "La Gaceta Oficial de la República como fuente de inseguridad jurídica". *Revista de Derecho Público*, núm. 163–164, 423–38.

—. 2020c. "Una mirada al Derecho de excepción en la Constitución de 1999". En *Principios fundamentales del Derecho Público. Desafíos actuales. Libro conmemorativo de los 20 años de la publicación de la Constitución de 1999*, 379–402. EJVI.

—. 2020d. "Venezuela y el estado de alarma por el COVID-19". En *Estudios jurídicos sobre la pandemia del* COVID-19, 55–70. Caracas: ACIENPOL.

—. 2021. "Algunas reflexiones sobre la justicia constitucional". *Revista de Derecho Público*, núm. 167-168, 243-48.

—. 2022a. "La hipertrofia del ordenamiento jurídico venezolano como incentivo a la corrupción". En *Libro Homenaje a la Especialización en Derecho Administrativo de la Universidad Central de Venezuela. A propósito de su cuadragésimo aniversario*, 337-61. Caracas: CEP-FCJP-UCV y CIDEP.

—. 2022b. *La seguridad aerosanitaria y la COVID-19 en Latinoamérica*. Santo Domingo: CENLAE y CIDEP.

Slater, George. 1977. "The National Emergencies Act of 1976. End of Emergency Government?" *Iustitia* 4 (2): 49-73.

Sosa Gómez, Cecilia. 1980. "El principio de igualdad y la Administración como reguladora de la economía". *Revista de Derecho Público*, núm. 2, 37-52.

—. 1989. "El régimen de la emergencia en la Constitución de 1961". En *200 Años del Colegio de Abogados. Libro-Homenaje*. Vol. II. Caracas: Colegio de Abogados del Distrito Federal.

—. 2020. "Principios de los fines del Estado democrático". En *Principios fundamentales del Derecho Público. Desafíos actuales. Libro conmemorativo de los 20 años de la publicación de la Constitución de 1999*, 77-95. Caracas: EJVI.

Straka, Úrsula. 2002. "Estados de excepción y problemas de agencia". *Revista Politeia*, núm. 28, 187-204.

Suárez Mejías, Jorge Luis. 2015. "El verdadero sentido de los poderes de gobierno bajo estado de excepción: Recuerdos de un fallo de la Corte Suprema de Justicia y de un Estado que ya no existe". *Revista de Derecho Público*, núm. 143-144, 87-102.

Telesur. 2015. "Venezuela cierra frontera con Colombia tras ataque paramilitar", el 19 de agosto de 2015. https://www.telesurtv.net/news/Maduro-anuncia-cierre-de-frontera-con-Colombia-tras-ataque-paramilitar-20150819-0085.html.

Toro Hardy, José. 2005. *Fundamentos de teoría económica*. Caracas: Panapo.

Tovar Tamayo, Orlando. 1983. "Las facultades de control e investigación del Congreso venezolano". *Revista de Derecho Público*, núm. 14, 83-88.

Urbina Mendoza, Emilio J. 2016. "¿Qué son las sentencias de gobierno? La nueva geografía de actos en la jurisprudencia de la Sala Constitucional del Tribunal Supremo de Justicia". *Revista de Derecho Público*, núm. 147-148, 33-65.

Valadés, Diego. 2007. *El control del poder*. Caracas: EJV.

Vedaschi, Arianna, ed. 2024. *Governmental Policies to Fight Pandemics. Defining the Boundaries of Legitimate Limitations on Fundamental Freedoms*. (en imprenta).

Vervaele, John. 2005. "La legislación antiterrorista en Estados Unidos: inter arma silent leges". *Revista de Derecho y Proceso Penal*, núm. 14, 111–46.

Villoro, Luis. 2015. *El concepto de ideología y otros ensayos*. México D.F.: FCE.

Vladeck, Stephen. 2007. "The Field Theory: Martial Law, the Suspension Power, and the Insurrection Act". *Temple Law Review* 80 (2): 391–440.

Weber, Max. 2002. *Economía y sociedad. Esbozo de sociología comprensiva*. Traducido por José Medina Echavarría. 2° ed., 2° reimpresión. Madrid: FCE.

Weffe, Carlos. 2012. "Delegación legislativa y libertad. La Ley Habilitante de 2010 y su relación con la Libertad". *Revista de Derecho Público*, núm. 130, 51–83.

Ylarri, Juan Santiago. 2016. "Emergencia económica (a la luz del caso argentino)". *Eunomía. Revista en Cultura de la Legalidad*, núm. 10, 179–90.

Zerpa Aponte, Ángel. 2003. "Debido proceso y estado de excepción". *Revista de la Facultad de Ciencias Jurídicas y Políticas de la Universidad Central de Venezuela*, núm. 125, 143–84.

—. 2005a. "El primer proceso constituyente del siglo XX: La constituyente de 1901". En *Procesos constituyentes y reformas constitucionales en la historia de Venezuela*: 1811-1999, II:419–49. Caracas: UCV.

—. 2005b. "Los procesos constituyentes de 1882 y 1893: La constitucionalización de la 'Caída del Liberalismo Amarillo'". En *Procesos constituyentes y reformas constitucionales en la historia de Venezuela*: 1811-1999, I:341–412. Caracas: UCV.

Zovatto, Daniel. 1990. *Los estados de excepción y los derechos humanos en América Latina*. Caracas y San José: EJV e IIDH.

www.ingramcontent.com/pod-product-compliance
Lightning Source LLC
LaVergne TN
LVHW050754061126
851857LV00012B/555
9798905290145